COLECCIÓN COFRE

EDICIONES
MARCUS

Ernesto J. Abálsamo

Crónicas de Tango

~❦~

Sus protagonistas, las anécdotas

El Fenómeno Piazzolla
(su trayectoria y su vida)

Ernesto J. Abálsamo

Crónicas de Tango

Sus protagonistas, las anécdotas

El Fenómeno Piazzolla
(su trayectoria y su vida)

EDICIONES
MARCUS

Abálsamo, Ernesto
   Crónicas de tango.- 1ª. ed. - Buenos Aires : Margus, 2004.
   416 p. ; 23x15 cm. - (Cofre)
      ISBN 950-9534-09-9
      1. Tango-Historia I. Título
CDD 784.188 859 82

EDICIONES MARGUS
Director: Francisco Montesanto

©2004 Ernesto J. Abálsamo
©2004 Ediciones Margus
A. J. Carranza 2347 11º 74
C1425FXE - Ciudad de Buenos Aires
Buenos Aires - Argentina
Tel. 4772-4648   Fax 4777-0951

Crónicas de Tango
Primera edición
Colección Cofre
Diagramación y armado del libro: Diego Landro
Ilustración de tapa: Aldo Severi

IMPRESO EN LA ARGENTINA / PRINTED IN ARGENTINA
Queda hecho el depósito que marca la Ley 11.723
I.S.B.N.: 950-9534-09-9

Se terminó de imprimir en A.B.R.N. Producciones Gráficas S.R.L., W. Villafañe 468, Buenos Aires, Argentina, en junio de 2004 .

A MI BOEDO

*N*ací el 6 de mayo de 1930 en el Barrio de Boedo, en un hogar humilde, como toda la gente que vivía en esa casa de la calle México 3271, que ya no existe, o en las otras a las que cada dos o tres años nos mudábamos, siempre en los alrededores, como era común por esos años. Crecí rodeado de tangos. En todo ese barrio vivían músicos, autores, compositores y cantores. Fui el primer argentino de la familia, porque recién cinco años después nació mi hermana Leonor. Mis viejos habían llegado de Italia unos años antes de 1930 con dos hijos, Egidio, y Julia, que ya no viven, y en mi niñez, en medio de las penurias de esa época, me apasionaron la música y las letras de los tangos, que oía cuando los cantaba mi madre, mientras lavaba la ropa en la pileta del patio, o mi padre, cuando se afeitaba o le limpiaba la jaula a los canarios, o a través de las viejas radios, aunque por entonces no muchas familias las tenían. Así fue como empecé a escuchar que contaban vivencias de la gente del pueblo, que uno veía y vivía a diario, que formaban parte de la vida cotidiana. Por eso se pretende en esta obra resumir experiencias y recordar a todos los que, de una forma u otra, hicieron algo por el tango. Solamente me animó una pasión, que es lo que despierta el tango. No podía estar ausente el fenómeno Piazzolla, quien creó un estilo que originó una secuela de seguidores que lo imitan, ni un pantallazo sobre el tango actual.

En el Capítulo **Los Protagonistas** puede haber ausencias involuntarias. No es por casualidad o falta de estima que no haya uno dedicado a Carlos Gardel. Del Zorzal Criollo podemos decir que nació un 11 de diciembre de 1890 en Toulouse, Francia, hijo de Berthe Gardés y Paul Lasserre, un hombre casado, de buen pasar, que no quiso reconocerlo; que llegaron a la Argentina en el vapor Dom Pedro cuando él tenía dos años, y que con poco más de 15 empezó a cantar en los boliches del Abasto. Que en 1912 realizó sus primeras grabaciones en el *sello Columbia. Que en 1934, mientras cantaba por radio desde Nueva York, sus guitarristas lo acompañaban en Buenos Aires. Que actuó en teatros, cines y emisoras de radio y que filmó innumerables películas, aquí y en otros países. Que murió el 24 de junio de 1935 en un accidente aéreo en Colombia y que sus restos, traídos a Buenos Aires, fueron despedidos por más de un millón de personas. Que a 69 años de su muerte sigue siendo el astro que ilumina el cielo tanguero. El Morocho del Abasto fue y es la figura más importante en la historia del tango, y sería poco serio incluir sólo párrafos o un simple capítulo para recordarlo. Porque para hablar de Carlos Gardel hay que dedicarle todo un libro.*

FRASES PARA EL RECUERDO

"No creo en la eficacia del tango sinfónico. Al acerse sinfónico, se aleja de su verdadero contenido"
Enrique Santos Discépolo

"Negar la argentinidad del tango es un acto tan patéticamente suicida como negar la existencia de Buenos Aires"
Ernesto Sabato

"He sido discutido en mi país y elogiado en el exterior. No soy popular, no convoco multitudes"
Astor Piazzolla

"Troilo ha sido lo más grande en el tango canción con orquesta. No lo ha igualado nadie. El era como nosotros, y al decir nosotros, incluyo a Orlando Goñi, a Alfredo Gobbi y a Elvino Vardaro"
Osvaldo Pugliese

"Eduardo Arolas vivía adelantado a su época. Fue el precursor del fraseo. El rezongo también era una creación suya. Ha sido tan creador que durante años y años los que vinimos atrás hicimos lo que él hizo en 1920"
Pedro Laurenz

"Qué iba a estudiar canto, si con lo que debía hacerlo en la Facultad ya era suficiente"
Alberto Castillo

"¿Cómo se puede pretender que los chicos tengan nostalgia? La nostalgia se tiene cuando se vivió"
Eladia Blázquez

"Si dejo de cantar me muero"
Floreal Ruiz

"Hay tanto tango con nombres de minas francesas, ¿Qué te parece si hacemos uno con el nombre de la Virgen, un tango que se llame solamente María?
Aníbal Troilo

"Esa ráfaga, el tango, esa diablura"
Jorge Luis Borges

"Con lo producido hasta el momento, el tango tiene asegurada su permanencia durante tres siglos más"
Horacio Salgán

Prólogo

El tango ya ha superado con largueza el siglo de existencia, y cada día que pasa da irrefutables muestras de su vigor y vitalidad, desmintiendo augurios de una declinación y hasta de una desaparición en tiempos muy breves.

A principios del siglo XX, la popular revista Caras y Caretas anunció la pronta muerte del tango, y en los años sucesivos hasta entrar en la tercera década del mismo, otros lo repitieron con distintas palabras, pero con la misma convicción.

Además, esos vaticinios de muerte anunciada se repitieron cada vez que un creador novedoso o revolucionario iniciaba las primeras huellas de su trayectoria, como ocurrió con Julio De Caro, hace ya más de medio siglo, o hace unos pocos años con Astor Piazzolla.

También se volvieron a reiterar, al ocurrir la muerte de Ignacio Corsini, Agustín Magaldi o Carlos Gardel, pues se creyó que con ellos desaparecía parte o toda el alma tanguera.

No se supo comprender que todos y cada uno de los mencionados y otros de iguales o parecidos valores no eran más que una parte importante, pero no total, del alma popular por ser intérpretes de la misma.

Hoy, tras esos anuncios negativos, podemos decir que de alguna manera el tango es igual al Ave Fénix, que renace de sus propias cenizas, pues como música que expresa el alma popular rioplatense nunca dejó cenizas de su presencia, esencia y poder de convocatoria.

Aún más, es necesario reconocer que en nuestros días el tango ha superado los límites de la fantasía calenturienta de algunos de sus fanáticos cultores, al sobrepasar los estrechos espacios geográficos de su humilde origen y proyectarse a nivel internacional, pues ya tiene cultores, coleccionistas, creadores y ejecutantes en lugares tan dispares como Japón y Finlandia.

Se ha tratado de encontrar la razón, o las razones de esa expansión y consolidación, superando las barreras idiomáticas y las herencias culturales que lo triplican en años de vida, pero la mayoría de los que lo han intentado no han sabido aquilatar la verdadera esencia del tango, que es su romanticismo.

Por ello es posible hacer una comparación con la música mal llamada "buena" o clásica, con la literatura del Quijote o de las producciones siempre reiteradas de Shakespeare, con el tango, que a pesar de los cambios que se han registrado en las culturas nacionales de cada una de esas manifestaciones siguen teniendo una vigencia que se refuerza día a día, sin dejar cenizas para recrearse.

También corresponde decir que las creaciones musicales, plásticas o literarias, cuando expresan el latir diario de un sector social, están mostrando el latir universal.

Por todo lo anterior es posible afirmar que el tango no nació por generación espontánea, como si fuera el resultado de un producto exógeno de una sociedad anómala.

Muy por el contrario, el tango nació en una sociedad eminentemente dinámica, que tenía en su seno la vitalidad de aportes disímiles, como eran la herencia cultural africana, española, como bases iniciales, a las que se sumaron la italiana, la francesa, y de múltiples orígenes, como es posible confirmar en los apellidos de sus creadores musicales, poéticos y de arregladores, puesto que tras cada uno de ellos había, y sigue habiendo, el aporte todavía no debidamente estudiado de culturas aparentemente antagónicas, pero unidas, en la más pura intimidad por el romanticismo de gran parte del género humano.

Ni Shakespeare, Cervantes o Beethoven hubieran conseguido la perfección en sus creaciones, y mucho menos la trascendencia lograda, si no hubieran captado y sintetizado el romanticismo de su pueblo, de su tiempo y de su herencia cultural.

Ese romanticismo no ha sido comprendido en toda su extensión y profundidad, por lo que las interpretaciones y comprensiones del tango hayan adquirido formas y aspectos distintos, parciales y hasta opuestos, basados algunos en personajes puntuales, otros, en creaciones antológicas, y finalmente los que creen que el tango es un producto natural y espontáneo del pueblo rioplatense y por ello desprovisto de explicación, por ser el tango, tal como es a lo largo de los años y sus creadores.

Sin embargo, faltaba un trabajo antológico, despojado de formas acartonadas, rígidas y sin vida, que lo condensara y al mismo tiempo lo mostrara y explicara en toda la profunda riqueza y ductibilidad que lo distingue de otras manifestaciones musicales y populares.

Esa ausencia se ha llenado, y de manera sobrada, con el presente trabajo de Ernesto J. Abálsamo, pues en él se encuentra su profundo amor por el tango, amalgamado con la memoria de quien lo ha vivido y vive de manera plena y directa, sin desdeñar el dato pequeño, pero muy humano, ni la anécdota enriquecedora de perfiles personales, que si no se recogen y exponen de manera ordenada y amena, pasarían a ser meras zonas grises de algo tan vivo y palpitante como es el tango, por ser éste parte de nuestra cultura popular y nacional.

Por todo lo anterior, me complazco en recomendar la lectura de esta obra, que tiene las tres condiciones básicas de los buenos libros: entretener, ilustrar y educar, aun a los que saben mucho.

Andrés M. Carretero

Ilustración de Mario Zavattaro

Capítulo I
Sinónimo de Buenos Aires

En sus más de cien años de existencia, mucho se dijo y se escribió sobre el tango. Pasarán los años y se seguirá hablando y escribiendo sobre este fenómeno que es sinónimo de Buenos Aires. En algún momento se sostuvo que el tango había muerto, pero fue sólo una falsa impresión. El tango no puede desaparecer porque es inmortal. Está vivo, y en muchos países del mundo se lo sigue venerando, en mayor o en menor medida, como está reflejado más adelante, con más fervor que en el nuestro. Este libro no pretende ser ni reflejar la historia pormenorizada de nuestra música ciudadana. Solamente es un ensayo. Y un ensayo no es otra cosa que un escrito mas bien breve, que expone los pensamientos, las reflexiones y los hallazgos, anécdotas y recuerdos del autor sobre determinada materia, en este caso particular, el tango.

Debemos convenir que para hablar del tango hay que retrotraerse al pasado, porque el tango constituye una parte de la historia del país, de la vieja Argentina, y la historia no es ni presente, ni futuro es pasado. Las letras de los tangos, como iremos viendo, contaban vivencias que hoy no existen. Cada letra de tango tiene un pedazo de uno mismo, es juntarse con algo que ya no tenemos. Para escribir sobre el tango no alcanza con tener una cultura proveniente de libros sobre el tema. Hace falta haberlo escuchado y vivido.

Sabemos que hoy los barrios no tienen las características tan definidas que tenían en aquella época, que los inquilinatos y los conventillos fueron demolidos y reemplazados por modernos edificios de departamentos, donde los vecinos apenas se conocen, y que los tradicionales patios de aquellas casonas, donde reinaba el tango, pasaron a formar parte de la historia. Hoy no se le podrá cantar a la obrerita que tosía por las noches, como cuenta la letra de *Cotorrita de la suerte*, porque ya no hay ni obreritas ni trabajo. Tampoco hay organitos desparramando su simple melancolía por las calles porteñas, ni hay chatas, ni corralón, ni existen más el lecherito, el tranvía, malvones en las ventanas, ni faroles donde se apoyaban los guapos, que también pasaron al olvido. Hoy no se roban besos al azar, como lo hacía el protagonista de *Pedacito de cielo*. Todo cambió. Si hasta existen páginas en Internet, del tango en general y de Carlos Gardel en particular, sitios desde donde se les rinden homenajes, se transmiten letras, partituras y fragmentos de audio de históricos tangos, partes de las películas e incluso de la vida del "Morocho", clases de baile para quienes quieren formar parte de la legión de los adoradores del dos por cuatro, con la particularidad de que la gran mayoría de las consultas proviene de países tan lejanos como Lituania, Suiza o Dinamarca. No es para menos. Jorge "Cacho" Fontana, uno de los grandes impulsores de esta novedad, opina así: *Es una fusión de tecnología y sentimientos. Es una propuesta que permite ubicar a nuestra música popular, expresión única de una ciudad, sus poetas, sus músicos y sus creadores en la globalización de la cultura.*

Por suerte, el tango sufrió una metamorfosis altamente positiva desde su aparición, a fines de 1800. Tuvo auge, llegó a su pleno apogeo y contó con máximos exponentes. De a poco fue cambiando su estilo, adquirió belleza, finura y mayor sabor porteño. Recibió un gran aporte de señorío a través de magistrales directores y excepcionales músicos y cantores, a pesar de que en algunos casos su riqueza melódica la fueron desvirtuando quienes se empeñaron en apartarse del camino del tango y lo llevaron a un universo musical que no era su ámbito adecuado. Lo fueron desnaturalizando. Ya en 1903, José Sixto Alvarez, "Fray Mocho", decía en una crónica en Caras y Caretas que los innovadores estaban matando al tango.

Se refería a los que lo llevaron a París, a los que introdujeron el bandoneón, a los que lo llevaron al "Centro", a los que incorporaron el piano, a los conjuntos que tocaban en lo de María la "Vasca", la "Parda" Adelina o la "Gringa" Adela. Allí actuaban

Mendizábal, Aragón, Bevilacqua, Campoamor, Castriota. Mucho más adelante, en 1936, y en otro contexto, el gran Enrique Santos Discépolo decía, por su parte: *No creo en la eficacia del tango sinfónico. Al hacerse sinfónico se aleja de su verdadero contenido.* Como vemos, cada uno defendía a su manera lo que creía que era el verdadero. Pero el tango evolucionó, y en esa evolución convivieron todos. Horacio Salgán cree que el género tango admite tantas posibilidades de innovación que cuando algún compositor se acerca a esta música con nuevas ideas encuentra sin problemas la manera de plasmarlas, pero que para cumplir con su objetivo no es preciso ni necesario desvirtuarla. Está convencido de que si esa idea es auténtica y respetuosa del género, representará un enriquecimiento. De todos modos, advierte que la libertad de introducir nuevas ideas tiene un límite, porque esa libertad no autoriza a hacer cualquier cosa. Y previene que cuando se anuncia que se va a tocar un tango, hay que tocar un tango, y si se anuncia que se va a tocar un vals hay que tocar un vals, respetando su esencia, aunque se le agreguen nuevas ideas que signifiquen el enriquecimiento a que hizo referencia. Otro gran músico, Atilio Stampone, también opina que la misión del arreglador es aportar su cultura musical, y no tratar de que llegue un momento que no se sepa lo que están tocando, más si se trata de un tema de otro compositor, un tema conocido. Se lo puede modificar y enriquecer –sostiene-, modificar la armonía, pero respetando la esencia de lo que *se tomó prestado*. Por suerte, todavía hoy podemos seguir disfrutando a través de las grabaciones esa obra maravillosa que nos legaron los tangueros de ley, especialmente los de la "Epoca de oro", esa que transcurrió aproximadamente entre 1940 y 1955. Pocas músicas populares contaron con una cantidad tan grande de excepcionales intérpretes, músicos, autores, compositores y cantores como el tango, y hay que tener en cuenta que no contaban en esa época con la magia de la televisión, que lleva la imagen hasta el último rincón del país. Imaginemos lo que habría ocurrido si aquellas orquestas hubieran tenido, como sí aprovechan hoy los conjuntos de rock, de cumbia o los cuarteteros, este maravilloso elemento tecnológico. Algunos consideran que el ocaso del tango, especial-

mente en el aspecto bailable, comenzó en 1960, con el adveni-
miento de la catarata de música foránea, especialmente el twist y
el rock and roll. Hay quien sostiene que, indirectamente o tan-
gencialmente, influyó para la desaparición de los lugares bailables el hecho de que al hacerse cargo del poder el golpe militar
en 1955 estableció por más de un año el Estado de sitio, que pro-
hibía hacer reuniones o que se juntaran más de 2 o 3 personas, lo
que impedía organizar las tradicionales veladas bailables en clubes o salones. Más adelante, a esto se le sumó otro hecho, esta
vez vinculado directamente con el tango. Surgieron casi en
forma conjunta Julio Sosa, cuyo público no iba a bailar sino a
escucharlo cantar, y Astor Piazzolla, que ya se había desvinculado de Aníbal Troilo y que inclusive había disuelto su propia
orquesta, y que construye su obra basada en la negación del
baile. Ni Julio Sosa ni Astor Piazzolla eran santos de la devoción
de los milongueros tradicionales. El objetivo de Piazzolla, aunque nunca lo reconoció públicamente, era que la gente escuchara la música, no que la bailara, por eso en los arreglos que hacía
para la orquesta de Aníbal Troilo trataba de introducir solos de
violoncelo o de bandoneón muy rebuscados, algo que al "Gordo"
no lo satisfacía, y se lo cortaba. Pero él insistía con esa idea, no
daba el brazo a torcer, porque soñaba con que el tango no fuera
para bailar, que fuera una música para escuchar, como lo confesó más de una vez públicamente. Como revancha contó que
durante una actuación en Boca Juniors en unos carnavales, cuando la orquesta de Troilo tocó sucesivamente *Chiqué* e
Inspiración, ambos con arreglos de él, y la gente se arremolinó
frente al palco para escucharlos, con toda su maldad le dijo a
Troilo: *Viste que el baile no camina*. El se molestaba porque la
gente bailaba y sólo le importaba el compás, pero no escuchaba
a la orquesta. Troilo lo sabía, pero defendía su posición, que era
tocar para que la gente bailara, como lo hacían en aquella época
todas las orquestas.

Pero después de sortear varias etapas negativas, el tango tradicional volvió a revivir, luego de un largo período de letargo y
de haber estado casi al borde de su desaparición, debido a que los

intereses económicos de las empresas grabadoras y de los directivos de radios y de canales de televisión primaron sobre la defensa del patrimonio cultural nacional. Era más rentable la explotación de las expresiones foráneas o de otros ritmos y conjuntos locales que la difusión de la música nuestra.

Esas músicas no fueron contrincantes serios para el tango. Lo demuestra el hecho de su efímero paso por el horizonte musical. Julio Sosa llegó a decir al ver bailar en programas de televisión a conjuntos de twist o de rock, que parecían monos saltando sobre una plancha caliente. Algo parecido, pero en menor medida, le ocurrió al folclore. Y en este fenómeno de destrucción de lo argentino tuvieron mucho que ver las emisoras de FM, que aparecieron como hongos, ante la falta de una regulación adecuada por parte de las autoridades competentes. También el alto costo económico de mantener una orquesta típica conspiró para su virtual desaparición, así como la extinción de los lugares clásicos donde se iba a escuchar o a bailar tangos.

El tango es un sentimiento que se mantiene en el tiempo, es una música natural y propia de una ciudad, está acotado temporalmente y espacialmente, y así lo entienden todos los que aman su música y sus letras. Cuenta historias y relata paisajes. Ernesto Sabato dice en su libro "Tango, discusión y clave": *Si es cierto que el tango es un producto del hibridaje, es falso que no sea argentino, ya que para bien y para mal no hay pueblos platónicamente puros y la Argentina de hoy es el resultado* -muchas veces calamitoso, es verdad- *de sucesivas invasiones. Negar la argentinidad del tango es un acto tan patéticamente suicida como negar la existencia de Buenos Aires.* Es tan amplio y tan generoso que con sus versos le cantó a mil motivos distintos, muchos reales y otros ficticios, pero todos nacidos de la vena genial de sus poetas. Hasta la Casa Rosada tiene un tango, con ese nombre, debido a la inspiración de Eladia Blázquez, que escribió la música y también la letra, ésta en colaboración con el periodista Enrique Bugatti. En una de sus partes dice: *Pobrecita...la Rosada, vos la culpa no tenés... de las cosas que nos pasan, ¡de que todo esté al revés!*

Nicolás Olivari decía que el tango es agrio y verídico, porque en el tango el porteño se cobra, en moneda de rencor, por todo lo que lo hacen sufrir, y aseguraba que Cadícamo fue quien recogió en sus libros y en sus tangos, como en una humilde enciclopedia, clasificando la fluctuación pasional de la raza y compilando, acaso sin proponérselo, la cronología lírico-histórica de una época que no tenía a un cronista fiel.

Para Homero Expósito, los de su generación reivindicaron a los que en los años 30 eran analfabetos, a los "tanos" que mandaban a sus hijos a estudiar, para que les leyeran las cartas que llegaban de su tierra y que ellos no podían hacerlo. *Y entonces un tipo como yo se morfaba toda la calle y toda la vida, pero también todos los libros. Así puedo traducir a los latinos, hablo cuatro idiomas y además el griego. Y chamuyo de verdad más dialectos que cualquier italiano. De todos modos, lo más difícil no es eso sino bajarse del caballo a tomar mate con el pueblo.* Homero Expósito era tan detallista que utilizaba los servicios de un corrector para que le revisara las letras de los tangos que escribía. Siempre decía que cuando hablaba de cosas pasadas no lo hacía con nostalgia ni con melancolía, porque él no era nada más que un transmisor de esa idea, de ese espectáculo, de lo que había sucedido. En síntesis, se autotitulaba *un cronista*. Compuso letras consideradas verdaderas joyas, como *Farol, Margo, Pueblito de provincia, Cafetín, Al compás del corazón, Absurdo, Percal, Oyeme, A bailar, Yo soy el tango, Tristezas de la calle Corrientes, Usura, Dejame volver a mi pueblo, Pobre negra, Libre, Loco torbellino, Canción para un breve final, Si hoy fuera ayer, Maquillaje, Mi cantar, Qué me van a hablar de amor, Naranjo en flor, Oro falso, La loca, Tu casa ya no está, Todo, Pigmalión, Quedémonos aquí, Dos fracasos, Afiches, Fangal, Solo y triste como ayer, Sexto piso, Azabache, Pedacito de cielo, En la huella del adiós* y *La misma pena*, en colaboración con músicos de gran relieve como su hermano Virgilio, Domingo Federico, Emilio Barbato, Armando Pontier, Enrique Villegas, Héctor Stamponi, Hugo Gutiérrez y Astor Piazzolla.

Una cantante de esta época, Mariquena Monti, a pesar de no haber vivido los años dorados de esta música, dijo que *su* tango, lo más grande que existe para ella, es ***Naranjo en flor***, por su riqueza poética. Aseguró que nunca lo cantó ni pensaba cantarlo, porque, además de considerar que es un tango para ser interpretado por un hombre, alguna vez que en la intimidad intentó cantarlo se emocionó tanto que se puso a llorar. Estima que su letra es de lo mejor que se escribió en nuestra música popular. Cuando compusieron este tango, Virgilio Expósito tenía sólo 15 años, y 18 su hermano Homero.

Muchos tangos cantan historia verdaderas, como ***Desencanto***, en el que Discépolo se refiere a la confesión de su amigo Techera, antes de morir, que caló tan hondo en su sentimiento que muchos años después la plasmó en un tango, o en otros, donde según algunos amigos íntimos contó su vida tormentosa con Tania. Horacio Salgán dijo una vez que con lo producido hasta ese momento, el tango tiene asegurada su permanencia durante tres siglos más.

CAPÍTULO II

UN FILÓSOFO DEL PUEBLO

El tango le contó a Buenos Aires y al país todas sus realidades, especialmente a través del gran Enrique Santos Discépolo, que fue un profeta en su tierra, porque vio, 50 años antes, la realidad de la Argentina. Discépolo, con gran sagacidad, veía lejísimo, contaba el hoy, pero presentía que lo que estaba viendo no iba a cambiar con el tiempo, que la injusticia sería permanente. En 1930, en un cortometraje rodado por Eduardo Morera, Gardel le preguntó: *Decime, Enrique ¿qué has querido hacer con el tango **Yira...yira**? Una canción con soledad y desesperanza*, le contesta, y entonces Gardel le dice: *Pero el personaje es un hombre bueno*, y Discépolo continúa: *Es un hombre* *que ha vivido la bella esperanza de la fraternidad durante 40 años, y de pronto un día, a los 40 años, se desayuna con que los hombres son una fiera.* Y a continuación, Gardel canta **Yira... yira.** Podría decirse que esos cortos que se filmaban en aquella época basados en tangos serían de alguna manera el equivalente a los video clips de hoy. Aníbal Troilo y Homero Manzi le regalaron un tango, cuya letra es el retrato perfecto de lo que era Enrique Santos Discépolo, fundamentalmente cuando dice *"te duele como propia la cicatriz ajena".* Según contó su entrañable amigo, el gran actor Osvaldo Miranda, como otras veces, había ido a visitar con su esposa a Discépolo en su departamento de la avenida Callao. Cuando se estaban por ir, el dueño de casa los invitó a cenar. *Yo no quería, porque conocía muy bien lo que eran las cenas en la casa de Discépolo. Ponía platos grandes, nada más. Por ahí un niño envuelto o dos arvejas con vaina y todo.* Recordó Miranda que cuando terminó la cena apareció Homero Manzi, y poco después Troilo y su esposa Zita. De repente, Pichuco empezó a tararear una música y Manzi a acompañarlo con unos versos que decían: *Sobre el mármol helado, migas de media luna. Cuando llegó a 'su talento enorme y su nariz',*

Enrique Santos Discépolo

lo miré a Discépolo, y noté que tenía los ojos vidriosos. Fue un regalo enorme que me hizo al obligarme a compartir ese momento. Enrique lo sabía, creo que se lo adelantó Pichuco, por eso nos pidió e insistió tanto. Le complacía compartir los momentos gratos con sus amigos. Con Osvaldo Miranda compartía todo. Decía de Discépolo: *Fue el hombre que más quise, porque me quedé sin papá a los 11 años, y él fue mucho mi padre, mucho mi hijo y, sobre todo, mucho mi hermano. Fue mi amigo desde que lo conocí, en 1934, hasta el 23 de diciembre de 1951, a las 23,20, cuando su mano dejó de apretar la mía.* Extremadamente emocionado confesó: *No sé dónde ni cuando lo voy a encontrar, pero el día que lo encuentre me va a decir: ¡Qué linda hora de venir, eh¡*

Sus primeros tangos, en alguna medida, reflejaban su adolescencia, de ideales anarquistas. Decía que eran relatos en pocos minutos. *Decir tantas cosas en tan corto espacio, qué difícil y qué lindo*, solía explicar. Como la historia, las situaciones en la Argentina se fueron repitiendo. Militares que se arrogaron la facultad y el derecho de dirigir el país. Políticos sin escrúpulos que aprovecharon esa situación y se enriquecieron, mientras empobrecían al pueblo.

En los años 30 hubo quien volcó en los tangos esa realidad. Actualmente, la práctica desaparición de esa música del pueblo y la decadencia en que se sumió al país impiden que haya una referencia de la crisis moral que vive. Ya no hay quien reinvente un **Yira... yira**, esa realidad de los años 30 que tan bien vio Discépolo y que con carbónico se repitió después en varias ocasiones en el país. Lamentablemente, Discépolo hubo uno solo, y ya no existe. Algunos creían ver en la obra de Discépolo tangos tristes, existenciales o pesimistas, pero él escribió la realidad, como la desocupación, la miseria, los suicidios. Pero cuando el país se encaminó al desarrollo industrial, cuando hubo pleno empleo, como ocurrió en 1946, 47, 48, deja esa línea y escribe **Cafetín de Buenos Aires**, un tango nostálgico. Si se analiza su obra, se comprueba que hasta allí nunca había usado el tema de la nostalgia, presente en la mayoría de los tangos, esa remanida aseveración de que todo tiempo pasado fue mejor. Atilio Stampone sostiene al respecto que Discépolo fue quien empezó a escribir con ese lenguaje tan crudo de la sociedad, que es lo que después se entiende filosóficamente como "existencialismo", que no le caben dudas de que pudo haber sido el precursor de eso porque sus letras son documentos sociales, que cada vez van adquiriendo una dimensión mayor, si no, no se entiende cómo pudo haber escrito eso en esa época.

De haber vivido, en las últimas cuatro o cinco décadas hubiera tenido sobrados argumentos para escribir sobre el cambalache del país, porque él siempre vivió el sufrimiento ajeno. Llegó a decir: *Hay un hambre que es tan grande como el hambre de pan. Y es el hambre de la injusticia, de la incomprensión. Una canción popular debe ser siempre el problema de uno padecido por muchos.* No se avergonzaba al decir que tuvo una infancia triste, que no hallaba atractivo en jugar a la bolita o a cualquiera de los demás juegos infantiles, y que vivía aislado y taciturno. Pero no le faltaban motivos. Nació el 27 de marzo de 1901 en el barrio de Once, hijo de Santo Discépolo y Luisa Deluchi. A los cinco años perdió a su padre y tres años después a su madre. Decía que su timidez se volvió miedo y su tristeza desventura. Dejó de ir a la escuela Normal, en General Urquiza y Moreno, porque le interesaba más ser actor que maestro, e interpretó que lo que perdió en el colegio lo recuperó en la calle y en la vida.

Consideró que tal vez allí comenzó a masticar las letras de sus canciones. Para él, según expresaba, *una canción es un pedazo de mi vida, un traje que anda buscando un cuerpo que le ande bien,* y repetía: *El drama no es un invento mío. Acepto que se me culpe del perfil sombrío de mis personajes, por aceptar algo nomás, pero la vida es la única responsable de ese dolor. Yo, honradamente, no he vivido la letra de todas mis canciones, porque eso sería materialmente imposible, inhumano. Pero las he sentido todas, eso sí. Me he metido en la piel de los otros y las he sentido en la sangre y en la carne. Brutalmente. Dolorosamente.* No es fácil pensar que alguien que trascendió como letrista dijera que lo más importante de un tango es la música.

Recordaba que a los 15 años hizo versos de amor *muy malos,* que a los 20, *henchido de fervor humanista, creí que todos los hombres eran mis hermanos. A los 30, eran apenas primos. Ahora, estafado y querido, golpeado y acariciado, creo que los hombres se dividen en dos grandes grupos: los que muerden y los que se dejan morder.* Así de grande era Enrique Santos Discépolo.

Precisamente, en **Cambalache** al citar a Stavinski, símbolo mundial de la corrupción en 1934 del poder político en Francia, se refería a la unión entre los grupos económicos poderosos y los funcionarios inmorales. Un calco de lo vivido en la Argentina en las últimas décadas. Por algo se calificó en su momento a su producción literaria como: *Sus letras son un estado de la época.*

Tuvo una gran condición. A diferencia de otros grandes compositores o autores famosos, nunca escribió para el mercado, no le interesó el aspecto comercial. Lamentablemente, su humilde condición económica hizo que en más de una oportunidad tuviera que escribir para sobrevivir. Se cuenta que un conocido editor de la época lo llamaba, le daba cinco pesos y le decía *Tomá, cuando me traigas otro tango te doy cinco más.* Llegó a decir *El público no es un juez. Es la Suprema Corte, que no admite apelación.* Como contrapartida podría mencionarse a Juan Caruso, quien a decir de José Gobello, como mucha otra gente, quería ganar mucho y pronto, y pocas veces escribía por el placer de crear.

Como otros grandes que pasaron a la historia del tango con famosas composiciones, hoy consideradas clásicas, no sabía música, era intuitivo. El caso más resonante, sin lugar a dudas, fue el de Carlos Gardel, y 60 años después de su muerte Virgilio Expósito contó como una gracia lo que todo tanguero sabía: que no escribía él en el pentagrama las grandes obras que nos legó. Esto fue aprovechado por los detractores del tango para desmerecer la gran obra autoral del "Morocho del Abasto". Lo común era que esos autores tenían rudimentarios conocimientos de guitarra o de piano, que les servían para interpretarle a algún músico que sí sabía hacerlo lo que había en su mente creadora, quien lo pasaba al pentagrama. En otras ocasiones, simplemente lo silbaban o lo tarareaban. Discépolo fue uno de esos personajes. Tenía una gran capacidad para componer, y los intermediarios entre su mente creativa y el papel eran Francisco Pracánico, Carlos Di Sarli o Lalo Scalise. Solía contar que cuando, de golpe, le venía en mente una música nueva, la cantaba muchas veces hasta que la memorizaba, esperando el momento en que alguien se la pasara al pentagrama. Fue Lalo Scalise, pianista de la orquesta de Pedro Maffia, quien pasó al pentagrama la música de **Canción desesperada**, mientras Discépolo se la tocaba, como en otras oportunidades, en un armonio que tenía en el balcón, en el departamento de la avenida Callao. Tenía por costumbre escribir primero la letra, y sobre ésta crear la música. Cuando la tenía bien *cocinada*, lo llamaba a Lalo Scalise para que se la pasara al papel.

Se había fabricado un violín casero, con una lata vacía de aceite. Inclusive estudió con un profesor algunas nociones musicales de violín, pero como le ocurrió con el piano, nunca llegó a tocar medianamente bien, y menos a escribir o leer música. Se negó sistemáticamente a estudiar teoría y solfeo porque, para él, *era chino*, a diferencia de su padre, un napolitano nacido en 1850, que estudió música en el Conservatorio Real de Nápoles y aprendió piano, contrabajo, armonía, composición y contrapunto, y que en la Argentina, donde llegó en 1872, llegó a ser director de las bandas de la Policía y de los Bomberos Voluntarios, y compuso los tangos *¡No empujés, caramba!* y *Payaso*, en homenaje a Frank Brown.

Pese a su empecinamiento en no estudiar música, Discépolo llegó a dirigir una orquesta compuesta por 50 músicos, entre los que se encontraban Aníbal Troilo y Héctor Varela, en la que cantaba Antonio Rodríguez Lesende, y lo mismo ocurrió en una gira por México, esta vez con 22 músicos, con Héctor Stamponi entre ellos. Puede decirse que fue uno de los pocos en crear la letra y la música de un tango. Una vez dijo, a comienzos de 1929: *He tenido la dicha de interpretar los gustos del público, identificándome con él. Estaría por asegurar que el tango es inmortal.*

Inicialmente sus aspiraciones artísticas no pasaban por el tango, hasta que en 1925, durante una gira con su amigo José Vázquez, que le había enseñado algunas nociones de guitarra, se les ocurre a ambos que escribiera un tango, pero no para buscar consagración en ese género, sino para una obra de teatro. Con letra de José Saldías compuso **Bizcochito**, para la obra "La Porota", que con Olinda Bozán se presentaba en el teatro **El**

Nacional. Lo cantaba Juan Carlos Marambio Catán, quien en sus "Memorias" cuenta que *a él no le gustaba nada*, que le parecía *muy malo*, pero que tuvo que cantarlo por presión del propio Saldías y del empresario, Pascual Carcavallo. Luego lo tocó Francisco Canaro en el **Royal Pigall** y finalmente se lo grabó Marambio Catán para el sello Víctor. Este tango no tuvo repercusión alguna, al igual que en un principio su segundo intento, *Que vachaché*, éste con la particularidad de que le pertenecían la letra y la música, que se constituyó en un fracaso cuando lo estrenó en Montevideo la actriz Mecha Delgado. Era su reacción frente a la corrupción. Le vaticinaron que nunca escribiría un buen tango. Evidentemente, quien así pensaba no tenía condiciones de futurólogo. En Buenos Aires lo hizo conocer Tita Merello en la revista "Así da gusto vivir", y Salvador Merico, que le oficiaba de *padrino*, hizo de intermediario con Gardel para que se lo grabara, y así fue como se transformó en un suceso, en 1927.

La tercera iniciativa fue *Esta noche me emborracho*, que se lo pasó al pentagrama su amiga Hortensia Torterolo. Como los otros, en el Uruguay fue un fracaso, pero sí tomó vuelo cuando lo estrenó Azucena Maizani en el **Maipo**. Luego apareció *Chorra*, que se lo estrenó Marcos Caplán en el **Teatro Apolo**. Según narra Sergio Pujol en uno de sus libros, con motivo de hacerse popular la letra de *Chorra* un carnicero del Abasto lo encaró un día a Discépolo, que era conocido por su actuación como actor en diversas obras teatrales, para increparlo porque decía que *Chorra* reflejaba lo que a él le había pasado con su mujer, y quería saber quién se lo había contado. Muchos de los tangos de Discépolo fueron estrenados en Montevideo, y otros por Tania en las revistas que tan de moda estaban en aquella época en los teatros porteños.

En pocos meses escribió *Miguelito*, sin letra, que luego pasó a llamarse *Pero el día que me quieras*, con versos de Luis César Amadori; *Alguna vez*, en colaboración con Francisco García Jiménez. Con música de Francisco Pracánico hizo *En el cepo*, que después de muchos años se llamó *Condena* que Alberto Marino transformó en una creación como solista. Le siguieron

S.O.S.; después *Malevaje*, con Juan de Dios Filiberto; *Soy un arlequín*, *Victoria*, más adelante, *Justo el 31*, cuya letra es en colaboración con Rada; *Yira...yira*; *Confesión*, con Luis César Amadori; *Qué sapa señor*, *Secreto*, *Tres esperanzas*, *Quien más quien menos*, *Carillón de la Merced*, que lo escribió en Santiago, Chile, en colaboración con Alfredo Le Pera, quien se encontraba en ese país como autor de la compañía de revistas que encabezaban Discépolo y Tania, con quien ya vivía, y ese tango salvó la temporada, que venía *muy floja*. No se sabe por qué Gardel nunca quiso grabar *Carillón de la Merced*, aunque algunos sostienen que se debió a que no estaba en ese entonces en buenas relaciones con el poeta. Alfredo Le Pera había nacido en San Pablo, Brasil, el 7 de junio de 1900, y murió en el accidente aéreo en Medellín, Colombia, el 24 de junio de 1935, junto con Carlos Gardel y otros integrantes del elenco. Hijo de inmigrantes italianos, Alfredo Le Pera y María Sorrentino, quienes en 1902 se radicaron en Buenos Aires, luego de cursar sus estudios en el Colegio Nacional Mariano Moreno inició la carrera de medicina, la que abandonó para dedicarse por entero a la pasión que había abrazado, el periodismo. Pasó por diversas redacciones, y al mismo tiempo escribía letras para sainetes y revistas *de mediana categoría*, hasta que en 1928, luego de realizar una tarea periodística en Europa y los Estados Unidos, fue contratado por Artistas Unidos para que redactara los títulos sobreimpresos de las películas. A raíz de esa actividad en el cine fue que en 1932, a través de la Paramount, se vinculó en París con Carlos Gardel. Y allí nació la "sociedad" que tantos frutos le dio al tango. Para José Gobello no alcanzó *ni el vuelo de Manzi, ni la profundidad de Discépolo, ni la porteñidad de Romero ni el cancherismo de Celedonio Flores,* aunque reconoce que es indiscutible su acierto con algunas frases proverbiales como *Veinte años no es nada; siempre se vuelve al primer amor*, o *la vergüenza de haber sido y el dolor de ya no ser*. Algunos historiadores ven en sus letras una fuerte influencia de Amado Nervo, e inclusive lo acusan de haberlo plagiado. Lo cierto es que las letras de Alfredo Le Pera son poemas que engalanan al tango.

Pero sigamos con Discépolo. Luego de las creaciones ya mencionadas vinieron *Cambalache*, *Alma de bandoneón*, *Melodía porteña*, *Desencanto*, *Tormenta*, *Martirio*, *Infamia*, *Canción desesperada*, *Sin palabras*, la letra para *El Choclo*, escrita en 1947, y finalmente su última creación, *Cafetín de Buenos Aires*, con música de Mariano Mores, con quien antes había hecho *Uno*.

Fue Dante Linyera quien lo bautizó "El filósofo del tango", y se ganó un lugar en la galería porteña con sólo tres tangos: *Que vachaché*, *Esta noche me emborracho* y *Chorra*. Según Mariano Mores, *Sin palabras* lo hicieron por pedido de Libertad Lamarque, que quería estrenar en México un tango, y para eso recurrió a ellos.

Enrique Santos Discépolo solía decir: *He pretendido reflejar el momento de locura universal que atravesamos. El mundo marcha a la deriva. Se han roto los diques de la cordura y la sensatez, ya la humanidad no encuentra los caminos de la dicha.* Entre muchas otras, creó las piezas teatrales "Los duendes", "Páselo, cabo", "El señor cura", "El hombre solo" y "Día feriado". Incursionó mucho en el cine, como autor, intérprete y director. Sentía una gran admiración por Carlitos Chaplin, que era su ídolo, y soñaba con ser como él. Osvaldo Miranda, su gran amigo, contaba que en la película "Un señor mucamo" le brindó un papel. Finalizado el primer día de filmación, le preguntó a Discépolo cuánto pedía de paga, porque como había llegado a Buenos Aires un día antes, no tuvo oportunidad de arreglar la parte económica. La respuesta fue *hoy no, esperá a mañana*, y así por tres o cuatro días seguidos. Miranda seguía con la incógnita, hasta que de pronto le dijo: *Pedí 1.000 pesos*. Sorprendido, le contestó: *¿Estás loco, si el primer actor cobra 5.000, querés que me echen?*. Discépolo lo miró y le dijo: *No, porque si te echan tienen que filmar todo eso de nuevo, y les cuesta 4.000 pesos*. Así era Discépolo, en el recuerdo emocionado de su amigo.

En una gira con Tania y un grupo de músicos argentinos cautivó con sus tangos al público de varias ciudades de España,

Portugal y el norte de Africa, y también al de Río de Janeiro, pero con menos intensidad al de París, por la barrera idiomática y por estrictas normas sobre la utilización de músicos locales. Fue durante esa gira, en una visita a un monasterio en Palma de Mallorca, que se inspiró, sobre la base del drama de Federico Chopin, para crear **Canción desesperada**.

Aunque tuvo poca difusión, hubo un hecho durante esa gira por Europa que cambió notablemente la historia del tango. Hasta la actuación de Discépolo con Tania y el grupo de músicos en los escenarios europeos, tanto Canaro como los hermanos Pizarro, Eduardo Bianco o Juan Bautista Deambroggio, era normal que los integrantes de las orquestas se presentaran vestidos de gauchos. Fue Discépolo quien impuso cambiar esa ridícula vestimenta, que no tenía nada que ver con la realidad, por trajes de etiqueta.

Sobre este tema, Francisco Canaro brindó una clara explicación en sus "Memorias", libro escrito en 1956. Dice allí: *Un día antes de nuestro debut en París, el 23 de abril de 1925, me encontré con un gran inconveniente: no podíamos trabajar con una orquesta común en virtud de una ley que protegía al Sindicato de Músicos. Sólo se autorizaba la actuación de músicos extranjeros si lo hacían en 'orquestas de atracción' para lo cual debían contar con una característica especial que denotase una novedad específica. Se me ocurrió vestir a toda la orquesta de gauchos e introducir en nuestros programas algunos recitados buscando hacer algo que nos diferenciara de las demás orquestas. Recurrí a fragmentos del Martín Fierro, que yo sabía de memoria y agregué al elenco a una chica de apellido Asprela, que era la compañera de Ferrazzano, uno de mis violinistas. La chica cantaba tangos y canciones vestida de gaucho y acompañándose con guitarra. Cuando ella cantaba, la orquesta la acompañaba. Además, mi hermano Rafael tocaba el serrucho, pintoresca novedad que yo había intercalado en mi orquesta. Con tales elementos organizamos un variado programa de varieté, denominado 'Attraction Canaro's*. La orquesta estaba integrada por Carlos Marcucci y Juan Canaro en bandoneones;

Francisco Canaro, que era el director y Ferrazzano, en violines; Fioravanti Di Cicco, en piano; Rafael Canaro, en contrabajo, y Lo Moro en batería. Así tuvieron que luchar los músicos argentinos para imponer el tango en Europa.

Cuando murió Pirandello, Discépolo dijo en una audición por radio que él conducía: "Ha muerto un hombre que nació antes de tiempo". Exactamente lo mismo alguien hubiera podido decir de él.

Tuvo la visión necesaria para darse cuenta qué música podría competir con el tango cuando éste todavía estaba en la cima de la popularidad, no sólo en la Argentina. "En México le ha salido un serio rival al tango. Es el bolero, la gran creación de la música popular mexicana. Lara le dio una forma bailable a un tipo de canción que no era bailable", fue su premonición.

Resulta extraño ahora, después de tantos años, que alguien poseedor de tanta agudeza e inteligencia no supo entender que un personaje que vive del público no debe mezclar la política con su profesión. Muchos han comprendido que lo ideal es guardar dentro de uno sus sentimientos y sus preferencias, ya sean referidos a política como a la simpleza de su pasión por una casaca de fútbol, que pueden despertar odios o rencores entre los que defienden otras pasiones.

Así como *Yira...yira*, *Cambalache*, *Esta noche me emborracho*, *Uno*, *Chorra* y tantas otras joyas musicales lo encumbraron, a este genio lo volteó el personaje radial "Mordisquito", que él había creado. Inventó una carta que ese personaje le había mandado y que representaba a un opositor al régimen peronista, al cual él le hablaba para refutar sus supuestas críticas. Era en un programa que inicialmente se llamaba "Pienso y digo lo que pienso", por el que pasaron artistas de renombre, y que con Discépolo se llamó "¡A mí me lo vas a contar!". Y lo peor que para siempre. Le costó demasiado caro meterse en política.

Algunos historiadores sostienen que Discépolo hizo ese personaje obligado simplemente por su amistad con Perón. Pero, aparentemente, no fue así. Lo hizo sabiendo que estaba defendiendo el régimen que él aprobaba, al que consideraba como el único instrumento para la aplicación de la justicia social con la que siempre soñó. Era peronista por convicción, y no por obligación o para poder trabajar. Otras figuras, tanto de la música como del espectáculo en general, que no estaban de acuerdo con el gobierno, se fueron del país, en algunos casos por su propia decisión y en otros, por la fuerza.

A raíz de eso, no pudo superar el vacío que le hicieron otros músicos, actores, y hasta algunos de sus mejores amigos, que ni siquiera lo saludaban. Sin embargo, él no comprendía por qué no le había pasado lo mismo a las otras figuras del espectáculo que antes estuvieron en ese programa.

Lo que ocurrió es que Discépolo le dio otra fisonomía, inventó ese personaje, y lo encaró de una manera mucho más comprometida, porque él lo que veía era el cambio social. Hubo episodios muy desagradables. Lo llamaban de noche por teléfono para insultarlo. Le enviaban encomiendas con discos rotos de sus obras. En una ocasión, cuando lo ve, Oreste Caviglia se negó a saludarlo, se hizo a un lado y escupió en el suelo, y Francisco Petrone no permitió que le diera la mano.

De un día para el otro se dio cuenta que no podía ir a comer en un restaurante sin que lo silbaran. Se daba la paradoja que algún "pícaro" compraba todas las localidades del teatro **Politeama**, donde daban su obra "Blum", para que cuando los actores salieran a escena se encontraran con la sala vacía. Discépolo no lo podía entender. Para él la política corría por un lado, pero la amistad estaba por encima de todo. Era el pensamiento de un hombre sano y distinto. No lo pudo superar. Y eso lo fue minando, dejó de comer y se abandonó. Fue así como entró en una caída anímica de la que no pudo salir, y falleció el 23 de diciembre de 1951. Oficialmente se dijo que había muerto de gripe, pero los más de 10 facultativos que lo revisaron, incluido el famoso médico español Juan Cuatrecasas, de notable actuación en la Guerra Civil en su país, no pudieron hallar signo alguno de infección. Evidentemente, murió de tristeza. Luego de su muerte se conocieron algunos tangos que todavía no había editado, como por ejemplo *Mensaje*, al que Cátulo Castillo le puso letra; *Fangal*, que completaron tanto la música como la letra Virgilio y Homero Expósito; *Andrajos*, con letra de Alberto Martínez, y también *Un tal Caín*.

✦

CAPÍTULO III

ÉPOCAS PASADAS

Un gran autor, Luis Rubinstein, contaba en su obra *Charlemos* la historia de un ciego que mitigaba su angustia viviendo romances imaginarios a través del teléfono.

Y ya que citamos a *Charlemos*, hubo una anécdota muy curiosa que produjo este tango. En la época en que fue escrito, a las centrales telefónicas se las identificaba, además de su característica, por el nombre de la zona a la que correspondían. Por ejemplo, 45 era Loria; 60 Caballito, 34 Defensa, 32 Dársena, 31 Retiro, y así el resto. La letra original de *Charlemos* decía: *Retiro, 6011, quisiera hablar con René*. Resulta que 31-6011 era el número del Ferrocarril Belgrano. Vivos de esos que nunca faltan, como cosa graciosa llamaban y preguntaban si estaba René. Hay que tener en cuenta que en ese entonces los teléfonos no eran medidos y por lo tanto las comunicaciones eran gratis. Era tal el trastorno que le causaba al Ferrocarril Belgrano el bloqueo de su teléfono por estas llamadas, que se quejó, y la Secretaría de Comunicaciones hizo prohibir la difusión del tango, que perduró durante un número importante de días, hasta que Rubinstein modificó la letra por *Belgrano 6011*. Belgrano era una central que no existía, y por lo tanto terminaron las bromas, y el tango pudo seguir tocándose. Salvo en la grabación de Carlos Di Sarli con Roberto Rufino, que se hizo con la letra original, en la mayoría de las otras grabaciones la letra está modificada. Al margen de esta anécdota, el tango *Charlemos* originó otra situación conflictiva a su autor. Un grupo de ciegos de una entidad lo fue a visitar para quejarse porque consideraban que la letra del tango era una ofensa para los discapacitados visuales. Rubinstein les explicó que de ninguna manera había sido esa su intención, y que el motivo que él uso para la letra respondía a un hecho real, que un amigo le había contado. Aclarado el tema, la explicación de Luis Rubinstein conformó a los ciegos que aceptaron las disculpas.

Debemos admitir que el tango pertenece al pasado, y que aquellas letras hoy no tendrían razón de ser. A nadie se le ocurriría robarle un beso al azar a la vecinita, como lo hacía el protagonista de **Pedacito de cielo**, ni cantarle a las rejas con malvones, que ya no existen. Ahora se tejen romances por Internet, hay páginas dedicadas a nuestra música popular, aunque resultaría ridículo hacer un tango a una pantalla de IBM.

Algo similar le ocurrió a las óperas, al jazz, al bolero e incluso a la zarzuela. Toda esta música y sus letras forman parte de épocas hoy superadas. De todos modos, nos seguimos emocionando cuando escuchamos un tango, y damos gracias al avance tecnológico que nos permite gozar a través de los discos compactos esas joyas musicales y poéticas creadas hace más de 50 o 60 años.

Ninguna otra expresión artística, popular o cultural le cantó tanto a la madre como lo hizo el tango. Una vez la periodista uruguaya María Esther Gilio en un reportaje a Aníbal Troilo para la revista "Crisis", que no era una publicación sobre tangos sino una muy buena revista de cultura general, le preguntó a qué se debía eso, y "Pichuco", muy asombrado, le preguntó: *¿Y dónde querés que estén las madres?*

El tango apasiona, y es algo normal que algunas letras emocionen como si fuera la primera vez que se escucharan. Nací en 1930 en Boedo, un barrio que destilaba tangos y que inmortalizaron Julio De Caro y Dante Linyera, quien realmente se llamaba Francisco Bautista Rímoli, con el tango del mismo nombre, en una década en la que esta música ocupaba un lugar importante en el sentimiento de la gente. Por aquel entonces era común escuchar sus sones en las viejas radios, sones que salían de las piezas de las casas de inquilinato, donde vivían 6 o 7 familias, humildes y trabajadoras, invadía los patios y ganaba la calle a través de ventanas y balcones. Era muy normal entonces que las mujeres de la casa hicieran las tareas hogareñas cantando el tango que estaba de moda.

No era extraño que la gente silbara tangos por la calle o en su trabajo. Eran épocas en que nadie se avergonzaba de decir que le gustaba el tango, y que cada uno hablara con orgullo de su barrio. En esos años era lo mismo vivir en Boedo que en La Paternal, Palermo, la Boca, Barracas, o en cualquier otro rincón de la ciudad. Era la música del pueblo, música que bajo un techo de estrellas se deslizó desde Buenos Aires al interior y luego a Europa y a los Estados Unidos.

El tango formaba parte de la vida cotidiana. La gente estaba ligada al tango a través del gusto por una determinada orquesta. El tanguero siempre fue fundamentalista. Consideró que una determinada orquesta era para bailar, otra para escuchar. Se realizaba un verdadero encasillamiento. Por eso, como ninguna otra música popular, es tan rico en anécdotas, especialmente en lo que hace a los motivos que inspiraron a sus autores y también a los títulos. Era tan grande el fenómeno que constituía la difusión de esta música, que no solamente componían tangos los

Ilustración de Mario Zavattaro

habituales autores, sino que personajes de otras disciplinas, como directores de cine, locutores de radio, escritores, músicos de jazz y de orquestas características, que también abundaban en aquella época, querían formar parte del éxito e incursionaban en el ámbito tanguero, lo que luego se repitió en el tiempo. Por citar sólo a algunos podemos mencionar al periodista Dante Linyera, a Luis Bayón Herrera, Adolfo Avilés, al escritor y periodista Manuel A. Meaños, Luis César Amadori, Nicolás Olivari, Alberto Vaccarezza, Ivo Pelay, Eduardo Trongé, Roberto Lino Cayol, José Antonio Saldías, José Eneas Riu, Rodríguez Bustamante, Héctor Bates, Juan Carlos Thorry, Juan Carlos Lamadrid, los cuatro hermanos Lipesker, uno de ellos, Leo, componía con el seudónimo de "Riel", Atilio Bruni, Roberto Miró, al periodista Ray Rada, cuyo verdadero nombre era Raimundo Radaelli, al dramaturgo Samuel Linning, al autor teatral uruguayo Carlos César Lenzi, a León Benarós, a Lito Bayardo, que era actor, llamado Manuel Juan García Ferrari, el recordado autor de *Duelo criollo*, con el que ganó el 4º puesto en un concurso organizado por el editor Max Glucksmann, en 1928, entre otros y, últimamente, Chico Novarro, Cacho Castaña, y hasta el director y legislador Pino Solanas. El caso de Feliciano Brunelli fue a la inversa. Hombre de tango, ya que además de haber actuado en distintos conjuntos formó en 1936 el Cuarteto del 900, que integraban, además de él al piano, Aníbal Troilo en bandoneón, Elvino Vardaro en violín y Enrique Bour en flauta, con el que grabó en Víctor, decidió en su momento formar una orquesta característica con la que alcanzó un éxito notable. No es menos destacable el caso del reconocido cómico Fidel Pintos, que en sus comienzos, además de ser empleado del Correo Central, enseñaba canto en la Primera Academia Argentina de Interpretación (PAADI), de Callao 470, casi esquina Corrientes, propiedad de Luis Rubistein y de dos de sus tres hermanos, Elías Randal y Oscar Rubens, nombres con los que actuaban artísticamente y con los que compusieron tangos notables. También famosos intérpretes mundiales, como el caso del tenor Tito Schipa, o el de Lola Membrives, que cantaba *Ojos negros*, de Vicente Greco, y que grabó en discos Nacional, incluían tangos en su repertorio, así como el cantor de boleros Lucho Gatica, e Imperio Argentina. Y también Julio Iglesias, Rey Barreto, Luis Miguel, Joaquín Sabina, José Luis Rodríguez, y hasta Dyango, Mercedes Sosa y Luis Alberto Spinetta a dúo con Fito Páez, en un *Grisel* olvidable, o el caso similar de Palito Ortega cantando *María* con el cuarteto de Aníbal Troilo. El clarinetista y trompetista cubano Paquito de Rivera, en dúo con la fagotista argentina Andrea Merenson, pasean el tango por distintas ciudades, especialmente Manhattan y La Habana donde, además, en la emisora de radio CMQ, fundada por Goar Mestre, hay un programa dedicado al tango.

El tango, a diferencia de otros géneros, no tiene términos medios. O se lo ama o se lo ignora. Es una adicción. La gente aprendía a gustarlo escuchando los programas que se transmitían por todas las radios, y en los cafés y confiterías donde actuaban las orquestas típicas con sus grandes músicos y sus grandes cantores. El **Tango Bar**, **El Nacional**, el **Marzotto**, **La Armonía**, la **Richmond** de la calle Suipacha, el **Germinal** en el Centro, y muchos locales en los barrios, eran los reductos tangueros que había en Buenos Aires, donde se podía escuchar y ver personalmente a los grandes maestros por la consumición de un café.

Estos lugares de reunión tuvieron como precursores, entre muchos otros, al **Paulín**, al **Maldonado**, al **ABC**, al **Venturita**, al **Tontolín**, al **TVO**, a **La Turca**, a **La buseca**, y al **Café La Paloma**, donde se podía escuchar a Juan Maglio "Pacho" y al que Enrique Cadícamo le brindó unos versos muy sentidos, en los cuales hace referencia al lugar y a los dos músicos que acompañaban a "Pacho", Luciano Ríos en guitarra y José Bonano, al que apodaban "Pepino", en violín. Antes, desde sus albores en 1880, hasta aproximadamente 1920, el tango se bailaba en casas destinadas a tal fin. Según los registros municipales, en ese lapso figuraban registradas, además de la de María "La Vasca", que era la más famosa, las de Elisa Bisa, Emilia Castaña, Juana de Dios, Laura López, María "La Dulce", María "La Flautista", María "La Juguetona", María "La Leona", María "La Larga", María "La Ligera", María "La Negra", María "La Mechona", Consuelo

Martínez, Leonora Mercocich, Paula Petrovich, así como los cafés "de Adela", "de Amalia" y de "la China Rosa".

Ya en la década de 1940, Aníbal Troilo, Miguel Caló, Osvaldo Pugliese, Alfredo Gobbi, José Basso, Osmar Maderna, entre otros, participaban de esa ceremonia de actuar por la tarde hasta que se acercaba la noche en los reductos tangueros mencionados. Luego algunos tocaban en los cabarets o dancings que por entonces engalanaban el centro porteño. Pero eso era ya para otro tipo de público, de distinto nivel de vida.

Además, en todos los barrios existía el club familiar, donde los sábados y los domingos se armaban animados bailes, con grabaciones en los más modestos y con las orquestas en vivo en los de mayor categoría. Era común ver allí a Ricardo Tanturi con Alberto Castillo, o a Pugliese con Alberto Morán, cuyo nombre real era Remo Andrés Domingo Recagno y con Roberto Chanel, nombre que había sacado de un perfume muy en boga por entonces. Con la orquesta de Osvaldo Pugliese se producía un hecho curioso. La gente iba para bailar, pero cuando le tocaba el turno a Morán, se agolpaba frente al escenario para verlo, porque atraía su estilo muy particular de cantar, con los ojos cerrados. El actor Lito Cruz contaba como anécdota que tanto su padre como su madre eran tangueros empedernidos y grandes bailarines, y que cualquier fiesta se aprovechaba para armar en el patio de su casa un baile para que sus padres se lucieran. Es más, él nació en 1941, y recuerda que cuando ya era mayorcito le llamaba la atención que su padre vestía permanentemente con corbata de luto. Un día le preguntó a qué se debía, y grande fue su admiración cuando su progenitor le dijo que la usaba desde el día de la muerte de Gardel. Dice Lito Cruz que así entendió el valor del tango.

Hay un triste recuerdo. Haber visto a la orquesta del maestro Osvaldo Pugliese tocar sin su presencia. El motivo era simple, estaba preso. Por sus ideas políticas opuestas a las del gobierno, cada tanto lo privaban de la libertad. Era la época dura del peronismo. Su primer bandoneonista, Osvaldo Ruggiero, asumía la conducción, y la orquesta tocaba con el piano cerrado, al que le colocaban encima una foto de Pugliese y un clavel rojo, en señal de duelo, de sorda protesta. Hasta sus últimos días, Pugliese mantuvo su convicción y no negó ser comunista, así como otros se confesaron peronistas, como Homero Manzi, Enrique Santos Discépolo, Hugo del Carril, Mariano Mores o Gerónimo Sureda, quien al producirse la revolución de 1955, muy asustado escondió en su casa detrás de un ropero un gran cuadro de Perón autografiado y una carta manuscrita que el general le había mandado.

Pero no hay que negar los méritos políticos de Pugliese, que no era comunista de palabra sino que llevaba sus ideas a la práctica. Su orquesta era una cooperativa y todos, incluso él que era el director, cobraban lo mismo. Esto no ocurría en las otras orquestas, donde normalmente los directores se llevaban la mejor parte. Era tan grande la honestidad de Pugliese que rechazó el ofrecimiento que una vez le hicieron para que fuera candidato a diputado. Según contó Beba, su hija, Pugliese decidió defender los derechos de la gente de tango, primero a través del gremialismo y más adelante de la política, por las injusticias que veía y porque se sintió profundamente amargado cuando le pagaron 2 pesos por el tango *Recuerdo*.

En la década de 1940 y parte de la de 1950 también se podía ir a ver a las orquestas en las radios **Belgrano**, **El Mundo** o **Splendid**. Estas emisoras poseían un estudio donde se permitía el ingreso del público, que cómodamente sentado disfrutaba en vivo de las orquestas en los programas de radio. Organizado por radio **El Mundo**, se realizó un torneo de orquestas que se llamaba Ronda de Ases, del que participaban Alberto Soifer, Ricardo Tanturi, Carlos Di Sarli, Edgardo Donato, Angel D'Agostino, Osvaldo Fresedo, Aníbal Troilo, Juan D'Arienzo, que suscitó tal concurrencia de público que hizo necesario contratar las instalaciones del teatro **Casino**, en la calle Maipú, para que continuara allí el espectáculo.

Un capítulo aparte merecen los bailes de Carnaval. Los principales clubes de fútbol se disputaban la contratación de las grandes orquestas, que llenaban de público sus salones, algunos para bailar y otros simplemente para ver tocar a las orquestas preferidas. Compartían el palco, alternadamente, con los conjuntos de jazz, como los de Osvaldo Norton, Luis Rolero, los Cotton Pickers, dirigidos por Ahmed Ratip, Barry Moral, Santa Anita, Héctor Lagna Fietta, Eduardo Armani, los Lecuona Cuban Boys, Efraín Orozco, René Cóspito, o la orquesta característica de Feliciano Brunelli.

Independiente y Racing, por ejemplo, además de sus sedes en Avellaneda, tenían otras filiales en la Capital Federal. Lamentablemente, todo eso desapareció.

Boedo, como muchos otros, era un barrio de tangueros. Entre otros personajes vivían allí, en México al 3400, los hermanos Antonio y Jerónimo Sureda, considerados los creadores de los valsecitos porteños. Antonio Sureda tenía un trío formado por él en bandoneón, Carlos Figari al piano, Valpreda en violín y como cantor a Santiago Devin, de recordada actuación en la orquesta de Carlos Di Sarli. En la misma casa vivía el bandoneonista, autor y director Damián Cicarra. En la otra cuadra vivía José García, el director de la orquesta "Los zorros grises", a media cuadra otros dos personajes, el "Negro" Enrique Maciel, autor de tangos famosos, y Alberto Margal, "El cantor de las novias y las madres", y muy cerca de allí Julio De Caro, Cátulo Castillo y Miguel Caló.

Carlos Figari pasó a desempeñarse más adelante como pianista de Francisco Canaro, pero exclusivamente en el teatro donde actuaba, en reemplazo de Mariano Mores, a quien no le gustaba trabajar de noche. Luego tocó en la orquesta de Edgardo Donato, de allí se catapultó a la de Aníbal Troilo, y cuando Astor Piazzolla se fue de la orquesta de Pichuco para acompañar a Fiorentino en su etapa de solista, el pianista era Figari. Un día confesó lo difícil que era tocar con Piazzolla, que hacía los arreglos de una manera muy distinta de lo normal en esa época.

El paso de Carlos Figari de la orquesta de Donato a la de Troilo estuvo rodeado de una anécdota muy singular. Donato tocaba en un café de la calle Corrientes. En una oportunidad, se apareció Pichuco y desde una mesa escuchaba a la orquesta. No era común que un director, y menos de la talla de Troilo, fuera a escuchar la orquesta de alguien que, de alguna manera, era un competidor. El motivo era muy sencillo. Había ido a observar a Carlos Figari, pues tenía referencias de que era muy buen pianista. El resultado fue que se lo llevó para reemplazar a José Basso, que había decidido formar su propia orquesta.

Pero la anécdota reside en que una de las cosas que influyó en el "Gordo" para elegir a Carlos Figari era que sabía que durante los intervalos no tomaba alcohol, sino leche. Lo que ocurría era una cosa común en algunos de los músicos o cantores. Aprovechaban el descanso para tomarse alguna copita, y eso Pichuco lo sabía muy bien. Mucho tiempo después, Carlos Figari, autor de tangos notables como *A la parrilla, Tecleando* y *Burbujas*, formó su propia orquesta, y fue precisamente su cuñado, Gerónimo Sureda, quien le eligió el nombre artístico de Enrique Dumas a ese buen cantor de tangos cuyo verdadero nombre es Enrique Rodríguez.

Y ya que recordamos anécdotas, podemos citar la que, indirectamente, está relacionada con el tango. Se encontraba el gran actor Héctor Alterio en Budapest, y una noche, luego de un largo día de filmación, fue a cenar al restaurante donde habitualmente lo hacía. Como sufría la soledad de caminar por lugares que él sentía que no le pertenecían, para amortiguar la nostalgia de estar lejos de su tierra siempre que caminaba solo silbaba un tango. Esa noche, sin saber porqué empezó a canturrear la letra de *Amor en Budapest*, un fox-trot que adaptado para su orquesta típica en la década del 40 había transformado en un éxito Enrique Rodríguez. Mientras caminaba, armó en su mente todo el romance que habrían vivido los protagonistas de la letra, que en su comienzo dice *Fueron horas dulces que no olvidaré, las que viví en Budapest*. A su regreso a Buenos Aires contó la anécdota, y tiempo después se encontró de casualidad con Armando Moreno, que era quien lo cantaba en la orquesta de Enrique Rodríguez. Aprovechó para preguntarle quién era el argentino que había vivido esa historia en Budapest. Riéndose, le dijo

Moreno: *No, eso fue un afano, era la banda sonora de una audición de una radio de Bulgaria; se la modificó un poco y se le agregó la letra.*

Enrique Rodríguez fue protagonista también de otra jugosa anécdota. Se sabe que la gran mayoría de los autores, compositores, directores, músicos y cantores pertenecían a la clase humilde de la población, y él no era una excepción. Cuando lanzó al mercado el vals **Tengo mil novias**, le prometió a la Virgen de Luján que si se constituía en un éxito que *le hacía ganar unos pesos*, le llevaba un bandoneón de plata en miniatura. La pieza se transformó en un éxito arrollador, y Enrique Rodríguez cumplió. Los datos que siguen fueron recogidos por el autor directamente del relato de uno de los protagonsistas, Juan Carlos Ureña, que por ese entonces trabajaba de aprendiz en la joyería Ghirimoldi y Le Rose, de la calle Uruguay 247 y que, pese a su corta edad, ya tocaba el bandoneón, porque amaba al tango. Precisamente en esa joyería, que aún existe, de la que además eran clientes Francisco Canaro y Pedro Laurenz, sobre la base del bandoneón de Ureña, un Premier color marrón, todo nacarado, se confeccionó la miniatura en plata que Enrique Rodríguez le llevó a la virgen a la Basílica de Luján. Todavía se puede ver en ese local de la calle Uruguay la fotografía de la réplica del bandoneón.

CAPÍTULO IV
ORÍGENES Y CREACIONES

Nadie puede asegurar a ciencia cierta cuándo y cómo nació el tango, pero a fines de 1800 ya se lo conocía con ese nombre. En la "Antología del tango rioplatense", volumen 1, se relata que en el diario La Tribuna, con fecha 2 de abril de 1868 se publicaron unos versos humorísticos vinculados con las elecciones que se aproximaban, cuyo título era Tango Elizalde, satí-

rico político. Rufino de E-
lizalde era uno de los candidatos, pero lo que se res-
cata aquí es que en el título de los versos figuraba la
palabra tango. Ulyses Petit
de Murat cuenta en su li-
bro "La noche de mi ciu-
dad" que la palabra tango
aparece en Buenos Aires a
fines del siglo XVIII. *Es
la designación de la* **Casa
y Sitio del Tango,** *situada
en la parroquia de la Con-
cepción.El candombe, con
sus tambores que marca-
ban ritmos en los desfiles
del barrio del Mondongo,
creó un estribillo con la
misma palabra, y en 1867
se propaga un tango*: **El**

Ilustración de Mario Zavattaro. Primera publicación
periodistica del tango. Caras y Caretas, 1908.

chicoba. También relata que cuando el tango ya es tango, es
cuando se baila hacia 1880 en los Corrales Viejos, hoy Parque de
los Patricios, y por la calle de la Arena, la actual Montes de Oca,
en el sur de la ciudad, es allí donde está fechada su fe de bautis-
mo. Que luego se fue multiplicando por las carpas de la
Recoleta, en las romerías de Barracas al norte, en las carpas de
Santa Lucía y los bodegones de La Batería, a veces con el agregado de mandolín y flauta. Para Ulyses Petit de Murat, *El entrerriano resume la silueta formadora definitiva de ese baile*, y no
le importa que Rosendo Cayetano Mendizábal lo haya tocado en
la casa de Laura Monserrat, un lugar de baile al que se refería
como *en lo de Laura*, en la etapa del tango como música prohibida, ni que el tema de cuál fue el primer tango sea discutido en
peregrinas hipótesis. Por su parte, Pino Solanas opina que el
tango nació sobre la base de la guitarra española de los gauchos
orilleros, el bandoneón del inmigrante y la percusión de los

negros. De la conjunción de todo eso nació el tango satírico inicial. Ya por 1880 se conocía el tango *Bartolo*, y más tarde *Andate a la Recoleta* y *Tango de la casera*, que se refiere a uno de los 2200 conventillos que había en Buenos Aires. También a fines de ese siglo se conoció *Señor comisario*, mientras que el músico argentino Enrique García Lalanne y el poeta uruguayo Enrique De María componían *No me vengas con paradas*, *Zueco que me voy de baile* y *Soy el rubio Pichinango*, creado éste para una obra de revistas.

Fue por 1890 cuando Domingo Santa Cruz, uno de los primeros bandoneonistas que tuvo el tango, le dedicó *Unión Cívica* al partido político que lideraba Leandro Alem, y que enfrentó al gobierno de Juárez Celman.

Para algunos historiadores el "Negro" José Santa Cruz, padre del autor de *Unión Cívica*, fue el primero que tocó un bandoneón, un instrumento muy primitivo, de dos octavas, que habría llevado a la guerra con el Paraguay. Otro pionero en la historia del tango fue Vicente Greco, que junto con Juan Maglio "Pacho" impuso el bandoneón en las formaciones de aquel entonces. Había nacido en 1888, y hasta su muerte, en 1924, se dedicó al tango como músico, director, bailarín, autor y compositor, y se le adjudica el mérito de haber sido el primero en grabar con una orquesta. Vivía en un conventillo en la calle Sarandí al 1300, conocido en el barrio como "El Sarandí", en el que también habitaba un conocido compadrito y bailarín apodado "El Cívico". Greco solía tocar el bandoneón en el patio del conventillo, ante la atenta mirada de un selecto auditorio compuesto en muchas oportunidades por figuras de la talla de José Ingenieros, Evaristo Carriego, Carlos Mauricio Pacheco y Roberto Payró, que allí se juntaban para disfrutar del privilegio de escucharlo. Sus primeras actuaciones fueron en los cafés de bajo renombre, tales como **La Turca**, **La Marina**, **El Argentino**, **Teodoro** y **La Popular**, todos en La Boca, hasta que su figura creció y pasó a tocar en **El Estribo**, en Entre Ríos entre Independencia y Chile, mucho más cerca del Centro.

En 1894, Prudencio Aragón compuso *El talar*; en 1897, Rosendo Mendizábal *El entrerriano*; en 1898, Angel Villoldo *El choclo*; en 1899, Alfredo Bevilacqua *Sargento Cabral*, y en 1902, *Venus*; en 1903, Samuel Castriota *La yerra*; en 1905, Enrique Saborido *La morocha*; en 1906, Augusto P. Berto *La payanca*, y ese mismo año Francisco Latasa *Hotel Victoria*. La historia cuenta que probablemente *La quincena* y *Los vividores* sean tangos muy anteriores a los nombrados, pero no se conocen sus autores. Se estima que las primeras partituras de *La morocha* fueron llevadas a Europa por la tripulación de la Fragata Sarmiento, en los comienzos de 1900. Lo que sí se sabe es que el primer tango inscripto en la Oficina de Depósito Legal de la Biblioteca Nacional, el 30 de enero de 1911, es *La rubia*, de Ramón Coll, que fue inscripto como "Primer tango criollo", aunque por esa época ya había tangos editados, como *El tarana*, *El tamajarera*, *Cancha de Rosendo*, no sólo aquí sino también en Europa. En 1913 el bandoneonista Vicente Loduca, autor de más de 40 tangos, que hoy ni se recuerdan, formó la Orquesta Típica Nacional, con la que tocó en París. En "El Diario del Tango", publicación que acompañó a una serie de discos compactos, se menciona: *El tiempo que corrió desde la gestación del tango hasta su primera evolución musical, período que abarcaría desde su indescifrable origen hasta 1920, se puede interpretar como de la Guardia Vieja. Es por eso que las figuras de ese período ostentan con justicia el mérito de haberse convertido en precursores y fundadores del tango.* En justificado homenaje, seleccionaron como a las mejores figuras de esa época gloriosa del tango y a sus creaciones de la siguiente manera: Rosendo Mendizábal (1868-1913) *El entrerriano*, *Don José María*, *Rosendo*, *Z Club*, *Don Padilla*. Angel Villoldo (1868-1919) *El choclo*, *El porteñito*, *El esquinazo*, *Cuidado con los cincuenta*, *El torito*. Carlos Posadas (1874-1918) *El Jagüel*, *El tamango*, *Cordón de oro*. Alfredo Antonio Bevilacqua (1874-1942) *Venus*, *Emancipación*, *Independencia*, *Primera Junta*. José Luis Roncallo (1875-1941) *El purrete*, *El Rosario*, *La cachiporra*. Enrique Saborido (1876-1941) *La Morocha*, *Felicia*, *Papas fritas*. Alfredo Eusebio Gobbi (1877-1938) *El sanducero*, *El tigre*,

Bajale la mano al negro, ¿En qué topa que no dentra?, Tocá fierro. Manuel O. Campoamor (1877-1941) *Sargento Cabral, La cara de la luna En el séptimo cielo, La metralla.* Juan Maglio "Pacho" (1880-1931) *Sábado inglés, Armenonville, Siete palabras, Un copetín, Royal Pigall, Tango argentino*, Luis Teisseire (1883-1960) *Entrada prohibida, La Nación, Muy de la plataforma, El Rubito.* Roberto Firpo (1884-1969) *Didí, El amanecer, Marejada, El apronte, Argañaraz, Honda tristeza.* Domingo Santa Cruz (1884-1931) *Unión Cívica, Hernani, Pirovano.* Ernesto Poncio (1885-1934) *Don Juan, Ataniche, Quiero papita, Culpas ajenas.* Prudencio Aragón (1886-1964) *Las siete palabras, El piñerista Mate amargo.* Manuel Aróstegui (1888-1938) *El apache argentino, Champagne tangó, El cachafaz, El granuja.* Vicente Greco (1888-1924) *El pibe, El morochito, Rodríguez Peña, Ojos negros, La viruta, Racing Club, El flete, Popoff.* Juan Carlos Bazán (1888-1936) *La chiflada, Pampa, La timba.* Francisco Canaro (1888-1965) *Pinta brava, El chamuyo, El alacrán, Charamusca, El opio, Madreselva, Carasucia, La última copa, Sentimiento gaucho, Halcón negro, Pájaro azul.* Augusto Pedro Berto (1889-1953) *La payanca, Don Esteban, Azucena.* José Martínez (1890-1939) *Pablo* (Dedicado a Pablo Podestá); *La torcacita, El cencerro, Canaro, De vuelta al bulín, Po-*

Partitura del tango
"La cara de la luna"

Partitura del tango
"Derecho viejo"

Partitura del tango
"Cara sucia"

Partitura del tango
"Don Juan"

Partitura del tango
"Indio Manso"

Partitura del tango
"La morocha"

lvorín, El pensamiento. Arturo Vicente De Bassi; (1890-1956) *La catrera, El caburé, Manón, El romántico, Don Pacífico*. Eduardo Arolas (1892-1924) *Una noche de garufa, La guitarrita, La cachila, El Marne, Derecho viejo, Lágrimas, Comme' il faut, Qué querés con esa cara, Maipo, Suipacha, Catamarca, Bataraz, La trilla, Retintín*.

Horacio Salgán cree que en un principio hubo un gran vínculo entre los tangos y la gente de campo. Se basa en que muchos títulos de los tangos de la primera época tenían nombres camperos, y cita como ejemplos *Se han sentado las carretas, El matrero, El cuatrero, El buey solo, El cencerro, La torcacita, La trilla*, y que no solamente los títulos tenían una relación muy profunda con el campo, sino también la melodía, donde estaban implícitas vidalitas, estilos y géneros que llevaban a un vínculo con el campo. Por eso se le ocurrió hacer un homenaje a esos grandes compositores de aquella época y a aquel estilo de hacer tangos, y así compuso *Aquellos tangos camperos*. A los tangos que mencionó Salgán en ese momento se les podrían agregar para justificar lo que él dijo *Zaraza, El aguacero, A la luz del candil, Cruz de palo, Olvidao, Por el camino, Chuzas, El pangaré, El chañar, El pial, El rodeo, Flor campera, Indio manso, Imagen campera, Indiecita, La flor del pago, La espuela, Mi moro, Pampa y huella, Silbar de boyero, Colorao, El jagüel, El cencerro, La yerra, El torito, El flete, Campo afuera*, y muchos otros.

⤙⤙∙⊙∙⤚⤚

Capítulo V

Inicio de las Grabaciones

Aunque hay anteriores, la primera grabación de tango data de 1904, y se le debe al sello Columbia, que le dio la oportunidad a la Orquesta Típica Criolla de Vicente Greco, que realmente era un cuarteto, que registró, de un lado, **Don Juan**, y en la otra faz, **Rosendo**. Pero el primer tango que se grabó en el mundo fue **La bicicleta**, interpretado por una cantante española, compuesto por Angel Villoldo cuando aparece en Buenos Aires la moda de la bicicleta. Esto en la práctica significó que el tango quedó registrado en discos con bastante anterioridad a lo que sucedió con muchas otras músicas populares. Recién en 1900 se empieza a grabar en cera, porque antes se utilizaban otros elementos, técnica que perdura hasta 1960, cuando aparecen los long-play de vinilo. La empresa Enrique Lepage y Cia. fue la pionera de la industria discográfica en la Argentina, instalada en la calle Bolívar 375, donde se registraron las primeras grabaciones de payadores, primero en cilindros y más adelante en discos. Lepage, de origen belga, tenía como cadete a Max Glucksmann, quien con una gran visión comercial compra la empresa cuando Lepage decide volver a radicarse en Europa, y así nació el emporio comercial que perduró tantos años. En la empresa Lepage se grababan los discos Columbia, que luego pasó a la esquina de Avenida de Mayo y Perú, en la casa de José Saldías. Los discos eran de 6 pulgadas, y en el inicio de esta industria prevalecían los

Electra, que fueron los sucesores de la marca
Atlanta, de Alfredo Améndola, íntegra-
mente producidos en el país y que se
vendía a $ 2,50 moneda nacional. Otro
de los sellos fue el Aurora, donde Alfredo Caravelli, con su jazz River Plate,
hizo sus primeras grabaciones. En 1913
se grabó un disco con el título de "Atro-
pello fonográfico", en el que el genial mo-
nologuista Gerardo López, que aparece allí
con el seudónimo Alfredo Garay, describe cómo
los poetas, los músicos, los cantores, los artistas y los payadores
se desvivían por estar en discos, para que su obra perdurara.

Es así como la fonografía polarizó a comediantes y monolo-
guistas. En ese mismo año Vicente Greco grabó su tango
Hospital San Roque, como homenaje a la institución que hoy
lleva el nombre de Hospital Ramos Mejía. Los tangos de Roberto
Firpo eran muy apreciados por los cultores de la músicas de
cámara, especialmente en Inglaterra, donde fueron llevados al
disco con conjuntos formados por violas, violín y piano. Pero no
sólo tangos se llevaban a esta incipiente novedad que causaba
furor en todo el mundo. La empresa Andrés Murúa se dedicaba
a grabar discos de publicidad para las radios, en sus estudios de
la calle Campichuelo. La orquesta era la de Luis Moresco y el
cantor Carlos Dante, y sobre la base de fragmentos de sus propios tangos, Rodolfo Sciamarella le adaptaba una letra que contenía la publicidad. Por ejemplo, usaba *Hacelo por la vieja* para
la propaganda del aceite Unico, tan conocido en aquella época.
Muchos discos se grababan en el exterior, especialmente en
Brasil, y por aquel entonces uno de los más apreciados era el del
cantor Roberto Díaz, quien acompañado por Agesilao Ferrazano
en violín y Juan Carlos Cobián en piano, grabó el tango *Mujer*,
de Cobián y González. Por entonces el autor y compositor
Augusto Gentile era el director artístico de los discos Telephone,
que también pertenecía a Alfredo Améndola y que grababa fundamentalmente en Brasil, de allí que aprovechó esa circunstan-

Disco de pasta de la casa Víctor

Long play, Aníbal Troilo
y su orquesta típica

CD de tango, María Graña

cia para que se grabaran muchas de sus obras. Así se conoció, por ejemplo, su tango **Romántico bulincito**.

Osvaldo Fresedo, Enrique Delfino y David Roccattagliata fueron contratados en la década del 20 para grabar en los estudios de la RCA Victor, empresa fundada en 1901 en los Estados Unidos por Elridge Johnson, quien creó el primer fonógrafo de cuerda y fundó la Victor Talking Machine Company, que en 1928 pasó a llamarse RCA Victor al ser comprada por la Radio Corporation of America, grabadora que hizo fomoso su logo "His Master's Voice" con un perro fox-terrier junto al fonógrafo. En la Argentina se instaló en 1929, y por ese sello pasaron, entre otros, Carlos Gardel, Aníbal Troilo, Roberto Goyeneche, Astor Piazzolla, Osvaldo Fresedo, Angel D'Agostino, Ricardo Tanturi, Domingo Federico, Carlos Di Sarli, Libertad Lamarque, Julio De Caro, Juan D'Arienzo, el Sexteto Tango, la Orquesta Típica Victor.

En Odeón, a su vez, grabaron Miguel Caló, Alfredo De Angelis, Osvaldo Pugliese, Rodolfo Biagi, Mariano Mores, Fiorentino, Lucio Demare, José Basso, Francisco Canaro, y muchos otros. El 1° de marzo de 1926, la Víctor comenzó

Publicidad de los discos Odeón en una revista de la época.

en la Argentina a grabar con el sistema fonoeléctrico, porque hasta entonces se utilizaba el acústico con bocinas, y la primera grabación con este moderno sistema la realizó Rosita Quiroga con *La musa mistonga*, de Celedonio Flores. A fines de ese año también Odeón y Electra adoptaron el mismo sistema para sus grabaciones. Pero realmente la primera grabación eléctrica en el mundo se realizó en Londres a mediados de 1925, y la realiza la orquesta Novelty para Gramophon, de Victor, con el fox-trot *Oh Catherine*.

El de Fresedo, Delfino y Roccattagliata, a pesar de que era un trío formado por bandoneón, piano y violín, llevaba como nombre Típica Select. Lo curioso fue que luego de grabar los llevaron a tocar en un cabaret, donde fueron presentados como "indios salvajes de la pampa", semidesnudos y con Delfino encadenado al piano.

Por lo que se sabe, la primera orquesta típica data de la década de 1910, cuando Vicente Greco formó la Orquesta Típica Criolla que, como hemos visto, era un cuarteto. Contaba que lo de *orquesta* era porque tenía

Publicidad del fonógrafo para escuchar con cilindros.

varios integrantes, lo de *típica*, porque caracterizaba a una música, el tango, y lo de *criolla*, porque el tango era nativo. A partir de allí todos los conjuntos de tango adquirieron la denominación de orquesta típica.

Pedro Laurenz, que se hacía fabricar los bandoneones con tres notas más que los tradicionales, el último de ellos guardado celosamente por su hija, la actriz María Cristina Laurenz, fue en 1925 el encargado de remplazar a Luis Petruccelli en el sexteto de Julio De Caro, y así se formó la famosa dupla Laurenz-Maffia. Laurenz se llamaba en realidad Pedro Blanco Acosta, pero adoptó profesionalmente el de sus hermanastros. Aunque había nacido en Buenos Aires, el 10 de octubre de 1902, fue en Montevideo, tocando en los cabarets, entre 1917 y 1920, donde se inició su larga y fecunda trayectoria musical, al cambiar el violín por el bandoneón, instrumento con el que pasó a la posteridad en el universo tanguero. A su regreso a Buenos Aires fue requerido por Roberto Goyeneche, tío del cantor, para que integrara su orquesta, hasta que en 1934 formó su propio conjunto, con el que debutó en **Los 36 Billares**.

En una oportunidad en que Laurenz estaba escuchando al sexteto de Enrique Poblet en el café **El Parque**, se le acercó José De Grandis, que era uno de los violinistas de De Caro, y le entregó una letra que había escrito. A Laurenz le gustó y allí mismo compuso la primera parte de un tango. Cuando llegaron al café donde tocaban con De Caro, Laurenz le mostró a Maffia lo que habían compuesto, quien se entusiasmó con la obra y le completó la segunda parte que faltaba. Así nació *Amurado*, que inmediatamente se transformó en un éxito, primero a través de Julio De Caro, y después consolidado por todas las orquestas que lo incluyeron en su repertorio. Fue un autor notable, creador de joyas como *Orgullo criollo*, *Mala junta*, *Amurado*, *Sin tacha*, *Mal de amores*, *La revancha*, *Berretín*, al que luego Enrique Cadícamo le puso letra, *De puro guapo*, *Milonga de mis amores*, *Como dos extraños*, lo que llevó a Pizzolla a decir que Laurenz, a su criterio, fue el primer vanguardista, porque en el momento en que escribió esos tangos, eran una verdadera renovación creadora.

A muchos de los viejos tangos el título le surgió por casualidad o fue producto de algún hecho fortuito. *El irresistible* no fue una excepción. Alrededor de 1898 llegó a la Argentina, de su Italia natal, Lorenzo Logatti, un clarinetista que en los comienzos de su carrera musical en Buenos Aires tocó en distintas orquestas líricas y clásicas, que actuaban en los teatros **Opera**, **Politeama** y **Coliseo**. Estos conjuntos hacían un alto en el verano, época en que subían a esos escenarios orquestas que tocaban variados tipos de música, especialmente tangos. Logatti se incorporó en 1908 a una de ellas, y en un baile de Carnaval consiguió que le estrenaran un tema que había compuesto. Tuvo tan buena acogida que debieron repetirlo varias veces. En uno de los intervalos, una señorita, cuando supo que el autor era uno de los músicos de la orquesta, le preguntó cómo se llamaba ese tango, y Logatti le respondió que todavía no tenía título porque recién lo había compuesto. *Es irresistible*, acotó la mujer, y Logatti, emocionado, le dijo: *Ya tiene título, usted se lo acaba de poner*. Inmediatamente fue editado, dedicado a "L", que fue lo único que consiguió cuando le preguntó a la mujer a quien se lo dedicaba.

Una vez, el cantor Francisco Marino le dijo al bandoneonista De la Cruz que tenía ganas de escribir una letra que conjugara todas palabras del lunfardo. El músico lo animó y le prometió que él le pondría la música. Así nació *El ciruja*, estrenado el 12 de agosto de 1926 por el cantor Pablo Eduardo Gómez en el café **El Nacional**.

Decíamos en las primeras páginas que ya no hay obreritas que tosen por las noches. Precisamente a esas fabriqueras que morían jóvenes de tuberculosis víctimas de la explotación y una alimentación deficiente le dedicaron Alfredo De Franco y José De Grandis *Cotorrita de la suerte*, esa joya musical que inmortalizaron, entre otros, Carlos Gardel, Alberto Marino y Francisco Fiorentino. Su historia fue muy simple: Alfredo De Franco era por aquel entonces bandoneonista en la orquesta que había formado Pedro Maffia cuando abandonó el sexteto de Julio De Caro, y a la vez era un gran admirador de Petrucelli, a quien iba a escuchar en el café **El Parque**, donde tocaba junto con Elvino Vardaro, Osvaldo Pugliese y José De Grandis. Este último, además de ser violinista solía escribir letras, por lo que Alfredo De Franco le pidió que escribiera una con el tema de las obreritas de las fábricas textiles. El pedido tuvo rápida respuesta y así nació una letra que comenzaba: *Como tose la obrerita por las noches*, que en pocos días tomó forma con la música compuesta por De Franco. Gardel escuchó el tango, le gustó, y le dijo al autor que lo estaba tocando en un café *Mañana te lo grabo*, y ni bien llegó a Barcelona, lo primero que hizo fue cumplir con la promesa que le había hecho a De Franco.

Fue a mediados de 1924 que en el cine **Grand Splendid**, que era administrado por la empresa Max Glucksmann, que además poseía la empresa grabadora de los discos dobles Nacional, se organizó un concurso de tangos en el cual el público asistente debía elegir a los ganadores. Las composiciones que fueran aceptadas serían interpretadas por la orquesta de Roberto Firpo. Se le otorgaban 1000 pesos moneda nacional al primer premio; 500 pesos al segundo; 300 pesos al tercero, y 100 pesos, siempre moneda nacional, al cuarto y quinto puesto. Se presentaron 243 composiciones, de las cuales se aceptaron 185, que fueron tocadas por Roberto Firpo. El público seleccionó de ellas sólo 37, de las que finalmente quedaron 7. La concurrencia de público fue considerada espectacular, ya que asistieron 14.844 personas.

Según la revista "Comedia", que publicó en esa fecha el resultado del concurso, los premios se distribuyeron así: 1º) *Sentimiento gaucho*, de Francisco Canaro; 2º) *Pa' que te acordés*, de Francisco Lomuto; 3º) *Organito de la tarde*, de Cátulo Castillo; 4º) *Amigazo*, de Juan de Dios Filiberto, y 5º) *Con toda el alma*, de Juan Angel Farini. Hubo dos premios adicionales, que fueron otorgados a *Capablanca solo*, de Enrique Delfino, y *El púa*, de Antonio De Bassi.

CAPÍTULO VI

SE INCORPORAN LAS LETRAS

Muchos comentaristas aseguran que el primer tango canción con letra fue *Mi noche triste*, pero la historia demuestra que no es exactamente así. Recién en 1917, Pascual Contursi decidió ponerle versos a la música que con el nombre de *Lita* había escrito Samuel Castriota. Curiosamente, en un diccionario enciclopédico Planeta, en una amplia reseña de la vida de Carlos Gardel, se le adjudica por un error insólito a Pascual Contursi la autoría de su música, mientras que la letra figura como escrita por Enrique Delfino. Sin embargo, y al margen de esta anécdota, *El Porteñito*, letra y música de Angel Villoldo, es anterior, pues fue compuesto en 1903, mientras que a su vez *La morocha*, con música de Enrique Saborido y letra de Angel Villoldo, en 1905, que también compuso la música y la letra, en 1910, de *Cuerpo de alambre*. De 1917 también es *Flor de fango*, con letra de Pascual Contursi y música de Augusto A. Gentile.

Ángel Villoldo

Se le atribuye a Enrique Delfino y a Samuel Linning la autoría del tango canción, o sea con letra, al crear, en 1920, *Milonguita*. El poeta uruguayo Samuel Linning, que nació en Montevideo en 1888 y murió en la localidad bonaerense de Adrogué en 1925, escribió solamente tres tangos: *Milonguita*, con música de Enrique Delfino, y *Melenita de oro* y *Campana de plata,* ambos en colaboración con Carlos Vicente Geroni Flores. Linning era el poeta preferido de Roberto Arlt, que dijo una vez que *los compositores de letras son unos burros. Esa es la verdad. En cambio cuando interviene un artista, la cuestión cambia de inmediato*, en alusión a Linning, a quien comparaba con Quevedo. Al respecto de *Milonguita*, recordaba Enrique Delfino cómo había nacido: *Con Linning andábamos en busca de temas populares. Queríamos salir un poco de la humeante calle Corrientes, que se había vuelto algo monótona para nosotros. Por eso íbamos por los barrios, hacia Pavón, Chiclana. En ésta, nos conquistó su ambiente de calle modesta, su frescura popular, su gente. Así nos inspiramos, Linning en los versos, yo en la música.* Así de sencillo crearon *Milonguita*.

Lo que sí es cierto es que *Mi noche triste* marcó el inicio de una nueva generación de tangos, una inflexión entre las letras groseras y procaces que hasta entonces existían y las que mostraban un estilo diferente, con una especie de argumento. *Mi noche triste* se estrenó en la obra teatral "Los dientes del perro", de José González Castillo, el padre de Cátulo Castillo. Como nota muy curiosa digamos que por sus ideas anarquistas González Castillo casi le pone de nombre a su hijo Descanso Dominical, porque esa conquista laboral coincidió con su nacimiento. Por suerte luego optó por el de Cátulo. Y ya que hablamos de estos dos grandes autores, podemos recordar que, por respeto, Cátulo empezó a escribir letras cuando dejó de hacerlo su padre. Hasta entonces, sólo componía música.

Pascual Contursi

Puede decirse que *Mi noche triste* marcó un camino, al igual que *Milonguita*, la gran creación de Enrique Delfino y Samuel Linning, con lo que nació un estilo que perdura hasta nuestros días. Este tango tenía por destino, como tantos otros, ser incluido en un sainete. En este caso fue para Delikatesen Haus, que se estrenó en el **Teatro Opera**. Fue la actriz María

Esther Podestá la que lo cantó, sin que alcanzara mayor difusión. Poco después una cupletista española, Raquel Meller, lo incorporó en su repertorio durante su actuación en Buenos Aires, y después lo paseó por todo el mundo. No se sabe exactamente si la "Estercita" de *Milonguita* realmente existió, pero la imaginación popular la asoció con una señorita que vivía en la calle Chiclana, que se llamaba María Ester y que murió muy joven, por la coincidencia entre el nombre de la chica y de la calle con los que menciona el tango.

Desde ese momento, las letras pudieron cantarse en cualquier ambiente, tanto en el familiar como en los bailes. Hasta entonces, los versos de las canciones servían para que los compadritos hicieran gala de sus hazañas, para que algún habilidoso bailarín descalificara a otro, o para destacar o ridiculizar las bondades físicas o las habilidades amorosas de las mujeres que "trabajaban" en los prostíbulos que abundaban por esos tiempos en la periferia de Buenos Aires, especialmente en San Fernando.

Los títulos y las letrillas de esos tangos eran verdaderas groserías y no le aportaron valor alguno. Ese tango no tenía cabida en la sociedad, ni en las casas de familia ni en los salones donde se bailaba. De todos modos, debe reconocerse que formó parte de un segmento de la vida del país. Contaban algo que realmente existía, aunque fuera marginal. La que sí realmente existió fue la rubia "Mireya", cuyo nombre era Margarita Verdier, popular bailarina de tangos uruguaya que también era conocida como "La Oriental". Por lo menos en tres letras de tango se hace mención a su presencia en los bailes porteños. En *Tiempos viejos,* Manuel Romero la menciona directamente, mientras que en otro tango, Augusto Gentile hace referencia a *La minuza más papusa, la que sabe enamorar, y que en los bailes de Chile, tiene a tres o cuatro giles, con las ganas de tanguear.* Aunque no se la menciona, los versos están dedicados a la rubia "Mireya", y los bailes eran los del salón **Patria e Lavoro**, de Chile 1567, que se hacían exclusivamente los lunes, cuando las *pupilas* de los prostíbulos no *trabajaban*, organizados por Carlos Kern, un inglés conocido como el compañero de María "La Vasca". También

Homero Expósito hace referencia a Mireya en el tango *Oro muerto*, que Fiorentino grabó acompañado por la orquesta de Astor Piazzolla.

Que los tangos no eran aceptados por toda la sociedad lo demuestra el hecho de que una mujer que escribió la letra de notables tangos, como *Cuando llora la milonga*, *Se va la vida*, *El malevo*, o *Linyera*, cuyo verdadero nombre era María Luisa Carnelli, que nació en 1898 y falleció en 1987, los registraba con el seudónimo de Luis Mario en algunas ocasiones y con el de Mario Castro en otras, porque sus padres no admitían que su hija estuviera vinculada con el tango.

Si la mención de Milonguita o la Rubia Mireya automáticamente lleva a referirse al tango, el nombre de Malena releva de cualquier otro comentario. El gran poeta Francisco García Jiménez, desaparecido trágicamente por decisión propia, que era un libro abierto para contar la historia de los tangos y de sus autores, le asignaba a Elena Torterolo la verdadera identidad de Malena. Era argentina, de padres andaluces, y según contó el autor de *Farolito de papel*, una vez Homero Manzi (Homero Nicolás Mancione) la escuchó cantar en un local de Porto Alegre, Brasil, y allí sintió la sensación de que *cantaba como ninguna*.

Partitura de "El Choclo", de Á. Villoldo

Elena Torterolo estaba en Brasil porque su padre era cónsul español en Porto Alegre, y actuaba profesionalmente con el nombre de Malena, y su repertorio se componía de canciones internacionales, incluido el tango. Cuando Manzi llegó nuevamente a Buenos Aires, recordó el episodio y escribió una letra con ese tema, y se la llevó a Lucio Demare, que poco tiempo después, sobre una mesa del bar **El guindado**, en los Bosques de Palermo, le puso música.

Lucio Demare solía recordar que la letra *era tan redonda* que lo único que tuvo que hacer fue llevarla al pentagrama. Lo tocó por primera vez cantado por Juan Carlos Miranda, y luego Aníbal Troilo, con la voz de Francisco Fiorentino, lo transformó en el éxito que aún hoy perdura. Pero el tango tuvo un efecto tangencial. Malena, que se había casado con el famoso cantante de boleros Genaro Salinas, conocido como "La voz de oro de México", que había llegado a la Argentina en 1946 contratado por **El Tronío** y por **Radio El Mundo,** al enterarse del motivo de la letra del tango y haciendo gala de una gran humildad abandonó el canto, por no creerse merecedora de tamaño homenaje. Genaro Salinas tuvo un final trágico e inesperado. Luego de haber triunfado en Buenos Aires volvió a México, pero en otra gira, el 29 de abril de 1957, cuando sólo tenía 37 años, se lo encontró sin vida en Caracas debajo de un puente. Según se supo, un marido celoso se vengó haciéndolo matar a palazos.

También contó Francisco García Jiménez que, en 1903, Angel Villoldo actuaba en el tablado del **Varieté**, y que una noche en un boliche de la cortada Carabelas se encontró con José Luis Roncallo, pianista y director de una orquesta clásica que tocaba en el selecto restaurante **Americano**, a pocos metros de allí, y aprovechó para hacerle escuchar en su guitarra un tango que recién había compuesto.

Como a Roncallo le gustó y además sugirió que inmediatamente había que llevarlo al pentagrama, Villoldo le preguntó si se animaba a estrenarlo. *¿Vos estás loco?*, fue la respuesta. El argumento era que en el lujoso restaurante donde él dirigía la orquesta clásica, el tango era mala palabra. Pero a Roncallo la música que Villoldo seguía haciéndole escuchar le daba vueltas en la cabeza, y entusiasmado le dijo: *¿Y quién me obliga a llamarlo tango? lo anuncio como danza criolla, decime cómo se llama. El choclo, porque para mí es lo más rico del puchero*, le dijo Villoldo.

Y para hablar del motivo de la letra de un tango nadie mejor que su propio autor. Y el autor de **Lunes** es, precisamente, el mismo Francisco García Jiménez, sobre música del pianista José Luis Padula. Explicaba que esa letra es una simple y sintética confrontación entre los dulces sueños del domingo y la dura verdad del lunes. *Se trata de una viñeta cantable que se apoya en el delicioso ritmo juguetón de la música.* En una crónica sobre tangos se contó que la esperanza burrera que menciona **Lunes** cuando dice *A lo mejor acertamos las ocho, y quién te aguanta ese día, corazón*, se hizo realidad un sábado de marzo de 1943 en el Hipódromo de La Plata, cuando ganaron El Loro, Royal Girl, Brazola, Chabaré, Bomarsund, Führer, Remolón y Huche. Eduardo Germán Huxhagen, un antiguo periodista de turf del diario "Crítica" había pronosticado a los ocho ganadores. Según relatos de aquella época, el Jockey Club de La Plata premió con una medalla de oro al visionario cronista.

Nadie ignora la capacidad profesional con que se desempeñó, tanto en el país como en el exterior, el doctor Enrique Finocchietto. Esta gloria de la medicina argentina era asiduo concurrente, junto con un grupo de médicos, del cabaret **Chantecler**, donde una vez le contó a Julio De Caro que ir a escucharlo le significaba relajarse del cansancio y la tensión que le provocaban las largas horas que pasaba en el hospital. En una oportunidad, un amigo de Julio De Caro llegó desesperado porque su esposa estaba en grave estado. El músico le transmitió la inquietud al doctor Finocchietto, quien inmediatamente abandonó su palco y fue a ver a la mujer enferma a quien, gracias a su rápida intervención, le salvó la vida. Julio De Caro no sabía cómo agradecer el gesto desinteresado de Finocchietto, y uno de los médicos del grupo le sugirió que le escribiera un tango. Así lo hizo De Caro y, a la noche siguiente, lo estrenó. Cuando Finocchietto le preguntó cómo se llamaba le dijo: **Buen amigo**, *y se lo dedico a usted, por el generoso gesto de anoche.*

Uno de los tangos más emparentados con el éxito es **Nostalgias**, nacido de una vieja pasión sentimental, pero rechazado cuando fue escrito por Juan Carlos Cobián y Enrique Cadícamo. En 1936 debía estrenarse en un teatro porteño una obra que el empresario teatral le había pedido a Cadícamo, que llevaba como título "El cantor de Buenos Aires", en la que se intercalarían tangos. Enrique Cadícamo y Juan Carlos Cobián se ocuparon de la tarea, pero al empresario teatral no le gustó la música de uno de los temas. Juan Carlos Cobián lo guardó y escribió otra música, a la que Enrique Cadícamo le puso letra y que se llamó *El cantor de Buenos Aires*. Al poco tiempo Juan Carlos Cobián formó una orquesta, con la que se inauguró una conocida boite, en la que tocaban nada menos que Aníbal Troilo y Ciriaco Ortiz. Allí reflotó *Nostalgias*, el tango rechazado por el empresario teatral. Fue tal el éxito, que cuando Rodríguez Lesende lo cantaba, el público, con aplausos, se lo hacía repetir. El estreno oficial estuvo a cargo de Charlo en **Radio Belgrano**, y de allí en más alcanzó la popularidad que todavía mantiene.

Homero Manzi decía que le resultaba difícil escribir fantasías, y que sus letras eran siempre recuerdos personales. Uno de esos recuerdos lo reflejó en *Barrio de tango*. Contó una vez que un recuerdo, un aspecto de su vida recién lo pudo abordar en la letra de ese tango, que revivió la etapa que pasó, entre los 13 y los 16 años, como alumno pupilo en el **Colegio Luppi**, en Esquiú y Centenera, en Nueva Pompeya. Recordaba que el colegio estaba rodeado de terraplenes, trenes cruzando la tarde, faroles rojos y señales verdes, pantanos, montones de basura, de residuos de hojalata, y veredas desparejas, y que para él todo eso tenía un dejo de poesía. Muchos años después reconstruyó todo aquello que había vivido en su infancia y lo plasmó en esa magnífica letra a la que Pichuco adornó con su música.

Celedonio Flores

El tango *Margot*, una de las creaciones de Carlos Gardel, nació inicialmente con el nombre de *Por la pinta*. Celedonio Flores había escrito esos versos para un concurso que hizo el diario "Ultima Hora", con un premio de cinco pesos al autor del que saliera publicado. A Carlos Gardel le gustaron esos versos, les puso música y lo grabó.

Homero Manzi

Un día se encontró con Celedonio Flores y le preguntó si *era el sobrino. ¿De quién?*, fue la respuesta. *De tu tío, el que escribió esos versos rantes de **Margot***, que era el título con que se había grabado el tango.

El que escribió esos versos soy yo, le aclaró Celedonio Flores. Y entonces Gardel le dijo: *Está bien, está bien, si vos lo decís....pero ese lío de la mina bacana le pasó a tu tío.* Celedonio Flores, ni lerdo ni perezoso, le acercó otros versos que había escrito. Carlos Gardel se los leyó a José Razzano y le dijo: *¡Qué me contás, José!*, y decidieron ponerle música. Esos versos comenzaban: "*Rechiflao en mi tristeza*", y **Mano a mano** se convirtió luego en el suceso inolvidable de la apología tanguera. Vale recordar que la letra de **Mano a mano** fue escrita por Celedonio Flores en una mesa de la lechería **La Pura**, luego convertida en café, en Corrientes al 5500, del porteño barrio de Villa Crespo, único que lleva el nombre de un ex intendente de la ciudad.

Horacio Ferrer

Edmundo Rivero cuenta en el libro "Una luz de almacén" que una noche estaba con Aníbal Troilo, Cátulo Castillo y dos o tres amigos más en un departamento, mientras Cátulo redondeaba la letra de **La última curda** y tarareaban una eventual música. De pronto, Bavio Esquiú, uno de los presentes, dijo: *Gordo, chapá la jaula.* Troilo accedió al tiempo que improvisaba los primeros compases, que poco a poco fueron tomando forma, mientras

Rivero entonaba la letra. Después de un largo rato, matizado con copas, quedó definitivamente compuesto **La última curda**. Recordaba Rivero que con el entusiasmo nadie se había percatado de que las ventanas del departamento estaban abiertas, y que sólo lo advirtieron cuando oyeron los aplausos de la gente que se había reunido en la calle al escucharlos. Termina diciendo: *Tuvimos que acceder al pedido de hacer el tango entero desde el balcón, a puro "fueye" y cantor.*

Cátulo Castillo

José Gobello hizo en una oportunidad un análisis muy profundo de las letras de los tangos y encasilló a distintos poetas en una suerte de escala autoral. A su criterio, las letras de los tangos descienden del cuplé, por eso las consideradas como las primeras comenzaban todas con las palabras "yo soy". También piensa que **La morocha** no es otra cosa que un cuplé acriollado, pampeano. Para él, fue Pascual Contursi quien cambió la estructura literaria de lo que hasta entonces se cantaba como tango, y que con **Mi noche triste** pasó de la primera persona del cuplé a la segunda, con su inicio *Percanta que me amuraste*, e introdujo así lo que se conoce como relato o argumento, pero escrito en tercera persona. Sostuvo también que Celedonio Flores tenía una cultura más amplia, con una poesía de tono *sobrador* que no tenía nada que ver con la filosofía de Pascual Contursi. *Las letras de Celedonio son más bien conversadas, chamuyadas, di-*

Enrique Cadícamo

ría yo. Luego resalta los *bellísimos* temas de José González Castillo, como **Griseta**, **Silbando** y **Sobre el pucho**, y la aparición luego en el horizonte tanguero de Enrique Santos Discépolo, Homero Manzi y Enrique Cadícamo.

A Discépolo lo califica como a *una especie de profeta bíblico del suburbio, con gran riqueza de metáforas*; a Homero Manzi, como al que aportó cultura, lenguaje, imaginación y capacidad para escribir; y a Enrique Cadícamo, como poseedor de un extraordinario oficio de letrista con incursiones felices en la poesía. A Cátulo Castillo lo encasilla entre los letristas en los que se dieron muchas cosas surrealistas, porque metáforas como *Cerrame el ventanal, que asoma el sol* impusieron una línea que después profundizó Homero Expósito, quien llevó la retórica a la sensibilidad popular, con el mérito de haber enriquecido un caudal letrístico que ya estaba medio anquilosado.

José Gobello asegura que la línea surrealista que trazaron Cátulo Castillo y Homero Manzi llegó a su esplendor con Horacio Ferrer, *que metió las golondrinas en el motor o baleó con rosas*. Un magnífico análisis, producto de la innegable sabiduría de José Gobello, que en una oportunidad dijo que su amor por el tango nació, primero, a través de cantores como Oscar Alonso, Alberto Gómez, Charlo, Ignacio Corsini, Carlos Gardel o Agustín Magaldi, luego, por la literatura, a través de sus letras, después, por su música, pero nunca por el baile, porque es bastante *patadura*. Pero también en el exterior se alaba a nuestros letristas. El famoso escritor español Ramón Rolé de la Serna, que vivió exiliado muchos años en Buenos Aires, resalta en su libro "Interpretación del tango" la calidad de muchos de los poetas de tangos, especialmente Alfredo Le Pera, Homero Manzi y Enrique Santos Discépolo, y confiesa su admiración por la parte de **Canción desesperada** que dice *¿Dónde estaba Dios cuando te fuiste...?*

En 1936, el poeta y director de cine Luis Saslavsky le pidió a Juan Carlos Cobián y a Enrique Cadícamo que escribieran un nuevo tango para incluirlo en "La fuga", película que estaba filmando con la actuación de Tita Merello y Francisco Petrone en los papeles principales. La elección no había sido casual. El dúo de compositores disfrutaba del último suceso que había escrito: *Nostalgias*. Pocos día después de aquel encuentro en radio **Belgrano** le llevaron la nueva creación, a la que habían titulado *Niebla del Riachuelo*, que logró otro suceso extraordinario. Por aquel entonces Juan Carlos Cobián actuaba todas las noches en la boite **Charleston,** de Florida y Charcas, donde dirigía un conjunto en el que tocaban Aníbal Troilo, Cayetano Puglisi y Ciriaco Ortiz.

Quienes conocieron a Enrique Cadícamo concuerdan en que era un cofre de recuerdos. Cuando le hacían alguna entrevista, el gran poeta solía contar sus vivencias desde los primeros sitios donde se hacía honor al tango, no siempre de buena reputación, y en más de una ocasión con tiroteo y todo. Desgranaba como si lo leyera en un libro de historia el paso de nuestra música popular de los prostíbulos a los boliches, de allí a las casas de milonga, luego a las de familia, sin olvidarse de las reuniones bailables organizadas por la gente de mayor rango social, que hacían punta porque *encontraban simpático ese baile que provenía del bajo fondo.*

Recordaba que, más adelante, por 1920, el tango entró en los cabarets, donde se mezclaba con el champagne, al igual que en los viejos "copetines", locales donde se bailaba de 19 a 21 y de 22 a 24, o en sesiones de champagne-tango, de 12 a 14. El salto definitivo lo dio cuando copó la calle Corrientes, con las orquestas que marcaron la época de oro. Cadícamo interpretaba que se le achacaba al peronismo haber influído en la decadencia del tango, cuando se intentó cambiarle los títulos y las letras, como veremos más adelante, idea que Juan Domingo Perón le adjudicó a Pedro Pablo Ramírez. Aseguraba que eso les dijo el general cuando lo fueron a ver por ese asunto. La profundización de aquella decadencia, Cadícamo la atribuía a la invasión de la música foránea, con la llegada de discos de rock, rumbas, boleros y ritmos latinoamericanos, que le significaban pingües ganancias a las grabadoras. Ya casi centenario y con muchos años en defensa del tango sobre sus espaldas, este poeta de

Buenos Aires se quejaba de que casi no existían orquestas, ni compositores, ni estrellas y que prácticamente no se grababa. De todos modos, rescataba el esfuerzo del sello Melopea, de Litto Nebbia, donde él había editado cuatro discos compactos con tangos auténticos.

Varias décadas después de que los grandes letristas talentosos adornaran con sus versos la música del tango, que como hemos mencionado la gran mayoría se transformó en éxitos todavía hoy inolvidables, Ben Molar, un productor amante del tango, intentó con un proyecto innovador reflotar el interés popular por la música ciudadana, a través del lanzamiento de un álbum al que llamó "14 con el tango". La innovación consistió en juntar a un elenco de grandes compositores, como Aníbal Troilo, Astor Piazzolla, Alfredo De Angelis, Julio De Caro, Juan D'Arienzo, Mariano Mores, entre otros, con famosos poetas, desde Jorge Luis Borges hasta Leopoldo Marechal, pasando por Ernesto Sabato, que nunca habían incursionado en la temática del tango. La experiencia no tuvo la repercusión anhelada por el inspirador de la idea y sus protagonistas creadores, aunque, pese a todo, se podían rescatar del intento ciertos valores positivos. Por un lado, la excelente presentación del álbum, con ilustraciones en colores encargadas a pintores importantes, que reflejaban el tema de cada tango, así como reflexiones de cada uno de los 42 participantes, y por otro, que algunas de las composiciones, muy pocas en comparación con lo producido, eran buenos tangos. Como ejemplo, aunque de todos modos no tuvieron gran difusión, podemos citar *Alejandra*, de Aníbal Troilo y Ernesto Sabato; *Como nadie*, de Lucio Demare y Manuel Mujica Lainez; *Bailate un tango, Ricardo*, dedicado a Ricardo Güiraldes, de Juan D'Arienzo y Petit de Murat; *¿En qué esquina te encuentro, Buenos Aires?*, de Héctor Stamponi y Florencio Escardó. La iniciativa no pasó de ser una obra más para enriquecer las discotecas de los coleccionistas.

Capítulo VII

Relatos y Poemas

Discépolo llamaba a sus tangos novelas en tres minutos. Los versos de los tangos son un relato, y en la mayoría de los casos, verdaderos poemas. Cuentan vivencias, expresan sentimientos y reflejan, por sobre todas las cosas, situaciones en que transcurría la vida durante una buena parte de la historia reciente del país. Sería muy largo enumerarlos, pero tangos sublimes como *Acquaforte, Consejos de oro, Farol, María, Sólo se quiere una vez, Gólgota, Organito de la tarde, Tristezas de la calle Corrientes, Cotorrita de la suerte, Dios te salve m'hijo,* o esa magnífica pieza con música de Luis Rubinstein y letra de Luis César Amadori, que se llama *Olvido*, por citar sólo a una ínfima minoría, sirven para corroborar que las letras de los tangos son una expresión del sentimiento porteño. Las letras de Enrique Santos Discépolo habría que nombrarlas a todas, sin excepción alguna.

Qué curioso, dos de los más notables poetas del tango se llamaban Homero: Expósito y Manzi. Podría decirse que el poeta griego del Siglo IX A.C. al que se le atribuye ser el autor de las dos obras maestras de la épica griega, la Ilíada, que narra el asedio a Troya por los griegos, y la Odisea, que relata las aventuras de Ulises al regresar a su patria, Itaca, tras la caída de Troya, se reencarnó en dos poetas nuestros.

Con motivo de la desaparición física de Enrique Cadícamo, que fue una de las palabras mayores en el tango, en una de las notas se dijo que había muerto "El poeta del tango". Cadícamo fue uno de los grandes poetas del tango, excepcional, pero hubo otros inolvidables que pueden compartir esa calificación, como Homero Manzi, Celedonio Flores, Homero Expósito, Cátulo Castillo, Julián Centeya, José María Contursi, Carlos Bahr, Juan Caruso, Luis Rubinstein, Manuel Romero, Francisco García

Jiménez, Francisco Gorrindo, José De Grandis, Horacio Sanguinetti, y más recientemente Eladia Blázquez, o a aquél brasileño hijo de italianos que supo interpretar como pocos el sentimiento del tango: Alfredo Le Pera.

Inexplicablemente, cuando se cita a los grandes letristas se omite injustamente a Froilán Francisco Gorrindo, quien escribió hermosas letras, como las de *Las cuarenta*, compuesto en 1937 con Roberto Grela y estrenado ese mismo año por Azucena Maizani en el teatro **Nacional**, *La bruja*, con Juan Polito, *El vino triste*, *Paciencia* y *Dos guitas*, con Juan D'Arienzo, *Magdala*, *Por tener un corazón* y *Gólgota*, con Rodolfo Biagi, *Mala suerte*, con Francisco Lomuto, *Vos y yo*, con Hernán Cortés, *No sé*, con F. Pécora, *Mi locura*, con Juan Larenza, *Aguas turbias*, con Orestes Cúffaro y Alfredo Attadía, *Color gris*, con Roberto Grela, *Mi cielo*, con Héctor D' Espósito, *Contraseña*, con Miguel Bucino, y el último, sin editar, *¡Qué clase de amigo sos!*. Gorrindo había nacido en Quilmes, provincia de Buenos Aires, el 5 de octubre de 1908, y murió en esa misma ciudad el 2 de enero de 1963. Su primer tango fue *Perdón de muerta*, estrenado por Mercedes Simone, al que luego le siguieron *Miserere*, compuesto con Miguel Padula, y *Vida perra*, en colaboración con Rafael Rossi.

Lo mismo ocurre con un gran compositor, como fue el "Negro" Joaquín Mauricio Mora, autor, por ejemplo, de *Divina*, *Más allá*, *En las sombras*, *Esclavo*, *Frío*, *Sonsonete*, *Mi estrella*, *Frivolidad*, *Distante*, *Si volviera Jesús*, *Volver a vernos*, *Yo soy aquel muchacho*, *Al verla pasar*, *Margarita Gautier*, *Como aquella princesa*, la milonga *Pavadas* y los valses *Sin esperanza* y *Cofrecito*, que murió totalmente olvidado en Panamá, después de pasear el tango muchos años por Centroamérica, y el Caribe, así como por Europa y los Estados Unidos. En su última etapa en Panamá, el embajador argentino, el periodista Rodolfo Baltiérrez, al enterarse que pasaba por una mala situación económica, como muchas otras veces, le tendió su mano y lo contrató para que amenizara con el piano las reuniones en la embajada. Un noble gesto de un hombre de bien, y viejo amante del tango.

Joaquín Mora había nacido en Buenos Aires el 21 de septiembre de 1905, y en 1924 debutó profesionalmente como pianista, y luego integró la agrupación de Graciano De Leone. Posteriormente pasó a formar parte del trío de Eduardo Pereyra, pero tocando el bandoneón, instrumento que de allí en más adoptó definitivamente. También tocó en el cuarteto de Vicente Fiorentino, en la orquesta de Antonio Bonavena, en la Típica Columbia y después acompañando al trío Irusta-Fugazot-Demare en sus actuaciones en Europa, y en la orquesta de Eduardo Bianco. Ya de regreso en Buenos Aires, formó los tríos Morel-Lesende-Mora, y Mora-Achával-Podestá, y acompañó a grandes intérpretes, como Azucena Maizani, en su gira por España, a Carmen Duval y a Hugo del Carril. Su más grande creación, *Divina*, la compuso para el tenor mexicano Alfonso Ortiz Tirado. Siempre se lo conoció como el "Negro" Mora, pero el mote no era por llamarlo en forma cariñosa o caprichosa, sino porque realmente era negro, de ascendencia afroporteña. Había vuelto a Buenos Aires en diciembre de 1978, tras una ausencia de 35 años. Se había ido en 1943 para hacer "una breve gira", pero a principios de 1979 regresó a Panamá, donde murió el 2 de agosto de ese año.

Puede considerarse que la "Época de oro" del tango transcurrió en un período que se ubica entre toda la década del 40 y hasta un poco más de la mitad de la del 50. Esto en lo que respecta a la conjunción de grandes orquestas, buenísimos cantores y autores que en esa época crearon obras antológicas. Podría decirse que las joyas musicales datan de ese lapso. Sin embargo, antes de esa época se crearon también grandes tangos, y la iniciación de los letristas se produjo mucho tiempo antes. Si bien entre alrededor de 1940 y 1960 la cantidad de tangos, milongas y valses compuestos es abrumadora, no es menos cierto que hasta ese momento la creatividad de autores y compositores también fue altamente prolífica. Un simple repaso a vuelo de pájaro nos demuestra lo siguiente: *El porteñito* (1903); *La morocha* (1905); *Cuerpo de alambre* (1910); *Mi noche triste, Flor de fango* (1917); *Margot* (1919); *Mano a mano, Ivette, Milonguita* (1920); *Sobre el pucho, Melenita de oro* (1922); *Se viene la maroma, Buenos Aires, Silbando, Organito de la tarde, El bulín de la calle Ayacucho* (1923); *Muchacho, Caminito* (1924); *A media luz, Yo te bendigo, Langosta, Audacia* (1925); *Viejo ciego, Aquella cantina de la ribera, Oro muerto, El ciruja, Puente Alsina, Tiempos viejos, Copen la banca, Que vachaché, Tengo miedo* (1926); *Haragán, Ventanita de arrabal, Amurado, La gayola, Arrabalero* (1927); *Mama, yo quiero un novio, Alma en pena, Seguí mi consejo, Aquel tapado de armiño, Chorra, Marionetas, Muñeca brava* (1928); *Barrio pobre, Atenti pebeta, La violeta, De todo te olvidas, Bailarín compadrito; Uno y uno, Carnaval de antaño* (1929); *Padrino pelao, Viejo smoking, La mazorquera de Monserrat, Canchero, La viajera perdida, La que murió en París, Yira...yira* (1930); *El aguacero, Como abrazado a un rencor, Tomo y obligo, Acquaforte, Anclao en París, Qué sapa señor* (1931); *Ya estamos iguales, Ventarrón, La canción de Buenos Aires, Secreto, Al mundo le falta un tornillo, Melodía de arrabal, Pan* (1932); *Madame Ivonne, Corrientes y Esmeralda, Al pie de la Santa Cruz, Cuesta abajo* (1933); *Arrabal amargo, Mi Buenos Aires querido, El pescante* (1934); *Monte criollo, Volver, Nostalgias, Cambalache* (1935); *El cantor de Buenos Aires* (1936); *Desencanto, El cornetín del tranvía, Niebla del Riachuelo, Las cuarenta* (1937); *Quiero verte una vez más, Mano blanca* (1939), y esto es sólo una muestra de todo lo que se compuso en este lapso.

Es sabido que un gran número de piezas musicales son instrumentales, pero porque los directores de orquestas así lo decidieron. La gran mayoría de los clásicos que conocemos tienen letra, aunque ésta no se cante. Podríamos citar una gran cantidad, como *Ventarrón, A la gran muñeca, Siete palabras, Organito de la tarde, Amurado, La puñalada, Mi refugio, Julián, Taconeando, De puro guapo, Recuerdo, Lágrimas, Lorenzo, Loca, Hotel Victoria, Entrada prohibida, La maleva, El choclo, Chiclana, El mareo, La clavada, Ojos negros, El Marne, Tiera querida, Flores negras, 9 de Julio, Boedo; Comme il faut* (que la única que lo grabó cantado fue Nelly Omar), *Canaro en París* (únicamente cantado por Enzo Valentino), *Milonguero viejo, Todo corazón, El caburé*, etc. En este aspecto, un fenómeno que no tuvo explicación lo constituye el tango *Inspiración*. Peregrino Paulos, su autor, que también compuso *El distinguido ciudadano*, del que el maestro Carlos Di Sarli hizo una creación, creó *Inspiración* sin letra. En su momento pasó prácticamente desapercibido, porque casi nadie lo tocó. Años después de la muerte de Peregrino Paulos, Luis Rubinstein lo rescató y le puso letra. Y aquí viene lo curioso. Desde ese momento se constituyó en uno de los referentes de la música popular porteña, pero sin letra, cosa que no había ocurrido cuando su autor lo creó. Lo cierto es que Peregrino Paulos nunca se enteró de que su tango *Inspiración* se transformaría en uno de los clásicos más tocados en la historia del tango. Otro hecho curioso y que no tiene una explicación lógica es que algunos directores, e inclusive cantores en su etapa como solistas, le han modificado parte de la letra a más de un tango o milonga, lo cual aparece como una falta de respeto al autor.

Cuatro Rubinstein se dedicaron al tango. Dos de ellos, Luis y Mauri, utilizaban ese apellido. Mauri, único de los cuatro que no era compositor, era periodista y tenía un programa de tangos que se llamaba "Diario de la música popular", que se difundía por las radios **El Mundo y Splendid** y por **Canal 7**. Como hemos visto, los otros dos componían, uno, con el nombre de Elías Randal, y el otro con el de Oscar Rubens. De los cuatro hermanos, el único que estudió música fue Elías Randal, nacido el 6 de enero de 1920, que llegó a tocar el violín aceptablemente, y autor de recordados tangos, muchos de ellos estrenados por Ignacio Corsini, como *Gracias*, *Tanto*, *Mi tango es triste*, *Doble castigo*. El primero, *Amor, adónde estás*, que no tuvo difusión alguna, lo compuso cuando tenía sólo 15 años, con letra de Marvil. Uno de los más exitosos, *Así se baila el tango*, tiene una historia muy particular. Martínez Vila, que ya componía bajo el seudónimo de Marvil, le llevó un día lunes una letra, y como vivía a la vuelta de la Academia PAADI, propiedad de los Rubinstein, todos los días le iba a preguntar si le había puesto música. Aproximadamente a la semana, Elías Randal, que tenía una capacidad extraordinaria para crear, en pocas horas le improvisó una. Una vez armado el tango, esa misma noche se lo llevó a Ricardo Tanturi a **Radio El Mundo**, donde tocaba en un programa auspiciado por el jabón Federal, y en la última entrada, alrededor de las 11 de la noche, le dijo: *Ricardo, perdóneme que lo moleste, me gustaría que perdiera tres minutos, le traigo algo que creo que puede ser interesante para usted.* Al día siguiente lo estrenó en un baile, cantado por Alberto Castillo, donde se armó una gran batahola, debido a la letra.

Los viejos tangueros recuerdan los incidentes que se armaban en los bailes cuando Alberto Castillo, haciendo ademanes hacia el público, decía socarronamente: *"Que saben los pitucos, lamidos y sushetas, que saben lo que es tango, que saben de bailar".* Lo cierto es que a los pocos días de su estreno en aquel baile, la gente lo cantaba por la calle y se convirtió en uno de los grandes éxitos de las música popular. Elías Randal a los cuatro años cantaba todos los tangos que estaban en boga por ese entonces, alrededor de 1924, y en la escuela primaria las maestras lo hacían cantar en los recreos, especialmente una que se llamaba Margarita, porque precisamente había un tango con ese nombre, y todos los días se lo hacía repetir. Allá por 1929, cantó en el **Teatro París**, con los guitarristas de Libertad Lamarque; el animador era Roberto Airaldi, con el seudónimo de Dady. También compuso el fox-trot *Yankele* (Mi muchacho), en colaboración con su hermano Luis, con la particularidad que en la partitura decía Soy Judío.

Oscar Rubens, otro de los Rubinstein, nacido un 18 de enero de 1914, también autor de recordados tangos. El primero fue *Inquietud*, de 1939, con música de Enrique Mario Francini y Héctor Stamponi, y luego le siguieron *Rebeldía*, *Lejos de Buenos Aires*, *Tarareando*, *Gime el viento*, *4 compases*, y muchos otros más. Quienes lo conocieron coinciden en que Oscar Rubens era un soñador, muy romántico, un alma buena. Fundó la Editorial Select, para editar fundamentalmente obras de autores noveles y de amigos, a los que daba una mano saliendo a vender las partituras como si fueran propias, con verdadera vocación de difusión.

Respecto de la academia PAADI, es importante destacar que por ella pasaron alrededor de 10.000 alumnos, como Eladia Blázquez, Aída Luz, Alberto Podestá, Roberto Rufino, las hermanas Legrand, Mariano Mores, que todavía usaba su verdadero nombre, Mariano Martínez. Vale la pena recordar que Mores era integrante de una familia numerosa, con problemas de subsistencia, y que él colaboraba económicamente a través de su arduo trabajo en una de las cervecerías que por entonces pululaban en el Balneario, en la Costanera Sur. Fue precisamente allí donde lo descubrió Luis Rubinstein, que con su fino sentido intuyó su talento, y lo incorporó al staff de profesores de la academia PAADI, donde se desempeñó varios años.

Las letras de los tangos son relatos, y los autores y cantores juglares modernos. Es un verdadero arte contar en tres minutos como máximo toda una historia, y que el que la escuche entienda su sentimiento. Casi todos los autores provenían de familias muy humildes, eran inmigrantes o hijos de inmigrantes, que vivían en los barrios en casas de inquilinato. Las cifras son elocuentes: en 1887 había en Buenos Aires 204.000 argentinos y 228.000 extranjeros; en 1895, 318.000 argentinos y 346.000 extranjeros, y en 1914, 798.000 argentinos y 778.000 extranjeros. Es probable que por ello las letras de los tangos están dedicadas a contar tristezas, sentimientos, angustias, alegrías, sinsabores, bajezas humanas en algunas casos y cosas sublimes, como el amor de una madre o el de una mujer, en otros.

Muchas fueron producto de la imaginación del poeta, pero muchas otras, la gran mayoría, reflejaron hechos realmente ocurridos, que fueron volcados en los versos de un tango. Sus letras no cuentan, como argumentan sus detractores, solamente la traición de una mujer. Un simple análisis demostraría que prácticamente todas las expresiones populares están basadas en un amor perdido o en el engaño. Basta escuchar las letras de los más conocidos sambas brasileños, la de los boleros, la de la música tropical, de la mexicana, de nuestro folclore, e inclusive el argumento de las más famosas óperas.

Las letras de tango sirven, en algunos casos, para vivir sensaciones que uno personalmente no ha experimentado, y en otros, para recordarlas. Le cantan al barrio, a los amigos de la juventud, al café de la esquina, al hermano que anda en malas compañías, a las noches de cabaret, al amigo enfermo, al amor logrado, al imposible, al perdido, a la obrerita que en las mañanas de invierno iba camino del taller, a la hermanita engañada, a la pasión futbolera, como *Racing Club,* de Vicente Greco, *Independiente Club*, de Agustín Bardi, *11 y 1*, de José Basso, dedicado a Boca Juniors, *Pelota de cuero,* de Edmundo Rivero, *El taladro,* de Alfredo De Angelis, dedicado a Banfield, *Yo soy de Boca, Argentina Campeón, La número 5, El sueño del pibe* y *Los diablos rojos*, de Héctor Varela.

Hasta hay tangos patrióticos, como *Independencia, Emancipación, Sargento Cabral, Cabo de cuarto* o *Primera Junta*, y temas vinculados con la historia, como *La pulpera de Santa Lucía, La mazorquera de Monserrat* y *Viva la Santa Federación*. Pero, como ya dijimos, fundamentalmente le cantan a la madre. No es cierto tampoco que el tango es triste. Salgán siempre sostuvo que nadie que tenga sentido musical puede decirlo. Sí se puede decir que es romántico, pero nunca que es triste. Para él, *Don Juan* o *El entrerriano*, por ejemplo, están llenos de dinamismo y de ninguna manera expresan tristezas. Lo que puede ocurrir, dice, es que los tangos con letra pueden tener un motivo triste aunque, como contrapartida, muchos otros tienen letras humorísticas.

Algunos investigadores aseguran que las letras de los tangos eran el vehículo utilizado para reflejar distintas épocas del país. Primero, el mundo de la prostitución y de la delincuencia y, más adelante, a partir de 1916, el cambio de vida instaurado en la Argentina con la llegada al gobierno de un partido popular, como era el de la Unión Cívica Radical. León Benarós desarrolló con la gran habilidad que lo caracteriza en un trabajo periodístico, algunos pormenores del inicio del tango. Vale la pena recordarlos. Cita palabras de Jorge Luis Borges, a las que califica de iluminatorias, cuando dijo: *Esa ráfaga, el tango, esa diablura*, y entonces Benarós considera que el tango era realmente una diablura, porteña y rioplatense, por lo menos en sus inicios. Se basó para ello en los primeros tangos, y menciona, por ejemplo, *El apache argentino*, de Manuel Aróztegui, que aunque pasó a la posteridad como pieza instrumental, en sus versos dice: *Quisiera ser canfinflero, para tener una mina*, o *Entrada prohibida*, de Luis Teisseire, en un caso similar, dice: *Del cabaret te piantaron, y la razón no te dieron, pero después te dijeron, que era por falta de higiene.*

También los carnavales inspiraban tangos, como lo demuestra *Siga el corso*, cuyos versos creados en 1926 por el gran poeta Francisco García Jiménez, en la que podría denominarse como la última etapa de gran brillo de estas fiestas que celebraban los porteños, que cuentan a la perfección sobre música de Anselmo Aieta las bulliciosas noches en que se desarrollaban los corsos, especialmente el de la Avenida de Mayo. También en 1926 nació, al calor de los Carnavales y probablemente inspirado en el mismo corso, *Pobre Colombina*, de E. Falero y V. R. Carmona.

CAPÍTULO VIII

COSAS CONCRETAS

Pero no sólo las letras tienen un significado. El título de muchos de los tangos instrumentales también responde a algo concreto.

Entre muchos, tomemos casos al azar: Francisco Canaro compuso un maravilloso tango que se llama *El Internado*. En principio se creyó que se refería a algún amigo o conocido que andaba mal de salud, pero no era así. Por aquél entonces en el hospital público, que por muchos años fue un orgullo nacional, se creó el sistema de médico interno, que debían hacer el período de residencia en los hospitales, y Canaro no tuvo mejor idea que dedicarles un tango como homenaje a esos abnegados servidores públicos que debían pasar todo el día y toda la noche atendiendo enfermos.

Otro tango también está vinculado con ese tema. El 21 de diciembre de 1924 Osvaldo Fresedo estrenó en el **Teatro Victoria** un tango que recién había compuesto y que se llamaba *A divertirse*, que llevaba como subtítulo *El 11*, en referencia al undécimo baile del Internado, organizado por los estudiantes de medicina. Esta creación de Fresedo pasó a ser uno de los clásicos de nuestra música popular con el nombre de *El Once*.

Por el año 20 el tango ya estaba cerca del Centro. En la calle Rodríguez Peña al 300 existía un salón, que dos conocidos bailarines de los suburbios descubrieron que podía servir para *montar* un bailongo y así demostrar sus dotes. Así fue como el "Vasco" Casimiro Aín y el "Pardo" Santillán decidieron alquilarlo los sábados por la noche. El siguiente paso fue buscar algún conjunto para completar la idea. En el café **El Estribo**, en Entre Ríos 763, tocaba con gran éxito un cuarteto que dirigía Vicente "Garrote" Greco, a quien acompañaban Francisco Canaro en violín, Prudencio Aragón en piano y Pecci en flauta. Aín y Santillán lo convencieron a Greco y así comenzaron a tocar en los bailes de Rodríguez Peña, que Francisco García Jiménez definió de la siguiente manera: *El sexo fuerte lucía melena cuadrada. El débil metía contornos garborosos en ajustadas batas y polleras de chillones colores y se perfumaba con Agua Florida. En el buffet se despachaba ginebra y anís. En el salón, cuando la puja de ochos y medias lunas había excedido todas las posibilidades, el bailarín más canchero se adueñaba de la pista y escribía su nombre en el piso, con trazo intangible, a punta de botín y firulete. Con hermosas faltas de ortografía.*

Fue esa milonga, que sirvió para que el tango se abriera camino hacia el Centro, la que inspiró a Greco para crear **Rodríguez**

Peña, que hasta hoy sigue siendo uno de los clásicos de la música popular.

También por la década del 20 nació *Chiqué*, primera obra compuesta por Ricardo Luis Brignolo, que recién había aprendido música con el "Tano" Genaro Spósito como maestro. Después de los primeros pasos dados con el "Tano" Genaro, estudió teoría y solfeo y se animó a formar su propia orquesta, con la que debutó en el café **El caburé**. Ya asentado, pasó a tocar en la academia de baile **La olla popular**, donde se inspiró para componer *Chiqué*, título sugerido por una francesita que allí trabajaba.

Otro ejemplo es el del tango *Cuidado con los 50*. También aquí, en principio, se le dio un significado distinto, pues se lo asociaba con el medio siglo de vida de una persona. La realidad era que el 10 de junio de 1889 en la orden del día de la Policía se había dispuesto aplicar una multa de 50 pesos o arresto de 15 días a los que molestaran a las mujeres en la vía pública con piropos subidos de tono u ofendieran el pudor. Posteriormente, el 28 de diciembre de 1906, el coronel Ramón L. Falcón, que era entonces el Jefe de Policía, la reactualizó, y de allí que Villoldo, Polito y Pesce decidieron hacer un tango para advertir del caso a los desprevenidos. Es muy probable que este tango tenga letra, aunque se lo conoce como instrumental, especialmente en la magnífica interpretación de Carlos Di Sarli. Cuando apareció este tango causó sensación, especialmente porque entonces era común que las partituras estuvieran adornadas por algún dibujo representativo del título o la letra del tango, y en este caso, muy acertadamente, consistía en la imagen de un vigilante que miraba a una bella dama que le hablaba al oído a un galán diciéndole: *Caballero le suplico, tenga más moderación, pues a usted puede costarle, cincuenta de la Nación.*

No queda al margen el famoso *¡Qué noche!* Cuentan que una noche de invierno allá por 1917, cuando nevó por primera vez en Buenos Aires, Agustín Bardi estaba sentado en un café dándole los últimos toques a la música de un tango que acababa de componer. Apareció entonces uno de los parroquiano amigos quien, al entrar en el boliche, mientras se quitaba de encima la nevisca y se bajaba el cuello del sobretodo exclamó: *¡Qué noche!* Bardi dijo sin hesitar: *¡Ahí está el título del tango!* Y, efectivamente, con ese título pasó a la posteridad una de las joyas musicales que nos legó este excelente músico. Esta es la historia que siempre se conoció, aunque Horacio Ferrer luego escribió otra. Según él, Agustín Bardi iba con unos amigos en un auto bajo la tenue nevada, con los inconvenientes lógicos que esto provocaba en las resbaladizas calles a los rudimentarios coches de esa época. Al tiempo que miraba por la ventanilla cómo nevaba, tarareaba los compases de un tango que se le había ocurrido en ese momento. Al entrar en el café al que iban, mientras Bardi plasmaba en un papel las notas de su nueva obra, uno de los amigos le sugirió que el título debía ser ¡Qué noche! Nadie existe que pueda dar fe de cuál de los dos relatos es el verdadero.

Otro de los tangos con historia insólita es **Re-fa-si**, que aunque su título refleja tres notas del pentagrama, su autor, Enrique Delfino, vivió una anécdota muy especial con motivo de su creación. El siempre contaba que estando en Montevideo, una noche que volvía al hotel donde se alojaba sintió de repente la inspiración de los primeros compases de un nuevo tango. Como no tenía donde escribirlo y por miedo a que se le borraran de la mente, con un trozo de ladrillo o algo parecido los escribió en una pared. Al otro día, temprano, volvió para copiarlos y se encontró con que los habían tapado con afiches de un partido político, debido a que se aproximaban elecciones en el Uruguay. Desesperado comenzó a despegarlos buscando debajo los compases que había escrito la noche anterior. El resultado fue inesperado. Apareció un policía y se lo llevó detenido por contravenir las normas electorales. Recién en la seccional pudo aclararle al comisario que su acción no tenía contenido político, y así podemos aún gozar de esa joya musical.

A media luz también tiene su historia. Estaba el violinista porteño Edgardo Donato radicado en Montevideo, y en una ocasión en que animaba una fiesta junto con el bandoneonista Juan "Bachicha" Deambroggio en una mansión en esa ciudad, en medio de la actuación, y mientras tocaban un tango, se le ocurrió apagar la luz y al mismo tiempo decir: *¡Ahora, a media luz!* Los presentes festejaron la ocurrencia y siguieron bailando en la penumbra.

Casualmente se encontraba en el salón Carlos César Lenzi, un autor teatral oriental, a quien le gustó la frase. Al día siguiente le alcanzó a Edgardo Donato una letra para que le pusiera música, y así nació el tango *A media luz*. El tema, como se sabe, se desarrolla en un "cotorro" a media luz, en *Corrientes 348, segundo piso, ascensor*. Grande fue la desilusión de ambos cuando al tiempo fueron en Buenos Aires a ver esa dirección, y se encontraron con un antiguo y mal cuidado salón de lustrar. En la misma letra se cita *Juncal 1124, telefoneá sin temor*. En muchas ocasiones se escuchó decir a comentaristas de tango que la primera de las direcciones existía, no así la segunda. La realidad es que Lenzi no se refería a una calle, sino a la característica telefónica Juncal, pues como ya hemos dicho cuando tocamos el tema del tango *Charlemos*, en aquella época cada central de teléfonos era identificada con número y nombre.

Una noche de tangos, mujeres y bebidas, como era habitual a principios de siglo en las casas de baile, en una de las más famosas, la de María "La Vasca", ubicada en la actual calle Carlos Calvo al 2700, Rosendo Mendizábal, a quien se conocía como "el Morocho", dejó correr su inspiración sobre las teclas del piano y tocó un tango que hizo las delicias de los habituales concurrentes. Según los historiadores, uno de ellos espontáneamente gritó: *¡Bravo Don Rosendo, que tangazo le ha salido!* El "Morocho", agradecido, le dijo que en su honor se llamaba *El Entrerriano*. La recompensa del halagado y rico amigo de la dueña de casa para quien le había dedicado su nuevo tango fue un lustroso y casi desconocido para muchos billete de 100 pesos, conocidos por entonces como "canarios", por su color amarillo.

Mariano Mores siempre contó que el título de *Cuartito azul* surgió de la pieza de la calle Serrano donde vivía, cuyas paredes debía pintar periódicamente porque para ello usaba cal mezclada con el azul que por entonces se usaba para blanquear la ropa.

Nació a raíz de que Mario Batistella escuchó a Marianito tocando un arreglo de *La cumparsita*, y le dijo que si escribía un tango, él le ponía la letra. Lo estrenó Ignacio Corsini, a quien lamaban "El caballero cantor" o "El príncipe de la canción porteña", un cantor casi olvidado, a pesar de haber grabado 620 temas. Según dichos atribuidos a Carlos Gardel, Corsini era *el único que me hace sombra*. *Cuartito azul* se lo grabó Osvaldo Fresedo, con Ricardo Ruiz, y Francisco Canaro lo incluyó en la obra de teatro "Pantalones cortos".

Así como el "cuartito azul" no fue un producto de la imaginación de Mores y Battistella, también existió *El Bulín de la calle Ayacucho*, inmortalizado en un tango por Celedonio Flores y José y Luis Servidio. Cuentan que era una habitación ubicada en los fondos de una vieja casona de Ayacucho 1443, y que su dueño era Julio Korn, uno de los mayores editores de partituras de tangos. Se lo prestaba a algunos amigos, entre los que se encontraban Juan B. Fulginitti y los cantores Francisco Martino y Fernando Nunziata, que se reunían allí para charlar, tocar la guitarra y hacer correr el infaltable mate. También se asegura que era utilizado en algunas oportunidades para sentir el *calor querendón de una piba*. Lógicamente, otro de los concurrentes al "bulín" era el Negro Cele, quien le dedicó la magistral letra que tan bien interpretó Fiorentino cuando cantaba con Troilo.

El tango *Sobre el pucho* fue producto de un concurso organizado por una fábrica de cigarrillos, en 1922, con la intervención de la orquesta de Alfonso Lacueva. El pianista Sebastián Piana vivía en el tanguero barrio de Boedo y tenía una gran amistad con Cátulo Castillo, a la casa de quien fue para que su padre, el dramaturgo José González Castillo, le pusiera letra a una música que había escrito, con intención de presentarlo para competir. Ganaron el segundo premio en el concurso con un tango cuya letra decía: *Un farolito en Pompeya, y un organito moliendo un tango, y allí el malevo que fuma....*, y con el sugestivo título de *Sobre el pucho*. El primero se lo adjudicó *El ramito*, debido a la inspiración de Juan de Dios Filiberto y Gabino Coria Peñaloza, que pronto pasó al olvido.

Grisel se debe a una historia real. José María Contursi, autor de la letra, debió viajar a Córdoba por motivos personales, y se alojó por indicación de Nelly Omar en la casa de la familia Vigiano. Así conoció a la hija, Grisel Susana, con quien vivió un romance fugaz, pues volvió a Buenos Aires a reunirse con su esposa y su hija. Escribió entonces una letra sobre la base de esa historia. Al tiempo ambos enviudaron, y Ciriaco Ortiz, sabedor de los hechos por ser íntimo amigo de Contursi, viajó a Córdoba y así Grisel supo de la nueva situación personal de Contursi. Juntos nuevamente, ahora en Buenos Aires, reanudaron un romance que terminó en casamiento, y la letra que la recordaba salió a la luz con música de Mariano Mores, para constituirse en un éxito sin precedente.

José Gobello contó que fue Aníbal Troilo quien le sugirió a Cátulo Castillo hacer un tango con el nombre de "María", cuando le dijo: *Hay tanto tango con nombres de minas francesas, ¿qué te parece si hacemos uno con el nombre de la Virgen, un tango que se llame solamente María,* y que lo demás fue sencillo, porque en ninguna letra de Cátulo existen las minas fatales. Y así nació *María*, que se transformó en una genial creación.

También el tango *Uno*, esa joya musical de Mores y Discépolo tiene una curiosa historia. Resulta que en 1940, en ocasión de una reunión especial en el cabaret **Marabú**, a la que habían sido especialmente invitados Enrique Santos Discépolo y Tania, Carlos Di Sarli, que allí actuaba, le pidió a Mariano Mores que lo reemplazara un rato en el piano. Marianito no había alcanzado aún la fama que ostenta, pero no era un desconocido. Algunos de los presenten instaron a Tania a que cantara algunos tangos de Discépolo, quien luego de varias interpretaciones magistrales se levantó y corrió a felicitar a Mores. Este ni lerdo ni perezoso aprovechó la oportunidad y, aunque con alguna timidez por la diferencia de cartel que existía en ese entonces entre ambos, humildemente le dijo: *Si usted me dispensa un rato, maestro, quisiera mostrarle algunas obras que tengo.*

Cómo no, lo espero mañana a la tarde en mi casa, en La Lucila. A la tarde siguiente le llevó la partitura de un tango al que le había puesto de título **Cigarrillos en la oscuridad**. Tres años tardó Discépolo en devolverle la partitura con una letra que había ido puliendo en innumerables ocasiones, con la calidez de un artesano, hasta llegar a la que finalmente le gustó. Mariano Mores recordó que ese día cuando vio lo que le había llevado se asustó, porque era *una sábana*, y le dijo a Discépolo: *esto no lo va a aprender nadie, es muy largo*. Lo que ocurría era que en ese entonces sólo se cantaba el estribillo de los tangos pero, además, la segunda parte de la música es tan extensa que se asemeja a todo un tango convencional. Habían dado a luz el memorable **Uno**.

La historia, que se había originado tres años antes, recién comenzaba. El tango fue estrenado *oficialmente* por Tania el 28 de abril de 1943 en el **Teatro Astral** con el nombre de *Si yo tuviera el corazón*, pero resulta que no se supo exactamente por qué Osvaldo Fresedo ya lo tocaba en la confitería donde actuaba, y a raíz de que la gente lo pedía insistentemente con el dedo índice levantado, se lo empezó a conocer como **Uno**, que fue el nombre que definitivamente le quedó.

El primero en grabarlo fue Aníbal Troilo. Esto le produjo a Francisco Canaro una gran *picazón*, y le recriminó a Mores, que era su pianista, la supuesta deslealtad. *Cómo puede ser que Pichuco haya grabado tu tango antes que yo*, le dijo quejoso. Lo que debía ignorar "Pirincho" era que hacía rato que Discépolo le insistía a Mores que dejara de tocar con Canaro, pues a su criterio el estilo de la orquesta no *pegaba* con su capacidad musical.

Por ese entonces, no faltó entre los más íntimos de Discépolo quien vinculara la letra de **Uno** con la torturada vida que ya llevaba con Tania. Esto encontraría una explicación lógica en lo declarado por Discépolo cuando confesó que escribió **Uno** porque *tenía cansancio, cansancio de vivir. Yo estuve muchas veces sólo en mi dolor, y ciego en mi pensar. Y aquello de punto muerto de las almas no es pura invención literaria.*

Pero hay un caso particular, el de Albérico Spátola, que en vez de ponerle nombre a sus tangos los numeraba. El único que realmente trascendió fue *El 13*, del que hicieron un éxito Angel D'Agostino y Angel Vargas.

Fue Angel Cárdenas, en la época en que cantaba con Aníbal Troilo, quien hizo de intermediario para que viera la luz *Te llaman malevo,* que Pichuco compuso sobre letra de Homero Expósito. Hasta ese entonces la relación entre estos dos extraordinarios tangueros no era muy buena. Es más, nunca habían compuesto nada juntos. Aníbal Troilo lo admiraba, pero no le tenía mucha simpatía, a raíz de un hecho fortuito ocurrido años antes. El propio Angel Cárdenas contó la historia, de lo ocurrido y del tango. Varios años antes, la orquesta de Troilo había sido contratada para los bailes de carnaval por el club. **Glorias Argentinas**. Cuando estaban llegando, había tanta gente por las calles de Mataderos que Troilo le dijo a Cárdenas: *Mirá que lindo, cuánta gente nos viene a escuchar.* Cárdenas lo volvió a la realidad: *No se equivoque* -le dijo- *toda esa gente espera a Billy Cafaro*, que actuaba en las inmediaciones, en el club **Nueva Chicago,** y que había sido el culpable indirecto de la pobre actuación de Troilo en el club vecino. A Billy Cafaro, que era primo de los Expósito, fueron éstos que lo llevaron a la popularidad, por lo que Pichuco, cuando se acordaba de ese hecho, le causaba aspereza el apellido Expósito.

Recordaba Cárdenas que siempre lo cargaba diciéndole que había hecho todo bien, pero que había fallado en tres cosas: No acompañó a Gardel en ninguna grabación, ni compuso nunca con Discépolo ni con Homero Expósito. Troilo le retrucaba diciéndole que Gardel había muerto antes de que él tuviera orquesta, que lo de Discépolo no pudo ser *porque se fue a vivir a México cuando terminé de escribir la música de **Mi tango triste** y quería que la letra la hiciera él, y como estaba ausente se la dí a "Catunga" Contursi,* pero que lo de Expósito todavía se podía arreglar.

Angel Cárdenas aprovechó la situación y fue a verlo a Homero Expósito. *Che loco* -le dijo- *hacé una letra que se la llevo a Troilo y la estreno yo.* Así nació **Te llaman malevo**, título que le puso el propio Cárdenas. Los versos de este tango reflejan un contenido dramático de la decadencia social de un hombre, cuando dicen *Nació en un barrio con malvón y luna/ donde la vida suele hacer gambetas,/ y desde pibe fue poniendo el hombro/ y anchó al trabajo su sonrisa buena,/ la sal del tiempo le oxidó la cara/ cuando una mina lo dejó en chancleta;/ y entonces solo, para siempre solo,/ largó el laburo y se metió en la huella./ Malevo.../ te olvidaste en los boliches/ los anhelos de tu vieja./ Malevo.../ se agrandaron tus hazañas/ con las copas de ginebra.../ Por ella, tan sólo por ella,/ dejaste una huella/ de amargo rencor./ Malevo.../ ¡Qué triste!.../ Jugaste y perdiste/ tan sólo por ella, que nunca volvió.* Una letra digna de Homero Expósito.

Y ya que hablamos de Angel Cárdenas, podemos recordar una sabrosa anécdota, de la que también fue protagonista. El mantenía una gran amistad con el crítico de cine Salvador Samaritano, a raíz de que antes de dedicarse a cantar tangos era asistente de dirección e inclusive llegó a dirigir la película "Una cabaña en la pampa". Una vez le contó a Samaritano que, encontrándose en Puerto Rico, le dijeron que había un cantor de tangos que decía que era hijo de Carlos Gardel, nacido de una relación entre "El Morocho", cuando estaba actuando en Puerto Rico, y su madre. Angel Cárdenas, intrigado, quiso conocerlo. Lo llevaron hasta la boite donde actuaba y grande fue su sorpresa cuando lo vio aparecer vestido con la ropa de gaucho que a veces utilizaba Gardel. Pero su sorpresa se transformó en un hecho risueño cuando el supuesto hijo de Gardel anunció que iba a cantar *Volver*, de Le Pera y papá.

Se encontraba Enrique Cadícamo en Barcelona cuando el guitarrista Guillermo Barbieri le mandó decir que escribiera una letra para un nuevo tango. En el bar del hotel **Oriente**, donde estaba alojado, café y cognac de por medio, Cadícamo, con el natural don con que estaba dotado, la escribió de corrido en menos de una hora. Terminada la letra, se fue a caminar por la magnífica Rambla de Barcelona, donde se encontró de casualidad con el actor Arturo García Bur, al que, entusiasmado, le hizo leer su nueva creación. Al otro día la envió por correo a Francia, donde estaba cantando Gardel. Lo que no sabía García Bur era que había asistido al nacimiento de *Anclao en París*. Muchas décadas después Cadícamo contaría riéndose que *fue el primer tango escrito por vía aérea*.

El tango **Canaro en París** fue escrito en 1925, y en principio no tenía título. Según contó Juan Caldarella, uno de sus autores, se le ocurrió al leer en el diario Crítica una información que decía "Canaro hace declaraciones en París sobre el tango".

Alberto Vacarezza triunfaba con sus obras en los teatros porteños. Mariano Mores recién surgía en el firmamento artístico y ni siquiera era conocido como autor. Como participaba en uno de los sainetes, se enteró que Vacarezza había escrito la letra para un vals, y muy decidido se ofreció para crearle la música. El autor teatral, en forma casi despectiva, le contestó que ya tenía apalabrado para esa tarea a un músico más importante que él, *que todavía era un pibe*. Mores le dijo: *Mire maestro, déme esa letra que yo le pongo la música, y si no le gusta, se la da al otro compositor. Con probar no pierde nada*. Como siempre tuvo una facilidad extraordinaria para escribir, al día siguiente le llevó la obra terminada. A Vacarezza le gustó tanto que emocionado lo abrazó al *pibe*. Había nacido *Muchachita porteña*.

El escenario, la ciudad de Montevideo en los carnavales de 1927. En las calles los tangos se mezclaban con los tamboriles negros y sus candombes. Ambos se repartían la popularidad en los típicos y tradicionales festejos en el Uruguay para esas fechas. Dos autores locales, Adolfo Mondino y Víctor Soliño, habían compuesto la música y la letra, respectivamente, de un tango que llevaba por título *Maula*, que recién comenzaba a ser conocido. Coincidentemente, en el **Teatro Solís** habían organizado un concurso de tangos y, según el relato de Soliño a una publicación uruguaya, *con Mondino nos tiramos el lance y presentamos nuestro tango*. Pero pronto supieron que se estaba tramando una jugada sucia para otorgar el primer puesto. Soliño contó que un cronista teatral, llamado Ramírez, tenía estrechas vinculaciones con los empresarios del **Solís**, con los que estaba organizando maniobras para favorecer al bandoneonista Juan "Bachicha" Laina, que también había presentado un tango.

Así se enteraron –según Soliño- que Ramírez aseguraba que el tango de Laina ya era *número puesto*, y que había hecho apuestas en el café **El Vasco**, donde se movían los hilos del concurso. Siempre, según el relato de Soliño, Ramírez *había sobornado a los boleteros del Solís, quienes les proporcionaron viejos talonarios que se convertían en sufragios*. Cuando ya creían que el fallo sería adverso y que ganaría el *tanguito* de Laina, con otra jugarreta revirtieron la historia. Ramírez ignoraba que el maquinista del **Solís** era amigo de Mondino y de Soliño, quien les entregó una cantidad de talonarios *suficientes como para ganar el campeonato del mundo del tango*. Y así *Maula* obtuvo el primer puesto, y sólo tres meses después Rosita Quiroga, a través del disco, lo llevó a la popularidad que aún hoy ostenta.

Una tarde, Elizardo Martínez Vilas, conocido como Marvil, le llevó a Mariano Mores a su casa una letra, con la ilusión de que le escribiera la música. Al autor de **Uno** no le cayó muy bien porque, por un lado, él tenía como norma escribir la música para después elegir al letrista y, por otro, porque los versos de Marvil estaba escritos sobre la medida musical de **Cuartito azul**. Entonces Marvil, humildemente, le explicó que lo de la faz técnica se debía a que este tango había tenido una gran repercusión pero, además, que tenía un hijo enfermo y que se imaginó que si componía un nuevo tango en combinación con alguien a quien acompañaba el éxito seguramente solucionaría sus problemas de dinero. Entonces Mores, conmovido le prometió que para el día siguiente contara con el tango terminado. Y así fue. Pero Marvil se encontró con una sorpresa. Mores le entregó la partitura y al mismo tiempo le dijo: *Tomá te lo regalo, anotalo como todo tuyo, letra y música, y así con los derechos de autor completos vas a solucionar más rápido el problema de tu pibe*. Y Marvil salió llorando de la casa de Mariano Mores.

Atilio Stampone tocaba con su orquesta en **Radio El Mundo**, y cuando las audiciones eran muy largas, el locutor le pedía que tocara algo en el piano hasta que se cortara la transmisión, para poder pasar así a otro estudio. Stampone tocaba un tema que siempre usaba como cortina musical, pero que no lo había editado ni tenía título. Era todavía soltero y vivía con su madre, y como Homero Expósito, su gran amigo, a quien se lo conocía como "Mimo", vivía enfrente de su casa, prácticamente todos los días lo invitaban a almorzar. Era común que mientras esperaban la comida Stampone tocara el piano, y en más de una ocasión ese tema de la cortina musical, y que después de comer Expósito se fuera al café de la esquina, en Catamarca y Carlos Calvo, a jugar a los naipes. Un día sonó el teléfono. Era Homero Expósito, que *con esa voz que tenía de vino* le dijo: *escribí.*

Recordó Stampone: *Yo empecé a tomar nota, Cruel en el cartel, la propaganda manda cruel, en el cartel, y cuando terminó de dictarme la primera parte, la segunda parte y la primera bis, le pregunté ¿qué hago con esto?*, y me dijo: *Te sentás y fijate si simétricamente combina con esa melodía que siempre tocás.* Emocionado, Atilio Stampone relató que no tuvo que cambiarle ni una sola palabra, no tocar nada en absoluto, porque *encajaba* a la perfección. De más está decir que se trataba del tango *Afiches*, y que Stampone no podía creer la memoria musical de Homero Expósito.

Vale la pena seguir con Atilio Stampone, que aportó mucho a la música ciudadana, tanto en su etapa de músico en más de una orquesta, como de arreglador y compositor. Su gran tema *Romance de tango* en principio no era un tango, sino la obertura de una comedia musical que se daba en el **Teatro Presidente Alvear**, con Susana Rinaldi, Jorge Sobral, Julio De Grazia y Javier Portales. El público aplaudía de tal manera cuando la tocaba, que decidió que fuera un tango, le puso ese nombre, y se transformó en un éxito que le grabaron varias orquestas.

También Atilio Stampone es el protagonista de otra anécdota. Una noche conoció al gran periodista Enrique Ardissone, secretario de Redacción del Diario LA NACIÓN, a quien sus compañeros y amigos llamaban cariñosamente "Cholo". Cuando el matutino lo designó su corresponsal en Washington, como ya tenían una gran amistad decidió organizarle una despedida en su casa. Recordó que tanto la esposa de Ardissone como la suya estaban en la cocina, y que entonces aprovechó para mostrarle el manuscrito de un tema que empezó a tocarle en el piano. Curioso, Ardissone le preguntó qué era lo que estaba tocando, que no lo conocía, y la respuesta fue: *Ahí está el nombre, **Mi amigo Cholo***. Fue tanta su emoción –recordaba Stampone- que Ardissone se puso a llorar de tal manera , que llamó a su esposa y le dijo *Luisa, mirá lo que hizo este loco*. Stampone lo grabó, y cuando una de las hijas de Ardissone lo fue a visitar a Washington, le dijo: *Tomá, llevale este disco a tu papá*. Una mañana escuchó su voz por teléfono que emocionado le contaba que se había encontrado en la calle con el agregado cultural de la Embajada Argentina, quien le había dicho *Adiós, mi amigo Cholo*.

Pero no siempre las letras o los títulos tienen temas nuestros, también hay tangos que se refieren a otras latitudes, como ***Gitana rusa, Oriente, Triste destino, Melodía oriental, Sonia*** o ***Nieve***.

Como dijimos, muchas letras son verdaderos poemas, y tienen un gran alcance poético. Veamos algunos casos: el tango ***Madalit***, con música de Enrique Delfino y letra de Horacio Delamónica, que tocaba Miguel Caló y cantaba Raúl Iriarte. Dice: *En el gris pentagrama de la calle, va escribiendo la lluvia su canción*. Es realmente un poema.

O el caso de ***Garúa***, cuando reza: *Garúa, tristeza, hasta el cielo se ha puesto ha llorar*. Qué hablar de Le Pera en el tango ***Soledad***: *En la plateada esfera del reloj las horas que agonizan se niegan a pasar*, o cuando dice *En la doliente sombra de mi cuarto al esperar sus pasos que ya nunca volverán, si a veces me parece que ellos detienen su andar sin atreverse luego a entrar, pero no hay nadie y ella no viene, es un fantasma que crea mi ilusión.*

Quién no se emociona cuando escucha, también de Le Pera y cantado por Carlos Gardel, *Lejana tierra mía, bajo tu cielo, bajo tu cielo, quiero morirme un día, con tu consuelo, con tu consuelo.* O si no, *Bésame mi amor, fuerte por favor, puesto el corazón en ese beso, para llevarlo aquí en mi pecho tiernamente y evocarte dulcemente cuando ya no estés,* letra que pertenece a Oscar Rubens sobre música de Enrique Lomuto. O esos magníficos versos de **Como dos extraños**, que cuentan el error de volverse a ver: *Me acobardó mi soledad, y el miedo enorme de morir lejos de ti,* que finalizan con *Perdón si me ves lagrimear, los recuerdos me han hecho mal.*

También se puede citar prácticamente toda la obra, injustamente olvidada, de Francisco Gorrindo. Por ejemplo en **Las cuarenta**, cuando sus versos dicen: *No pensar, ni equivocado, para qué, si igual se vive, y además corrés el riesgo que te bauticen gil.* O la profundidad de su letra en **Gólgota**, sobre música de Rodolfo Biagi, comparable con las historias escritas por Discépolo, que dice: *Yo fui capaz de darme entero y es por eso, que me encuentro hecho pedazos y me encuentro abandonao, porque me di sin ver a quién me daba, y hoy tengo como premio que estar arrodillao, arrodillao, frente al altar de la mentira, frente a tantas alcancías que se llaman corazón, y comulgar en tanta hipocresía por el pan diario, por un rincón /Arrodillao, hay que vivir, pa' merecer algún favor, que si de pie te ponés, para gritar, tanta ruina y maldad, crucificao, te vas a ver, por la moral de los demás, en este Gólgota cruel, donde el más vil, ese, la va de juez.* No puede quedar en el olvido una parte de los versos de Manzi de **Solamente ella** cuando expresan *Juntos, sin angustia sin reproches, sin pasado, noche a noche, aprendimos a soñar.*

Como abrazado a un rencor dice: *Yo quiero morir conmigo, sin confesión y sin Dios, crucificado en mis penas, como abrazado a un rencor.*

O toda la letra, de punta a punta, de **Silbando**, de Cátulo Castillo, o la de **Nieblas del Riachuelo**, de Enrique Cadícamo.

Y más recientemente, gracias al genio de Eladia Blázquez, esos versos magníficos de *El corazón al sur* que dicen *Nací en un barrio donde el lujo fue un albur, por eso tengo el corazón mirando al sur. Mi viejo fue una abeja en la colmena, las manos limpias, el alma buena.*

Sobre las letras de los tangos no hay una opinión uniforme ni un criterio formal. Todo depende del historiador, del autor de un libro, de los que analizan el fenómeno de nuestra música popular o, simplemente, del gusto del hombre común de la calle amante del tango. Definitivamente, nadie es dueño de la verdad para decidir si una letra es buena o no. Lo demuestran los miles de discos que vendían D'Arienzo y Castillo, de tangos considerados por muchos como mediocres y con letras ordinarias y chabacanas. Como ejemplo del gusto popular se puede tomar el libro "Las mejores letras de Tango – Desde sus orígenes a la actualidad", de Horacio Salas, que abarca el período comprendido entre 1903 y 1981, que comienza con la letra de *El porteñito*, de Angel Gregorio Villoldo, y finaliza con la de *A lo Megata*, de Luis Alposta. Se puede coincidir o no con el gusto del autor o con el criterio que utilizó para seleccionar como las mejores a las de los 161 tangos elegidos, que incluye 17 de Homero Manzi, 13 de Enrique Cadícamo, 11 de Celedonio Flores, 10 de Enrique Santos Discépolo, 9 de Cátulo Castillo, 8 de Homero Expósito, 8 de Manuel Romero, 5 de José González Castillo, 5 de Alfredo Le Pera, 5 de Eladia Blázquez, 4 de Pascual Contursi, 4 de Horacio Ferrer, 3 de Horacio Sanguinetti, 3 de Angel Villoldo, 3 de Armando Tagini, 3 de Francisco García Jiménez, 3 de Héctor Pedro Blomberg, 3 de Héctor Negro, 2 de Samuel Linning, 2 de Juan A. Bruno (Julio A. Burón), 2 de Chico Novarro, y 1 de cada uno de los siguientes autores: Gabino Coria Peñaloza, Carlos Lenzi, Julio Navarrine, Francisco Marino, Benjamín Tagle Lara, Enrique Dizeo, José de Grandis, Eduardo Calvo, Roberto Fontana, Eduardo Trongé y Juan Fernández, Nicolás Olivari, Miguel Buchino, Lorenzo Juan Traverso, Julio Cantuarias, Antonio Miguel Podestá, Juan Carlos Marambio Catán, José Staffolani, Mario Batistella, Francisco Gorrindo, Marvil

(Elizardo Martínez Vilas), Reinaldo Yiso, Julián Centeya, Carlos Bahr, José Canet, Norberto Aroldi, Eugenio Majul, Julio Camilloni, Abel Aznar, Federico Silva, Cacho Castaña, María Elena Walsh, Alfredo Mario Iaquinandi, y Luis Alposta. Toda una selección personalísima.

Como vemos, el criterio es muy especial, porque más de un tanguero puede pensar, y con razón, que si se habla de las mejores letras de tango no se pueden dejar afuera obras escritas por poetas de la altura de Luis Rubinstein, Carlos Viván, Roberto Miró, Luis Bayón Herrera, Juan Caruso, Héctor Marcó, José María Suñé, Oscar Rubens, Rodolfo Sciamarella, Arquímedes Arce, Luis Caruso, Nolo López, Carlos Waiss, Luis César Amadori, Homero Cárpena, Alberto Vaccarezza, Santiago Adamini, Juan Guichandut, Luis Castiñeira, Claudio Frollo, Marsilio Robles, Roberto Lambertucci, Emilio Fresedo, Manuel Ferradás Campos, César Vedani, Leopoldo Díaz Vélez, Fernández Blanco, E. Cárdenas, Manuel A. Meaños, Francisco Brancatti, Adolfo R. Avilés, Horacio Delamónica, Juan Carlos Lamadrid, A. Roldán o Guillermo Barbieri, porque en ese libro no figura ninguna letra escrita por alguno de ellos.

Capítulo IX

Entró de a Poco

La mejor comprobación de que el tango fue entrando de a poco en la sociedad porteña está dada en las "Memorias" que escribió Francisco Canaro cuando cumplió, en 1956, sus primeros 50 años con el tango. De allí se puede rescatar un relato imperdible. Dice Canaro: *Durante mi actuación en el* **Pigall***, fui una noche requerido con mi orquesta para tocar en un baile de alta sociedad porteña, en el suntuoso palacio de la calle Santa Fe esquina Maipú, donde hoy está el Círculo Militar. Cuando fui a tratar con la señora dueña de casa, dama de alta alcurnia social, empezó diciéndome: Vea Canaro, lo he llamado para que* *amenice con su orquesta un baile que pienso dar aquí en mi residencia, pero debo hacerle algunas recomendaciones.*

Canaro le respondió: Usted dirá, señora. Y la señora continuó: Deseo advertirle que las damas y las niñas que concurrirán a dicha fiesta son todas de familia decente, no son de cabaret, y por lo tanto recomiende muy especialmente a sus músicos que se comporten con la mayor corrección, que no vayan a guiñar el ojo a las chicas y, sobre todo, que no se emborrachen, que yo después del baile les haré servir una mesa para que coman y beban. Que no canten la letra de esos tangos como la catrera está cabrera y otras cosas por el estilo.

Canaro le contestó –según su propio relato- *Pierda cuidado señora, que usted quedará muy conforme con nuestro comportamiento.*

Y así fue, en verdad, la noche del baile. Yo no me moví de mi asiento, ni dejé mover a ninguno de los muchachos. Me quedé toda la noche con mi instrumento, sentado como un muñeco, muy de smocking, lo más tieso, con mi cuello duro palomita bien planchado. Y al terminar el baile nos hicieron pasar a un comedor donde teníamos servida una mesa pantagruélica, con tantos manjares y cosas deliciosas que por un momento me sentí el héroe de un sueño de hadas o de "Las mil y una noches". Lo que comimos y bebimos no es para contarlo, nos pareció un sueño.

Dice Francisco Canaro en sus "Memorias" que a los pocos días de realizado el baile lo llamaron para abonarle el importe de su actuación, oportunidad que aprovechó para pedir hablar con la señora dueña de casa que al contratarlo le había hecho tantas recomendaciones. Ya frente a la señora le preguntó si había quedado conforme con el comportamiento suyo y de sus músicos. La respuesta fue: *Maestro Canaro, yo y todas mis amistades hemos quedado de los más encantadas con su orquesta y la correcta conducta de ustedes. Y tanto es así, que de hoy en adelante voy a recomendarlo a todas mis relaciones y amigas, para que sea su buena orquesta la que amenice nuestros bailes y fiestas.* A partir de allí –concluye Canaro este relato- lo llamaban dos o tres veces por semana para tocar en reuniones sociales. Así fue, como de a poco, el tango entró en los salones porteños.

En un cuaderno sobre los barrios de la ciudad, se narra una anécdota vinculada con los albores del tango. Se cuenta que en una de las academias del Abasto una noche dos bailarines se trenzaron en una disputa por dilucidar quién de los dos era el mejor. Eran José Bianquet, "El Cachafaz", y "Cotongo", un rengo que no lo parecía cuando de bailar se trataba. Bianquet bailó *El Entrerriano* y "Cotongo" *El choclo*. Como era de suponer, ganó "El Cachafaz". Y también como era normal en esas disputas, se armó una trifulca que terminó con varios heridos y la clausura del local. A los 96 años, Carmen Calderón, quien fue desde 1933 y por casi una década la pareja de baile de "El Cachafaz", seguía bailando y contaba sus anécdotas. Recordó en una entrevista, que lo vió por primera vez cuando ella tenía sólo 5 años, que aprendió a bailar, como la mayoría de la gente de esa época, en el patio de su casa, y que luego acompañaba a sus hermanas a los bailes en los salones del barrio.

Un día la animaron para que acompañara a un tal "Tarila", que era un famoso bailarín de la época, con el que formó pareja por un tiempo, sólo para bailar, hasta que conoció a "El Cachafaz", en el club **Sin Rumbo**, de Villa Pueyrredón, quien decidió abandonar a su compañera para bailar con ella. Debutaron *oficialmente* en un teatro en San Fernando, acompañados nada más ni nada menos que por el bandoneón de Pedro Maffia. Bailando recorrieron

José Benito Bianquet, "El cachafaz"

Europa, hasta que, de vuelta en el país, José Bianquet falleció en Mar del Plata, en febrero de 1942, de un paro cardíaco. Pero esta mujer que dedicó su vida al tango no sólo bailó con "El Cachafaz", también lo hizo con otros famosos como "El Tarila", el "Negro" Alfredo Núñez y el "Pibe" Palermo, al que ella lo inició en la danza cuando él sólo tenía 15 años. Con ironía dijo: *nosotros bailábamos de otra manera, con corridas, cortes y sentadas, y entregábamos el corazón sobre la pista*, en clara alusión a los bailarines actuales. Pero el baile fue siempre una verdadera prueba de integración social, no constituía sólo una forma de esparcimiento. Tanto en Buenos Aires como en muchas ciudades y pueblos del interior, el baile servía para festejar todo tipo de acontecimiento, familiar o social. Era infaltable en todas las reuniones, en las fiestas para celebrar el aniversario de instituciones de beneficencia, políticas, deportivas o culturales, en los cumpleaños, en fin, formaba parte de la vida cotidiana, tenía presencia popular. Era un sacrilegio un casamiento sin baile. Es más, la gente esperaba ansiosa la llegada del sábado o del domingo para poder ir a bailar, en los salones o en los clubes. Pero no siempre existió para las mujeres una libertad absoluta para hacerlo. Lo normal era que una chica fuera acompañada por la madre que, sentada, la vigilaba desde un costado del salón.

Como curiosidad, se puede decir que hasta aproximadamente el inicio de la década de 1930 existía lo que se conocía como carnet de baile, una libretita donde las señoritas anotaban el nombre de su compañero de cada pieza y lo que había bailado, un tango, un vals o un fox-trot. En esa época no se veía con buenos ojos que una mujer bailara varias piezas con el mismo hombre, salvo que éste fuera su novio. Algún familiar, normalmente la madre, se encargaba de fiscalizar el carnet.

Desde sus inicios, el tango de a poco fue experimentando una metamorfosis hasta transformarse en una expresión ciudadana fina, delicada y sublime. Fue cambiando al mismo ritmo que lo hizo Buenos Aires, que modificó su aspecto de aldea para pasar a ser paulatinamente la ciudad pujante y moderna que hoy conocemos. El tango acompañó ese cambio, y decir ahora que es sinónimo de prostíbulo y de cabaret es inaceptable.

El tango nació sin letra porque se lo utilizaba en la periferia de la ciudad para matizar las reuniones de las que participaban, primero, los gauchos y los negros, y luego los compadritos que iban a demostrar sus dotes de bailarín. Era el baile que permitía como ninguna otra música, especialmente en los prostíbulos, abrazar a la mujer, rozar la cara, los pechos y las piernas, por eso no era permitido ni en los salones aristocráticos ni en las reuniones en las casas de familia.

No existía una base formal para bailarlo, por lo que cada bailarín le imprimía su estilo y creaba sobre la marcha los pasos, los ochos, los cortes, las quebradas y hasta la difícil sentada. Podría decirse que esos pioneros con sus improvisaciones fueron los verdaderos creadores de la danza, que luego fue puliéndose hasta llegar al baile de salón que Enrique Santos Discépolo calificó como una manera de bailar, *un sentimiento triste*. También decía: *El tango nació en los pies. Era baile. Pero fue ganándose el alma porteña hasta llegar a flor de labios. Adquirió una gran riqueza expresiva. Se convirtió en canción, y en su sencillez de cosa espontánea, fue perfecto.*

Los viejos milongueros dicen que, a diferencia de otras danzas, el baile de tango no tiene coreografía sino formas, y que por eso los grandes bailarines improvisaban permanentemente, inventaban pasos. Muchos sostienen que los saltos, los juegos con las piernas, sólo sirven cuando el tango se baila en un espectáculo en un escenario, pero que nunca fue el distintivo de los bailes tradicionales.

La famosa bailarina norteamericana Isadora Duncan confesó una vez que nunca había bailado un tango, pero que estando en Buenos Aires se animó y sintió que sus pulsaciones *respondían al incitante ritmo lánguido de aquella danza voluptuosa, como una larga caricia, embriagadora como el amor bajo el sol del mediodía y peligrosa como la seducción de un bosque tropical.* Ya no era danza prohibida, y hasta el Papa Pío X le perdonó el pecado original de su nacimiento indecoroso.

A partir de **Mi noche triste**, la gente en general, los autores, e incluso los cantores, se dieron cuenta de que el tango podía cantarse. Así aparecieron los poetas que con sus letras dignificaron y engalanaron la canción ciudadana, que comenzó a entrar de lleno en el corazón del pueblo, que la aprendía al escucharlas por radio, o a través de las revistas. El tango había ganado el sentimiento porteño. Era tal su aceptación que el avance tecnológico hizo que en las confiterías del centro y en los cafés de barrio se instalaran unos enormes aparatos con luces, fabricados en los Estados Unidos, que contenían 20 o 24 discos y que posibiltaban, introduciendo una moneda, escuchar los tangos que estaban de moda.

Hay quien vinculó al tango con la habanera, la canzoneta, el candombe y hasta con cierta música española. Horacio Ferrer opina que no es así, pero lo más probable es que sea una conjunción de diversas músicas, fundidas en un sentimiento propio. Lo cierto es que se transformó en la música representativa, de Buenos Aires primero, y después del país.

Enrique Santos Discépolo decía: *Es el único lamento triste que baja de la voz a los pies y se puede bailar.* A fines de Siglo XIX el tango se tocaba con guitarra y flauta. Luego se incorporó el violín, más adelante el piano y finalmente hizo su aparición el bandoneón, que se transformó en sinónimo de tango y cuya incorporación a los conjuntos que actuaban allá por la década de 1910 se atribuye a Vicente Greco, que lideraba la Primera Orquesta Típica Criolla, con violines, bandoneón, guitarra y flauta.

La historia del bandoneón es un poco surrealista. Fue inventado en 1854 por un alemán, Heinrich Band, por un motivo netamente económico. En un pequeño pueblo de Alemania no tenían dinero para comprar un órgano para tocar música religiosa en la iglesia. A este señor se le ocurrió fabricar un instrumento pequeño, de bajo costo, al que se llamó armonium, que con sus acordes reemplazaba al costoso órgano, y que además era portátil. Los habitantes del pueblo tuvieron música en la iglesia, y así aparecieron los primeros bandoneones.

Alrededor de 1890 llegó uno a Buenos Aires, traído por un

marinero inglés, un tal Tomas Moore, que luego integró conjuntos de tango. Se supone que para hacerse de unos pesos para pagar sus andanzas en tierra, lo empeñó o lo vendió. No se sabe a ciencia cierta quién lo incorporó a algún conjunto, que por entonces tocaban con guitarra, flauta, violín y piano y así comenzó, por su sonido considerado dramático, triste y aterciopelado, que encajaba perfectamente con la música del tango, a ser su instrumento representativo. Ciriaco Ortiz decía que el primer bandoneón era el que tenía su padre, que no era como los actuales sino mucho más rudimentario, mucho más pequeño y con sólo dos octavas. Hay quien asegura que el primer bandoneón *bueno* lo tenía el "Pardo" Sebastián Ramos Mejía, y que otro de los *modernos*, de más botones, era el de Juan Maglio "Pacho". Hoy no se puede concebir la música de tango sin bandoneón. Es un órgano en miniatura, que tiene la característica especial de contar con cuatro técnicas completamente distintas, dos con la mano derecha y dos con la izquierda, según se abra o se cierre el fueye. Los primitivos tenían 44 botones en total, que más adelante pasaron a ser 53 y luego 65. Los actuales, tienen 38 botones para el canto, en la mano derecha, y 33 para los bajos, del lado izquierdo.

Muchos años después de su nacimiento fortuito otro alemán, Adolf Arnold, de allí la denominación de doble A, comenzó a fabricarlos en gran escala. Como hecho notable podemos decir que en 1930 construyó especialmente para la Argentina la nada despreciable cantidad de 25.000 unidades. Por relatos diversos, se sabe que en Alemania un gran coleccionista posee, si es que aún vive, más de 300 bandoneones de distintas épocas, cosa que no ocurre en nuestro país, que lo adoptó como instrumento propio.

Y las variaciones de bandoneón son la *salsa* con que sus intérpretes supieron engalanar al tango. Es sabido, por ejemplo, que cuando Juan de Dios Filiberto escribió **Quejas de bandoneón** no existían en la partitura las famosas variaciones que tanto agradan, especialmente en la versión de Aníbal Troilo. Fue Feliciano Brunelli quien se las incorporó. Tampoco **La cumparsita** las tenía en su versión original. Según viejos músicos, Emilio Balcarce entre otros, las que se utilizan le pertenecen al bandoneonista Luis Moresco. Este músico, en la década de 1930 tocó con Juan Polito, y también con Carlos V. G. Flores. Luego formó su propia orquesta, con Alberto Marino como cantor, quien recién comenzaba su carrera.

CAPÍTULO X

CAUTIVÓ A EXTRANJEROS

Pero hay un hecho en la historia del tango que aparece como trascendental, y que influyó notablemente para que se convirtiera en un fenómeno difícil de explicar. Es la presencia de tantos extranjeros en el tango. Italianos, franceses, españoles, judíos, y gran cantidad de uruguayos, fueron autores, compositores, músicos y cantores que aportaron excelentes obras que contribuyeron a hacer grande al tango.

Carlos Gardel, Alberto Marino, Alberto Morán, Julio Sosa, Francisco Canaro, Donato Racciatti, Roberto Zerrillo, Horacio Ferrer, Ernesto Zambonini, Lorenzo Logatti, son sólo una pequeña muestra. La influencia del aporte de italianos al tango es destacada por Meri Franco-Lao en un pasaje de su libro "Tiempo de tango", cuando dice: "Una rápida ojeada a los nombres de los directores, miembros de orquestas, cantantes y cultores, demuestra el preponderante peso de esa influencia. Desconfíese de los seudónimos, un Julián Centeya, esconde a Amletto Vergiati, un Hugo del Carril, a Piero Fontana, un Roberto Chanel, a Alfredo Mazzochi, un Enrique Campos, a Inocencio Troncone, un Héctor Mauré, a Tito Falivene". De Julián Centeya decía César Tiempo que aunque había nacido en Parma, Italia, al igual que Toscanini, "es un porteño con más esquina que todos los buzones juntos".

La gran inmigración a la Argentina se produjo casi simultáneamente con la aparición del tango, primero en los bailes de la periferia, luego en los salones y de allí a las casas de familia. Como es una expresión marcadamente sentimental, la teoría es que probablemente encontraron todos esos extranjeros en nuestra canción popular un motivo para volcar sus nostalgias y sus emociones, lejos de su tierra natal. En el tango está fielmente reflejado el desarraigo que vivieron y, paralelamente, el arraigo en el país que los acogió.

Y esos inmigrantes no sólo aportaron al tango autores, músicos y cantores, sino que, además, lo acoplaron a su propia música en los bailes que realizaban en sus sociedades y mutuales, en algunos casos con orquestas que actuaban en vivo, y en otros a través de las grabaciones. Como simple ejemplo podemos mencionar, en el caso de la colectividad italiana, **Unione e Benevolenza**, **Club Ciclista Italiano**, **Sociedad Conde di Cavour**, **Fratellanza Militare**, **L'Italia**, **Lago di Como**, **Giovine Italia**, **Societá Patria e Lavoro**, y muchos otros.

Uno de los tangos emblemáticos es *Buenos Aires*. Le otorgó a nuestra ciudad el título de "La Reina del Plata". Sus versos, que dicen *Buenos Aires la Reina del Plata, Buenos Aires mi tierra querida*. fueron creados por un gran poeta, Manuel Romero pero, significativamente, la música le pertenece a un catalán, Manuel Jovés, que también escribió tangos memorables como *Loca, Nubes de humo* y *Patotero sentimental*, entre otros. Fue uno de los extranjeros que aportó grandes obras o gloriosas interpretaciones de nuestra música popular, como lo hicieron Carlos Gardel, francés; Alberto Marino, italiano; Alberto Vila, uruguayo; Enrique Di Cico (Minoto), uruguayo; Lalo Etchegoncelay, uruguayo; Enrique Campos, uruguayo; Fernán Silva Valdés; uruguayo; Pascual Cardarópoli, el autor de *La sonámbula*, italiano; Teófilo Ibáñez, español; Arturo Bernstein, el "Alemán", brasileño; Luis César Amadori, italiano; Luis Alberto Fernández, el autor de *El pollo Ricardo*, dedicado a Ricardo Scandroglio, uruguayo; Flora Gobbi, chilena; Raúl Hormaza, uruguayo; Manlio Francia, italiano; Roberto Fugazot, uruguayo; Domingo Galicchio, el autor de *De flor en flor*, uruguayo; Juan Caldarella, autor de *Canaro en París* y *Seguime si podés*, italiano; Julio Sosa, uruguayo; Julio Carrasco, violinista de Pugliese y autor de *De floreo*, *Flor de tango* y *Mi lamento*, uruguayo; Pintín Castellanos, el autor de *La puñalada*, con letra de Celedonio Flores, uruguayo; Francisco Canaro, uruguayo; Ignacio Corsini, italiano; Martín Lasala Alvarez, autor de *El estagiario*, uruguayo; Carlos César Lenzi, autor de *A media luz*, uruguayo; Alberto Rivera, cantor de Francisco Lomuto, español; José Libertella, italiano; Lorenzo Logatti, autor de *El irresistible*, italiano; Gerardo Matos Rodríguez, uruguayo; Luis Mendoza, uruguayo; Salvador Merico, autor de *Por dónde andarás*, italiano; Roberto Zerrillo, uruguayo; Osmán Pérez Freire, autor de *Maldito tango*, chileno; Hécto María Artola, uruguayo; Tomas Moore, inglés; Carlos Olmedo, uruguayo; Modesto Papávero, autor de *Leguisamo solo*, italiano; Mario Ponce de León, uruguayo; Angel Pastore, italiano; Eduardo Calvo, autor de *Arrabalero*, español; Cayetano Puglisi, italiano; José Razzano, uruguayo; Antonio Rodríguez Lesende, español; Carlos Roldán, uruguayo; Luis Bayón Herrera, español; José Rótulo, uruguayo; Enrique Saborido, uruguayo; Juan Sánchez Gorio, español; Víctor Soliño, español; Albérico Spátola, uruguayo; Atilio Supparo, uruguayo; Tania, española; Feliciano Brunelli, italiano; Manuel Aróstegui, uruguayo; Juan Bauer, uruguayo, autor, entre otros, de *Juventud*, *Adiós arrabal* y *No te quiero más*; E. Falero y V. E. Carmona, autores, entre otros tangos de *Pobre colombina*, uruguayos; Samuel Linning, uruguayo; Nicolás Paracino, autor de *A dos puntas*, italiano; Gustavo Nocetti, cantor de Pontier, uruguayo; Héctor Darío, italiano; Mario Batistella, italiano; Antonio Botta, brasileño; Horacio Ferrer, uruguayo; José María Aguilar, uruguayo; Roberto Fontaina, uruguayo.

El verdadero nombre de Tania era Anita Luciano Divis, quien se había casado en 1922 con Antonio Fernández Rodríguez, un artista de variedades en cuyo conjunto actuaba Tania, antes de conocer a Discépolo. Cuando comenzó a dedicarse al tango, en sus actuaciones en el **Follies Bergère** tenía un acompañante al piano de lujo: Carlos Di Sarli. Como vemos, predominan los uruguayos, aunque como son nuestros vecinos podrían considerarse más que extranjeros, rioplatenses.

Pero los extranjeros no solamente aportaron músicos, letristas e intérpretes. Podríamos decir que gran parte de la discografía tanguera que hoy podemos disfrutar en principio se la debemos a otros países. Los argentinos aprovecharon luego el éxito comercial cuando vieron que había mercado para los discos de tango. Los primeros discos compactos de Carlos Gardel, Osvaldo Pugliese, Aníbal Troilo, etc., fueron editados en el exterior.

Se dijo en su momento que cuando empezó a declinar la estrella del tango, aproximadamente en la década de 1960, eclipsado por las músicas foráneas que ganaban mercado, los responsables de las empresas discográficas, que eran de origen trasnacional, presuntamente mandaron destruir casi todas las matrices de las grabaciones de orquestas de tango. Un ejemplo de que en esa época desdeñaban al tango lo demuestra el hecho de que Horacio Salgán estuvo 10 años sin grabar, porque a las empresas discográficas no les gustaba ni cómo cantaba ni el estilo de Edmundo Rivero. Otro es que mucho antes, una orquesta de la calidad de Elvino Vardaro llevó al disco solamente dos unidades. Algo parecido ocurrió en España con el tema de la destrucción de matrices, pero por motivos muy distintos a los de nuestro país. Du-rante la guerra civil, se dispuso incautar todo el material que pudiera servir a los fines bélicos. Y entre otras cosas, se utilizaron las matrices de los discos. Por eso casi no existen los discos grabados por Agustín Irusta en España, tanto solo como con Fugazot y Demare.

Pero no todo fue negativo. Algunas empresas discográficas decidieron recopilar en discos long-play los más grandes éxitos de las orquestas que hicieron furor en la "Epoca de Oro" del tango, muchos de ellos editados bajo la denominación de "Coleccionista". Es así como podemos agradecer, especialmente a RCA Víctor, contar con esas joyas musicales que luego, cuando el disco de vinilo fue superado por los cassettes y más tarde por los discos compactos, permitieron seguir escuchando a los protagonistas de esa etapa dorada. En algunos casos se editaron, en distintos volúmenes, las obras completas de Aníbal Troilo con Alberto Marino y con Francisco Fiorentino, las de Carlos Di Sarli con Alberto Podestá y con Roberto Rufino, las de Juan D'Arienzo con Héctor Mauré y con Armando Laborde, así como otras dedicadas a los tangos instrumentales.

Un ejemplo destacable es un álbum con ocho long-play editado hace casi dos décadas, con la colección exclusiva "TANGO Alma y Ritmo de Buenos Aires", que contiene 96 creaciones inolvidables de la música porteña, todos temas grabados y procesados por RCA Victor en brillante sonido estereofónico. Es interesante rescatar la seriedad con que se hizo la selección de los temas y los intérpretes. Cada uno de los discos tenía su denominación.

Dijimos que el fenómeno del tango era tan grande que intérpretes de otros géneros también incursionaron por su música. Fue el caso, por ejemplo, del clarinetista Panchito Cao, que formó el conjunto "Los Muchachos de Antes", que con la empresa Disc-Jockey grabó *Sos puro chiche*; *El porteñito*; *Silueta porteña*; *La flecha*; *Milonga del 900*; *Zorro gris*; *Unión Cívica*; *El aeroplano*; *Los muchachos de antes*; *El cencerro*; *Pof-Pof*; *Canaro*; *La payanca*; *La viruta*; *El africano*; *Santiago del Estero*; *Loca de amor*. Tanto el conjunto como sus discos tuvieron una relativa aceptación por parte del público tanguero, debido fundamentalmente al estilo con que tocaban, semejante al de los cuartetos de la época de los inicios del tango, ya que predominaba el clarinete, que no es un instrumento típico en nuestra música ciudadana. Otra rareza la constituyó Alain Debray, que no era otro que Horacio Malvicino, que con su orquesta de Champs' Elysées grabó *La cumparsita* al más puro estilo europeo.

En el caso de muchas de las colecciones incluídas en discos long-play, el beneficio era doble. Además de la satisfacción que significaba poder recordar esas obras maestras de la década de

1940 y parte de la de 1950, en la contratapa de las fundas de cartón que guardaba el disco había una reseña muy interesante sobre la historia de la orquesta, sus integrantes, o en algunos casos del cantor al que estaba dedicada la obra. Esto permitía en muchos casos saber quiénes eran los músicos de las orquestas famosas, cosa que no siempre tenía difusión. Lamentablemente, no ocurre lo mismo en la actualidad con los discos compactos, salvo en algunos casos en las recopilaciones de las grabaciones que habían sido realizadas en RCA Víctor o en Odeón, por lo cual las nuevas generaciones no tienen oportunidad de conocer la historia, ni de los músicos ni de los cantores.

En un principio, fueron los japoneses, que por alguna cuestión misteriosa se enamoraron del tango, los que rescataron esas joyas musicales de la "Época de oro" y editaron en discos compactos una gran cantidad de obras. Aparentemente, en la mayoría de los casos las matrices no existían, y se vieron obligados a limpiarles con modernos recursos electrónicos el ruido a púa y las imperfecciones técnicas directamente de los viejos discos de pasta de 78 revoluciones, o en el mejor de los casos, de algunos long-play de vinilo, de donde directamente tomaron las grabaciones. Este es el motivo por el que algunos ejemplares no tienen la fidelidad musical que caracteriza a este tipo de disco. La explicación podría basarse en el hecho de que un periodista japonés, Yoshio Nakanishi, que a través de la revista *La música iberoamericana*, que se edita en Japón, se dedicó a promocionar el tango, del que es ferviente defensor. Tiene, además, programas de radio desde los que difunde y comenta los tango que emite al aire. Se dedicó profesionalmente a esto, y montó una empresa que presenta espectáculos tangueros y que además redacta la literatura que acompaña a los discos de nuestra música editados en Japón. Para poder cumplir con su cometido realizó innumerables viajes a Buenos Aires y a Montevideo, con el propósito de aprender personalmente todo lo vinculado con el tango y, además, proveerse de discos, tanto long-play como los viejos 78 r.p.m, con lo que formó una discoteca con miles de placas, que son las que se utilizan en sus programas de radio, y que también sirvieron de base para editar muchos de los discos compactos que recibimos desde Japón.

Una buena parte de los discos compactos de Gardel fueron editados en España, y recientemente una compañía inglesa sacó a la venta otro con 24 piezas del zorzal criollo que nunca habían sido editadas. Es sabido que a Carlos Gardel le gustaba grabar dos y hasta tres veces la misma pieza, y luego elegía para que se lanzara a la venta la que a su criterio estaba mejor. Según se sabe, los acetatos de las grabaciones que no se imprimían por ese motivo fueron guardados, y son los que utilizó esta empresa británica para este compacto. No hay que olvidarse que Carlos Gardel normalmente grababa en Brasil, España, Francia y los Estados Unidos.

Podría decirse que en casi todo el mundo hay más interés por escuchar y bailar tangos, que en la Argentina. Por eso realizan espectáculos de tango. Países con culturas y con gustos distintos de los nuestros, como Holanda, Estados Unidos, Japón, Suecia, Francia, Finlandia, Alemania, tienen espectáculos de tango, sin olvidarnos de México y Colombia, donde actúan incluso muchos músicos argentinos. No hay más que citar el éxito que hace años tiene el espectáculo *Tango Argentino* en el exterior. Es sabido que desde sus albores el tango conquistó tierras lejanas, y que hasta en Grecia se había adueñado de los elegantes salones de baile, luego de pasearse por Francia, Inglaterra, España, Alemania, Italia y Brasil, de la mano de Francisco Canaro, Carlos Gardel, Manuel Pizarro, Eduardo Arolas, Julio De Caro, Osvaldo Fresedo, Gloria Guzmán, Sofía Bozán, Azucena Maizani, Tania y muchos otros grandes intérpretes.

Y al hablar de antaño y de tierras lejanas, nada mejor que recordar el desembarco del tango en París. Hay quienes opinan que "debutó" oficialmente en esa ciudad el 2 de octubre de 1928, el día que Carlos Gardel inició su actuación en el cabaret **Florida**. Sin embargo, al parecer la cosa no es tan así, ya que más de 20 años antes se conoció a través de una película muda en la que se veían imágenes de parejas bailándolo, lógicamente, sin sonido. Según cuenta el francés Remi Hess en su libro *Le Tango*, ya en 1905 Enrique Saborido lo bailaba en los lujosos salones **Rothschild**. En otras publicaciones se menciona a 1907 como fecha de presentación del tango en París, en ocasión de que la banda de la Guardia Republicana de esa ciudad tocó *Sargento Cabral*, de Manuel Campoamor. Coincidentemente, ese mismo año, aquí en Buenos Aires, la desaparecida casa **Gath & Chaves** iniciaba la venta y fabricación de fonógrafos, al tiempo que financiaba el viaje de Alfredo y Flora Gobbi para que grabaran discos en París, acompañados por Ángel Villoldo. En esa tarea permanecieron 7 años, durante los cuales al mismo tiempo daban clases de tango y editaban partituras. Ni la "Mistinguett" se libró de quedar atrapada por el embrujo de esta danza que por aquellos años era definida como *con ritmo de 2x4, dividida en dos partes, una caminada y otra valseada*, al decir de un muy reconocido profesor de baile francés. Quienes hicieron mucho también para que el tango se difundiera en la Ciudad Luz fueron Ricardo Güiraldes y López Buchardo. Allá por 1920, Manuel Pizarro aprovechó el canal que se había abierto para la entrada del tango en París, y en ocasión de tocar en la **Opera**, ante la presencia del presidente francés, avisoró que el futuro estaría signado por el éxito. Llamó a sus hermanos a Buenos Aires y puso a cada uno al frente de un conjunto, que había sido formado por él. Salvador actuaba en el **Hermitage**; Alfredo en el **Washington Palace**, y Domingo en el **Hotel Claridge**, todos con grandes sucesos. Y luego de copar París, el tango "rebotó", y también entró en los salones porteños.

El fenómeno de lo que ocurre en Finlandia es para analizarlo en profundidad. Se cuenta que el tango es la forma más popular de baile de salón en ese país, donde se puede observar que la pista está vacía hasta que la orquesta hace escuchar los primeros sones de un tango, y que entonces la pista se llena del todo. Los finlandeses sienten que el tango les pertenece. Los tangos más tocados son, como en otros países del mundo, *El choclo* (Tulisuudelma) y *La cumparsita*. Pero desde 1930 hay tangos locales, como *Satumaa* (País de ensueño), creado por el compositor más famoso, Unto Mononen, grabado por Reijo Tápiale, lo que se constituyó en el disco más vendido en Finlandia, *Tahdet meren ylla* (Estrellas sobre el mar) *Taysikuu* (La luna llena), escrito por una dupla famosa, el compositor Toivo Karki y el letrista Reino Helismaa, *Tango merella* (Tango en el mar), *Liljankukka* (Flor de lirio) y *Kangastus* (Espejismo). Mononen, junto con el cantante Olavi Virta, que grabó casi 600 discos, son el símbolo del tango en Finlandia, donde todos los veranos eligen "La reina" y "El Rey del Tango". Como característica especial, se considera que el norte de Finlandia es *el país del tango*, donde para que un conjunto de música fuera contratado para un espectáculo tenía que contar, por lo menos, con 30 tangos en su repertorio. Para los especialistas, *no es fácil explicar porqué el tango se ha convertido tan popular aquí, y sigue gozando de plena prosperidad.*

❧

Capìtulo XI

Los Protagonistas

Fueron muchos los protagonistas que en los últimos 100 años volcaron su talento para enriquecer al tango. La lista sería interminable y es imposible nombrarlos a todos, así como sería injusto hacer un ranking de cuáles fueron los mejores. Con Troilo solo se podría llenar un libro. Sin embargo, un rápido repaso permite elegir a algunos de los que más aportaron, especialmente en lo que se denominó la "Epoca de Oro" del tango. La siguiente mención de algunos de los principales protagonistas no responde a una ubicación por importancia o por merecimiento. La intención es rendir un merecido homenaje a los que pasaron y a los que todavía siguen transitando el camino del tango, sin distinción de gustos. Lógicamente, las grabaciones que se citan no son todas las registradas por cada uno de ellos.

Simplemente es una mención de algo de lo que han dejado para que se los recuerde. Sí puede asegurarse que tanto RCA Víctor como Odeón fueron las dos empresas grabadoras que más hicieron en su momento por el tango y por sus protagonistas.

ANÍBAL TROILO

El Bandoneón Mayor de Buenos Aires, como lo bautizó Julián Centeya, compuso 60 temas, todos inolvidables, de los cuales grabó 42. El menor de los hijos de Aníbal Carmelo y Felisa Bagnolo, nació el 11 de julio de 1914, en la calle Cabrera 2937, entre Laprida y Anchorena, pero al año su familia se mudó a Soler y Gallo, casa donde "Pichuco" se crió. Por eso el 11 de julio fue establecido como el "Día del Bandoneón". Su infancia fue muy dura. Poco después de su nacimiento murió una hermana, y en 1922, cuando tenía sólo 8 años, perdió a su padre.

Ya consagrado, recordaba: *Antes de ponerme el bandoneón en las rodillas me ponía la almohada de la cama, hasta que un día, cuando tenía 9 años, fuimos a un picnic, y en el grupo había dos bandoneonistas y dos guitarristas. Yo me pasé todo el tiempo al lado de ellos. Cuando se fueron a comer, me subí al escalón donde habían dejado los instrumentos, agarré un bandoneón y me lo puse en las rodillas. Fue la primera vez que sentí un bandoneón en mis rodillas.* A los 14 años y con pantalones cortos tocó por primera vez, en el cine **Petit Colón,** en Pueyrredón casi esquina Córdoba. Años después,.un día que iba caminando con Angel Cárdenas, que en ese entonces era uno de sus cantores, al llegar a ese lugar le dijo: *Mirá, en este cine tocaba yo cuando era pibe, en una orquesta de señoritas...eran todas gordas. Yo no desentonaba porque era rellenito. Nos llamaban los gorditos.* En ese momento debe haber pasado por su memoria aquella tarde en que bajó del tranvía, de regreso a su casa del colegio Carlos Pellegrini, y en la esquina lo estaba esperando la barrita de amigos. *Dogor* –le dijo Goyo, el jorobado- *¿te querés ganar unos mangos?, te conseguimos una actuación en el* **Petit Colón**. Su inicio fue muy particular. Contó que el dueño del cine *me habló un día para que fuera a trabajar, y yo le dije, bueno, tiene que hablar con mi mamá.* A Aníbal Carmelo Troilo, al revés que a Astor Piazzolla, le gustaba la noche. Y así lo sentía. En una oportunidad, fue a la iglesia y se peleó con el cura, que pretendió sermonearlo. Muy molesto se justificó: *El recién tenía 30 años y me quería enseñar a vivir a mí, justo a mí, que me pasé la vida en la calle, a los golpes con la vida, con la gente y conmigo mismo, porque yo siempre fui mi peor enemigo. Pichuco fue el peor enemigo de Aníbal Troilo.* Decía que la culpa de que él fuera músico la tenía su tío José, porque cuando tenía 10 años lo llevó a ver a un viejo bandoneonista del barrio, que fue quien le enseñó los primeros movimientos, a colocar las uñas y el valor de las notas. Nadie supo por qué cerraba los ojos cuando tocaba el fueye, y ni él se lo explicaba. Una vez dijo: *Ocurre que cuando toco el bandoneón estoy solo, o con todos, que viene a ser lo mismo.* Horacio Salas opinó al respecto que durante los tres o cuatro minutos que duraba la magia, cuando parecía que "Pichuco" soñaba mientras sus dedos regordetes se deslizaban por el teclado del bandoneón, estaban a su lado los protagonistas de los tangos, y que acaso por ello no miraba a su público, o lo hacía con los ojos desmesuradamente abiertos, como en trance, sin ver a los fanáticos que lo rodeaban silenciosos, expectantes.

El poeta Alberto Mosquera Montaña lo enfocó desde un ángulo distinto. *Troilo era un hombre de enorme dulzura. No era un gesto el de cerrar los ojos, era la meditación, que no se notaba tanto. El tenía un mundo musical en su cabeza. No tenía gestos de hombre de tango, apenas se movía cuando tocaba.* En determinado momento de su dilatada y fecunda tarea, alguien insinuó que no sabía mucha música, tal vez con el ánimo de eclipsar sus grandes éxitos. Posiblemente no fuera uno de los genios de la música, pero la realidad era muy distinta. Los expertos dicen que los silencios son muy importantes, que hablan. Un día le preguntaron a Troilo *¿qué le parece tal músico?* (para la anécdota no es preciso individualizarlo), y el "Gordo" dijo: *toca muy bien, pero tiene un problema, que no toca los silencios.* Y eso no lo dice alguien que no sabe música.

El primer tango que compuso fue **Medianoche**, en 1934, con letra de Héctor Gagliardi. el mismo poeta que desde el corazón le dedicó estos versos: *Soy yo, tu bandoneón el que te habla/ Aníbal Troilo de Soler y Gallo/ aquél que cuando pibe me llevabas/ al cine de Corrientes y Medrano/ Soy el mismo que compró tu vieja/ con los pesos que guardaba en el ropero/ y por ella más triste fue mi queja/ cuando estrenamos Alma de bohemio/ Yo soy aquél que al lado de tu cama/ dormía en tus tiempos de soltero/ Doña Felisa entraba, te tapaba/ y a mí también por ser tu compañero.*

Antes de tener su propia orquesta, tocó en un trío que completaban Miguel Nijensohn al piano y Domingo Sapia en violín. En 1929 integró un sexteto con Alfredo Gobbi, José Goñi, Alfredo Attadía, Orlando Goñi y Sebastián Adesso. Más adelante tocó en el conjunto de Juan Maglio "Pacho", hasta que en 1931 formó parte de la orquesta "Los provincianos", de Ciriaco Ortiz, y un año más tarde ingresó en la Orquesta Sinfónica de Julio De Caro. Su ascenso no se detenía. En 1933 tocó en el nuevo sexteto de Elvino Vardaro, y en 1934 se desempeñó en la orquesta de Ángel D'Agostino, en la que cantaba Alberto Echagüe. Para los carnavales de 1937 fue requerido por Juan Carlos Cobián, para los bailes del **Teatro Politeama**.

Su debut como director se produjo a los 23 años, el 1 de julio de 1937, en el cabaret **Marabú**, en Maipú entre Corrientes y Sarmiento. Esa orquesta estaba formada por él, Juan "Toto" Rodríguez y Roberto Yanttelli en bandoneones; Reinaldo Nichele, José Stilman y Pedro Sapochnik en violines; Orlando Goñi en el piano y Juan Fassio como contrabajista. El cantor era Francisco Fiorentino. Luego Eduardo Marino reemplazó a

Yantelli y se incorporó como violinista Hugo Baralis. La orquesta la formó debido a las continuas sugerencias de su gran amigo Orlando Goñi, de quien "Pichuco" decía que era *el tipo más buen mozo, más cajetilla que conocí*. La última y decisiva de esas sugerencias se concretó en uno de sus habituales encuentros, en un café de la calle Corrientes. Con esa formación grabó su primer disco 78, que tenía *Comme' il faut* de un lado y *Tinta verde* del otro.

Sobre el debut en el **Marabú,** Reinaldo Nichele, que tocó el violín en la orquesta desde su inicio hasta 1956, recordaba que Troilo les recomendó muy especialmente *cuidado con las mujeres, eh, que al que lo pesquen con una mujer, lo echan*. Pero a los pocos días, *ya estaba arreglado todo*. Más adelante se fueron incorporando a la orquesta Astor Piazzolla, Alberto García y su hermano, Marcos Troilo, como bandoneonistas; David Díaz, Juan Alsina y Nicolás Albero en violines; José Basso en el piano, Alfredo Citro en violoncelo, instrumento que jerarquizó aún más a la orquesta, y Kicho Díaz en contrabajo. Entre 1942 y 1943, dos años de máximo esplendor, la orquesta estaba formada por Aníbal Troilo, Toto Rodríguez, Eduardo Marino y Astor Piazzolla en bandoneones; David Díaz, Hugo Baralis, Reynaldo Nichele y Pedro Sapochnik, en violines; Kicho Díaz, contrabajo; Orlando Goñi, piano, reemplazado luego por José Basso. Como cantores, Alberto Marino, que se incorporó en abril de 1943, el mismo mes que cumplió 20 años, y Floreal Ruiz, quien reemplazó a Fiorentino. Un año antes debutó en el dancing **Tibidabo**, en Corrientes entre Talcahuano y Libertad. Fue precisamente allí donde Troilo le hizo escuchar a Enrique Cadícamo la música de *Garúa*, que recién había compuesto, y le pidió que le escribiera la letra. Y así nació el éxito que aún hoy perdura.

En esa época le confiaba los arreglos a Argentino Galván y a Astor Piazzolla. *Inspiración* fue el primer arreglo del autor de *Adiós Nonino* que Aníbal Troilo llevó al disco. Por su orquesta pasaron los mejores cantores de tango, además de los nombrados. Entre otros, Alfredo Palacio, Amadeo Mandarino, Raúl Berón, Tito Reyes, Aldo Calderón, Angel Cárdenas, Roberto

Rufino, Roberto Goyeneche, Edmundo Rivero, Pablo Lozano, Carlos Olmedo, Jorge Casal, cuyo verdadero nombre era Salvador Papalardo, un hincha fanático de Racing que fumaba toscanitos porque decía que lo ayudaban a engrosar la voz.

Jorge Casal fue considerado por muchos como uno de los más grandes cantores que pasó por el tango. También actuaron con Troilo, Elba Berón y Nelly Vázquez.

Angel Cárdenas recordaba emocionado la forma en que llegó a integrar la orquesta de Troilo: *Yo andaba bien por aquellos años y Pichuco, que se enteró, me invitó a comer a su casa. Estaban Edmundo Rivero y Alberto Marino, que habían sido cantores suyos. En ese momento Troilo buscaba a alguien como Rivero, para que fuese lo que se llama un cantor nacional. Recuerdo que comí como un desaforado, porque Zita cocinó unos riñoncitos con arroz que estabam deliciosos. Después, el "Gordo" me hizo cantar. Canté desde las diez de la noche hasta las cuatro de la mañana. Nunca canté tanto en mi vida. En determinado momento, Rivero le dijo a Troilo: 'No deje escapar a este cantor'. "Pichuco! admiraba mucho a Rivero, lo escuchó y me dijo: 'Yo sé que su berretín es ser cantor solista, pero para llegar a eso lo tiene que catapultar una orquesta y como va a llegar de cualquier modo, prefiero que sea junto a mí'. Hablamos del repertorio. "Pichuco", que estaba haciendo en el teatro "El patio de la morocha", quería reencontrarse con el público de los barrios y pensó que conmigo lo podía conseguir. Yo quería hacer mis temas, porque los de "Pichuco" ya los habían abordado Rivero y Casal. Y antes, Marino, Floreal Ruiz y Fiorentino. Troilo me escuchó y fue así que hicimos* **Callejón**, *de Grela, que fue un gran éxito,* **Vamos, vamos zaino viejo**, *de Fernando Tell,* **La flor de la canela**, *de Chabuca Granda,* **La calesita, Ni más ni menos** *y* **La última**, *que pegó en todo el mundo.*

Angel Cárdenas decía que cada cantor llegaba a Troilo con su estilo y sus cosas, pero que "Pichuco" tenía una condición única, *sabía lo que tenías que hacer y lo que no tenías que hacer.*

Tito Reyes, por su parte, sostenía que *a veces cantábamos más para lo que opinaba el Troesma que para lo que opinaba el público. Parecía que tenías al Vigía Lombardo, como te controlaba.* Este gran mérito que tenía Troilo lo confirmó Virgilio Expósito, quien contó que cuando se decidió a incorporar en su repertorio **Naranjo en Flor,** lo tuvo a Floreal Ruiz 21 días seguidos haciéndole escuchar el tango, para lograr lo que quería llegar a hacer.

El paso de Edmundo Rivero de la orquesta de Horacio Salgán a la de Aníbal Troilo, también tuvo sus matices. Un día, Alfredo Bermúdez, que era el otro cantor de Horacio Salgán, le hizo saber a "Pichuco" que quería hablar con él. Troilo se asustó, porque pensó que quería ofrecerse para reemplazar a Alberto Marino, que había decidido iniciar su etapa como solista. Por su carácter bonachón, no sabía cómo decirle que no, porque no le agradaba mucho como cantaba. Grande fue su sorpresa cuando al encontrarse supo que no iba para ofrecerse él, sino para recomendarle que contratara a Edmundo Rivero, porque con Salgán pasaba casi desapercibido, no vendían, y ni siquiera grababan. Así fue como se inició Rivero con Troilo, que le hizo firmar un contrato por tres años, y juntos grabaron 21 temas.

Además de grandes cantores, por su orquesta también pasaron grandes pianistas, como Orlando Goñi, José Basso, Carlos Figari, Osvaldo Manzi, Roberto Berlingieri y José Colángelo.

En 1950 y por la falta de trabajo, formó el cuarteto de antología que perduraría en forma paralela con la orquesta. Un día le dijo a Ubaldo de Lío, que estaba trabajando en el **Tibidabo,** *Che Gordo, voy a hacer teatro, y como la obra transcurre en un patio, por qué no lo llamás a Roberto Grela, que quiero hacer el espectáculo con dos guitarras y yo con el fueye.* La obra era "El patio de la morocha", y eso fue el inicio del famoso cuarteto, por el que también pasaron Roberto Berlingieri, José Colángelo, Del Baño, Aníbal Arias, y el cantor Tito Reyes, quien siempre recordaba que el debut fue en la cárcel de Villa Devoto.

Para Enrique Santos Discépolo, Aníbal Troilo ya había hecho todo, como director y como compositor. Una noche que "Pichuco" fue a visitarlo en su casa, en La Lucila, luego de cenar lo llevó hasta el jardín que tenía en el fondo, y que se enorgullecía de cuidar él mismo. Troilo se sorprendió cuando Discépolo le dijo *¿Cómo estás? —Bien-*, fue la respuesta. *-¿Qué vas a hacer? -No sé. -¿Sabés lo que tenés que hacer? -No.–Nada*, le dijo Discépolo. Así resumió su pensamiento de que ya había hecho todo.

El tango todo está rodeado de anécdotas. José Colángelo debía debutar como pianista en la orquesta de Aníbal Troilo, y el hecho se producía en un boliche en la Diagonal Norte. *Llegue con mi smoking, con mucho miedo por la gran responsabilidad ¿Quién estaba esperándome en la puerta?, el "Gordo" Troilo. Me dijo ¡pibe!, y abrió los brazos. Esos brazos eran un calor muy especial, por lo que me brindaba. Yo estaba sorprendido. Me pidió una moneda. Se la dí, y me regaló a cambio un pañuelo. Mire Pibe, me dijo, este va a ser un sello de amistad entre nosotros para siempre, que sea bienvenido.* Era un gordo bueno. Decía que para él, *su madre era todo*, y su desaparición fue un golpe duro. Opinaba que uno *no se muere de golpe, se va muriendo de a poco con cada amigo que desaparece y así llega un momento en que de "Pichuco" ya no queda nada.*

Cuando murió Homero Manzi se encerró en la cocina de su casa y escribió **Responso**, que lo grabó y no quiso tocarlo nunca más, salvo que tuviera que hacerlo por un compromiso.

Eduardo Rafael contó que una noche Troilo iba caminando por Corrientes y se encontró de casualidad con Alfredo Gobbi, a quien llamaban "El violín romántico del tango", y con quien había tocado cuando él tenía sólo 16 años. Troilo lo vio tan mal que se obsesionó y le escribió el tango **Milonguero triste**. Al poco tiempo murió Gobbi, y el dueño del hotel de cuarta donde vivía quiso quedarse con el violín, para cobrarse lo que Alfredo Gobbi le debía. Julio Camilioni, autor de varios tangos muy conocidos, inició una colecta para recuperar el instrumento, que consideraba una reliquia. Cuando Troilo se enteró su enojo fue mayor, porque no había acudido directamente a él, y puso el total del dinero que faltaba para saldar la deuda.

Homero Expósito lo definió así en una letra: *Le sobra tanto amor, que rompe los bolsillos*. Aclaró que no era una metáfora, y para justificarlo, contó que una vez estaban juntos en un bar y que él, como siempre, estaba *bastante seco*. En un determinado momento entró al bar un hombre, quien dirigiéndose a Troilo le dijo: *Maestro, usted me dijo que antes de ir a ver a mi vieja hablase con usted*. El "Gordo", al tiempo que asentía con la cabeza, le dio todo el dinero que tenía encima. Recordaba Homero Expósito que no tuvo más remedio que pagar él la consumición, con los últimos pesos que le quedaban.

Para Osvaldo Pugliese, *Troilo ha sido lo más grande en el tango canción con orquesta. No lo ha igualado nadie. El era como nosotros, y al decir nosotros incluyo a Orlando Goñi, a Alfredo Gobbi y a Elvino Vardaro. Quiero decir que todos éramos decareanos. Troilo supo darle a su orquesta, sobre todo en la primera época, un algo de la agilidad que tenía Francisco Canaro y logró en los cantables y con muy distintas voces, una cosa bien porteña.* Era, sin duda, la opinión de un grande sobre otro grande.

Atilio Stampone, por su parte, aseguró que Aníbal Troilo *fue la más grande figura del tango, desde la década de 1940 hasta el presente, porque el tango moderno nació con su orquesta, que introdujo otro concepto de tango. Hasta Troilo, las grandes orquestas continuaban con el estilo Decareano o de Osvaldo Fresedo, modificado, con más fuerza rítmica, pero siempre como continuadoras de esa línea. El que rompió completamente con ese esquema fue el "Gordo" Troilo, que aparte de tocar muy bien el bandoneón dejó obras escritas que son verdaderas obras de arte.* Más acá, otros músicos, en este caso todos bandoneonistas, coincidieron en una cosa: admirar a Troilo. Un bandoneonista que tocó en su orquesta durante 15 años lo recuerda siempre con gran cariño, *porque era un fuera de serie como persona, músico, bandoneonista y compositor.* Ernesto Baffa, que de él se trata, confesó al respecto: *lo llevo en mi corazón hasta que Dios me lleve a mí.*

Su ingreso en la orquesta de "Pichuco" tuvo un ribete anecdótico: Baffa integraba la formación orquestal de Horacio Salgan, y un día que Troilo la estaba escuchando alabó a uno de los bandoneonistas y dijo: *Qué bien que toca Federico.* Alguien le aclaró su confusión. No era Federico sino Baffa. Al poco tiempo, Troilo lo llamó a Baffa y le dijo que se corriera hasta el **Marabú,** porque necesitaba hablar con él. Cuando se encontraron, lo hizo tocar un largo rato, y así quedó incorporado a la orquesta.

A su vez, Leopoldo Federico cree que no debe haber un músico del género que no sienta adoración por Aníbal Troilo. Lamentó no haber tenido la dicha de tocar en su orquesta pero, de todas maneras, se siente uno de los continuadores de la obra iniciada por "Pichuco". Aseguró que, además de un decidor del tango, fue evolucionando en cada período del tango, y que a pesar de haber tenido distintos arregladores nunca perdió su personalidad. Como anécdota contó Federico que Troilo *no sabía escribir, pero sí borrar. Sabía dónde ubicar los silencios y buscaba el matiz exacto para cada cantor, sin egoísmo.*

Raúl Garello opinó que *nosotros éramos orquestadores, pero el "Gordo" era el arreglador. Tenía un sentido único del equilibrio de una orquesta. Sabía lo que quería o, por lo menos, lo que no quería porque no era de él. A todos les tocó la borratina, pero lo hacía por una razón que se justificaba. El sabía lo que era su orquesta y lo que no era para su orquesta.* Muchos músicos consideran que Aníbal Troilo fue el mejor director, no del tango, sino de la Argentina. Fue el músico *del encuentro* que juntó las corrientes criollistas, las Decareanas y la de Francisco Canaro, por quien sentía un gran respeto,.y su gran virtud fue que siempre supo rodearse de grandes arregladores.

Uno de los "modernos", Pablo Mainetti, opinó: *Es una especie de símbolo, que armó todo un leguaje, un discurso claro y coherente. Creo que su influencia todavía está, que hay que saber escucharla.* Otro de los "nuevos", Gabriel Rivano, estimó: *Aunque hay cosas que no influyeron en su forma de tocar, rescato lo melodioso y su manera pausada que venía de Ciriaco Ortiz.* Según Rodolfo Mederos, *Troilo nos enseñó la idea de que la música no es buena porque tenga mucho, sino porque precisa poco.* A 25 años de su desaparición física y con motivo del merecido homenaje que se le brindó, se contó una anécdota que lo pintaba desde su infancia: en los recreos en la escuela primaria, se sentaba en el suelo y abría y cerraba una hoja de cuaderno muy bien plegada que apoyaba entre las piernas. Cuando los compañeritos le preguntaban qué estaba haciendo, les contestaba: *¿No ven? tocando el bandoneón.*

Marcelo Guaita, un viejo amigo de Troilo, contó una vez que en una oportunidad en que estaba actuando con su orquesta en Mar del Plata, allá por 1973, todas las noches se aparecía Juan Manuel Serrat para verlo tocar, y por lo bajo confesaba que su ilusión era cantar con "Pichuco", a quien admiraba. En una de esas noches, el "Gordo" le dijo a Guaita *vamos a la barra a tomar un whiskycito.* Ya acodados, Troilo, riéndose, le dijo *¿sabés que el galleguito quiere cantar conmigo? Mañana le voy a dar un jaulazo y lo voy a invitar a cantar **Sur**.* Era sabido que Troilo al bandoneón lo llamaba *jaula.* Al día siguiente así lo hizo y, según Guaita, cuando terminaron *el local casi se derrumba por la locura de los presentes.*

Astor Piazzolla le dedicó dos composiciones, ***El gordo triste*** y ***Suite troileana***, esta última compuesta en Roma cuando falleció "Pichuco". Según su autor, estuvo inspirada en los cuatro amores del "Gordo": el bandoneón, Zita, el whisky y el escolaso. Su amistad con Troilo era una cosa muy especial. "El Gordo" lo quería y él lo apreciaba. Pero un hecho marcó un punto de inflexión. En un determinado momento Troilo le dijo, respecto de un arreglo: *No pibe, eso no es tango* El orgullo de Piazzolla pudo más que su profesionalismo. Se sintió herido, y de allí en más la amistad circuló por otros carriles.

Uno de los grandes pianistas que pasó por la orquesta de Aníbal Troilo fue Roberto Berlingieri. Siempre recordó que fue

"Pichuco" quien le sacó algunos de los defectos que tenía cuando tocaba, que a él le parecían *recursos piolas*. Como a Piazzolla, también le decía: *No pibe, esto no*. Berlingieri reconoció, con humildad, que así aprendió a dar lo mejor que tenía, pero *sin intentar darlo todo junto*. Y es bueno recordar que, además de lo que sabía, a pesar de reconocer que apenas había cursado unos meses en el Conservatorio, y que en cuanto creyó *que ponía bien los dedos me largué a tocar con tangueros y me hice en la calle, mejor dicho en los boliches*, su paso por la orquesta de Aníbal Troilo le permitió enriquecer sus conocimientos. Lo demostró el hecho de que actuó en muchos países, ya que trabajó 10 años en México, actuó en Bagdad, y participó otros 10 años en las giras de "Tango Argentino". Siempre recuerda que durante el año que estuvo en La Habana, en la orquesta de Raúl Iriarte, actuaban con ropa de gauchos, la que con mucho orgullo seguían usando en la calle.

Un integrante de la orquesta de Aníbal Troilo contó emocionado una anécdota de cuando actuaron en el **Teatro Colón**: *Yo recuerdo que el "Gordo" temblaba, porque ni él lo podía creer. Hubo quien comentó "habrá tomado un par de whisquicitos". No, ese día, tal vez, necesitaba un par de whisquicitos, pero no los tomó*. Era más que un bandoneonista o un director. Trataba a sus músicos y a sus cantores con cariño, como si fueran sus hijos. Muchas tardes llamaba a Angel Cárdenas y le preguntaba: *Cardenitas, ¿qué estás haciendo? Son las 4, recién me levanté y voy a tomar mate*, era habitualmente la respuesta. *No, comprá pan y salame y vení a tomar mate con pan y salame y cantamos con Gardel, yo lo acompaño con el bandoneón y vos hacés el dúo*.

Con Osvaldo Berlingieri tenía otra química. Este gran pianista contó emocionado una anécdota: *Lo quise mucho y todavía lo quiero. Cuando él conseguía perdices me llamaba y me decía: Pibe, venga a casa a comer perdices. Cuando las conseguía yo, lo llamaba y le decía: Gordura -cariñosamente- tengo perdices, viene para acá o las llevo a su casa. Era muy querido, y él lo sabía. Por eso decía: Los que caminan al bardo, como yo, siempre quieren a los que les hacen bien*.

Aníbal Troilo realizó grabaciones memorables, especialmente en el sello RCA Víctor, una de ellas, *Milonga triste*, con la particularidad de que Alberto Marino está acompañado por un quinteto vocal, integrado por Héctor Vargas, Carlos Videl, Francisco Barroso y las hermanas Hernández. También grabó en un disco de pasta de 25 centínetros y 78 revoluciones el tango *Recuerdos de Bohemia*, y el arreglo que le hizo especialmente Argentino Galván fue tan largo que tuvieron que utilizar las dos faces de la placa. En otros casos, grabó con Roberto Grela o con el cuarteto: *Alejandra; Amores de estudiante; A mí no me hablen de tango; A unos ojos; A la Guardia Nueva; Acordándome de vos; Alhucema; A la parrilla; A bailar; A mis viejos; Adiós Bardi; A Pedro Maffia; Así es Ninón; Amigazo; Adiós Nonino; Araca, corazón; Alma de bohemio; Amor y tango; Adiós pampa mía; Aquí nomás; Ansina es la madre mía; Aguantate, Casimiro; A Homero; A Orlando Goñi; A fuego lento; Aquel tapado de armiño; Apenas Mariela; Amanece; Bien porteño; Barrio de tango; Bailarín compadrito; B.B.; Buenos Aires; Bandola triste; Bandita de mi pueblo; Bienvenida; Bien milonga; Buen amigo; Barrio viejo; Barrio pobre; Bandoneón arrabalero; Buenos Aires/Tokio; Cachirulo; Color tango; Coplas; Cachirliando; Contratiempo; Callejón; Calla; Con permiso; Copas, amigos y besos; Carmín; Contrabajeando; Cimarrón de ausencia; Con toda la voz que tengo; Colorao, colorao; Como tú; Cenizas; Carnaval; Cada día te extraño más; Cotorrita de la suerte; Cristal; Corazón, no le hagas caso; Café de los Angelitos; Compadrita mía; Cantando se van las penas; Cautivo; Cuándo volverás; Cada vez que me recuerdes; Cuando tallan los recuerdos; Corazón de papel; Color de rosa; Canción de Ave María; Con mi perro; Corrientes angosta; Camino del Tucumán; Canción desesperada; Cafetín de Buenos Aires; Cordón de oro; C.T.V.; Confesión; Cómo se pianta la vida; Corralera; Cualquier cosa; Como la mosca; Cantor de mi barrio; Comme il faut; Cielo de cometas; Chiqué; Che bandoneón; Che, Buenos Aires; Chumbicha; Chuzas; De pura cepa; Después; Decime Dios, dónde estás; De barro; Danzarín; Desencuentro; Del barrio de las latas; Del tiempo guapo; Del tiempo de antes; De todo te olvidas; Discepolín; De vuelta al bulín; De puro guapo; Dale tango; Dicha pasada; Don Juan; Diablito; De muy adentro; Del suburbio; Desvelo; El cantor de Buenos Aires; El chupete; Equipaje; El distinguido ciudadano; El conventillo; El barrio del tambor; El desafío; El entrerriano; El encopao; El cuarteador; El bulín de la calle Ayacucho; En carne propia; El último organito; Entre sueños; El motivo; El Pollo Ricardo; El africano; El choclo; El tamango; El último guapo; El irresistible; En esta tarde gris; El Marne; El monito; El abrojito; El milagro; El metejón; El último farol; El patio de la morocha; El baqueano; Ficha de oro; Frente al mar; Fuegos artificiales; Fueye; Farol; Fuimos; Fruta amarga; Flor campera; Fechoría; Farolito de papel; Fogón de huella; Flor de lino; Fraternal; Garras; Guapeando; Galleguita; Golondrinas; Gime el viento; Grisel; Gardel/Razzano; Garúa; Inspiración; Ivette; Intermezzo; Juan Tango; Las arrugas de mi frente; Las carretas; La calesita; Lejos de Buenos Aires; Luna llena; La embriaguez del tango; La noche que te fuiste; La luz de un fósforo; La vi llegar; La bordona; La cumparsita; La esquina cualquiera; La vuelta del montonero; Lo que vendrá; La última curda; Los mareados; Lo que vos te merecés; La viajera perdida; La última; Los cosos de al lao; La chiflada; La cantina; Los ejes de mi carreta; La mariposa; La maleva; La Tablada; La racha; La flor de la canela; La cachila; La revancha; La violeta; La milonga y yo; La trilla; La trampera; Lagrimitas de mi corazón; La guiñada; La mentirosa; Llorarás, llorarás; Milonga que peina canas; Mañanitas de Montmartre; Milonga del corralón; Milontango; Madreselva; Malena; Marioneta; Milonga en rojo; Marinera; Me están sobrando las penas; Margo; Madame Ivonne; Maipo; Milonga de la Parda; Mientras gime el bandoneón; Morena; Me quedé mirándola; Margarita Gauthier; Melancólico; Mi refugio; Mi castigo; Milonguita; Mano brava; María; Mi tango triste; Más allá, bandoneón; Medianoche; Mi noche triste; Mi luna; Mis amigos de ayer; Mensaje; Mi vieja viola; Milongueando en el 40; Milonga del mayoral; Margo; Malón de ausencia; Milonga en negro; Mi viejo reloj; Maragata; Mi viejo, el remendón; Milonguero triste; Miriñaque; Ninguna; Nada más que un corazón; Naranjo en flor; Naipe; Nocturna; Nostálgico; Nobleza de arrabal; No le digas que la quiero; No te apures carablanca; Nocturno a mi barrio; Ni más ni menos; Nunca tuvo novio; Naipe marcado; Nuestro Buenos Aires; Nostalgias; N.P. (No placé); Ojos negros; Otra vez Esthercita; Orquestas de mi ciudad; Pico blanco; Para poder volver; Palomita blanca; Pablo; Piropos; Pedacito de cielo; Papá Baltasar; Percal; Pa' que bailen los muchachos; Patio mío; Príncipe; Para lucirse; Pa' que seguir; Palermo en octubre; Por las calles de la vida; Pichuqueando; Payadora; Pa' lo que te va a durar; Por qué la quise tanto; Prepárense; Pompas; Patético; Pájaro ciego; Pero yo sé; Qué me importa tu pasado; Qué risa; Quien; Quiero huir de mí; Quejas de bandoneón; Qué me van a hablar de amor; Quién lo había de pensar; Qué falta que me hacés; Quedémonos aquí; Recordándote; Retirao; Ropa blanca; Rosa de tango; Romance de la ciudad; Responso; Recordando a Discépolo; Racconto; Recuerdos de bohemia; Rosicler; Romance de barrio; Sur; San Pedro y San Pablo; Soy un porteño; Soy muchacho de la guardia; Sosiego en la noche; Se tiran conmigo; Sombras nada más; Siga el corso; Soy del 90; Sencillo y compadre; Suerte loca; Selección de tangos de Francisco Canaro; Selección de tangos de Julio De Caro; Selección de tangos de Eduardo Arolas; Soledad la de Barracas; Sólo se quiere una vez; Sin palabras; Sobre el pucho; Soñar y nada más; Siempre no; Tata no quiere; Torrente; Temblando; Tres amigos; Tango del colectivo; Tanguistoria; Tabernero; Tabaco; Total pa' que sirvo; Toda mi vida; Tanguango; Tinta roja; Te aconsejo que me olvides; Trasnoche de ilusión; Tú; Tierrita; Tinta verde; Tal vez será su voz; Tu diagnóstico; Tamar (Marta); Tarde gris; Tedio; Tres y dos; Tu perro pekinés; Tapera; Te llaman malevo; Tallador; Tango y copas; Tristezas de la calle Corrientes; Tema otoñal; Taquito militar; Taconeando; Tu pálido final; Tecleando; Triunfal; Tomando color; Una carta; Un placer; Uruguaya; Un boliche; Una lágrima tuya; Un tango para el recuerdo;*

Una canción; Uno; Un tango para Estercita; Vamos, vamos zaino viejo; Valcesito amigo; Vals del jamás; Ventanita de arrabal; Vuelve la serenata; Viejo baldío; Yo tengo un pecado nuevo; Yo soy el tango; Y volvemos a querernos; Ya estamos iguales; Y dicen que no te quiero; Yira...yira; Yo te bendigo; Y a mi qué; Y la perdí; Yo soy del 30; Yo no merezco este castigo; Yuyo verde.

Por complacer a un amigo pasó a grabar en el sello TK, entre 1956 y 1957, placas de tan mala calidad técnica que originaron que un viejo tanguero le dijo una vez a Antonio Carrizo, según contó éste, *esos discos, tostados, a la mañana te los podés comer con el desayuno*. Por suerte, de allí pasó a grabar en Odeón.

Un grande del tango, Julio De Caro, compuso una joya musical que llamó *A Aníbal Troilo*, en su homenaje. Pichuco lo estrenó una noche en **Radio El Mundo**, de compromiso con su autor, pero no lo quiso grabar ni lo tocó nunca más. Según dijo una vez, consideró que él mismo no debía homenajearse. Esta actitud contrastó con la adoptada por Francisco Canaro, que tocó y grabó dos tangos hechos en su homenaje: *Canaro y Canaro en París*, o la de Osvaldo Fresedo, con *Milonguero viejo*, dedicado a él por Carlos Di Sarli. El tango *A Aníbal Troilo* sí lo grabó Julio De Caro, pero su interpretación distó mucho de la que había logrado "Pichuco!.

Aníbal Troilo murió una tarde de mayo de 1975, y Buenos Aires perdió a su Bandoneón Mayor.

CARLOS DI SARLI

En su juventud, Cayetano Di Sarli, su verdadero nombre, acompañó a importantes figuras de la lírica. Había nacido el 7 de enero de 1903, en Bahía Blanca, ciudad a la que le dedicó el último tango que compuso, de gran riqueza musical. Como muchos otros músicos de tango, era hijo de inmigrantes. Miguel Di Sarli, su padre, era italiano, y tenía tres hijos de su anterior matrimonio. Al quedar viudo abandonó su tierra natal y se radicó en el Uruguay, donde se casó con Serafina Russomano, hermana del tenor Tito Russomano, con quien tuvo otros cuatro hijos. El destino lo llevó a Bahía Blanca, y allí nacieron sus otros dos hijos, Roque y Cayetano, quien luego sería Carlos Di Sarli.

Lo inició en la música Domingo, su hermano mayor, quien era profesor en el Conservatorio Williams. Fue allí donde conoció a Juan Carlos Cobián, quien también estudiaba en ese conservatorio. Sus primeras armas las hizo interpretando a Chopin, Beeethoven, Bach y Litz, pero pronto empezó a enamorarse del tango, para no abandonarlo nunca más.

Un amigo de su padre le brindó, entre 1916 y 1918, la oportunidad de trabajar en un cine y en una confitería de su propiedad, en Santa Rosa de Toay, en La Pampa. Por las tardes acompañaba con el piano las películas mudas, y por las noches hacía las delicias de los incipientes bailarines de tango.

Ya radicados en Buenos Aires, un hecho casual le dio la oportunidad que él esperaba. Albérico Spátola, autor de muchos tangos, era pariente de su familia, y al advertir las cualidades musicales de Di Sarli lo vinculó con Anselmo Aieta, quien le allanó el camino para que iniciara su carrera laboral.

Actuó en la orquesta de Juan Pedro Castillo, formó parte del trío de Alejandro Scarpino, acompañó a Olinda Bozán en las grabaciones que realizó en el sello Electra, y también fue el pianista en la orquesta de Juan Canaro..

Más adelante formó un sexteto, con Kraus y Pécora en violines, Landó y Ginzo en bandoneones, y Capurro en contrabajo, con el que actuó en el **Chantecler** hasta que un entredicho con los empresarios lo dejó sin trabajo. Fue entonces Osvaldo Fresedo quien le dio la oportunidad de dirigir su orquesta, cuando inauguró el **Teatro Fénix**, de Flores. Como agradecimiento y muestra de la gran admiración que sentía por él, en 1926 le dedicó el tango *Milonguero viejo*.

En 1930, mientras actuaba en el café **Germinal**, uno de los empresarios le exigió que no apareciera en público con los anteojos negros. Los usaba desde 1916, cuando con sólo 13 años tuvo la desgracia de que en la armería que era propiedad de la familia, a uno de los empleados se le cayó al suelo un revólver, del que se escapó un tiro que impactó en su frente. Salvó milagrosamente su vida, pero quedó condenado a usar para siempre los lentes oscuros.

Luego de actuar en Bahía Blanca y Rosario volvió a Buenos Aires, y así inició su carrera rutilante, en radio, bailes y en el **Marabú**, carrera que seguiría hasta su muerte, el 12 de enero de 1960. Ese día, en la puerta de **La Armonía**, en la avenida Corrientes, pusieron un cartel que decía: "Hoy, Cerrado, El tango está de duelo. Ha muerto Carlos Di Sarli"..

Tuvo diversas formaciones orquestales, todas integradas por músicos de excepción, con la particularidad de que por más de 30 años se desempeñaron Roberto Guisado como primer violín y Félix Verdi como primer bandoneón. De esas orquestas siempre se destacó su gran afiatamiento y las excelentes orquestaciones, realizadas durante muchos años, puede decirse que los mejores de su actuación, por Emilio Brameri.

También pasaron por sus orquestas Antonio Rossi, Claudio González, Federico Scorticati, Angel Ramos, Leopoldo Federico, Simón Bajour, Elvino Vardaro, José Libertella, Julián Plaza, Alfredo Marcucci, y muchos otros músicos de excepción.

Contó también con cantores de renombre, que componían a la perfección un solo conjunto con la orquesta, como Santiago Devin, (cuyo verdadero nombre era Santiago Devicenzi), Ernesto Famá, Fernando Díaz, Roberto Arrieta, Antonio Rodríguez Lesende, Ignacio Murillo, Agustín Volpe, Rodolfo Galé, Raúl Posadas, Roberto Rufino, Alberto Podestá, Osvaldo Cordó, Carlos Acuña, Osvaldo Cabrera, Jorge Durán, Oscar Serpa, Mario Pomar, Roberto Florio y Horacio Casares.

De Roberto Rufino puede decirse que, además de excelente cantor, con un estilo muy personal, fue un buen compositor. Creó 77 obras, algunas de gran éxito, como *Manos adoradas, Calla, Dejame vivir mi vida, El bazar de los juguetes, Eras como la flor, En el lago azul, Estoy pagando la culpa, Cómo nos cambia la vida, Y te parece todavía y Soñemos.* Nació en el barrio del Abasto el 8 de enero de 1922, y en 1937 debutó con la orquesta de Antonio Bonavena, y también pasó por los conjuntos de Tarabini y de De Rose, pero, siendo aún muy joven, ingresó en 1939 a la orquesta de Carlos Di Sarli, donde afianzó su éxito. También cantó con Miguel Caló, Francini-Pontier, Roberto Caló y con Aníbal Troilo.

No era extraño que el público al escuchar tocar a la orquesta de Carlos Di Sarli la ovacionara y gritara ¡Al Colón, al Colón¡ Lo había impactado tanto la música de *A la gran muñeca*, de Osés y Ventura, que estaba empeñado en que fuera ese tango el sucesor de *La cumparsita*, y decía que él se encargaría de imponerlo para que así fuera.

Osvaldo Pugliese sentía por Carlos Di Sarli una gran admiración, especialmente por la forma en que tocaba el piano. Por eso llegó a decir: *se llevó sus secretos con él, y nadie podrá imitarlo.* También Leopoldo Federico destacó las cualidades excepcionales de esta orquesta. Aseguró que no hay un solo músico moderno que no reconozca los méritos de Di Sarli. A modo de implícito homenaje, dijo que hay muchos músicos vanguardistas que tocan muy bien las cosas raras, *pero que si se les pide que toquen una cosa fácil y sencillita, como en la época de Di Sarli, hacen un papelón.*

El primer tango que compuso Carlos Di Sarli fue *Meditación*, en 1919, al que le siguieron *Al pan pan y al vino vino, Así era mi novia; Ay, Suero por favor, Bahía Blanca, Bien frappé, Corazón, Cayorda, Con alma y vida, Coqueteando, Cuatro vidas, Canción de ausencia, Chiquetera, Che francés, vení, De qué podemos hablar, El ángel de los niños, Ensueño de amor, Estudiantes, En un beso la vida, Juan Porteño, Loco lindo, La capilla blanca; Llanto en el corazón, Maldición, Milonga del Centenario, Milonguero viejo, Mis tres amores, Mi última canción, Negando el perdón, No me pregunten por qué, Nido gaucho, Otra vez carnaval* (Noche de carnaval), *Patio sevillano* (pasodoble), *Porteño y bailarín, Pobre buzón, Poema triste, Por qué le llaman amor, Rinconcito de alegría, Rosamel, Tangueando te quiero, Un día llegará, Verdemar, Yeyel.*

La capilla blanca nació como canción. La estrenó Juan Arbizu en **Radio El Mundo** con la orquesta de Alberto Castellanos, pero luego, en la versión como tango, le dijo a Alberto Podestá que acortara el inicio de la segunda parte, cuando dice: *Feliz nos vio la luna...*que Arbizu la cantaba muy estirada, para que en los bailes no hubiera un corte de la orquesta.

Como dato curioso, puede contarse que la magnífica milonga *Entre pitada y pitada* sus autores se la llevaron a Carlos Di Sarli para que grabara la segunda parte para una publicidad de una marca de cigarrillos. Al maestro le gustó tanto, que la incorporó entera inmediatamente a su repertorio, con la voz de Alberto Podestá.

Su primera grabación en RCA Víctor fue *La guitarrita* y *T.B.C,* y sólo entre 1939 y 1949 grabó en ese sello 156 temas. También grabó en Music-Hall y Philips, además de volver a grabar en la RCA Víctor.

Eso le permitió dejar una amplia discografía: *Acuérdate de mi; Adiós, te vas; A la gran muñeca; Al compás del corazón; Añorándote; Alzame en tus brazos; Ausencia; Arlequín; Así era mi novia; Anselmo Acuña el resero; Alma mía; A mí me llaman Juan Tango; Algo bueno; Adiós corazón; A la luz de un candil; Bar exposición; Bien frappé; Belén; Buenos Aires, yo te canto; Buenas noches Buenos Aires; Boedo y San Juan; Bailemos; Barrilete; Barba de choclo; Buenos Aires; Bahía Blanca; Catamarca; Cuánta angustia; Cuatro vidas; Cuidado con los 50; Comme il faut; Carasucia; Cero al as; Cascabelito; Canta pajarito; Cómo se hace un tango; Cicatrices; Cosas olvidadas; Cuando bronca el temporal; Carnaval de antaño; Cosas de tango; Como los nardos en flor; Cuando muere la esperanza; Cantemos corazón; Con alma y vida; Cornetín; Colibriyo; Caminito; Castañuelas; Cuando un viejo se enamora; Campaneando; Cortando camino; Corazón; Cachivache; Cortate el pelo; Criollo viejo; Clavel del aire; Cuando el amor muere; Chimentos; Champagne tangó; Charlemos; Che bacana; Chau pinela; Duerme mi amor; Domani; Duele más; Decime qué pasó; Déjame; De vuelta; Dinero, dinero; Destino de flor; Del barrio de las latas; Dejame hablar; Derrotado; De qué podemos hablar; Don Juan; Duelo criollo; Di di; Don José María; Donde estás; El estagiario; El opio; Entre pitada y pitada; Ensueños; El choclo; El amanecer; El once; El ingeniero; El caburé; Estampa federal; El pollito; Esta noche de luna; El cantar de aquel malevo; El cielo en tus ojos; El ciruja; El jagüel; El incendio; El calabozo; El Cachafaz; El jaguar; El paladín; El recodo; En un beso la vida; El abrojo; El distinguido ciudadano; El Pollo Ricardo; Fumando espero; Flora; Fulgor; Flor de amigo; Flor marchita; Fogón de huella; Germaine; Griseta; Gracias; Hasta siempre amor; Hoy al recordarla; Indio manso; Junto a tu corazón; Juan porteño; Julián Centeya; La mulateada; La vida me engañó; La racha; La novia del mar; La morocha; La cachila; La cumparsita; La capilla blanca; Lo que me hablaron de vos; La canción más triste; Lo mismo que antes; Los muñequitos; La viruta; La estancia; La baguala; La ofrenda; Lo pasado, pasó; La trilla; Los 33 orientales; La torcacita; La misma tarde; Lloran las camparas; Llueve otra vez; Llámame amor mío; Milonguero viejo; Mi pibe; Mi refugio; Milonga del sentimiento; Motivo sentimental; Mañana zarpa un barco; Mala yerba; Maldonado; Marejada; Maldita; Muriéndome de amor; Marianito; Mi madre tierra; Milonga del Centenario; Mañana no estarás; No me supiste amar; Necesito olvidar; Novia provinciana; Nada; No está; Nubes de humo; No me pregunten por qué; Navegante; Nueve puntos; Nobleza de arrabal; Noche de locura; Nido gaucho; No esperaba verte más; No me hablen de ella; No cantes victoria; Nuestra noche; No te aguanto más; No matarás; No la maldigas por Dios; Ojos negros; Organito*

*de la tarde; Otra vez carnaval; Otra noche; Pobre yo; Porteño
y bailarín; Pimienta; Por el camino; Patotero sentimental;
Porteña y nada más; Pena mulata; Poema triste; Por quererla
así; Para qué te quiero tanto; Pa'los muchachos; Palito; Por la
pinta; Pobre buzón; Por qué le llaman amor; Pato alegre;
Pueblera; Por qué regresas tú; Por un te quiero; Qué torcido
andás, Julián; Quién te ve; Quién te iguala; Que Dios te perdone; Que no sepan las estrellas; Qué reo sos; Qué solo estoy;
Quejas de bandoneón; Quién sino tú; Rodríguez Peña;
Retirao; Rosamel; Royal Pigall; Rosa morena; Re-fa-si; Rosas
de otoño; Racing Club; Siempre más; Sombras del puerto;
Siete palabras; Se muere de amor; Soy aquel viajero; Si yo
soñara; Sonatina; Sobre el pucho; Si tú quisieras; Sábado;
Shusheta; Sentimiento criollo; Sueño de juventud; Serenata
mía; Soy el cantor de la orquesta; Soñemos; Sos una maquie-
ta; Sos una fiera; Soy un arlequín; Sin ti; Solamente ella; Sin
ella; Si nos queremos todavía; Tus palabras y la noche; Tu íntimo secreto; Tinta verde; Tú, el cielo y tú; Tristeza marina; Tus
labios me dirán; Tarareando; Tormenta; Tengo un amigo;
Todo; Tenía que suceder; Tierra negra; Tangueando te quiero;
Tu pálida voz; Ufa, que secante; Una noche de garufa; Un
lamento; Un tango y nada más; Una fija; Un momento; Un
desolado corazón; Un día llegará; Vieja luna; Vea, vea;
Viviani; Viento verde; Va a cantar un ruiseñor; Volver a vernos;Verdemar; Volver a soñar; Vamos; Y todavía te quiero; Yo
soy de San Telmo; Yo; Y hasta el cardo tiene flor; Whisky;
Zorro plateado; Zorzal.*

OSVALDO PUGLIESE

Nació el 2 de diciembre de 1905, en
la calle Canning 392 (hoy Scalabrini
Ortiz), hijo de Adolfo Pugliese y Aurelia

Terragno. Siempre recordó que de chico oía hablar del tango, porque su padre, que era flautista, y uno de sus tíos, que tocaba el violín, eran músicos. Empezó a estudiar violín, pero su padre un día le dijo que había muchos violinistas en la familia, y se apareció con un piano vertical alemán. Así pasó a estudiar este instrumentno.

En su infancia, siempre volvía enojado del colegio, donde estudió hasta 4° grado, porque sus compañeros le decían *ratón*, debido a que el guardapolvo, confeccionado por su progenitora, le llegaba hasta los zapatos. El motivo de la longitud de la prenda era, según le decía su madre cuando se quejaba, que como eran una familia humilde debía durarle todos los años que fuera a la escuela.

La de Osvaldo Pugliese fue la orquesta que más años perduró en el horizonte tanguero. Tocó desde 1939 hasta que falleció, el 25 de julio de 1995, y durante todo ese lapso no dejó un solo día de practicar muchas horas en el piano. Había debutado, a los 14 años, en un trío compuesto por el bandoneonista Domingo Faillac, Alfredo Ferrito en violín y él al piano. De allí en más profundizó sus estudios de música y pasó a integrar el sexteto Vardaro-Pugliese, en el que tocaban Aníbal Troilo, que tenía 16 años y Alfredo Gobbi, que tenía 18, luego de distintas experiencias en otras agrupaciones de la época, primero con Pedro Maffia y luego con Pedro Laurenz.

A los 18 años, en 1924, compuso su obra magistral, el tango **Recuerdo**, estrenado ese mismo año por Juan Bava en el café **Mitre**. Para muchos de los músicos de la época no era fácil de tocar, especialmente su variación final. Pugliese lo grabó en más de una oportunidad, incluso en una cantado por Jorge Maciel. Pero la primera, la más recordada y con la que se hizo popular fue en 1949, con Osvaldo Ruggiero como primer bandoneón y Enrique Camarano como primer violín.

En agosto de 1939 se decidió a formar su propia orquesta, con la que creó su propio estilo, que muchos vieron inspirado en el de Julio De Caro, pero con una fuerte influencia de Juan Carlos

Cobián y de Agustín Bardi, enriquecido además por una fuerte influencia del folclore pampeano. Debutó el 11 de agosto en el café **El Nacional** y desde sus inicios nunca abandonó esa forma de tocar, que mantuvo durante más de 60 años.

Esa primera orquesta estaba integrada por Enrique Alessio, Alberto Armengo y Osvaldo Ruggiero en bandoneones, Enrique Camarano, Julio Carrasco, Enrique "El Chino" Tursky en violines, Aniceto Rossi en contrabajo, él al piano, y el cantor era Amadeo Mandarino.

La última vez que tocó fue el 17 de junio de 1995, en **La Casa del Tango**, en el barrio de Almagro, con Alejandro Prevignano, Walter Castro y Fabio Lapinta en bandoneones, Diego Larandegui, Gabriel Rivas y Marcelo Prieto en violines, Merei Brain en viola y Juan Angel Bonura en contrabajo, con Abel Córdoba como cantor. Respecto de la decisión de formar su propia orquesta un día dijo: *Yo me metí en el tango porque me gustaba. Después vino la evolución. A medida que aprendía cosas se me ocurrían otras nuevas.Las ensayaba y se las proponía al público. Si el público las aprobaba entonces eso quería decir que yo había interpretado su sensibilidad, sus aspiraciones. Y la idea quedaba. Así se fue formando eso que la gente llamó el estilo Pugliese.*

Se la conoció como a la "Orquesta de los compositores", debido a que prácticamente todos sus integrantes eran autores, de tangos que lograron éxitos que aún hoy son reconocidos como grandes obras musicales. Tanto era así que Pugliese iniciaba casi todas sus presentaciones en los últimos 15 años de actuación, inclusive en la memorable noche en que tocó en el **Teatro Colón**, con *Arrabal*, de José Pascual, uno de sus músicos, porque consideraba que era una obra magistral.

Lamentablemente, otro de sus músicos, Roberto Peppe, murió en un hecho insólito y absurdo. Una noche, terminada su actuación, varios integrantes de la orquesta de Pugliese fueron hasta la Costanera Norte, frente al Aeroparque. Roberto Peppe no tuvo mejor idea que subirse al murallón, y mientras caminaba haciendo equilibrio se resbaló y cayó al Río de la Plata, donde murió ahogado ante la impotencia y desesperación de sus compañeros por salvarlo.

Osvaldo Pugliese tuvo una gran cualidad: supo respetar lo que su público quería, el que no le fallaba cuando tocaba en los bailes, en los cafés o confiterías. Al igual de lo que ocurría con la orquesta de Carlos Di Sarli, eran infaltables los gritos de ¡Al Colón, al Colón¡ Era una correspondencia mutua, entre la orquesta y su público. Decía que siempre tuvo en claro que el tango es una mezcla del tinte ciudadano y lo campero, y que su base hay que buscarla en lo que compusieron Agustín Bardi, Eduardo Arolas y Juan Carlos Cobián, y que la culminación de esa etapa fueron las composiciones de los hermanos De Caro.

Resulta casi imposible no rescatar por su excelente contenido la explicación que dio Osvaldo Pugliese sobre su tango *Recuerdo*. *La idea del tango* **Recuerdo** *me nació viajando en el tranvía 96 desde Córdoba y Canning hasta el café* **La Chancha**, *que estaba en Córdoba y Godoy Cruz. Tenía 14, 15 años...La segunda parte y el trío se me ocurrió dos o tres años después, cuando vivía en la calle Acevedo. Uno compone un motivo, lo deja, a la larga lo retoma y le da otra vuelta y así va hilando la cosa. Bueno, eso pasó con* **Recuerdo**. *Lo completé en 1924. En ese entonces yo estudiaba piano, siete u ocho horas por día. Y después de estudiar me entretenía tocando algunas cositas que eran de mi autoría. A veces mi padre y mi hermano me pedían 'Tocate el tango ése'. Era* **Recuerdo**, *pero todavía no tenía nombre. De repente, mi viejo, que era flautista, se quedó sin trabajo y comenzó a corretear partituras musicales. Un día me propuso editarlo. Yo le contesté: Bueno, agarrátelo ¿para qué lo quiero yo? El viejo lo editó y como yo lo había sugerido, le puso su nombre. Así salieron las primeras partituras. Después se lo llevó a Juan Bava, que era primo de mi mamá y fue Bava quien lo estrenó, con un cuarteto, en el café* **Mitre**, *que estaba en Triunvirato y Acevedo. Después yo fui a tocar con Enrique Pollet, a quien le decían "El francesito", en el café* **ABC**, *que todavía existe, en Corrientes y Canning. Ahí hacíamos*

Recuerdo. *Una noche cayó Pedro Laurenz, que era amigo de Pollet, escuchó el tango, le gustó y se lo llevó a Julio De Caro que tocaba con su famoso sexteto en el cine* **Select Lavalle**. *Lo grabó en 1927 y, a partir de ese momento, tuvo un gran suceso. A la gente le gustó, sobre todas las cosas, ese diálogo final que hacen los bandoneones. Me preguntan cómo se me ocurrió. ¡Y qué se yo! Se me apareció en la cabeza, en el corazón, y lo escribí. Cuando lo tocaba en casa, mi vieja se acercaba y cuando terminaba me decía despacito ¡Al Colón! ¡Al Colón!. Para aquél entonces, para una persona humilde como mi vieja, como éramos todos nosotros, gente pobre, gente de laburo, llegar al Colón significaba alcanzar la cúspide.*

Fue un prolífico autor. Compuso *Adiós Bardi*, *Alaska* (shimmy), *Allá en el campo*, *A los artistas plásticos*, *Amigo camionero*, *Amorando*, *Aquella tarde*, *Ausencia*, *Barro*, *Bendita madre* (pasodoble), *Bicho colorado*, *Brizna*, *Carlitos*, *Cardo y malvón*, *Casita de barro*, *Corazoneando*, *Che, colectivero*, *De otros tiempos*, *Don Atilio*, *El encopao*, *El frenopático*, *El Negro Cambambá*, *El japanga*, *Entre criollos anda el juego*, *Figurón*, *Gauchita*, *Hermosa japonesita*, *Judía*, *Igual que una sombra*, *Juventud*, *La Beba*, *La biandunga*, *Llegaste con tus alegrías*, *La "V" de la victoria*, *La yumba*, *Las marionetas*, *Malandraca*, *Marino argentino*, *Marga*, *Mi mariposa nocturna*, *Milonguero moderno*, *Muchachita del amanecer*, *Navidad*, *Negracha*, *Negra*, *Noche de mayo*, *No juegues a la guerra*, *Para Eduardo Arolas*, *Pichona*, *Primera categoría*, *Prenda querida*, *Porque me llamas*, *Quiero saber*, *Recién*, *Recuerdo*, *Retoños*, *Se largó el clásico*, *Sendero*, *Sentimental*, *Una vez*.

Lamentablemente, su madre nunca supo que su hijo un día llegó al **Colón**. Y en la noche memorable, el 24 de diciembre de 1980, en que el sueño de su madre y de sus seguidores, que desde la década de 1940 en los bailes gritaban ¡Al Colón!, se hizo realidad, tocó en el mayor escenario lírico de la Argentina, con Abel Córdoba y Adrián Guida como cantores.

Con su tradicional humildad se dirigió a los asistentes que lo ovacionaba y muy emocionado dijo: *Es una noche de público, de*

una masa popular amante de nuestro género, de nuestro querido
género, el tango. Nosotros somos un poroto de la máquina tan-
guera, un tornillo de esta máquina, nada más, que en algún
momento podemos ser útiles, y en otro momento no. El final fue
a toda orquesta, con todos los que habían sido sus músicos en
otra época.

Cuando para formar el Sexteto Tango se fueron de la orquesta músicos que habían sido puntales, Osvaldo Ruggiero, Víctor
Lavallén, Oscar Herrero, Julián Plaza, Emilio Balcarce, y el cantor Jorge Maciel, llegaron en su reemplazo otros grandes, como
Daniel Binelli, Arturo Penón, Rodolfo Mederos, Juan José
Mossalini, pero con otras ideas, y ya se transformó en un conjunto con un estilo más *apiazzollado.*

Según Daniel Binelli, cuando le tocó pasar la prueba que le
hizo Pugliese tuvo que demostrarle que, aparte de sus condiciones de buen músico, también era arreglador *porque a todos les*
daba lugar como arregladores. A Rodolfo Mederos, el ingreso
en esa orquesta le significó *volver a ponerme traje, y tener un*
rigor de orquesta típica, que en ese momento yo lo sentí como un
retroceso, pero estaba equivocado, porque años después com-
prendí que, por lo menos en la parte artística, una de las cosas
que mejor me pasaron en mi vida fue haber estado 5 años en la
orquesta de Pugliese.

Beba Pugliese, su hija, opinó que, cuando se produjo ese
recambio *se agarró para el otro lado, con toda la milonga que*
ya estaba impuesta, pero con una orquesta más sinfónica.

En 1989 se unieron en Holanda con sus ideas, su música y su
sonido, Osvaldo Pugliese y Astor Piazzolla, en un concierto que
fue memorable. Durante una entrevista que les hicieron en la
televisión holandesa en esa oportunidad, Piazzolla confesó que
en sus 60 años de músico el orgullo más grande de su vida fue
tocar en un concierto junto con esa orquesta, y compartir un
escenario con quien consideraba que había sido su maestro.
Contó entonces que cuando tocaba con Aníbal Troilo en la década de 1940, durante los intervalos se escapaba del cabaret para ir

a ver actuar a Pugliese. Para él, esos eran los más lindos recuerdos de esa parte de su vida, que marcaron una etapa importante, porque toda su música estuvo influída por lo que hizo Osvaldo Pugliese, que con algunas de sus creaciones, como *Negracha*, *La yumba*, *Malandraca* o *Recuerdo*, rompió con los moldes tradicionales del tango.

Para reafirmar esa idea, dijo que él siempre pensó que lo que hizo Count Basie en el jazz lo hizo Pugliese en el tango, *le dio otro sabor*. Entonces Pugliese contestó que si él era Count Basie, Piazzolla era Mile Davis, porque siempre se distinguió por ser un muchacho muy inquieto, buscador de nuevas formas. Como ejemplo dijo que *si le ponían una Itaka en las manos, barría con todo*.

En toda su trayectoria tuvo solamente cinco primeros bandoneonistas: de 1939 a 1944, Enrique Alessio; de 1945 a 1968, Osvaldo Ruggiero; de 1968 a 1984, Arturo Penón; de 1984 a 1993, Roberto Alvarez, y de 1993 hasta 1995, Alejandro Prevignano.

Siempre supo elegir sus cantores, que armonizaban con la orquesta. Así pasaron Mario Dorée, Roberto Beltrán, Amadeo Mandarino, Alberto Amor, Augusto Gauthier, Alberto Lago, Omar Ceballos, Jorge Rubino, Roberto Chanel, Alberto Morán, Jorge Vidal, Jorge Maciel, Juan Carlos Cobos, Carlos Olmedo, Ricardo Medina, Carlos Guido, Miguel Montero, Alfredo Belusi, Eduardo Espinosa, Mario Alonso, Abel Córdoba, Adrián Guida, Nelly Vázquez, Gloria Díaz y María Graña.

Su discografía es más que extensa, en los sellos Odeón, Stentor y Philips: *Amiga; Adiós corazón; Ahora no me conocés; Así era ella...muchachos; A los amigos; Arrabal; Almagro; Amurado; Adiós, Bardi; A Evaristo Carriego; A la luz del candil; A Orlando Goñi; Andá que te cure Lola; Amigazo; Antiguo reloj de cobre; A Roberto Pepe; Acquaforte; Arrepentido; A mis compañeros; Alma de bohemio; A los artistas plásticos; Abrazo fraternal; Adión pampa mía; Bien de abajo; Bordoneo; Bronca; Buen amigo; Balada para un loco; Barra querida;*

Bandó; Barro; Bolero; Boedo; Berretín; Bien milonga; Bien compadre; Baldosa floja; Belusi; Bandoneón arrabalero; Buenos Aires-Tokio; Bien de tango; Cómo aprender a quererte; Carmen; Cardo y malvón; Corazoneando; Consejo de oro; Callao 11; Canción para un niño negro; Contrabajeando; Canaro en París; Caminito soleado; Con voz rebelde; Corchito; Cascabelito; Cachá coraje; Caminito; Canzoneta; Coplas; Canción de rango; Contame una historia; Cabulero; Corrientes y Esmeralda; Cadenas; Cafetin; Camandulaje; Cachá viaje; Cómo se pianta la vida; Cobardía; Cabecitas blancas; Cualquier cosa; Callejera; Corrales viejos; Corrientes bajo cero; Candombe blanco; Catuzo; Chuzas; Charamusca; Chiqué; Che Cristóbal; Dicha pasada; Don Atilio; Demasiado tarde; De vuelta al bulín; Dandy; Desde el alma; Dos ojos tristes; Dejame en paz; De floreo; Dónde estás?; Decencia; Decime Dios dónde estás; Didí; Descorazonado; Don Aniceto; Don Agustín Bardi; Derecho viejo; Dos que se aman; Desvelo; Dos amores; De puro guapo; Desilusión; Desencuentro; De mi ciudad; Desencanto; El tango es una historia; El abrojito; En otros caminos; Es preciso que te vayas; El refrán; El monito; El andariego; El pensamiento; El adiós; Esta noche de luna; El pañuelito; Emancipación; El japanga; El africano; El vino triste; Esta ciudad; El arranque; El sueño del pibe; El encopao; El entrerriano; El día que me quieras; El cielo en las manos; Entrada prohibida; El tobiano; El paladín; El mate amargo; El amanecer; El pescante; El tábano; El remate; El día de tu ausencia; El embrollo; El relámpago; El Marne; El motivo; El día que me quieras; El mareo; El buscapié; En secreto; El poncho del amor; El rodeo; El inquilino; El Negro Cambambá; Entrador; Farolito de mi barrio; Frases; Fuimos; Frente a una copa; Flor de tango; Farol; Festejando; Gallo ciego; Gurisa; Gente de teatro; Gente amiga; Galleguita; Hoguera; Hacelo por la vieja; Hasta el último tren; Hoy al recordarla; Inspiración; Ilusión marina; Imagen campera; Julie; Jamás lo vas a saber; Jueves; La conciencia; Los hermanos; La Beba; La cachila; La última cita; La mascota del barrio; La solita; La yumba; La novia del suburbio; La menti-

rosa; *La tupungatina; La vieja vale más; La abandoné y no sabía; La mariposa; Las tres banderas; La vaquita; La cabrera; La rayuela; La vi llegar; La noche que me esperes; Los largos del pibe; La bordona; La casita de mis viejos; Lágrimas de sangre; La canción de Buenos Aires; La payanca; La cieguita; Las marionetas; La guitarrita; La biandunga; Los mareados; La catrera; La última copa; Lorenzo; La cumparsita; Locura tanguera; Llevame carretero; Llevátelo todo; Llámame; Mi primer gol; Melodía de arrabal; Muchachos comienza la ronda; Muchacha; Marrón y azul; Mala estampa; Milonga de mi tierra; Malena; Mal de amores; Maleza; Milonguera; Mi fueye rezonga; Marejada; Muchachos, mi último tango; Mi serenata; Milonga del soldado; Mi lamento; Mato y voy; Mentiras; Malandraca; Mirando la lluvia; Manos adoradas; Mala junta; Melenita de oro; Muchachita del amanecer; Muñequita; Mamita; Morena; Malambeao; Mi lejana Buenos Aires; Manón; N.N.; Nochero soy; Nada más que un corazón; Nonino; Ni triste ni solo; No me hablen de ella; Nido gaucho; No me pregunte porqué; No tengo la culpa; Nostálgico; No es más que yo; Negracha; No me escribas; Nobleza de arrabal; No quiero perderte; No juegues a la guerra; Navidad; Norteño; Nueve de Julio; Olivero; Ojos maulas; Ojos tristes; Ojos negros; Olvidao; Orgullo criollo; Pa'la muchacha de 18; Perla fina; Príncipe; Pelele; Pasional; Para dos; Puente Alsina; Pata ancha; Porque no te tengo más; Picaneao; Por qué no has venido; Pa' la muchachada; Patético; Por pecadora; ¿Porqué?; Pregonera; Porqué canto el tango; Pavadas; Por qué la quise tanto; Por una muñeca; Pa'la guardia; Punto y coma; Para Eduardo Arolas; Puentecito de mi río; Pinta brava; Pastoral; Porque me la nombran; Poema N° 2; Por un cariño; Quinto año; Quiero verte una vez más; Qué solo estoy; Qué te pasa Buenos Aires; Que nunca me falte; Quejumbroso; Quejas de bandoneón; Que pinturita; Qué falta que me hacés; Qué noche; Qué bien te queda; Quien; Remembranzas; Recuerdo; Recién; Raza criolla; Rondando tu esquina; Si sos brujo; San José de Flores; Silueta porteña; Se tiran conmigo; Silencio; Seguime si podés; Sin palabras; Sur; Sentimental y canyengue; Sentencia; Será una noche; Sin lágrimas; Silbar de boyero; Sin gritar; Senda de amor; Si nace chancleta; Si yo pudiera olvidarla; Suipacha; Sueño malevo; Si se calla el cantor; Te quiero como te quiero; Taconeando; Te aconsejo que me olvides; Tu casa ya no está; Tiempo; Tiny; Te estaba esperando; Tortazos; Tu angustia y mi dolor; Toda mi vida; Tú; Te quiero; Testamento de arrabal; Tangueando te quiero; Tiempos viejos; Tierra querida; Tinta roja; Tormento; Un baile a beneficio; Uno; Unión Cívica; Un tropezón; Una lágrima; Un tango para el recuerdo; Universo; Una vez; Un lamento; Vamos tropilla; Volver; Vieja recova; Ventanita de arrabal; Verano porteño; Vayan saliendo; Whisky; Y todavía te quiero; Y no le erré; Y no puedo olvidarte; Yunta de oro; Y con eso dónde voy; Y volvemos a querernos; Y mientes todavía; Yuyo verde; Yo te bendigo; Y no podrás querer; Yo soy del 30; Y sigo esperando; Zorro gris; Zum.*

ALFREDO DE ANGELIS

Alfredo De Angelis había nacido en Adrogué, provincia de Buenos Aires, el 2 de noviembre de 1912. Virgilio, su padre, que era violinista, fue quien lo inició en la música. Comenzó en 1922 a estudiar bandoneón, pero luego se inclinó por el piano. Abrazó desde muy joven su pasión por el tango tradicional, sencillo, al que le imprimió un estilo muy personal, influenciado por la música de Julio De Caro, Eduardo Arolas, Agustín Bardi, Juan Carlos Cobián, pasión que era tan fuerte que lo llevó a abandonar su trabajo de tenedor de libros en una empresa. Justificaba su decisión con el argumento de que *ese día me convencí de que con la música iba a ganar muy poco, pero como tenedor de libros me iba a aburrir mucho.*

En 1932 Anselmo Aieta lo incorporó a su orquesta, con la que tocaba en el café **Germinal**. Dos años más tarde actuó en la de Graciano De Leone, y luego en la de Daniel Alvarez, orquesta que en 1936 pasó a llamarse Alvarez-De Angelis. Se independizó y formó su propia orquesta, con la que debutó en el **Marzotto,** el 20 de marzo de 1941 y tocó además en **Radio Splendid** y luego en **Radio El Mundo**, con los cantores Floreal Ruiz y Héctor Morea, y después con Julio Martel.

Allí se hizo conocido a través de su actuación en un programa que en la década del 40 difundía, de 20 a 20.15, **Radio El Mundo**, desde su salón auditorio, con público, en Maipú 555. Este programa se llamaba Glostora Tango Club –Donde baila la juventud triunfadora- a la que estaba orientado, por el tipo de producto que lo auspiciaba, que era una especie de fijador brilloso para el cabello.

Su música fácil y sencilla era recibida con beneplácito, tanto para escuchar como para bailar. Sin embargo, para los tangueros tradicionales eso era *música de calesita*. Lo cierto era que realmente las calesitas usaban como música los discos de De Angelis.

Esta orquesta alcanzó un éxito poco común, integrada por Carlos Cubría, Eduardo Talián, Guillermo Villar y Alfredo Dafuncio en bandoneones, acompañados por Jorge Musante; Wenceslao Cisnosi, Alfredo Raúl Vilar, Alberto Cicero e Hipólito Carpón en violines; Hugo Besnatti en contrabajo y al piano, el maestro Alfredo De Angelis.

Además de los cantores mencionados pasaron por su orquesta Carlos Dante, Oscar Larrocca, que se llamaba Oscar Moreta, Carlos Aguirre, Alberto Cuello, Roberto Manzini, Rubén Améndola, Gigi (su hija Isabel), Carlos Boledi, Julián Rosales, Roberto Florio, Lalo Martel, que se llama Raúl Oscar Arizpe, Juan Carlos Godoy, cuyo verdadero nombre es Aníbal Llanes, y Eduardo Fratta.

Había incorporado un elemento que no era común en otras orquestas, ya que algunas interpretaciones, como *La cumparsi-*

ta, que hizo furor, *De igual a igual*, *Qué buena es*, *Bajo el cono azul*, *Buenos Aires de ayer*, *Cómo se muere de amor*, contaban con glosas de Néstor Rodi. También impuso las variaciones de violín, que muchos años antes eran una característica de la orquesta de Roberto Zerrillo, que tocaba en el Uruguay.

El de Alfredo De Angelis fue un fenómeno muy particular, si se tiene en cuenta la altura de las orquestas que tocaban en la década de 1940, muy superior a la de la suya. De Angelis decía, respecto del mote de "Orquesta de calesita": *Yo sé que con esa afirmación algunos pretenden subestimarme. Se equivocan. Mis discos comenzaron a pasarse en las calesitas porque el público los pedía. Una vez, un autor me dijo ¿Así que vos sos el de la calesita? Yo le contesté. Así es, pero mirá, se me murió el caballo y vos me vendrías fenómeno.*

Compuso *Alas azules, Atardecer, Ahí viene el gato, Allá por el año 12, Alondra de amor, Buenos Aires de ayer, Bajo el cono azul, Bogotá, Bendita mi tierra, Bambolino, Color de rouge, Cristo de piolín, Con historia, Como la caperucita, Derrumbe de la fuente, De carne somos, El tango está de duelo, El pencazo, El show va a comenzar, En tu pecho muere una esperanza, El Taladro, El Tango Club, Farolas del cielo, Festejando los 90, Felicidad, Güeno...güeno, Gitano por amor, Había visto a Gardel, Jorge Duval, J.M., Luz y sombra, La puntada, La maquinita, La clueca, Lloró mi corazón, Mi cadenero, Mañanitas, Matrimonio no, Me gustan todas, Mister Tango, Melodía para una nueva aurora, Mi cariñito, Mentimos, Mañanita linda, Malambo, Mi promesa, Me has dejado solo, Nadie quiso más, Pimpollo roto, Pan criollo, Pincharrata, Polca del soltero, Pastora, Pregonera, Por qué doblan las campanas, Pecados, Qué lento corre el tren, Qué familia mama mía, Remolino, Sin sol en los bolsillos, Serás bandita, Si Dios bajara del cielo, Sólo un grito, Si yo fuera su pollito, Sin tu canción, Saibel, Soy un yo-yo, Tango para Juan Soldado, Trozos de acíbar, Tokio querido, Tachero de mi ciudad, Tengo que verte mañana, Trenzas negras, Un whisky y un café, Un mundo de ternura, Un cacho'e tango, Vieja postal, Versos para mi madre, Violencia, Yo sí que la emboqué.*

El "Colorado", como le decían sus seguidores, se había hecho tan conocido que cada vez que subía a un taxi el chofer le contaba alguna anécdota particular referida a su orquesta. En una ocasión, uno le dijo: *Yo nací por su culpa, porque mis padres se conocieron en un baile en que tocaba con su orquesta.* De Angelis les decía que a sus bailes iban 800 muchachos y 3000 chicas, y que los muchachos iban a bailar con él *porque lleva muchas minas.*

Era conocida su afición por las carreras de caballos, y llegó a tener buenos ejemplares que le proporcionaron éxitos y dinero. Entre otros, Loca mía, Mi chapón, Papá, Fileto, Rifeño, Trevellier, Milonguera, Oguitabar, criados en caballerizas que llevaban nombres de tangos, como Pregonera, Saibel y Alelí.

Grabó en Odeón, Columbia, y Microfón. Su primer disco fue **Marioneta y Qué buena es,** y luego le siguieron *Adiós marinero; Adiós muchachos; A Magaldi; Al pie de la Santa Cruz; A su memoria; Amor de cielo; Atenti pebeta; Altar sin luz; Acordes porteños; Almagro; Amigazo; Arrabalero; Adiós querida; A media luz; Apadrinando; Adiós vidalita; Aquí he venido a cantar; A tu memoria madrecita; Al mundo le falta un tornillo; Aguantate Casimiro; Amor de marinero; Anoche estuve llorando; Allá en el bajo; Amor de resero; Así es Ninón; Alelí; A tu recuerdo; A mi padre; Adiós, adiós; Andate con ella; Amarrete; Argañaraz; Al colorado de Banfield; A la gran muñeca; A un gran amor; Antes que salga el sol; Angélica; A usted...señorita; Alas azules; Alma de bohemio; Amor y baile; Amor en voz baja; Amor de verano; Ayer escribí en el viento; A la criolla; Buenos Aires de ayer; Así se baila el tango; Así nació esta milonga; Abuela; Amar hasta morir; Bésame otra vez; Bendición de amor; Bogotá; Bonita; Besos brujos; Bajo Belgrano; Bailarín compadrito; Bambolino; Blanca Nieves; Bésame en la boca; Bajo el cono azul; Buscando perdón; Cielo de sombra; Cuando te fuiste; Como la Caperucita; Cascabelito; Cruz de palo; Caminito del taller; Criolla; Campanita; Comparsa argentina; Cosas olvidadas; Cambalache; Carro viejo; Corralera; Cómo nos cambia la* vida; *Canaro en París; Corazón de oro; Cómo se muere de amor; Capillita limeña; Carillón de la Merced; Carnaval; Con la otra; Carta para René; Comme il faut; Cuando no se quiere más; Cantando; Cristal y luna; Café para dos; Canción de inmigrante; Cabecita descocada; Cien guitarras; Cuando era mía mi vieja; Carga; Caminito; Como las margaritas; Cuando llora la milonga; Compadrón; Cero al as; Cuatro líneas para el cielo; Caído del cielo; Corazón encadenado; Cuando tú me quieras; Color de rouge; Compro un corazón; Con alma de tango; Con historia; Con la flor que tú me diste; Chau pebeta; Chau; Cuál de los dos; Chistando; Chorra; Desagradecida; Déjame así; Don Juan; Decime Dios...dónde estás; Dichosa tú; De puro curda; De igual a igual; Del pasado; El día que me quieras; Esta vuelta pago yo; Entrá sin miedo hermana; Esta noche me despido; El huérfano; El acorde final; Es mejor; El Taladro; Embrujado; El choclo; El mayoral del tranvía; El Santo de la Espada; El ciruja; Esa noche; El mimoso; Entrá nomás; El retrato de los viejos: El tropero del amor; En tu pecho muere una rosa; Entre tu amor y mi amor; El pial; El huracán; El apache argentino; El Tango Club; El escondite de Hernando; El beso que te di; El entrerriano; El piropo; El Once; El sonsonete; Estoy en la plaza tirado; El chañar; El otario; En la noche de tus ojos; El vasquito; En el 2000; En tus brazos; El tango se viene con todo; El acorde final; El torito; Estoy pagando la culpa; Evocación de París; El vals de noche-buena; Estoy contando los días; Flores negras; Flor de fango; Felisa Tolosa; Felicidad; Flores del alma; Farolas de cielo; Fumando espero; Fruto dulce; Felicia; Fuegos artificiales; Filosofía de cantor; Gloria; Guardia vieja; Guitarra de ausen-cia; Gracias por el silencio; Grisel; Hoy al recordarla; Historia de amor; Hacé bulín; Hacelo por la vieja; Hermana; Hasta Callao nomás; Igual que Dios; Ivon; Ilusión azul; Isla de Capri; Incomparable; Imaginación; Jirón porteño; Justicia criolla; Juntitos vos y yo; Juana Milonga señores; Jorge Duval; Lunes; Lágrimas y sonrisas; La última copa; Los lar-gos del pibe; La clueca; Lo había visto a Gardel* (con Pepe Biondi)*; La gayola; La vida me engañó; La marcha nupcial;*

Lina; La limosna; Largaron; La novia ausente; La yumba; La criolla; La guitarrera; Las cuarenta; La flauta de Bartolo; La misma tarde; Los mareados; Locura, locura; Lo llevo en la sangre; Loca bohemia; Leyendas del río; La manzanita; La piel de Buenos Aires; Lágrimas de sangre; La calesita; Loca; Leyenda india; La brisa; Luz y sombra; La maquinita; La mañana; La cumparsita; Loco por ti; La mariposa; Los ojazos de mi negra; La noche tiene ojos negros; La loba; La flor del palmar; La novena; Lluvia de estrellas; Llevátelo todo; Llevame carretero; Miguelito el arriero; Mentiras piadosas; Maldito corazón; Mi pampa blanca; Mi novia de ayer; Madre; Mi ambición; Milonguita; Mi dolor; Mocosita; Melenita de oro; Mi malacara y yo; Mañanita linda; Mi refugio; Muriéndome de amor; Medallita de la suerte; Melodía gris; Me olvidé de tu nombre; Mano a mano; Mi gran noche; Made in; Mi promesa; Mi rebeldía; Malambo; Mama vieja; Muñeca brava; Mi madre querida; Mi cariñito; Misa de Once; Matrimonio no; Mía; Mentiras; Medianoche; Meta garufa; Mon cherie; Mujercitas; Más allá del corazón; Noche callada; No vuelvas María; No hay palenque en qué rascarse; 9 de Julio; Nubes de humo; No le digas que la quiero; No te perdono más; No estoy solo; Noche de amor; No culpes al amor; No, no me abandones; Nobleza de arrabal; No aflojés; Noche de locura; Nunca te podré olvidar; No tengo contra; Ni tu ni yo; No me importa su amor; Novedoso; Nieve de amor; Nadie quiso más; Nada más mi amor; Olga; Organito de la tarde; Oración rante; Oyeme Mamá; Orgullo tanguero; Puede ser que no te rías; Plata; Pasional; Por una cabeza; Pero no viene; Por la vuelta; Por qué doblan las campanas; Para qué que la quise tanto; Pampa y cielo; Para ustedes; Pollito picarón; Para mí lo mismo da; Por eso grito; Pequeña; Pregonera; Pavadita; Por qué me das dique; Parece un cuento; Por eso te quiero; Paciencia; Pastora; Para que no me olvides; Por una cabeza; Pinche; Pifia; Por quererte te perdí; Pobre flor; Pan; Prohibido; Pobre de ellos; Pa'que te voy a contar; Porque yo quiero; Patrona; P'a mi es igual; Pincharrata; Pura maña; Porteñísimo; Para ti madre; Pastorcita de Amancay;

146

Perdóname Señor; Pare aquí chofer; Qué ironía; Qué lento corre el tren; Que nadie se entere; Quiero llename de ti; Que nadie sepa mi sufrir; ¿Qué sapa señor?; Quién tiene tu amor; Qué risa; Qué será corazón; Qué lindo es enamorarse; Que Dios te perdone; Quién más quien menos; Quiero verte una vez más; Qué tenés que hablar de mí; Re-fa-si; Rendido; Ruiseñor de Puente Alsina; Remembranza; Remolino; Río de angustia; Rodríguez Peña; Rosicler; Rayito; Sufra; Sabe don; Si soy así; Sabor de adiós; Selección de Enrique Delfino; Sangre maleva; Si no me engaña el corazón; Selección burrera; Sos bueno vos también; Se te nota en los ojos; Sirva otra vuelta; Sentencia; Selección de valses; Sirva otra copa; Sombras nada más; Sólo un renglón; Singular; Se alquila un corazón; Soy un yo-yo; Soy un arlequín; Se va la vida; Soy una fiera; Soñemos; Sorpresa; Selección de tangos camperos; Sin gritar; Sin sol en los bolsillos; Señor...no me la quites; Selección de tangos; Soñar y nada más; Se dice de mí; Sigan tomando muchachos; Sonsa; Santa madresita; Si nos queremos todavía; Somos los dos; Seis de enero; Siempre te recordaré; Si Dios bajara del cielo; Si me esperaras a mí; Sin aliento; Señor de la amargura; Sólo quiero ser feliz; Tokio querido; Tengo mil novias; Tiene razón amigazo; Trenzas negras; Tres compadres; Tu olvido y yo; Tus palabras y la noche; Tirame una serpentina; Tachero de mi ciudad; Temas de carnaval; T.B.C.; Tus besos fueron míos; Tradición; Tan sólo cuatro besos; Trapo viejo; Triste destino; Tu íntimo secreto; Tropero soy; Tecleando; Tenía que suceder; Tu corazón; Te quiero; Tango y turf; Tengo que verte mañana; Telarañas; Una cita con el tango; Una piba como vos; Un duende... nada más; Un mendigo; Un kilo'e tango; Una carta; Una señora milonga; Una madre; Un tango y nada más; Un mundo distinto; Un cacho'e tango; Versos para mi madre; Vida mía; Viejo rincón; Vieja luna; Vuelve amor; Volvamos a empezar; Vuelvo a vivir, vuelvo a cantar; Verdad que no; Visión; Va llegando gente al baile; Vals de verano; Virgen de la serranía; Virgen de Guadalupe; Y olvida corazón; Yo sí que la emboqué (con Pepe Biondi); Y dicen que no es amor; Ya estamos iguales; Yo no sé llorar; Y todavía te quie-

ro; Y no volvió; Yo también reí; Ya sé que siguen hablando; Yo también carrero fui; Yira...yira; Yo sé que te adoro; Zorro gris.

En algunas oportunidades grabó a 2 pianos con su hija Gigi, y los cantores Jorge Guillermo, Marcelo Biondini, Rubén Linares, Ricardo "Chiqui" Pereyra, Hernán Salinas y Gigi De Angelis. Además, acompañando con su orquesta a Carlos Gardel grabó *Alma en pena; Almagro; Ausencia; Adiós muchachos; Cualquier cosa; Chorra; Duelo criollo; Esta noche me emborracho; Giuseppe el zapatero; Intimas; La cumparsita; Muñeca brava; Malevaje; Me enamoré una vez; Melodía de arrabal; Nelly; Palermo; Rosas de abril; Siga el corso; Si soy así; Tomo y obligo; Viejo jardín; Viejo smocking; Yira...yira;*

OSVALDO FRESEDO

A Osvaldo Nicolás Fresedo, aunque había nacido el 5 de mayo de 1897 en Lavalle y Montevideo, se lo conoció siempre como "El Pibe de la Paternal", porque desde ese barrio, cuando vivían en Avenida Del Campo y El Cano, comenzó a demostrar sus dotes musicales. Era uno de los ocho hijos que tuvo la familia Fresedo y su madre, Clotilde García, era profesora de piano, pero él eligió el bandoneón, y con este instrumento llegó a la fama.

Como Nicolás, su padre, era uno de los socios en un importante bazar en pleno Centro, tenía como objetivo que su hijo Osvaldo siguiera sus pasos en el campo comercial. Pero las aspiraciones del "Pibe de la Paternal" ya eran otras. Cuando se enteró de sus andanzas en la música y, para peor, en el tango, al joven Osvaldo le ocurrió lo que a otros músicos, tuvo que irse de su casa. Un amigo, Nelo Cosimi, además de darle cabida en su casa lo hizo trabajar con él, que era pintor. Una broma de muchachos lo volvió a la casa paterna. Un día que iban caminando juntos, vieron una vaca que pastaba tranquilamente, y no tuvieron mejor idea que pintarla de blanco. El dueño los corrió, y Fresedo buscó refugio en la casa de sus padres, que cariñosamente lo recibieron de vuelta. Ya resignado, y conforme con su vocación, su propio padre le cambió el modesto bandoneón que había comprado con los "pesitos" que juntó cuando oficiaba de pintor, por otro de mayor categoría.

Cuando sus padres se mudaron del Centro a La Paternal contaba apenas 13 años, pero esto no fue un obstáculo para que se luciera tocando en todos los cafés del nuevo barrio. El arranque fue en un trío, que completaban su hermano Emilio en violín y Martín Barreto en guitarra. Empezaron ensayando en el cordón de la vereda, pero luego consiguieron actuar en fiestas y en casamientos en los suburbios de la Capital.. Esa experiencia le permitió después tocar en los cafés **Paulín**, **Maldonado**, **ABC**, **Venturita**, y **Tontolín**. Para hacer sus primeras armas contó con el apoyo de dos buenos músicos de la época, el violinista sinfónico Pedro Desrets, y el bandoneonista Manuel Firpo, quienes le brindaron un desinteresado y sólido aprendizaje. Precisamente a Manuel Firpo, Manuel Aróstegui le dedicó el tango *El apache argentino*. Firpo sentía por Osvaldo Fresedo una gran admiración, y fue quien le sugirió que a su tango *La ronda*, compuesto en alusión a la que hacían de noche los policías utilizando su silbato, le cambiara ese título por el de *El espiante*.

Luego de varias experiencias con otros conjuntos, como el integrado junto a Juan Carlos Cobián y Tito Roccatagliata, o a su participación en la orquesta "Myrabell" en la inauguración del **Casino Pigall**, definitivamente decide formar su propia orquesta, lo que ocurrió en 1918. Ese primer conjunto estuvo formado por él en bandoneón, Julio De Caro y Rafael Rinaldi en violines, José María Rizzutti en piano y Hugo Baralis (padre) en contrabajo.Posteriormente formó el memorable sexteto integrado por Juan Carlos Cobián, Tito Roccattagliata y Manlio Francia como violinistas, Osvaldo Fresedo y Alberto Rodríguez en bandoneones, y Leopoldo Thompson en bajo. Más adelante se sumarían José María Rizzutti como pianista y Agesilao Ferrazano en violín.

Su fama trascendió nuestras fronteras. En Europa disfrutó más de una vez del éxito, y actuó en los salones del barón Rotschild, en el **Nouvelle Garrón**, el **Ambassadeurs**, el famoso **Lido**, o el **Kursaal**, en Francia, y en el **Royal Palace Hotel**, en Bélgica. Osvaldo Fresedo, tal vez sin proponérselo, se había transformado en un embajador de lujo.

Antes de las giras por diversos países, tocó en la orquesta de uno de los más grandes compositores de tangos, José Martínez, de cuya inspiración nacieron *Pablo*, *La galarcita*, *Lágrimas*; *El cencerro*, *De vuelta al bulín* y muchas otras grandes obras musicales. Previamente había integrado el quinteto de Vicente Loduca, la Orquesta Típica Select, junto con Enrique Delfino en piano, Tito Roccatagliata y Alberto Infante en violín y Herman Meyer en cello, y el conjunto de Francisco Canaro.

Su propia orquesta la formó en 1918, con sólo 21 años. Estaba integrada por Julio De Caro y Rafael Rinaldi en violines, José María Rizzutti en piano, Hugo Baralis (padre) en contrabajo y él con su bandoneón. Poco tiempo después fue que viajó por primera vez a Europa, junto con Tito Roccatagliata y Enrique Delfino, donde recogió la experiencia que le permitió triunfar en sus posteriores giras por el Viejo Mundo.

En ocasión en que el presidente Marcelo Torcuato de Alvear agasajó en Buenos Aires a los príncipes herederos de Inglaterra y de Italia, estuvo la orquesta de Osvaldo Fresedo, quien simbólicamente representó a la sociedad argentina. También Agustín P. Justo bailó al compás de su orquesta.

Su conjunto no faltaba en la casa de Silvina Ocampo, donde los días jueves bailaba la "crema" de la aristocracia porteña. Pero no sólo lo buscaba Silvina Ocampo. Su estampa personal y su música fina hicieron que Osvaldo Fresedo fuera el encargado de animar con su orquesta las habituales fiestas que daban en sus residencias otros miembros de la aristocracia, representada por las familias Urribelarrea, Ortiz Basualdo, Olazábal, Alzaga Unzué, etcétera.

Osvaldo Fresedo tuvo dos pasiones: el tango y la aviación. En 1923 recibió, a los 26 años, el título que lo habilitó como piloto. Ese mismo año participó en una competencia que se realizó en La Plata. Con fecha 9 de diciembre, el diario La Razón publicó lo siguiente: "El triunfo alcanzado hoy por el aviador argentino Osvaldo Fresedo es digno de mayor comentario y elogio. Relativamente novicio en el arte del vuelo mecánico, ha puesto de manifiesto en varias ocasiones un gran entusiasmo y ahora, al adjudicarse tan brillante triunfo, vuelve a demostrarnos sus grandes condiciones de piloto". El premio consistía en 2000 pesos moneda nacional, pero más importante que eso era que había vencido nada más y nada menos que a Eduardo Olivero, su maestro, que llegó quinto, detrás de otros tres pilotos ingleses. A Eduardo Olivero, José Martínez le dedicó el tango *Olivero*.

Con una orquesta gigante Osvaldo Fresedo inauguró, en 1932, el cine **Astor**. Esa música fina y delicada años después se reflejó, primero, en la orquesta de Carlos Di Sarli, y más adelante en la de Pedro Florindo Sassone, quien durante años integró el conjunto de Fresedo, y en muchas oportunidades fue el encargado de hacer los arreglos. Pedro Florindo Sassone fue considerado por muchos músicos y cantores como un profesional de gran jerarquía y seriedad. Como anécdota podemos contar que habitualmente la conformidad para incorporar a un nuevo cantor, como fue por ejemplo el caso puntual de Jorge Casal, la daba María Elena, su esposa, que era concertista de piano.

La de Osvaldo Fresedo fue durante toda su trayectoria una orquesta de lujo, engalanada por el agregado de arpa, vibrafón y batería, por su afiatamiento y por los cuidadosos arreglos, que a veces estaban a su cargo, y en otras ocasiones de Sebastián Lombardo, Argentino Galván o Roberto Pansera.

Sus vocalistas, prerfectamente seleccionados, formaron parte de esa línea delicada, con estilos muy similares entre sí. Pasaron por su orquesta Ada Falcón, Juan Carlos Thorry, Antonio Buglione, el autor de *La maleva*, Teófilo Ibáñez, Luis Díaz, quien escribió la letra del tango de De Caro *Tierra querida*, Roberto Ray cuyo verdadero nombre era Roberto Díaz, Ernesto

Famá (que fue el cantor que llevó a París), Carlos Mayel, Oscar Serpa, Ricardo Ruiz, Osvaldo Cordó, Armando Garrido, Carlos Barrios, Héctor De Rosas, Carlos Roldán, Hugo Marcel, Blanca Mooney, Osvaldo Arana, Roberto Bayot o Héctor Pacheco.

Tenía humildad y calidez, y la virtud que cuando le gustaba algo de un cantor se lo decía. Según recordaban, lo hacía con una gran sencillez, sin imponerles la forma de cantar. Cuando incorporaba alguna obra a su repertorio, simplemente le decía al cantor: *Por qué no hace esa cosa tan linda que hace en... y le mencionaba el tango en el que le había gustado determinada parte.* Como ejemplo de la sencillez de Fresedo, a Armando Garrido le gustaba recordar la forma en que llegó a la orquesta. Fresedo lo había citado para hablar con él en la boite donde actuaba. Cuando lo vió, lo llamó desde el palco y le dijo *suba que va a cantar*. Garrido, sorprendido, le dijo *pero si nunca ensayamos*. La respuesta fue *no importa, yo le marco la entrada*, y cantó toda la noche. Finalizada la actuación, le pidió que al otro día fuera vestido de smocking, y así quedó incorporado a la orquesta, con la que estuvo casi dos años y grabó 7 composiciones. Garrido también cantó con Manuel Buzón y con Lucio Demare.

Como curiosidad, se puede contar que cuando cantaba con esta última orquesta, durante una gira por la provincia de Buenos Aires, Garrido veía que Lucio Demare escribía en los ratos libres muchas partituras. Curioso, le preguntó qué hacía, y Demare le dijo que era la música para una nueva película de su hermano, Lucas. Ya de vuelta en Buenos Aires, Demare le comentó que hacía falta un cantor en la película que su hermano Lucas estaba preparando. Se trataba de "El último perro", y le sugirió que ese cantor podría ser él. Juntos, fueron a la casa de Lucas para llevarle la música, y allí Garrido se encontró con otra sorpresa. Lucas Demare le dijo: *primero vamos a probar lo que tenemos en casa*, y le ofreció hacer el papel del cantor en la película. Con su gran experiencia como director, Lucas Demare le marcó los pasos que debía dar mientras cantaba, y así Garrido se dio el gusto de actuar en una película, cantando la canción ***Buscándote***, de Lucio Demare y Sergio Leonardo.

Pero volvamos a Osvaldo Fresedo. Fue un prolífico compositor, y dejó para la posteridad 74 tangos, 6 canciones y 4 valses. Por recordar algunos se pueden citar *La ronda*, que como vimos luego se llamó *El espiante*, *Aromas*, *Arrabalero*, *Amoníaco*, *Amor que llora*, *Bandoneón amigo*, *Bonsoir, monsieur*, *Campolo solo*, *Colibriyo*, *Casate conmigo*, *Canto de amor*, *Cajita de música* (después se llamó *Mi viejo reloj*), *Cielito mío*, *Chupate el dedo*, *Desde las nubes*, *Desde que dije adiós*, *De academia*, *El marroco*, *El once*, *El cuco*, *El matecito*, *El sexto*, *Elvirita*, *El comisionado*, *El desierto blanco*, *Fiesta santa*, *Gratos recuerdos*, *Hablemos claramente*, *Idolos*, *La ratona*, *Lina*, *Mala sangre*, *Madre mía*, *Madrecita mía*, *Muchachita de Monmartre*, *Meneguina*, *No supe vivir*, *Nueva York*, *No me faltes corazón*, *No mataré*, *No robarás*, *Oro y seda*, *Otoño*, *Oscarcito*, *Odio a la mentira*, *Olvidala pa'tu bien*, *Pinturita*, *Perdoname hermano*, *Panchito*, *Pampero*, *¿Por qué?*, *Pobre chica*, *Pimienta*, *Pampero*, *Perdón viejita*, *Por tu culpa*, *Penando*, *Por fin solos*, *Qué tragedia, señor*, *Ronda de Ases*, *Rosarina linda*, *Sin cariño*, *Siete pelos*, *Siempre es carnaval*, *Sollozos*, *Si de mi te has olvidado*, *Sueño de amor*, *Tango mío*, *Tango Azul*, *Tarila*, *Te pintaste los ojos*, *Una gota de rocío*, *Vida mía*, *Volverás* (el primero con letra de César Vedani), *Volverás* (un segundo con su hermano Emilio), *Viajando*. También son de su autoría los valses *Corazón*, *Muchacha blanca*, *Recuerdo eterno* y *Una canción de fe*, las canciones *Amo a mis padres*, *Frente a Dios*, *Es amor prohibido*, *Juro por Dios*, *Huyendo del pecado*, *No codicio lo ajeno*, la ranchera *En el recreo*, el poema sinfónico *La creación*, el fox-trot *Contigo quiero ir*, y el bolero *Noche porteñas*.

Grabó en los sellos Arte, Brunswick, Nacional Odeón, Víctor, Columbia y Odeón, y fue tan extensa su discografía que del cúmulo de registros que nos legó, acotamos como un símbolo: *Después del carnaval* (sinónimo de Fresedo) *Aromas; Amor; Amoníaco; Arrabalero; Ansias; A todo trapo; Arrabal amargo; Alma negra; Aldeana; Amor trágico; A media luz; Alas; Araca la cana; Al cerrar los ojos; Ave negra; Buena vida; Barrio*

pobre; Buena junta; Biscuit; Bien frappé; Capullito; Cielito
mío; Cosas viejas; Contigo quiero ir; Cicatrices; Corazón de
criollo; Cenizas; Como aquella princesa; Cuartito azul; Colita;
Cafetín de Buenos Aires; Cristal; Contratiempo; Criollo viejo;
Camino; Cuartito azul; Capricho de amor; Chingolo; Che,
Mariano; Don Hipólito; Del tiempo de Gardel; Dejame soñar;
Derecho viejo; Divina; Declaración; Dicha pasada; De acade-
mia; De segunda mano; Discepolín; De pura cepa; Doradillo;
Don Juan; Déjame con mis tristezas; El día de tu ausencia;
Elena; El pibe; El flete; En cada puerto un adiós; El día que
me quieras; El once; En la noria; El mareo; El perdón; El
espiante; El tropero del amor; Esta noche me emborracho; En
la huella del dolor; El trianero; En un rincón; El entrerriano;
El choclo; Elegante papirusa; Este viejo corazón; El pollito; Es
mejor olvidar; El quintillo; El irresistible; El continental; El
Marne; Es una antigue costumbre de Sud; Estudiantina; Eras
el amor; Fui testigo; Fugitiva; Firpo; Flores; Fea; Flores
negras; Firulete; Fantasma; Florcitas; Fierrito; Fuimos;
Gitana rusa; Gorriones; Golondrinas; Gemidos; Gracia porteña; Hormiguita; Hermana; Ingratos; Ida y vuelta; Inglesita;
Inquietud; Julián; Jamás retornarás; Juancito, el vendedor;
Jirón de la pampa; Libre; La casita de mis viejos; Loquito; La
viruta; Levanta tu corazón; La calle maldita; La puñalada; La
cumparsita; La trampera; Los mareados; Lo han visto con
otra; La Marcha de la Marina; La copa del olvido; La cachila;
La lluvia y yo; La mariposa; Lluvia sobre el mar; Llegarás
amor; Milonga corrida; Mi Buenos Aires querido; Mi viejo
reloj; Milonguero viejo; Mañanitas de Monmartre; Media
vida; Mucha cancha; Melenita negra; Marcas; Mi desventura;
Mi gitana; Mañana iré temprano; Motivo de vals; Madre mía;
Mirándote; Mi piano; Mi natai; Milonguita; Maleza; Marcas;
Naná; No quiero verte llorar; Nubes de humo; No aflojés; No
supe vivir; Niebla del Riachuelo; Noches largas; Niña de
Madrid; Noches de orgía; Noches porteñas; Negra María;
Nostalgias; Ojos tristes; Osvaldo; Oiga; Pobre rancho;
Penitencia; Por qué lloras; Purrete de mi amor; Pan amargo;
Pebetito; Potrero; Pebeta; Pasionaria; Por favor; Paisaje; Por

calles muertas; Para lucirse; Pimienta; Penumbras; Perdón viejita; Por la cuesta arriba; Patotero sentimental; Prepárense; Pero yo sé; ¿Por qué?; Perdóname; Pampero; Qué noche; Qué lejos mi Buenos Aires; Qué sapa señor; Risas de cabaret; Rosarina linda; Re-fa-si; Recuerdos; Señora Carmencita; Siempre dos; Sin palabras; Siempre...siempre; Sombra de humo; Sueño de juventud; Snobismo; Sollozos; Sueño azul; Siete pelos; Silbando; Sobre el pucho; Santa; Si yo pudiera comprender; Sosteniendo recuerdos; Si de mi te has olvidado; Soledad; Sol; Si no me engaña el corazón; Siempre es carnaval; Tu piel de jazmín; Te quiero locamente; Tiempos viejos; Tanita de la proa; Taconeando; Triunfal; Todo corazón; Tigre viejo; Telón; Te juro, madre mía; Tango de arrabal; Tango triste; Tengo; Una y mil veces; Un callejón en Pompeya; Unica; Uno; Ultimo adiós; Vamos, vamos zaino viejo; Vida querida; Volvé mi negra; Viejo farolito; Vida mía; Viajando; Vuelves; Vamos, vamos, zaino viejo;   Volverás; Viejo malevo; Y...no puede ser; Y la perdí; Y total para qué.

Cabe señalar que Osvaldo Fresedo realizó en su extensa trayectoria grabaciones no comunes, algunas en el sello Víctor, en Nueva York, en 1920, con **Bélgica** de un lado y **Nueva York** en el otro. En 1925, en Odeón, en Buenos Aires, acompañó con su orquesta a Carlos Gardel, en **Perdón viejita** y **Fea**. Ese mismo año, grabó con Ada Falcón, en Víctor, **Oro y seda**, **Pobre chica**, **Casquivana** y **Risas de cabaret**. También secundó a Pedro Vargas, con quien registró **Capullito**, **Vida mía**, **La última noche** y **El choclo**. , Además, grabó **Los 10 Mandamientos,** una obra que compuso en colaboración con Roberto Pansera y letra de Roberto Lambertucci, con Daniel Riolobos como cantor. Con el trompetista norteamericano Dizzy Gillespie, grabó en el sello Orión-Rendez Vous **Preludio N° 3, Adiós muchachos, Vida mía y Capricho de amor.**

Francisco Canaro

Este gran músico, nacido el 26 de noviembre de 1888 en San José de Mayo, Uruguay, uno de los 10 hijos del matrimonio compuesto por Francisco Canaro y Rafaela Garro, fue uno de los que hizo punta para llevar el tango a Europa, donde triunfó en forma absoluta. Cuando se radicaron en Buenos Aires, la familia vivía en Humberto 1° entre Pichincha y Matheu, en el barrio de San Cristóbal. El mote de "Pirincho" se lo puso su abuela, al verle el mechoncito de pelo negro que tenía en su cabeza. Tres de sus hermanos también se destacaron en el tango: Juan, Mario y Rafael.

Ya de chico empezó a gustarle el tango, y un zapatero vecino, que sabía música, fue quien le dio las primeras lecciones, con una guitarra. Así inició su camino por los rumbos de la música, y tuvo la virtud, más delante, de haber sido el director de una de las primeras orquestas de tango. Durante gran parte del Siglo XX, recorrió con su música los más variados rincones, desde los patios de los viejos conventillos, los cafés de toda clase de fama, teatros, confiterias y cabarets, hasta los más aristocráticos salones, tanto en la Argentina como en otros países del mundo. Se incorporó al tango en 1906, y tuvo distintas orquestas, entre 1916 y 1964, cuando falleció, el 14 de diciembre de ese año.

En su niñez, en los años en que su familia vivía en San Cristóbal, la pobreza era una constante en la vida de la Argentina, y él también debió aportar lo suyo para el sustento diario. Consiguió trabajo en una fábrica de envases de aceite, y allí se le ocurrió fabricarse un violín, con una lata. Con ese "instrumento" tocó después en un trío, con Rodolfo Duclós en guitarra y Martín Arrevillaga en mandolina. Era el tiempo en que todavía el tango se tocaba sin piano y sin bandoneón. La calidad de ese conjunto era de imaginar, pero debutaron en Ranchos, provincia de Buenos Aires. El asunto era tocar tangos, y ganarse la vida con esa música, que recién asomaba en el cielo nacional.

Por 1910 tocó en La Boca, en un trío que completaban Samuel Castriota en piano y Vicente Loduca en bandoneón. Por esa época alternaba sus actuaciones en cafés, teatros, confiterías, bailes de Carnaval y en los famosos bailes del "Internado", que organizaban los estudiantes de medicina, tanto en Buenos Aires como en Rosario.

En 1914 actuó en los bailes de estudiantes, en 1915 formó otro trío, con Pedro Polito como bandoneonista y José Martínez en el piano. En 1917 formó con Roberto Firpo la "Orquesta Típica Criolla", para actuar en Rosario en los Carnavales. Estaba integrada por Roberto Firpo y José Martínez en pianos, Eduardo Arolas, Osvaldo Fresedo, Minotto Di Cicco, Pedro Polito y José D'Ambroggio en bandoneones, Francisco Canaro, Agesilao Ferrazano, Tito Roccatagliata, Julio Doutry y A. Scotti en violines, Alejandro Michetti en flauta, Juan Carlos Bazán en clarinete, y Leopoldo Thompson en contrabajo.

Después, abandonó el instrumento y se dedicó exclusivamente a dirigir a su orquesta. De allí que en el programa de radio "Calle Corrientes", de Roberto Gil, en la década de 1950, su protagonista decía, para referirse a algo antiguo, *Ya Canaro tenía su orquesta*. En su larga trayectoria se mantuvo siempre fiel a su estilo de tocar, que distaba bastante del que le imprimían la mayoría de los otros directores, además de su propensión a incorporar rancheras en su repertorio. Ese estilo fue el que le abrió las puertas en la primera cuarta parte del siglo XX en salones importantes, como el **Pigall** y **Armenonville**, así como en el teatro **Royal**.

Siempre le dio gran importancia al piano, y en su orquesta tocaron, entre otros, José Martínez, Luis Riccardi, Mariano Mores y Oscar Sabino. Registró a su nombre un número importante de temas, de todo tipo, alrededor de 600. Se destacan 70 en colaboración con Ivo Pelay, 22 con Juan Caruso y 14 con Luis César Amadori.

Como reconocimiento al que consideraban el símbolo de la introducción seria del tango en Europa, Scarpino y Caldarella le dedicaron el tango *Canaro en París*, que se constituyó en uno de los clásicos de nuestra música popular, especialmente en las versiones de Juan D'Arienzo y Osvaldo Pugliese.

Grandes músicos integraron su orquesta durante varias décadas, como Minotto Di Cico, Ciriaco Ortiz, Lucio Demare, Mariano Mores, Héctor Artola, Oscar Sabino, Domingo Federico, Octavio Scaglione, Federico Scorticatti, Gustavo Puglisi, Luis Riccardi y Carlos Figari, quien reemplazaba a Mariano Mores en el teatro, porque no le gustaba trabajar de noche.

También pasaron recordados cantores. El primero fue Roberto Díaz, y luego siguieron Charlo, Agustín Irusta, Roberto Ray, Ernesto Famá, Roberto Maida, Francisco Amor, Carlos Galán, Carlos Roldán, Eduardo Adrián, Domingo Conte, Ricardo Ruiz, Fiorentino, Roberto Arrieta, Carlos Dante, Alberto Arenas, Enrique Lucero, cuyo verdadero nombre es Enrique Martínez, hermano menor de Mariano Mores, Ernesto Herrera, Mario Alonso, Juan Carlos Rolón, Marcelo Paz, y Guillermo Coral, que en realidad era Guillermo Rico, uno de los integrantes de los "Cinco grandes del buen humor". También cantaron Ada Falcón, Nelly Omar, Myrna Mores y Tita Merello.

Aunque actuó constantemente en su tierra natal, el Uruguay, en 1940 adoptó la ciudadanía argentina. En el prólogo del libro de Canaro "Mis bodas de oro con el tango", Ivo Pelay decía de él que llegó al tango *en los primeros años del siglo actual, cuando todavía decir tango era pronunciar una mala palabra. Era cuando la gente del bajo pueblo, siempre intuitiva, le daba al tango su habitual y simpático desparpajo patente de cosa propia, mientras el puritanismo, con su rigidez un poco colonial, lo censuraba, lo fustigaba y lo repudiaba.* Según este conocido y exitoso autor, Francisco Canaro se puso el tango al hombro en 1906, *cuando era desdeñado y vituperado.* Dijo que *hasta la llegada de Francisco Canaro, la gente de avería le rendía culto en los bailes orilleros y en el Bajo; las patotas y la indiada lo bailaba en Palermo; en las veredas suburbanas, el compadraje de alpargatas floreadas marcaba quebradas y cortes al compás de los organitos, mientras que en las casas de baile y salones de moralidad a contramano se floreaban los noctámbulos y las mujeres alegres, en tanto que en la Boca modestas orquestas ejecutaban la danza prohibida en los cafés de camareras.*

De ahí en adelante, Canaro asiste a su transición. En todas las expresiones de transformación y difusión, por una u otra causa, gravita siempre en mayor o menor grado el nombre de Canaro. Desde **Pinta brava**, donde crea el tango-milonga, hasta **Pájaro azul**, en que plasma el tango-fantasía, o **El porteño**, tangón creado para la obra de teatro "La patria del tango", con letra de José González Castillo, Antonio Botta y Luis César Amadori, muchas son las variantes que imprimió a sus composiciones, señalando por imperio de las costumbres de cada momento, la era evolutiva de nuestra danza popular. Así definía Ivo Pelay a Canaro.

Fue quien "descubrió" a Lucio Demare, el autor de **Malena**, **Mañana zarpa un barco**, **Mañanitas de Montmartre**, **Sentimiento tanguero**, **Mussete**, **Hermana**, **Tal vez será su voz**, a quien llevó a París. Allí Lucio Demare conoció a Agustín Irusta y a Roberto Fugazot, con quienes formó el trío que asombró durante muchos años.

En su vida privada, Francisco Canaro estuvo enamorado de uno de los mitos del tango, la gran cancionista Ada Falcón, hermana de Adhelma y Amanda, a quien dicen que llenaba de atenciones, y para quien puso a disposición su orquesta, que era una de las más importantes de la década de 1930. Los que conocían a Ada Falcón, nacida el 17 de agosto de 1905, sabían de sus gustos extravagantes, de sus costosas pieles, de sus joyas y de todo el lujo de que disfrutaba, muchas veces ofrecido por Canaro. También sabían de su genio neurótico y de sus rarezas. Solía llegar a **Radio El Mundo** conduciendo su auto rojo. Nunca cantaba en público, y sus conocidos contaban que en su magnífica casa de Palermo Chico quemaba perfumes franceses. En lo mejor de su carrera, en 1942, cuando grababa 15 discos por mes en el sello Odeón, desapareció de escena. Cambió misteriosamente todo lo que disfrutaba con la fama por la reclusión como hermana terciaria en un convento de Salsipuedes, en la provincia de Córdoba, abandonando todos los gustos de que había gozado. Falleció en un geriátrico en Córdoba, el 4 de enero de 2002, a los 96 años.

Francisco Canaro fue un autor prolífico, pues se estima que hay registrados a su nombre alrededor de 300 temas, entre tangos, milongas, valses y otros diferentes géneros. Su obra discográfica incluye aproximadamente 6000 registros, casi un record inigualado, los primeros en 1915, en el sello Atlanta. En 1918 pasó a grabar en Telephone, en 1920 en Columbia, y a partir de 1922 y hasta que dejó la batuta, en el sello Odeón.

Sería interminable enumerar sus grabaciones, pero lo recordamos con *Argañaraz; A la gran muñeca; Atamisqueña; Arrabalera; Alma de bandoneón; Ahí va el dulce; A quién le puede importar; A ti te cantaré; A la sombra; Angelitos negros; Amor puro; Blanca Nieves; Bandoneón arrabalero; Buenos Aires; Corazón de artista; Café para dos; Centenario; Canto por no llorar; Cuesta arriba; Clavel del aire; Corazón de oro; Caminito; Copas, amigos y besos; Confesión; Cuartito azul; Canaro en París; Copa de ajenjo; Cristal; Color de barro; Corazón encadenado; Cuando tú no estás; Cafetín de Buenos Aires; Canaro; Cambalache; Casi caminando; Casas viejas; Cuando el corazón...; Compadrón; Clavel sevillano; Canción desesperada; Champagne tangó; Charamusca; De puro guapo; Duelo criollo; Déjame que la acompañe; Dónde hay un mango; De mi barrio; De mi cosecha; Dímelo al oído; Desolación; Dos corazones; Déjame; Desengaño; Derecho viejo; Destellos; Dónde estás corazón; El triunfo; El pollito; El internado; El llorón; El aeroplano; En la pampa; El opio; El chamuyo; El Morocho y el Oriental; El caramelo; El último organito; El gavilán; El americano; El flete; El calabozo; El zepelín; El pillín; El tigre Millán; El choclo; El pañuelito; El esquinazo; El porteño; Envidia; En la tranquera; Entre San Juan y Mendoza; Ensueño; El que a hierro mata; El alacrán;*

Flor de fango; Fruta amarga; Felicia; Gurrumina; Galleguita; Gloria; Gente alegre; Golondrinas; Griseta; Grisel; Historia de un amor; Ilusión marina; Jardín de las rosas; La milonga de Buenos Aires; La pulpera de Santa Lucía; La boliviana; La brisa; Lorenzo; La puñalada; La melodía de nuestro adiós; La rezongona; Los Dardanelos; Los indios; Las vueltas de la vida; La rodada; La huella; La revoltosa; Labios pintados; Los amores con la crisis; La carona; La gayola; Lo han visto con otra; La que murió en París; La cumparsita; La última copa; La canción de Buenos Aires; La Tablada; La muchachada del centro; Lágrimas y sonrisas; La calesita; La barra fuerte; La flor del pago; Milonga con variaciones; Mirlo blanco; Milongón; Mama yo quiero un novio; Mi noche triste; Madreselva; Matasano; Muriéndome de amor; Meditación maleva; Mate amargo; Mala suerte; Milonguita; Mis amigos de ayer; Mi tristeza; Muñequita; Mi serenata; Marianito; Milonga del tiempo heroico; Mala junta; Muchachita porteña; Me gusta bailar milonga; Mi castigo; Norma; Nena mía; Nido gaucho; Nubes de humo; Nobleza de arrabal; Naipe; Niebla; No llores nunca más; Nueve puntos; 9 de julio; Nunca más; Noche calurosa; Negra; Ojos negros; Organito de la tarde; Popof; Personita; Pájaro azul; Pinta brava; Porteña; Pampa; Pimienta; Por vos yo me rompo todo; Paciencia; Pájaro silvestre; Paramount; Príncipe; Paja brava; Perla falsa; Quisiera amarte menos; Qué le importa al mundo; Que me quiten lo bailao; Quiero verte una vez más; Rosa morena; Retintín; Romántico fulero; Recuerdos; Rosas de otoño; Rodríguez Peña; Sueño de juventud; Rosa de abril; Reliquias porteñas; Si yo fuera millonario; Sus ojos se cerraron; Salud, dinero y amor; Se acabaron los otarios; Son cosas del bandoneón; Sentimiento gaucho; Soñar y nada más; Sin palabras; Si soy así; Se dice de mí; Sufra; Si dejaras de quererme; Siempre flor; Sombras nada más; Siempre te recuerdo; Su carta no llegó; Sin dejar rastros; Sos bueno vos también; Tierra negra; Tomo y obligo; Tango brujo; Tiempos viejos; Tres esperanzas; Tú el cielo y tú; Tangón; Tierrita; Tu ausencia; Te quiero; Torrente; Tengo miedo; Tus ojos me embelesan; Una carta; Uno; Un tro-

pezón; Urutau; Vibraciones del alma; Vamos a ver; Volver;
Victoria; Yo no sé que me han hecho tus ojos; Yo también soñé;
Yira...yira; Zorro gris.

FRANCISCO LOMUTO

Hijo de inmigrantes italianos, que
con esfuerzo cimentaron su progreso
en su nueva tierra, Francisco Juan
Lomuto era el segundo de diez hijos, seis
varones y cuatro mujeres (otros dos falle-
cieron), del matrimonio formado por Víctor
Lomuto, nacido en Potenza, por aquél entonces un pueblo perte-
neciente a Calabria, que luego pasó a ser la capital de la provincia de la Basilicata, y Rosalía Narducci, oriunda de Nápoles. Su
padre era peluquero, pero tocaba el violín y ocasionalmente
acompañaba en el piano a algún cantante de la época. Su madre,
con mayores conocimientos musicales, era pianista, y fue la que
les enseñó a sus hijos música, y de quien heredaron esa vocación.
Los cuatro varones se dedicaron a la música. Francisco Juan, pianista; Víctor Dionisio, guitarrista y bandoneonista; Enrique Blas,
pianista, y Héctor, pianista, que triunfó en otro género con su
conjunto "Héctor y su jazz". Fue Francisco, conocido como
"Pancho" Lomuto, el que más se destacó de todos sus hermanos.

Había nacido en el barrio de Parque de los Patricios, un 24 de
noviembre de 1893, y ya a los 19 años, en 1906, compuso sus
primeros tangos, *El 606* y *Qué hacés pelao*, con los que logró
muy poco éxito. Se ganaba la vida trabajando como telegrafista
en las oficinas de los ferrocarriles, y luego en la conocida casa
Avelino Cabezas. Pero pudo más su vocación, y dejó ese empleo
para desempeñarse como encargado y a la vez pianista de la casa
de música **Lemos**, de Florida 344, que luego pasó a llamarse
Castiglioni y Cía. Su tarea consistía en "vender música", es

decir, tocarle en el piano a los clientes las piezas de las partituras de las últimas novedades en el mercado. Ese trabajo se lo consiguió un pianista amigo, Héctor Quesada, que años después fue el representante de Hugo del Carril, y que compuso el tango *Lomuto*, lógicamente dedicado a "Pancho", y con quien grabó algunas piezas en dúo de pianos. La misma tarea cumplió más adelante en Casa Taggini, de Avenida de Mayo y Perú.

Luego de sus primeras obras compuso los tangos *La Tierra del Fuego, Pa' que te acordés, Muchachita de campo, Aunque parezca mentira, A toda vela, De buena fe, Desagravio, Qué lindo es amar, Flor del campo, Quintaesencia, Sin amor, Sin dejar rastros, Viento fresco, La revoltosa, Los Dardanelos, Río Bamba, El chacotón, La rezongona, El inquieto, El trancazo* y *Pipiolo*, los valses *Kiss-me, Capricieuse, Mi vida* y *Florida*, el one-step (especie de foxtrot) *Más, más y siempre más*, y los estilos camperos *Vidita* y *El pangaré*. El conjunto Ferrer-Felipetto le grabó en los Estados Unidos para la RCA Víctor *Río Bamba* y *El chacotón*, y poco después, en 1915, Francisco Canaro llevó al disco *La rezongona* y *Los Dardanelos*, y en 1917 fue Roberto Firpo quien le grabó *La revoltosa.* Pero fue en 1918 que Francisco Lomuto inició la serie de composiciones de mayor repercusión, cuando la actriz María Luisa Notar le estrenó *Muñequita*, tango con letra de Adolfo Herschel, que Carlos Gardel transformó en una creación.

Cuando el 23 de septiembre de 1910 se aprobó la ley 7092, de Derecho de Autor, recién entonces se reconoció la propiedad científica, literaria y artística para todas las obras publicadas o editadas en el territorio nacional. Sólo así los autores y compositores estuvieron amparados y dejaron de ser víctimas de la piratería ejercida por editores sin escrúpulos a través de impresiones fraudulentas. La consecuencia fue la fundación, el 15 de octubre de 1918, de la Sociedad Nacional de Autores, Compositores y Editores de Música. Francisco Lomuto fue uno de los 11 fundadores y, al crearse el 1 de agosto de 1936 la Sociedad Argentina de Autores y Compositores de Música (SADAIC), fue su primer presidente.

Señalamos al comienzo que en los años de 1920 el tango, hasta ese momento marginal, comenzó a ser aceptado y hasta cultivado en elegantes salones y hogares respetables, constituyendo, en algunos casos, una fuente de importantes recursos económicos. Fue entonces, en 1923, cuando Francisco Lomuto formó su primera orquesta, sobre la base de un conjunto juvenil que dirigía su hermano Enrique, que tenía sólo 15 años, que fue su pianista primero y que luego dirigió otras formaciones orquestales. En otras ocasiones ambos hermanos formaron también un dúo de pianos. Poco después compuso el tango *Cap Polonio*, en homenaje al transatlántico que hacía viajes al sur del país, a bordo del cual tocaba con su orquesta. La integraban músicos de excepción, entre otros, Manuel Pizarro, Pedro Polito, Agesilao Ferrazzano, Miguel Tanga, José Echeverri, Pedro Mafia, Esteban Rovati, Leopoldo Thompson y Alfonso Lacueva, quien a veces suplantaba a Francisco Lomuto en el piano.

Alternaba esa actividad protagonizando espectáculos musicales en teatros, donde estrenaba obras compuestas para esa ocasión. Prueba de ello es que en 1936, en el teatro **Smart**, se estrenaron en la obra *Descanso dominical* **La canción del deporte**, una marcha que por muchos años fue usada como cortina musical en la Edición Oral Deportiva de **Radio Rivadavia**, y el tango *Si soy así*, ambas piezas con música de Francisco Lomuto y letra de Antonio Botta.

Prolífico autor, fue también el creador de **Don Juan Malevo, Qué lindo es amar, Mi reflexión, Cachadora**, con letra de Pancho Laguna, un seudónimo que utilizó también en *Si dejaras de quererme* y *Dímelo al oído* y la ranchera humorística *En la tranquera*, en cuya grabación Gardel nombra en un recitado festivamente a "los Lomuto". Con *Si soy así*, *Cachadora*, *En la tranquera*, como con *Nunca más*, cuya letra pertenece a Oscar, uno de sus hermanos, Gardel logró resonantes éxitos.

Pasaron por la orquesta de Francisco Lomuto destacados músicos, entre otros su hermano Enrique, Daniel Alvarez, Angel Ramos, Vicente Romeo, Lorenzo Olivari, Angel Corletto, Ricardo Luis Brignolo, Pedro Polito, Vicente Mutarelli, Alberto

Castellanos, Esteban Rovati, Luis Martíni, Alfredo Sciarretta, Tomás Robatti, Luis Zinkes, Héctor Vitale, Alberto Celenza, Guillermo Uría, Carmelo Mattino, Fortunato Mattino, José Carli, Marcos Madrigal, Oteo Gasparini, Américo Figola, Armando Gutiérrez, Carmelo Taverna, Haroldo Ferrero, Oscar Napolitano, Leopoldo Schiffrin (el padre de Lalo Schiffrin), Eduardo Armani, que luego fue célebre director de jazz, Federico Scorticati, Ernesto Gianni, Primo Staderi (saxo tenor), Desio Salvador Cilotta (batería), Carmelo Águila (clarinete), Natalio Nappe (pistón), Alfredo Cordisco, y Juan Carlos Howard. Pero el más representativo y trascendente para la orquesta fue Martín Darré, bandoneonista, pianista y arreglador, que le confirió al conjunto orquestal meritorias evoluciones.

Realzaron sus actuaciones cantantes como Antonio Rodríguez Lesende, "Príncipe azul", cuyo verdadero nombre era Herberto Emiliano De Costa, Fernando Díaz, Jorge Omar, que realmente se llamaba Juan Manuel Ormaechea, Carlos Galarce, Alberto Rivera y Miguel Montero. El aporte de Charlo, Tania, el dúo René Díaz-Alberto Hilarión Acuña, y otros vocalistas, también fue importante en recordadas grabaciones. Lomuto realizó en 1947 una gira por España y por otros países europeos con su orquesta y los vocalistas Chola Luna y Alberto Rivera. Un año después formó la que habría de ser su última orquesta, con Miguel Montero y Alberto Rivera como cantores, ya que falleció el 23 de diciembre de 1950.

Al hablar de Francisco Lomuto no se puede dejar de citar a su hermano Enrique, quien también tuvo una orquesta típica, con la que cumplió una muy destacada trayectoria. Nació en pleno barrio de Boedo, el 17 de marzo de 1906. Tuvo el privilegio de ser uno de los primeros directores que actuó por radio con su orquesta típica, ya que, sucesivamente, lo hizo a partir de 1922 en las radios Sudamérica, Cultura, Argentina, Prieto, Brusa, y Nacional Estación Flores. Los integrantes de su orquesta fueron Camilo Duclau, Luis Stella, Domingo Raimunno, Rafael Massei, Adolfo Verra, Antonio Macri, Mario Rossi, Salvador Nicosia y J.Zambra. Con motivo de la inauguración de Radio Splendid dirigió una orquesta entre los que se encontraban como integrantes, entre otros, Rodolfo Biagi, Juan Sánchez Gorio, Antonio Rodio, Arturo De Bassi, y René Cóspito. Su última actuación al frente de su orquesta fue el 21 de febrero de 1945, animando los bailes de Carnaval en la Unión Obrera Metalúrgica. Participó en la música de varias películas, y compuso *Mateo*, *Llorá hermano*, *Muñeca*, *Alacrán*, *Nena*, *Eramos tres*, *Mi cruz*, *Bésame, mi amor*, *Quiero olvidar*, *Pura lata*, *Volvé pronto*, *La canción del calavera*, *Sus labios dijeron no*, *Argentino 100 x 100*, y *Déjame*. Falleció el 3 de mayo de 1982.

Francisco Lomuto dejó para que no lo olvidemos una amplia discografía, y posiblemente su aporte de mayor éxito haya sido su tango *Sombras nada más*, con letra de José María Contursi, el que también transformó en una grabación memorable Aníbal Troilo, primero con Alberto Marino y después con Nelly Vázquez. Este magnífico tango tiene el mérito de haber sido grabado por innumerables cantantes melódicos, en tiempo de bolero. Troilo también le grabó, con Floreal Ruiz, el tango *Mis amigos de ayer*, cuya letra pertenece a José María Contursi, y Juan D'Arienzo y Francisco Rotundo, con Julio Sosa, entre otros, le grabaron *Mala suerte*, con letra de Francisco Gorrindo.

Como dijimos, es tan extensa su discografía, desde 1922 hasta 1931 en Odeón, y desde ese mismo año hasta 1950 en RCA Víctor, que como homenaje lo recordamos con *Aquellos ojos; Adiós Ninón; Adiós muchachos; Antes me hago fraile; A la luz del candil; Almita; Alma en pena; Aquí me pongo a cantar; Ausencia gris; Adiós, pampa mía; Bibelot; Barrio bravo; Barcelona* (fox-trot); *Bacán fulero; Bajo el cielo azul; Bandoneón; Bésame, mi amor; Canchero viejo; Cuándo volverás; Copetín, vos sos mi hermano; Cuadrito porteño; Corrientes y Esmeralda; Cicatrices; Corazón de oro; Cuando llora la milonga; Cantando se van las penas; Copas, amigas y besos; Criolla linda; Cachadora; Colora-colorao; Cambalache; Con mi perro; Cuando despiertes; Churrasca; Che italiano; Chiqué; De puro guapo; De igual a igual; Dímelo al oído; Don Juan Malevo; Desagravio; Dos corazones; Diez años pasan; Don Goyo; Dedos mágicos; Demasiado tarde; De tar-decita; El barco, María; El bailongo; En tres y punta; Esquinas porteñas; El perdón; En la noche de mi vida; El con-sentido; El cornetín del tranvía; En el fondo del mar; Entre dos luces; Era un budín; Fuelle amigo; Fumando espero; Gil a rayas; Garro-nero; Grisolía; Has muerto para mí; Intimas; Lagrimitas; Labios rojos; Lisón; La cumparsita; La duda; La pecadora; La pagarás; La taberna; La melodía de nuestro adiós; Luna arrabalera; La traición; La rezongona; Los ojos más lindos; La canción del calavera; La oveja descarriada; La calle maldita; Lirio blanco; La canción de la noche; La Tierra del Fuego; Llegaste tarde; Muñequita; Mi mejor canción; Milongas y copetines; Mamita; Mateo; Mi corazón te llama; Mi consejo; Mi moro; Maldonado; Mis amigos de ayer; Me lla-man el solitario; Mascarita suelta; Mal paso; Monte criollo; Mano a mano; Mantelito blanco; Niebla; Nos encontramos al pasar; No me vuelvas loco; Noches de bohemia; Nunca más; Ocaso; Pensalo bien; Para que lo oigan; Pialando leguas; Palabras lindas; Papel picado; Primer auxilio; Pirucha; Paloma; Pero el día que me quieras; Propina; Parece mentira; Qué lindo es estar metido; Quinielero; Que nadie se entere; Qué te importa que te llore; Rosicler* (vals)*; Rendido; Robustiano; Retazo; Sueño dorado; Salud, dinero y amor; Se han sentado las carretas; Soy feliz; Solamente ella; Si dejaras de quererme; Sólo una madre; Sin dejar rastros; Soñador; Soy un pobre gaucho; Serenata; Siempre vive; Serpentina doble; Serenata; Sus labios dijeron no; Santa María; Sentimiento gaucho; Triste comedia; Tarde; Tres, seis, diez; Tradición; Tu sombra; Tango argentino; Un vals; Una pena; Viernes de pasión; Viborita; Venite conmigo; Y te fuiste a París; Yo amo a mi nena* (fox-trot)*;*

CHARLO

Juan Carlos Pérez de la Riestra nació en La Pampa, en la estancia "El a-
vestruz" el 6 de junio de 1907. Luego de
estudiar música en Puán, en la provincia de
Buenos Aires, donde sus padres realmente lo a-
notaron, debido a que en su lugar de nacimiento no había Registro Civil. En ese pueblo comenzó, siendo muy niño, sus estudios
de violín y guitarra, instrumentos que ya tocaba de oído, en el
Conservatorio Santa Cecilia. Allí adquirió el perfeccionamiento
que luego reforzó en otras academias en la Capital Federal,
donde en 1922 se radicó su familia, en el barrio de Belgrano.

Su carrera artística se inició en 1924 y, como en muchos otros
casos, fue de pura casualidad. Estaba participando en una fiesta
de fin de curso en el cine del barrio, y su misión era acompañar
en el piano a los que cantaban. Sin que estuviera previsto, en un
paréntesis de las actuaciones se le ocurrió cantar, mientras tocaba el piano. En el acto estaban presentes los propietarios de
Radio Cultura, y uno de ellos, Enrique Del Ponte, sorprendido
por su forma de cantar, lo invitó a que fuera a verlo en la emisora, que por ese entonces era todavía a galena. El mismo día que
fue lo contrataron, pero el empresario le sugirió que usara un
seudónimo, porque su nombre *era muy largo y difícil de retener
por los oyentes*. El mismo le dijo; *el mejor es "Charlo", y allí se
inició su carrera trinfal.*

De Belgrano se mudaron a San Cristóbal, y en su nuevo barrio
otra vez cobró vida una casualidad. Según contó el historiador
José "Pepe" Barcia, *encasquetada la galera y jugando con el
bastón, se asomó a la esquina de San Juan y Rioja. Desde el café
El Americano, lo observaron, sorprendidos por su estampa, los
reos propensos a la pulla, pero el forastero, que intuyó la cachada, apuró el paso y al enfrentarse con el cine contiguo encontró,*

para su ventura, a un inesperado conocido. Se consideró salva-do, más aún cuando el otro lo invitó a entrar en la sala. Su sor-presa fue mayúscula cuando el amigo le dijo: *¿Sabés?, hay un pianito que nadie toca.* Y en medio de la película muda que esta-ban proyectando, comenzaron a escucharse las notas de dulces melodías, ejecutadas por Charlo. Pero la anécdota no terminó allí. "Pepe" Barcia recordó que, al rato, los reos del café estaban sentados en la platea, disfrutando de la música del *cajetilla.*

Su labor en público se inició en 1925 en el teatro **Comedia**, en la calle Carlos Pellegrini, en una revista musical donde estre-nó dos obras suyas, el tango ***Pinta brava*** y el fox-trot ***Pim...pum...rataplán***. Esa actuación le significó una desilusión. Confesó que el fox-trot era el único tema de la obra que se bisa-ba. *Allí tuve mi primera frustración. Yo anhelaba que se bisara el tango, pero lo que hacía furor era el fox. Lo escuchaba tanto, que le tomé fastidio y lo castigué, nunca lo* edité.

Grabó con las orquestas de Francisco Canaro y Francisco Lo-muto, y participó en las películas "El alma del bandoneón", "Carnaval de antaño" y "Puerto Nuevo", y realizó giras por Chile, Perú, Uruguay, Colombia, Venezuela, Cuba, donde se convirtió en un ídolo popular, Brasil, Portugal y España, donde vivió un tiempo con su esposa, la actriz y cancionista Sabina Olmos, e inclusive filmó películas.

Compuso temas que se constituyeron en grandes éxitos, tanto en su voz como en la interpretación de numerosas orquestas: ***Ave de paso, Ayer y hoy, Adiós, Anoche estaba curda, Buenos Aires querido, Barbeta***, dedicado a su gran amigo Homero Manzi, ***Cobardía, Costurerita, De a traición, Diquero, Dios te salve, Don Alvaro, El viejo valsa, Fueye, Horizontes, Lindo tipo de varón, La barranca, Llámame, No hay tierra como la mía, No me olvides, Oro y plata, Para siempre***, dedicado a Osvaldo Pugliese, ***Perdón, Pinta brava, Pasa el amor, Pim...pum...rata-plán, Pobre varón, Rondando tu esquina, Rencor, Sin ella, Se fue para siempre, Sin cariño, Sin lágrimas, Tormento, Tortura, Tu pálida voz, Traviesa, Un sueño y nada más, Viejas alegrías, Vas muerto con el disfraz, Y qué más, Zorro plateado***.

Puede asegurarse que, tanto él como Edmundo Rivero, su gran amigo y en sus comienzos uno de sus guitarristas, fueron los cantores que siguieron exactamente, "al pie de la letra", la música de la obra que estaban interpretando, tal como la habían escrito sus creadores.

Falleció en Buenos Aires, a los 83 años, el 30 de octubre de 1990, y pocos meses antes fue distinguido como "Académico de Honor" por la Academia Nacional del Tango, en un acto que se realizó en el Salón Dorado del **Teatro Colón**.

ENRIQUE DELFINO

Conjugó Enrique Pedro Delfino en una sola persona los dotes de músico, pianista, director, compositor y fino humorista. Fue uno de los pilares en los que se asentó el tango. Nació en Buenos Aires el 15 de noviembre de 1895. Sus padres tenían la concesión de la confitería del teatro **Politeama**, por lo que sus primeros pasos en la música los dio en el piano de ese teatro. Enviado a Italia para completar sus estudios secundarios, a su regreso comenzó su actuación musical en público en un cine de la calle Tucumán, entre Esmeralda y Suipacha. Como su padre quería que se dedicara al comercio hizo lo que muchos otros músicos de la época, abandonar su casa. Se fue a Montevideo, y allí comenzó sus actuaciones con el seudónimo Roch, y en 1912 compuso su primer tango, que llamó *El apache oriental*. Actuaba en confiterías y teatros, dirigiendo su orquesta que integraban, además, Genaro Nerón Domínguez y José Quevedo en bandoneones, Edgardo Donato y Luis Alberto Castellanos en violines.

Tras un breve retorno a Buenos Aires se fue con Osvaldo Fresedo y Tito Roccatagliata a Nueva York, donde grabaron para la Víctor una serie de discos destinados a Uruguay y la Argentina. Tuvo una larga actuación en teatros, y el público de muchas ciudades europeas disfrutó de las exquisiteces que Enrique Delfino le brindó desde el teclado de su piano. Desarrolló una intensa actividad en el cine, para el que creó la música en películas, como "Los tres berretines", "La Vuelta de Rocha", "Tres an-clados en París", "Ronda de estrellas", "Margarita, Armando y su padre", "Así es la vida", "Persona honrada se necesita", "Rigoberto", "El mejor papá del mundo", "Los martes orquídeas".

Incansable y fino compositor, nos dejó para recordarlo *Araca corazón, Agua bendita, Araca la cana, Adiós, que te vaya bien, Al pie de la Santa Cruz, A Monmartre, amores viejos, Aquel tapado de armiño, Buenos Aires es una papa, Bandita de mi pueblo, Bonilla, Bélgica, Centinela alerta, Calla corazón, Cabecita loca, Calle Corrientes, Canto por no llorar, Claudinette, Color de ausencia, Dicen que dicen, Dinero, dinero, Estampilla, El gigoló, Fantástico, Francesita, Griseta, Guapo y varón, Haragán, Hermano grillo, Igual que una sombra, La copa del olvido, Lucecitas de mi pueblo, Marcha atrás, Monmartre, Mamita mía, Milonguita, No salgas de tu barrio, Nadie puede, No lo digas que la quiero, Otario que andás penando, Padre nuestro, Porotita, Palermo, Paisaje, Pim, pam, pum, Pajonal, Para qué vivir, Padrino pelao, Qué lindo es estar metido, Qué querés con ese loro, Rayito de sol, Re-fa-sí, Ronda de estrellas, Recuerdos de bohemia, Santa milonguita, Sans souci, Talán...talán, Una limosnita, Ventanita florida, Yo quiero una mujer desnuda.*

Tuvo la desgracia de quedarse ciego, aunque no por eso dejó de componer, pero sí se alejó de la actuación. Falleció el 10 de enero de 1967.

HORACIO SALGÁN

Nació el 15 de junio de 1916. Cuando tenía 10 años vio en un escenario tocar al sexteto de Julio De Caro, lo que lo llevó a decir que se crió entre tangos. Lleva más de 70 años con el tango, porque a los 14 años tocaba el piano por las tardes en el cine **Universal**, en Villa Del Parque, acompañando las películas mudas. Sobre sus inicios él mismo contó en un reportaje que *Desde que yo gateaba, prácticamente, me interesé por la música. Mi papá tocaba el piano de oído, era aficionado, pero cuando yo escuchaba ese sonido, iba enseguida a ubicarme a su lado y al lado del instrumento. Evidentemente, por la época, yo escuchaba tangos permanentemente. Por medio de mi hermano, quien en cierta ocasión me llevó al cine Real, me puse en contacto con la orquesta de Julio De Caro. Y su influencia fue invalorable, así como la de Francisco, gran pianista de quien todos somos, en alguna medida, hijos suyos. De allí recibí uno de los mayores aportes para mi música. Con aquellos hombres me fui moldeando, y una de las grandes satisfacciones que recibí fue que, a través del tiempo, esos mismos hombres me dedicaban temas. Ya a los 13 años tocaba en fiestas y casamientos, y a los 14 toqué en el cine Universal de Villa del Parque. No lo puedo negar, llevo la música conmigo, desde el mismo momento en que nací.*

Es uno de los músicos más reconocidos, tanto por sus pares como por artistas famosos, como Arturo Rubinstein, Igor Stravinsky, Daniel Barenboin, Yo-Yo Ma o Jean-Yves Thibaudet. Horacio Adolfo Salgán fue reconocido por las Naciones Unidas y por la Unesco, lo que nunca se debía imaginar cuando en 1936, con sólo 20 años, hizo su primer arreglo para la orquesta de Miguel Caló, o cuando por la década de 1940 acompañaba a su primera esposa, la excelente cantante Carmen Duval, o en 1944, cuando formó su primer conjunto y empezó a tocar en el **Tango**

Bar, un reducto donde sólo actuaban los grandes, y donde su público estaba constituído, mayormente, por músicos de otras formaciones tangueras. Tampoco debía imaginarse, cuando en su adolescencia ejecutaba el órgano, el contrabajo o el saxo, por su interés por el jazz, que tocaría muchos años después tangos en el **Teatro Colón**, en Japón, Venecia, Suiza, París, en el **Lincoln Center** de Nueva York, y en Berlín, donde según opina él e inclusive también Juan Carlos Copes, es donde mejor se baila el tango en el exterior, al estilo de las "milongas de antes", donde las parejas se encontraban para bailar y en muchos casos nunca más se veían. Supo a través de Lalo Schiffrin que a Arturo Rubinstein le había impactado su tango *A Don Agustín Bardi*. Esto le produjo una gran emoción, porque ese gran músico era, precisamente, su gran ídolo. Dos de los más grandes exponentes de la canción, Roberto Goyeneche y Edmundo Rivero, asomaron a la fama a raíz de cantar con Horacio Salgán.

Sostiene que con el tango se da un hecho importante que no ocurre con otros géneros: en Finlandia es considerado como música nacional y aseguran que es natural de ese país, y lo destacable es que en un pueblo de 15.000 habitantes, a 450 kilómetros de su capital, se realiza todos los años el Festival del Tango, al que concurren 100.000 personas, y al finalizar se eligen el Rey y la Reina del tango entre los jóvenes bailarines; en Holanda se lo estudia en el Conservatorio Nacional de Música; en Francia existe la cátedra de bandoneón; en Turquía tiene una enorme aceptación e inclusive se utiliza *La cumparsita* en los casamientos en reemplazo de la Marcha Nupcial; se baila en Pekín, y en Praga ya desempeñaba un importante papel en los salones antes de la Segunda guerras Mundial. Lo de Japón, no hace falta destacarlo.

Cuenta a veces la anécdota de que en Noruega grabaron un tema que se llama *Salgán del lío*. En ocasión de una entrevista para un medio porteño contó otra muy divertida: que la primera vez que fue a Japón en la década de 1960 viajaban en un avión para 400 pasajeros pero sólo iban alrededor de 20. Entonces se pusieron a tocar y estaban todos tan entusiasmados que hasta el piloto participaba del improvisado "concierto" tanguero. De pronto Salgán, asustado, preguntó: *¿Y quien maneja?*

Es un músico de excepción. En una oportunidad, Oscar Alemán lo estaba escuchando en una confitería, y cuando terminó de tocar se levantó, fue hasta él y le dijo: *¿Dónde está el otro? Que salga el otro. No puede ser que un tipo solo toque así.*

Siempre supo elegir a sus cantores, como los nombrados, Roberto Goyeneche y Edmundo Rivero, además de Alfredo Bermúdez, Héctor Ortiz, Angel Díaz y Horacio Deval. El 1973 grabó en Odeón el long-play "Los cosos de Buenos Aires", con la voz de Miguel Montero.

Con Edmundo Rivero vivió un hecho muy particular: de **Radio El Mundo** los echaron, argumentando que Rivero cantaba mal, y que él tocaba peor.

También la incorporación de Goyeneche a su orquesta tuvo aspectos muy particulares. Un día, su secretario y anunciador, Justo José Otero, le comentó que en su barrio había un muchacho que cantaba muy bien. El muchacho resultó ser nada más y nada menos que Roberto Goyeneche. Lo escuchó y lo incorporó inmediatamente al conjunto. Pero entonces se dio un hecho muy pintoresco, Como Goyeneche manejaba un colectivo, daba algunas vueltas, paraba, cantaba con Salgan en una salida en el local donde estaban actuando, y seguía con el colectivo. Dedicado definitivamente al canto, actuó con Salgán desde 1953 hasta 1955, cuando pasó a la orquesta de Aníbal Troilo. También cantaron con su orquesta Alfredo Bermúdez, Oscar Serpa y Jorge Durán, de quien opina Salgán que debió tener mucho más suerte de la que tuvo, por ser un excelente cantor.

A pesar de haber formado su primera orquesta en 1944, sólo seis años después fue requerido por una grabadora, el sello RCA Víctor, donde el 4 de mayo de 1950 registró su primer 78 r.p.m., con *La clavada* de un lado y *Recuerdo* del otro. Después, a partir de 1961, grabó ya en los long-play de vinilo en el sello Philips, reeditando inclusive algunas de las piezas que había grabado en los viejos discos de pasta, tanto en Víctor como en

Discos TK, o los que había registrado con Edmundo Rivero en 1957 en el Uruguay, en el sello Antar Telefunken.

Es un gran autor, pero al igual que otros muchos genios del tango, no especula con el aspecto comercial. Cuando compuso **Del 1 al 5 (Día de pago)**, muchos creyeron que el título del tango se refería a la fecha en que cobraba por sus actuaciones. Pero la historia es muy diferente. El mismo Salgán contó que siempre estuvo convencido de que los tangos con letra tienen la ventaja de que por algún pasaje de sus versos, que normalmente son utilizados para el título, son más fáciles de recordar, y que por eso los instrumentales deben tener un título llamativo, para no ser olvidados.

Se le conocen unas 40 composiciones, a pesar de que su creación alcanza a alrededor de 400, aunque no todos son tangos, valses o milongas, porque también le gusta componer y tocar otros géneros, como jazz, folclore, clásico, música tropical y de Brasil. En soledad se deleita tocando a Ravel, Chopin o Liszt. De su larga serie de composiciones, citamos *Aquellos tangos camperos, Adiós querida, A una mujer, A fuego lento, A plazo fijo, A César lo que es del César, Cortada de San Ignacio, Calles porteñas, Con bombo legüuero, Don Agustín Bardi, Del 1 al 5 (Día de pago), Entre tango y tango, tango, El rey de los plomos, El viejito Mejillón, El futuro soldado, El ganador del Prode, El as de la manga, El tuerca de los domingos, El que lo sabe todo, El pibe corazón, El vals y tú, Grillito, Homenaje, Inocencio el Chapa Chapa, Los cosos de Buenos Aires, La llamo silbando, Motivo de vals, Milonga casi candombe, Perfecto Garronelli, Salvador el influyente, Tal vez no tenga fin, Tango del eco, Tu romanza, Tango para tus manos, Tango del balanceo* .Además, compuso varios temas de folclore y de ritmos sudamericanos. Le dedicaron a él como homenaje las siguientes obras: Julio De Caro, *El Gran Horacio*, Rafael Pansera, *A Don Horacio Salgán*, Mito García, *A Horacio Salgan*, Oscar Alemán, *Al Gran Horacio Salgan*, Norberto Samonta, *Al Gran Horacio*, Leopoldo Federico, *Es para Horacio Salgan*, Jorge Dragone, *Horacio Salgan*, Enrique Villegas, *A Horacio Salgan*, Raúl Parentela, *A Horacio Salgan, Músico de Buenos Aires*.

Muchos estiman que *A fuego lento* es su mayor logro. Sin embargo, una vez confesó que cuando lo estrenó en un baile en 1950 pensó que no lo iba a entender nadie. Es más, estaba convencido de que ese tango era *una jaula de monos, un bochinche*. Decidió entonces dejar de tocarlo, pero ante la insistencia de sus seguidores lo incorporó nuevamente a su repertorio. Resultó que ese *bochinche* alcanzó el éxito por todos conocido, que se lo llegó a grabar Barenboim y que el maestro José Carli le hizo un arreglo para los ocho violoncelos de la Orquesta Sinfónica de Berlín.

A fuego lento tiene una historia muy pintoresca. Salgan tomó la idea para componer este tango mientras escuchaba la ópera *El Barbero de Sevilla*, pero esa idea estuvo desvinculada del tema musical en sí, porque le surgió a partir del aspecto literario. En un pasaje de la obra uno de sus protagonistas dice, refiriéndose a la calumnia, *Va corriendo por la oreja de la gente*, según Salgan, se va *infiltrando*. Allí le surgió la idea de componer un tema que empezara de a poco, y que se fuera *infiltrando*, para ir tomando después mayor fuerza. Así comienza *A fuego lento*, de a poco, y después toma mayor fuerza.

Uno de los grandes méritos de Horacio Salgán es que sus arreglos, hechos hace más de 50 años, siguen teniendo vigencia. No necesitan ser *acomodados* a lo que muchos creen que es el tango moderno. Su tango ya era moderno en la década de 1950. Por algo no lo comprendían quienes manejaban las compañías grabadoras, que no entendían si *su tango* era de vanguardia o si mantenía la forma tradicional. Salgán logró conjugar ambas cosas, por eso es atemporal.

Su primer arreglo lo hizo para la orquesta de Miguel Caló, para el tango *Los indios*, de Francisco Canaro. En aquella época era pianista de Roberto Firpo, quien tenía un cuarteto y, paralelamente, una gran orquesta. En el cuarteto tocaba Firpo el piano, y en la orquesta el pianista era Salgan. Recuerda orgulloso que ese trabajo para Miguel Caló le significó una gran satisfacción, porque en un diario se publicó un comentario muy elogioso sobre el arreglo de ese tango.

Es uno de los pocos músicos de la "Epoca de oro" que sigue en actividad y lo demuestra con la refundación del Nuevo Quinteto Real, rememorando al famoso de los años de 1960, cuando tocaba junto con Pedro Laurenz, Enrique Mario Francini, Rafael Ferro y Ubaldo De Lío.

La creación del Quinteto Real original se produjo por un hecho fortuito. Salgan y De Lío habían sido contratados por el Automóvil Club Argentino para que tocaran en el restaurante y salón bailable en la sede central de la entidad en la Avenida del Libertador. La institución había contratado también a Enrique Mario Francini para que, con algún otro músico, cumplieran la misma tarea. Un amigo común, el escribano Landajo, juntó a Salgan con Francini y les sugirió que en cambio de tocar un mes unos y un mes los otros, tocaran todos juntos ininterrumpidamente. Así lo hicieron y automáticamente se formó un cuarteto.

A poco de actuar pensaron todos que se caía de maduro que faltaba el símbolo del tango, un bandoneón. Querían a un *peso pesado* para que cumpliera esa tarea, pero todos los que ellos pretendían estaban *ocupados* porque tenían su propia orquesta. Así fue como pensaron en Pedro Laurenz, y se formó definitivamente el Quinteto Real, que actuó en todo el país, además de viajar cuatro veces a Japón, y que se disolvió con la desaparición física de Enrique Mario Francini y Pedro Laurenz. Muchos años después se recompuso, exclusivamente para grabar un long play para Japón, con Antonio Agri en violín, Leopoldo Federico en bandoneón y Omar Murta en contrabajo.

Con motivo de festejar sus 70 años con el tango, le rindieron tributo en un cálido homenaje figuras reconocidas como Carlos García, Ernesto Baffa, Leopoldo Federico, Néstor Marconi, y otras en aparición, como Lidia Borda o Pedro Aznar. La retribución estuvo a cargo del dúo que hace más de 40 años regala a los oídos música de primera: Horacio Salgán-Ubaldo De Lío.

Sus *elegidos* son Aníbal Troilo, Carlos Di Sarli, Alfredo Gobbi y Osvaldo Fresedo, con quienes se deleitaba escuchándolos en las confiterías donde tocaban. De Troilo opina que sus tangos están llenos de belleza y de autenticidad, que hacía realmente tango, por eso los suyos quedarán incorporados para siempre en el caudal de belleza que tiene el género tango. Para él, Laurenz fue un compositor completo, integral, y que el complemento de dos tendencias, la de Laurenz y la de los hermanos De Caro, fue lo que dio vida al gran estilo que hoy llamamos la "Epoca Decareana". Considera que en el tango hay tres épocas: la Guardia Vieja, la Decareana y la de la década de1940, que es la que todavía perdura, aunque se hayan incorporado algunos elementos, lo que es muy legítimo, porque cada generación tiene derecho a expresarse en su propio lenguaje. Sin embargo, y sin nombrar específicamente a nadie, dice que hay que tener cuidado, que cuando se anuncia un tango, realmente sea eso si no hay que anunciarlo de otra manera. En este aspecto tiene una definición perfecta acerca de los *innovadores*.

Dice que si cuando escuchamos una cosa no sabemos si es un tango o no es un tango, es porque, evidentemente, no es un tango. Respecto de su estilo dijo que *nunca quise inventar nada novedoso, solamente vestí con un ropaje más moderno al tango. Mi estilo hace hincapié en una adecuada armonización de la orquesta, con los bandoneones sonando más agudos que las cuerdas, y utilizando síncopas y contratiempos. Todo eso era inusual en la época en que yo formé mi primera orquesta.* También opina que muchas veces se da en el compositor el deseo de sobresalir, de superar a otros, pero que él trató de hacer su camino, y dejó que otros hicieran el suyo. *Nunca tuve la pretensión de ganarle a nadie.* Se dedicó siempre a estudiar piano todo lo que pudo, para tocar lo mejor posible, *pero no para decir que una vez que toque bien quiero tocar en el **Colón**, porque nunca fue mi meta.* La vida lo llevó a tocar en el **Colón**, y aunque nunca fue su meta, lo sintió como una distinción. Siempre recurrió a músicos de primera línea, por eso pasaron por su orquesta Leopoldo Federico, Marcos Madrigal, Abelardo Alfonsín, Toto Rodríguez, Armando Calderano, Roberto Di Filippo, Ernesto Baffa, Ubaldo De Lío, Víctor Felice, José Alegre, Mauricio Mise o Rafael Ferro. Tiene grabaciones inolvidables, tanto con su orquesta, como con Ubaldo De Lío. Risueñamente suele decir que tiene tres sistemas en su cuerpo: *el circulatorio, el nervioso, y un sistema musical incorporado.*

Como tributo al maestro del tango en sus 85 años de vida, la pianista y cantante Sonia Ursini, que fue durante años su compañera, le rindió un cálido homenaje, tocando, cantando y develando aspectos desconocidos e inéditos del músico, sin incursionar en anécdotas privadas. Así sacó a la luz su primera partitura, *Zamba de los luneros*, el primer arreglo inédito, *Por la vuelta*, la zamba dedicada a Carlos Guastavino *Cuenta la zamba que un día*, y otra a Carlos García, *La poesía de la zamba*. Otras obras del maestro que se conocieron fueron *Tal vez no tenga fin*, *Un tango en la madrugada*, y *Aquellos tangos camperos*.

Así pudo conocerse un costado ignoto del maestro, que cuenta con más de 400 creaciones inéditas. A los 85 años y luego de tres que le demandó su preparación, publicó su libro "Curso de tango", que incluye su biografía, sus orquestas, sus formaciones con Ubaldo De Lío, el primer Quinteto Real, los arreglos, que abarcan desde tangos, valses, milongas, folclore, todas sus obras, sin olvidar *Oratorio a Carlos Gardel*, así como los premios que logró en su amplia trayectoria.

El objetivo es formar al estudioso para orientar y clarificar conceptos, y no dejó de incluir determinados capítulos dedicados a la Guardia Vieja, a la época llamada "Decareana" y a la década de 1940. Divide al tango *melódico* o cantable del *rítmico*. Incluye una sección dedicada a la instrumentación, y comenta la función del piano, las cuerdas y el bandoneón dentro de una orquesta, y se explaya sobre la importacia de los arreglos. En fin, una buena manera de hacer docencia que será capitalizada por los músicos jóvenes y por los amantes del tango que por su edad no tuvieron oportunidad de atravesar la etapa del fulgor de nuestra música ciudadana.

Grabó en los sellos RCA Víctor, TK, Antar Telefunken (en Uruguay), Philips, Odeón, Cabal, con su orquesta, con Ubaldo De Lío, con el Quinteto Real, así como una serie de diferentes ritmos a dúo de pianos con Dante Amicarelli, y música japonesa en tiempo de tango. Lo recordaremos con los registros efectuados con su orquesta típica: *Alma de loca; A una mujer; Alicia; Acquaforte; Alma, corazón y vida; Al mundo le falta un tornillo; A la gran muñeca; A fuego lento; Adiós muchachos; Bandoneón arrabalero; Boedo; Canchero; Con bombo legüero; Como abrazado a un rencor; Dandy; Don Goyo; Doble castigo; Del 1 al 5; Desde el alma; De puro guapo; Don Agustín Bardi; El Marne; El rey de los plomos; El pibe corazón; El motivo; El vino triste; Entre tango y tango, tango; El amanecer; El Pollo Ricardo; El viejito Mejillón; El futuro soldado; El ganador del Prode; El as de la manga; El abrojito; El tuerca de los domingos; El que lo sabe todo; Flores negras; Flor campera; Gran Hotel Victoria; Grillito; Gallo ciego; Homenaje; Inocencio el Chapa Chapa; Ilusión de mi vida; La uruguayita Lucía; La llamo silbando; La casita de mis viejos; Los mareados; La gayola; La cautiva; La loca de amor; Los despojos; Lo han visto con otra; La última curda; La cachila; La Tablada; Los cosos de Buenos Aires; Las mirlas; La luz de un fósforo; La clavada; Mala junta; Mal de amores; Milonga con variaciones; Motivo de vals; Malevaje; Margarita Gauthier; Milonguero viejo; Mi refugio; N.P.; 9 de Julio; Ojos negros; Por el camino; Perfecto Garronelli; Pedacito de cielo; Pan; Pobre colombina; Retirao; Recuerdo; Responso; Silbando; Sueño azul; Sus ojos se cerraron; Siga el corso; Soy del 90; Sueño querido; Shusheta; Sentimental y canyengue; Salvador el influyente; Sobre el pucho; Trenzas; Tema otoñal; Tierra querida; Tango del balanceo; Taquito militar; Tango del eco; Una carta; Un momento; Un cielo para los dos; Una lágrima; Vieja recova; Vida mía; Yo soy el mismo; Yo te bendigo.*

RICARDO TANTURI

Delicado y fino pianista, nació el 27 de enero de 1905 en Barracas, y a los 19 años ya tocaba en festivales, cines y teatros, compartiendo la dirección del conjunto Rostan con Rosich. En 1933 formó un sexteto al que llamó "Los Indios", nombre que mantuvo en todas sus orquestas, tomado del equipo de polo, de gran actuación en esa disciplina deportiva. Ese sexteto estaba integrado por Tanturi al piano, Emilio Aguirre y Francisco Ferraro en bandoneones, Antonio Arcieri y José Pibetti en violines, y Raúl Méndez en contrabajo.

Un año después, hizo su presentación en el **Alvear Palace Hotel**, y en 1936, con una agrupación orquestal más numerosa, actuó en el **Parque Hotel** y en el **Hotel Carrasco,** en Montevideo, al que le dedicó la marcha *Carrasco*, que junto con el tango *Recuerdo* fue su primer disco, que grabó en el sello Odeón. De allí en más, grabó siempre en Víctor, siendo su primera impresión discográfica en este sello *Tierrita* y *A la luz de un candil*.

Ya en 1937 Ricardo Tanturi había decidido abandonar su condición de pianista para asumir el papel de director. Esa orquesta estaba así formada: Armando Posadas en piano, Raúl Iglesias, Emilio Aguirre, Francisco Ferraro y Juan Saetone en bandoneones, Bernardo Sevilla, Vicente Salerno y Luis Cuervo en violines, y Velásquez en contrabajo. Con esa orquesta actuó hasta que la disolvió, en 1966.

Su primer cantor fue Juan Carlos Thorry, (su verdadero nombre era José Antonio Torrontegui) quien integraba la jazz Santa Paula Serenaders, dirigida por Sánchez Reynoso, a la que le habían puesto el nombre de otro famoso equipo de polo. En 1941 se incorporó a su orquesta Alberto Castillo y más adelante lo hizo Enrique Campos, un uruguayo nacido en Montevideo, un 10 de marzo de 1913, que falleció, a los 57 años, el 13 de marzo de 1970, y cuyo verdadero nombre era Enrique Inocencio Tronconi. Tanto con uno como con otro cantor, realizó una extensa campaña artística, con un repertorio muy bien seleccionado, dedicado casi exclusivamente al público que por aquellos años concurría a los bailes. También pasaron por su orquesta con distinto éxito Roberto Videla, Osvaldo Ribó, que hasta entonces cantaba con el nombre de Alberto Osuma, Juan Carlos Godoy, Horacio Roca, Alberto Guzmán, Blanca Bassi, Jorge Falcón (del mismo nombre que el desaparecido hace unos años), y Elsa Rivas, pero ninguno de ellos alcanzó una popularidad parecida a la que lograron Alberto Castillo y Enrique Campos.

A fines de la década de 1949 disolvió la orquesta por motivos personales, y en 1956 formó un nuevo conjunto, integrado por Armando Posadas en piano, Héctor Gondra, Raúl Iglesias, Juan Saettone, Horacio Perri y Ezequiel Esteban en bandoneones, Vicente Salerno, Alberto Taibo, Milo Dojman y Eduardo Salgado en violines, y Natalio Berardi en contrabajo. En 1959 volvió a disolverla. Formó otra en 1966, pero al poco tiempo la mala situación por la que atravesaba la música de tango hizo que abandonara definitivamente lo que por años había sido su pasión. Ricardo Tanturi falleció el 24 de enero de 1973.

Compuso una serie de temas, entre ellos *Amigos, presente, A otra cosa, che pebeta, Carrasco* (marcha), *Campeonato, Decís que no te quiero, Desprecio, Ese sos vos, La vida es corta, Mozo guapo, Pocas palabras, Provincianita linda, ¿Quién canta mejor que yo?, Qué importa, Sollozo de bandoneón.*

Dejó una amplia serie de discos, de los cuales se pueden citar *Así se baila el tango; A la luz de un candil; Añoranzas; Argañaraz; Al compás de un tango; Así se canta; Al pasar; Amiga; Aquel muchacho triste; Alma de bohemio; Amigos...presente; Anselmo Laguna; Alma en pena; Aladino; Amores de estudiantes; Adiós pueblo; Ana Lucía; A otra cosa che pebeta; Así era ella muchachos; Bailongo de los domingos;*

Barajando; Bien criolla y bien porteña; Besos brujos; Bolero; Barrio viejo; Cacha viaje; Como aquella muñeca; Calor de hogar; Cuatro compases; Corazoncito; Cómo se pianta la vida; Canción de rango, cuyo segundo título es *Pa' que se callen; Con los amigos (A mi madre); Callejero; Cantor de barrio; Calla bandoneón; Carrasco; Cuando llora la milonga; Comparsa criolla; Campeonato; Cuatro recuerdos; De todo te olvidas; Domingo a la noche; Di di; De seis a siete; Desde el alma; Decile que vuelva; Discos de Gardel; Desde lejos; Dos palabras, por favor; Dónde estará mi vida; Decís que no te quiero; Desprecio; De hermano a hermano; Dos que se aman; Entre sueños; Esta noche al pasar; El resero; El pollito; El moro; En la copa de la vida; En el salón; El buey solo; El sueño del pibe; Esta noche me emborracho; Espera de esquina; Encuentro; El taita; El corazón me decía; Este es tu tango; El tango es el tango; Esta noche hay una fiesta; Ese sos vos; Fondín de Pedro Mendoza; Gallo ciego; Giuseppe el zapatero; Historia de mi vida; Ivon; Igual que un bandoneón; Igual que una sombra; Jirón del suburbio; La vida es corta; La serenata; La abandoné y no sabía; Lágrimas; La mesa de un café; La última copa; La uruguayita Lucía; La copa del olvido; La cumparsita; La huella; Llevame carretero; Madre de los cabellos de plata; Me robó su cariño; Mi morocha; Mi piba; Mi romance; Me besó y se fue; Me da pena confesarlo; Mariposita; Malvón; Muriéndome de amor; Menta y cedrón; Marisabel; Muchachos comienza la ronda; Moneda de cobre; Muñeca brava; Me llaman el zorro; Mozo guapo; Milonguita; Madame Ivonne; Noches de tango; No me escribas; No la nombres, corazón; Noches de Colón; Otro ángel para el cielo; Oigo tu voz; Prisionero; Pa'que sientas lo que siento; Papel picado; Por eso canto yo; Puerto Nuevo; Perdóname Señor; Patadura; Palomita mía; Pocas palabras; Poema; Provincianita linda; Que no saque el tres; Qué bien te queda; Quién canta mejor que yo; Qué podrán decir; Que nunca me falte; Que me quiten lo bailado; Qué noche; Que Dios me castigue; Quereme un poquito; Qué vas buscando muñeca; Qué será de ti; Quejas del alma; Recuerdo; Rey de tango; Río rebelde; Recién; Recuerdo malevo; Remembranza; Recuerdos; Salimos a bailar; San José de Flores; Sombrerito; Si es la milonga; Seis días; Se casó el pelao; Soy muchacho de arrabal; Sombras; Sollozo de bandoneón; Si se salva el pibe; Todo por un amor; Tango (Voz de tango); Tus besos fueron míos; Tu olvido; Tu vieja ventana; Tu llamado; Tierrita; Trasnochando; Tiene razón amigazo; Un crimen; Una emoción; Un tango para la historia; Un amor; Una noche de garufa; Una lágrima; Vieja esquina; Vivian...de París; Viejo ciego; Vagabundo; Yo sé lo que te digo; Ya sale el tren; Y como le iba contando; Y siempre igual.*

JOSÉ BASSO

José Hipólito Basso nació en Pergamino, provincia de Buenos Aires, el 30 de enero de 1919 y a los cinco años comenzó a estudiar música. Sus padres querían que fuera ingeniero, mientras que su ambición era jugar en Boca. Para regocijo de los tangueros no se cumplieron ninguno de los dos sueños. Su carrera profesional la inició como pianista en 1932 en un conjunto que actuaba en el balneario de Olivos, con Juan Sánchez Gorio en bandoneón y Emi-lio González en violín. Después integró la orquesta de Alberto Cima, y sus dotes lo llevaron, en distintas etapas, a las de los hermanos José y Emilio De Caro, Francisco Grillo, José Tinelli, Antonio Bonavena y luego a las de Anselmo Aieta y Alberto Soifer.

En septiembre de 1943 Aníbal Troilo lo llamó para reemplazar a Orlando Goñi, y allí se inició su ascendente carrera. La primera grabación que realizó en la orquesta de "Pichuco" fue Farol, pocos días después de su debut con el "Gordo", con quien permaneció hasta 1947, cuando decidió formar su propia orquesta. La engalanó con grandes cantores, de la talla de Ricardo Ruiz,

Ortega del Cerro, Fiorentino, Floreal Ruiz, Jorge Durán (Alfonso Durán, su verdadero nombre), Oscar Ferrari (realmente Oscar S. Rodríguez de Mendoza), Rodolfo Galé (nombre real Juan Dionisio Tobarés Galetti), Alfredo del Río, Carlos Rossi, Luis Correa, Juan Carlos Godoy, Alberto Hidalgo, Aníbal Jaule, Quique Ojeda, Eduardo Borda, Héctor de Rosas (su nombre auténtico Héctor Angel González), Roberto Florio, Carlos Rossi y Alfredo Belusi. Ni bien formó su orquesta, fue contratado para tocar en **Radio Belgrano**, en el café **Marzotto** y en el cabaret **Ocean**.

Con su actuación en la orquesta de Aníbal Troilo grabaron 86 temas, casi todos cantados, por Fiorentino, Alberto Marino, Floreal Ruiz y Edmundo Rivero. El último disco con esa orquesta contenía *El milagro*, de Pontier y Expósito, cantado por Edmundo Rivero, y *Flor de lino*, de Stamponi y Expósito, con la voz de Floreal Ruiz, grabación que se realizó el 29 de abril de 1947.

Con su propia orquesta, su primer disco lo registró en Odeón, con *Claveles blancos* de un lado y *El bulín de la calle Ayacucho* del otro. Compuso una serie interminable de temas, algunos casi desconocidos. Recordemos *Brazo de oro*, dedicado al jockey Rubén Baltazar Quinteros, *11 y 1*, para el club de sus amores, Boca Juniors, *De diez, siete*, para Aníbal Etchart, *El pulga*, como homenaje al jockey Ciafardini, *Amor y tango, Anteayer, Atrevete, Bailemos otra vez, Coral, Canción del egresado, Cantó un jilguero azul, Celeste lluvia, Cuerpo y alma, Dónde estás japonesita, Estaba bien seguro, El solterón, Humillación, La camalela, Muñeca celosa, Muñequita rubia, María, la del portón, Marbella, Muchas gracias por tu amor, Milonga de Albornoz, Milonga para los Orientales, Milonga cheta, Mundana, Milonga del siglo XV, Me están sobrando las penas, Nuestro vals, Por un papel, Pronto te veré, Porque sí, Pacachi, Pobre negro, Payada criolla, Penas, copas y tango, Rosicler, Qué vas buscando muñeca, Siempre en mi amor, Si pido más me paso, Sacale punta al lápiz, Tu beso y nada más, Una historia más, Un tango para La Falda, Viejo café, Vieja Corrientes, Yo te canto novia mía, Yo soy J.B.*.

185

En una oportunidad tocaba con su orquesta en una confitería de la calle Corrientes y sus cantores eran Oscar Ferrari y Jorge Durán. Lo normal era que en cada entrada la orquesta interpretara seis piezas, entre cantadas e instrumentales, y luego hacían un pequeño intervalo hasta la siguiente salida. Jorge Durán estaba en su mejores épocas y el público colmaba el local. Cantó las canciones que le correspondían, pero la gente lo ovacionaba y no dejaba de aplaudir, pidiendo el clásico ¡Otra, otra¡ Basso, sonriente, agradecía, y le hacía las correspondientes señas a los músicos y al cantor para seguir actuando. Fue inolvidable. Durán cantó nueve tangos seguidos, y la gente no dejaba de aplaudir.

El éxito más grande fue *Anteayer*, del propio Basso. Llegó un momento en que éste, canchero, encontró la solución. Hizo un gesto y la orquesta empezó a tocar *Ronda de ensueños*, en tiempo de vals. Cuando terminaron, los tibios aplausos les dieron la oportunidad para agradecer y, rápidamente, levantarse e irse.

Su bien ganada fama trascendió nuestras fronteras, y fue requerido desde Japón, donde le ofrecieron un contrato por un mes, pero su éxito fue tan grande, junto con los cantores Alfredo Belusi y Carlos Rossi, que permanecieron allí, actuando en diversas ciudades, casi un año. Poco tiempo después tuvo que repetir la jira, y en sus actuaciones agregó algunos músicos japoneses.

Grabó casi 300 temas, y entre sus discos más destacados figuran: *Ahí va el dulce; A la luz de un candil; Amurado; Amor y tango; Aquí nomás; Andate; Anteayer; Anoche a las dos; Andrajos; A Don Agustín Bardi; Besos brujos; Bailate un tango Ricardo; Brazo de oro; Bailemos; Barranca abajo; Cada vez que me recuerdes; Canción de Ave María; Cuando muere el corazón; Cuando me entrés a fallar; Como dos extraños; Cuando el amor muere* (Que tiene como segundo título *Una vez y adiós*); *Cobardía; Claveles blancos; Cafetín de Buenos Aires; Corazón no le hagas caso; Cobrate y dame el vuelto; Cuando llora la milonga; Cómo se muere de amor; Decime Dios dónde estás; De diez, siete; Don Juan; De mi corazón; Dame tiempo;*

Después del carnaval; De puro curda; Dónde estás; El estagiario; El bulín de la calle Ayacucho; El último guapo; El cencerro; En la vía; El motivo; El peluquero; Estaba bien seguro; El ciruja; El internado; En el lago azul; Entrada prohibida; El llorón; El pasado vuelve; Frente al mar; Felicidad; Farol; Gigí; Guardia vieja; Hágame el favor; Inspiración; Jamás lo vas a saber; Los despojos; La vi llegar; La vieja serenata; Lo han visto con otra; Lo que vos te merecés; Lo siento en el alma; La cumparsita; La fulana; Los mareados; La reja; La Tablada; La maleva; Muriéndome de amor; Mal de amores; Mi vieja viola; Martirio; Mano cruel; Marioneta; Madreselva; María, la del portón; Mi noche triste; Mis manos; Milonga con variaciones; Milonguera; Me quedé mirándola; Mamboretá; Me están sobrando las penas; Mundana; Melodía de arrabal; No eres igual; Nonino; 11 y 1; Orgullo criollo; Patotero sentimental; Pobre negro; Para qué seguir así; Pelele; Pájaro azul; Pena, copa y tango; Porque sí; Por la vuelta; Por miedo a perderte; Pájaro ciego; Quedémonos aquí; Qué me van a hablar de amor; Qué vas buscando muñeca; Rondando tu esquina; Ronda de ensueños; Rosicler; Rosa de fuego; Recordándote; Se han sentado las carretas; Se tiran conmigo; Será una noche; Se marchita un clavel; Su nombre era Margot; Sacale punta al lápiz; Tanto; Te quiero por buena; Tres éxitos; Tu pasado; Te pregunto; Tabernero; Te odio; Triunfal; Tarareando; Total pa' que sirvo; Tormenta; Tomo y obligo; Un sueño nada más; Uno; Una fija; Un placer; Una lágrima tuya; Viejo café; Vieja amiga; Venganza; Yo te canto novia mía; Yo quería ser feliz; Yo no sé que me han hecho tus ojos; Y no le erré; Yo también.

AZUCENA MAIZANI

La "Ñata Gaucha" nació el 16 de noviembre de 1902 en el Hospital Rivadavia, y hasta los cinco años su familia vivió en la calle Guatemala, en lo que hoy se conoce como Palermo Viejo. Por problemas de salud de Azucena Josefa, sus verdaderos nombres, tuvieron que mudarse a la isla Martín García, donde vivieron hasta 1917. Ya de vuelta en Buenos Aires, para ayudar económicamente a sus padres trabajó de modista, y en el taller de camisería matizaba las tareas diarias con el canto, que ya comenzaba a gustarle.

De a poco el canto se transformó en pasión, tan grande que la animó a ir una noche al cabaret **Pigall**, donde actuaba Francisco Canaro. Tení sólo 18 años, y con mezcla de timidez y desenfado, le dijo: *Maestro, yo canto*. En el intervalo Canaro le tomó una breve prueba, e inmediatamente la incorporó a su orquesta, presentándola como "Azabache", impresionado por la negrura de sus cabellos. Cantó ***El rebenque*** y ***La verdolaga***, y aunque recibió como premio un fuerte aplauso del público presente, saludó y se fue.

Un tiempo después, leyó en un diario que el **Teatro Apolo** pedía coristas para la obra "El rey del cabaret", de Manuel Romero. Consiguió que la tomaran, y representó un pequeño papel en el que, además, interpretaba parte de una canción. Pero el destino quiso que en una reunión familiar a la que la habían invitado también estaba presente Enrique Delfino. La escuchó cantar, le gustó, y se la presentó al empresario Pascual Carcavallo, que estaba por estrenar en el **Teatro Nacional** "A mí no me hablen de penas", un sainete de Alberto Vaccarezza, quien también quedó entusiasmado por la voz de la "muchachita".

Fue tan grande el.impacto que le causó a Vaccarezza la voz de Azucena Maizani, que decidió escribir los versos de un nuevo tango, al que Enrique Delfino le agregó la música, para que lo estrenara ella. Así nació **Padre nuestro**, considerado el primer tango compuesto exclusivamente para que lo cante una mujer. El estreno de la obra se produjo el 23 de junio de 1923, y muchos historiadores estiman que allí nació la verdadera cancionista de tangos, en reemplazo de lo que hasta entonces hacían las tonadilleras y cupletistas.

Los éxitos teatrales con la participación de Azucena Maizani se sucedían sin interrupción, que actuó en las compañías de Tomás Simari, Florencio Parravicini, Elías Alippi, y en los mejores escenarios porteños.

Paseó su voz por Chile, Perú, Ecuador, Cuba, Colombia, Uruguay, México, Brasil y los Estados Unidos, donde filmó "Dí que me quieres", aunque ya antes había interpretado algunos papeles en las películas "Tango", "Monte criollo" y "Nativa". El éxito que logró en otros países no se repitió a su regreso a Buenos Aires, donde tuvo que resignarse a trabajar en el café "El Olmo", en el Once. Enferma, murió el 15 de enero de 1970.

Compuso **Pero yo sé, Por qué se fue, Chismes de la ribera, Volvé negro, Amores de carnaval, Decí que sí, El ídolo roto, La canción de Buenos Aires, Callate, callate, En esta soledad, Y, no somos nada, Pensando en tí.**

Grabó solamente discos de 78 r.p.m., en los sellos Odeón, RCA Víctor, Brunswick, Orfeo y Voxor. Su larga trayectoria quedó registrada con **Acuarelita de arrabal; Ay, zamba; Ambiciosa; A mí me gusta el saxofón; Aquel cuartito de la pensión; Amores de carnaval; Apología del tango; Aquel tapado de armiño; Adiós, que te vaya bien; Andate con la otra; Amigazo; Azucena; Anoche a las dos; Aquí me pongo a cantar; Alma en pena; A las dos de la mañana; Arriero de mis pesares; Amor de mujer; Buena piba; Barra querida; Brochazos; Bruja; Basta, Arturo; Brindis de sangre; Cariño; Calle Corrientes; Centinela alerta; Coperita posta; Calandria; Canta, corazón; Callecita de mi barrio; ¡Callate, callate!; Cabecitas locas; Cerrá la radio; Cascabelito; Cortesanita; Cuidado con las cornisas;**

Comediante; Corazón, callate; Comadre; Caterina; Canto a Gardel; Cómo se pianta la vida; Cafetín de barrio pobre; Cuando llora la milonga; Crysantheme; Caradura; Copa de ajenjo; Cuánta pintura, cuánta gomina; Chiribiribí; Che, papusa, oí; Chimento; Chisme de la ribera; China ingrata; Chamuyando; Don Juan Malevo; Decí que sí; Derrotado; Demasiado tarde; Dejalo; Dolores; ¿Dónde estás, corazón?; Danza maligna; En esta soledad; Estampilla; En mi camino; Entrá sin miedo, hermana; El pendantif; Estampa rea; El romántico fulero; Esta noche me emborracho; En la cortada; Estela; Estuviste bien, Pirulo; El alma de la calle; El ídolo roto; El alma del cotorro; El payador de Lavalle; Engrupido; Fea; Fosforerita; Fruto bendito; Fabriquera, fabriquera; Gatita mía; Hacelo por la vieja; Ha entrado un hombre; Harry; Hollín; Haragán; Hacele frente a la vida; Hijos de nadie; Inesita; Ingrata; La muchachita del ciego; La cabeza del italiano; La nieve; La canción de los sargentos; Las campanas; La montielera; La petiza; Liberata; La mina del Ford; La monjita; Lechuceando; La pecadora de Rocha; La violetera; La maestrita; La canción del ukelele; La farsa de la vida; La biava de un beso; La piba del Tabarís; La Sulamita; Llevátelo todo; Música de calesita; Mi rosal ha florecido; Mimosita; Manón; Madre; Muchacho rana; Malevaje; Mía; Mala; Marioneta; Malena; Muchachita de ojos negros; Mentiras; Muchachita buena; Mientras rezonga un fuelle; Musiquito; Mariposa azul; Mujer, ángel o demonio; Mucha plata; Madrecita, yo me muero; Mano mora; Muchachitas de Chiclana; Muchachita loca; Muñequita de trapo; Milonga para Gardel; Monte criollo; Mamita mía; Mina que te das a la morfina; Melodía de amor; Mano a mano; Marcha atrás; Nelly; No seas malo; No salgas de tu barrio; Noche trágica; No es pa'tanto; No sé por qué; Nuestra cita; Ninguna; No me jurés, que no te creo; Organito; Organito de la tarde; Oiga; Pulpero, sirva otra vuelta; Pegá, pegá; Pancho, comprate un rancho; Purrete de mi amor; Porotito; Pensalo, muchacho; ¿Por qué llorás, muchacha?; Por qué se fue; Para qué; ¿Por dónde andará?; Piedad; Pobrecitas mujeres; Penas del arra-

bal; Pobre farolito; Por ella; Pebeta loca; Para qué vivir; Padre nuestro; Polilla; Pobre francesita; Pensando en ti; Pero yo sé; Piantá, vivillo; Pim, pam, pum; Portero, suba y diga; Qué lindo es estar metido; Que mamita me perdone; ¿Qué será?; Que nadie sepa mi sufrir; Querime, serrana; Rostro de cera; Rebelión; Remigio; Sosegate, Feliciano; Señor, Señor, por qué; Se va la vida; Señorita, dos palabras; Severino; Sin el calor de tu alma; Seguí, no te parés; Sultana; Silbando; Se fue Taborda; Soy un arlequín; Silencio; Sus ojos se cerraron; Traición; Tango mío; Tierra mía; Tembladeral; Usted sabe, señor juez; Una limosnita; Un metejón;Vecinita, fue por vos; Venganza; Virgencita del Talar; Vos y yo; Volverás un día; Violetita; Valentina; Volvé, negro; Virgencita de arrabal; Vía Crucis; Yira...yira; Yo sé que andás diciendo; Yo sé tu historia, pebeta; Yo quiero un novio, chauffeur; Y, no somos nada; Yo quiero una mujer desnuda; Yuyito'e la sierra; Yo soy el tango, señores; Yo tuve un cariño; Zanahoria; Ya estamos iguales; Zazá.

MARIANO MORES

Como muchos otros músicos de tango, Mariano Mores empezó a tocar desde muy joven. Hijo de Mariano Seviriano Martínez y María Mónica Lorenti, nació el 18 de febrero de 1922, en Chile 270, en pleno corazón de San Telmo. Cuando tenía 7 años, por razones de trabajo su familia se mudó a Tres Arroyos, y allí empezó a estudiar piano. Fue una desilusión, porque su profesor consideró que no tenia condiciones, y le dijo al padre que *no perdiera el tiempo con su hijo, porque con la música no iba a ninguna parte.* El resultado fue la venta del instrumento, que el propio padre le había regalado. Cuando volvieron a la Capital se instalaron en

Floresta, y allí descubrió que en los fondos de un almacén la hermana del dueño enseñaba piano. Así reanudó sus estudios, que prosiguió en un conservatorio en Lanús Oeste, donde completó el profesorado de manera acelerada, por la facilidad extraordinaria que tenía para aprender. El presagio de su primer profesor había quedado en la historia, porque el *pibe* tocaba de una manera sorprendente. Al año era profesor de teoría y solfeo, y tres años después interpretaba a los grandes maestros clásicos.

A los 10 años sus padres se radicaron en España, donde le consiguieron una beca en Salamanca. Estaban en Barcelona cuando un día *descubrió* el tango. Paseaba con el padre cuando, de repente, al pasar delante de un negocio oyeron **Melodía de arrabal**. Se pararon y, lagrimeando, su padre le dijo: *Marianito, es Gardel cantando un tango.* De casualidad conoció a Lucio Demare, quien actuaba en esa ciudad junto con Irusta y Fugazot. El maestro, al oirlo tocar, inmediatamente vio en él grandes condiciones para interpretar música de tangos. La Guerra Civil Española hizo que la familia Martínez regresara a la Argentina.

Según contó muchos años después, ya de regreso en Buenos Aires la situación económica de la familia era más que comprometida, a lo que se sumó que pocos meses después su padre, enfermo, falleció. Corría 1935, y la madre y sus siete hijos pasaban penurias. El contribuía al sustento diario con lo que ganaba como celador en un colegio, y un día vió desde el tranvía en que viajaba de regreso a su casa un cartel en el café **Vicente**, en la calle Corrientes, que decía: *Se necesita un pianista que toque música internacional, que lea a primera vista y sepa transportar.* Se bajó del tranvía, lo probaron y de inmediato el puesto fue suyo. Tenía 14 años, y por ese entonces no sabía casi nada de tangos, salvo el recuerdo de aquel día con su padre en Barcelona. Allí trabajó hasta que por llegar tarde luego de un intervalo lo echaron.

Su siguiente trabajo fue en uno de los espectáculos que había en el Balneario Municipal, donde nuevamente el destino jugó a su favor. Una noche se encontraban sentados a una mesa Luis

Rubinstein y Mario Pugliese "Cariño". A Rubinstein le impactó tanto la forma de tocar de ese muchachito que le ofreció un trabajo de profesor en la Academia PAADI, donde él era director general, ubicada en Callao 420. Fue donde conoció a las hermanas Mores, que allí estudiaban, porque formaban un dúo al que luego se incorporó Marianito para transformarlo en trío. Para ello adoptó artísticamente el apellido de las hermanas. Se enamoró de una de ellas, Myrna, con la que luego se casó.

Había alquilado un cuarto muy cerca de la casa de ellas, en Serrano 2410, donde se inspiró, a los 16 años, para componer *Cuartito azul*, uno de sus mayores éxitos, que fue estrenado en la obra teatral "Pantalones cortos", de Ivo Pelay. Por su labor en PAADI hizo muy buenas migas con Luis Rubinstein, a quien un día le sugirió que si le daba una letra él le ponía música. Sin saberlo, se iniciaría así su dilatada y exitosa trayectoria como compositor, con dos obras, la canción *Gitana* y el tango *Quiero*, que nunca llegó ni siquiera a tocarlo. A esas dos composiciones le siguió el tango *Estampa de varón*, que le grabó Juan D'Arienzo con Alberto Echagüe.

En 1939, con 17 años, pasó a tocar en la orquesta de Francisco Canaro, para sus actuaciones en el teatro **Nacional**. Lo llevó por un mes a prueba, y lo tuvo durante diez años. Con orgullo solía referir que cuando le avisó a Francisco Canaro que se iba de su orquesta, el maestro le dijo: *Ya tenés pantalones largos y podés andar solo*. No lo dudó, y nunca se arrepintió. Con sus diferentes orquestas tuvo siempre notables cantores, y paseó su música por los más refinados escenarios en diversos países del mundo, siendo reconocido en todas sus actuaciones como el músico de excepción que es.

Intervino en numerosas películas y compuso alrededor de 65 obras, como *A la flauta, A quién le puede importar, Adiós, Ahora te llaman Lulú, Adiós pampa mía, Al gran pueblo argentino, salud, Baiango, Bailonga, Beguine, Cafetín de Buenos Aires, Cada vez que me recuerdes, Cristal, Cosas pequeñas, Copas, amigas y besos, Cuadro criollo, Cuartito azul, Candombe en rojo, Che cuñao, qué bronca da, Déjame, no quiero verte más, Estampa de varón, El estrellero, Enteramente argentina, El patio de la morocha, En esta tarde gris, El firulete* (luego le puso letra Rodolfo M Taboada), *Frente al mar, Final feliz, Fandango, Grisel, Gitana, Juntos frente al mundo, Luces de mi ciudad, La calesita, Lamento altiplanense, Linda, La voz de mi ciudad, Llegó el sábado, Llueve en el alma, Muñequita linda, Me robaron la luna, Muchachita porteña, Mulatada, Mis ojos ciegos, Oro y gris, Okey Mister Tango, Porqué la quise tanto, Poema en tango, ¡Qué porrazo!, Quiero, Recordando a París, Sabor de adiós, Soy la ranchera, Serenata orillera, Sayonara dijiste, Sin palabras, Tu piel de jazmín, Tan sólo tú, Taquito militar* (con letra posterior de Dante Gilardoni), *Tanguera, Tiera de América, Tango en curda, Tango rapsodia, Tan sólo un loco amor, Uno, Una lágrima tuya, Vals de la evocación, Yo tengo un pecado nuevo, Yo sólo sé.*

El tango *El patio de la morocha* fue compuesto para la obra teatral Besame Petronila, y posteriormente Raúl Alejandro Apold le pidió autorización para utilizar ese título para la obra del mismo nombre que hicieron en teatro Aníbal Troilo y Cátulo Castillo, auspiciada por la Secretaría de Prensa y Difusión del gobierno peronista, a cuyo frente estraba, precisamente, Apold. Todos sabían que negarse a participar en algo organizado por el gobierno de ese momento podía significar, en el mejor de los casos, no trabajar en ningún lado y, en el peor, tener que irse del país. A raíz de eso, trabajar en esa obra teatral le significó a Aníbal Troilo tener que soportar actitudes desagradables, incluso de sus propios colegas. Otro de sus éxitos, *La calesita*, lo compuso en homenaje a su madre, para recordar cuando de chico lo llevaba a la de su barrio.

La obra que recorrió el mundo, *Adiós pampa mía*, tiene una historia muy particular: en su origen, la letra era de Homero Manzi. Más tarde a esa letra le puso música Lucio Demare. Siempre confesó que *Adiós pampa mía* fue su mayor creación y cl tango que más le gusta de todos los que escribió, *porque con él, y a mi manera, pude homenajear al folclore de la llanura, con sus tramos, pericón, estilo y firmeza.* Con **Por qué la quise tanto** le ocurrió algo impensado: lo compuso *pensando en Hugo del Carril. No la pudo estrenar en ese momento y yo quería que fuera él y nadie más que él la diera a conocer, y luego fue un éxito en la voz de Miguel* Montero.

Más adelante los éxitos lo llevaron a apartarse un tanto de la tradicional música del tango, y comenzó a incursionar en un terreno distinto del que transitaban el resto de las orquestas. Opinaba que había que internacionalizar al tango. Así fue como creó orquestas con muchos músicos, a las que denominó "lírica popular" en algunos casos y "sinfónica" en otros, y utilizó instrumentos no tradicionales en el tango. En un reportaje manifestó que su sueño sigue siendo formar una orquesta sinfónica de 200 profesores, y se dio el lujo de decir *Discépolo no sabía música, pobrecito.* Es cierto, Discépolo nunca aprendió a volcar sus creaciones en un pentagrama, como ya hemos relatado. Normalmente, Discepolín silbaba la música y otro la escribía, como ocurrió con **Esta noche me emborracho,** que fue una amiga, Hortensia Torterolo, quien la volcó al papel mientras Discépolo se la silbaba. En otras ocasiones utilizaba sus rudimentarias dotes en una guitarra o en un piano, instrumento éste que se exhibió en el **Palais de Glace** en la muestra de homenaje al gran autor con motivo de celebrarse el 100º aniversario de su nacimiento. Tampoco Gardel sabía música como para escribirla en un pentagrama, pero esto no fue una barrera para que el mundo todo pudiera gozar las grandes creaciones que a él le debemos. Rodolfo Sciamarella, otro gran autor, al que le debemos obras siempre recordadas, tampoco sabía música. También tenía una facilidad excepcional para crear, pero no podía él mismo transmitir sus ideas al pentagrama, porque le nacían intuitivamente. En un principio fue Salvador Merico quien le escribió lo que él le tarareaba, en algunos casos, y en otros le silbaba. Luego, cuando los encuentros entre Sciamarella y Mores por motivos de trabajo se transformaron en una gran amistad, pasó a ser éste quien le escribió en el pentagrama sus creaciones.

En la misma entrevista aseguró que los tangos más tocados en el mundo son *Adiós pampa mía* y *Uno*. Es cierto que esos tangos tienen en el exterior una gran difusión, pero no es menos cierto que *La cumparsita*, *A media luz*, *El choclo* y *Adiós muchachos* seguramente los superan ampliamente, y que pelean cabeza a cabeza entre ellos el primer puesto en la preferencia de nuestra música en todo el mundo. No hace falta recordar que *La cumparsita* fue utilizada en innumerables películas por directores de distintos países. Curiosamente, según su nieta Mariana Fabbiani, en su casa Mariano Mores no escucha tangos, sino música clásica.

Juan "Tata" Cedrón, alguien con menos "chapa" que Mores, pero que hace varias décadas que pasea el tango por París con una magnífica orquesta, refuta la idea de que para tocar tangos hacen falta profesores, y sostine que Troilo, Pugliese, Di Sarli, Caló, D'Arienzo, Biagi, y el resto de las glorias de nuestra música popular nunca lo fueron, y que sin embargo su esencia es inmortal. Opina que eso de los profesores es un mito que quieren imponer los que se autotitulan *modernistas*. Para Cedrón, el tango se compone de tres cosas: la poesía, la música y el baile, y sostiene que la múisca que quieren imponer como contemporánea no contiene ninguna de esas tres cosas.

Mariano Mores tiene una importante serie discográfica, en diferentes sellos, con diversos tipos de orquestas, sextetos o acompañado de órgano y ritmo. Recordamos *Adiós; Anoche; Adiós muchachos; Adiós pampa mía; Amarraditos; A la flauta; A media luz; Adiós mi amor; Amigazo; Ahora te llaman Lulú; A quién le puede importar; Beguine; Baiango; Bailonga; Barrio reo; Balada; Cuartito azul; Cristal; Cafetín de Buenos Aires; Canaro; Cielito lindo; Canción desesperada; Cada vez que me recuerdes; Cosas pequeñas; Color de rosa; Che cuñao, qué bronca da; Dónde estás corazón; Derecho viejo; Don Esteban; En esta tarde gris; El firulete; El día que me quieras; Entre sueños; El norteño; Enteramente argentina; El patio de la morocha; El chamuyo; Entre la gente; El pollo Ricardo; El irresistible; Extraños en la noche; El estrellero; El ciruja; El monito; El pollito; El internado; El africano; Fina estampa; Fandango; Fantasía; Final feliz; Felicia; Frente al mar; Grisel; Hoy creo en Dios; Hoja seca; Juntos frente al mundo; Los clavos de mi cruz; Luces de mic iudad; Los mareados; La puñalada; La flor de la canela; Lamento altiplanense; La voz de mi ciudad; La canción; La Tablada; La calesita; La guitarrita; Lorenzo; Linda; La cumparsita; Lejana tierra mía; La brisa; La viruta; Llueve en mi alma; Llegó el sábado; Muchachita porteña; Marinera; Milonga triste; Mis noches sin ti; Me robaron la luna; Molino rojo; Mon ami, mon ami; Mulatada; Milonguita; Marinera; Mimí Pinsón; Malambo; Nada más que el amor; Naipe marcado; Okey mister tango; Organito de la tarde; Oro y gris; Poema en tango; Por qué la quise tanto; Perdonemos; Por qué; Qué porrazo¡ Rodríguez Peña; Recordando a París; Retintín; Ramona; Recordando a Gardel; Soy la ranchera; Serenata orillera; Sábado inglés; Sueño de juventud; Selección de temas de Fresedo; Sabor de adiós; Selección de temas de De Caro; Sayonara dijiste; Selección de temas de Filiberto; Sin palabras; Tierra querida; Taquito militar; Tanguera; Tierrita; Tu pecado; Tierras de América; Tan sólo un loco amor; Tango en curda; Tu lágrima de amor; Tango rapsodia; Tu piel de jazmín; Tango malambo; Uno; Una lágrima tuya; Un solo adiós; Vida mía; Viejo Buenos Aires; Vals de la evocación; Viejo Madrid*, tango de la Revista "Estrellas en el Avenida"; *Yira...yira; Yo no sé qué me han hecho tus ojos; Yo creo en un mundo mejor; Yo tengo un pecado nuevo*. También grabó un long-play acompañado de órgano y ritmo, llamado "Un argentino en París" que contiene *Taquito militar; Linda; El patio de la morocha; Adiós pampa mía; y Uno*, y los baiones *Chica, Chica, Chipirone; Mon ami, mon am Baiango*. Cumplió 70 años con el tango, y dice lamentar sentirse solo, como un *huérfano* de Canaro, Fresedo, Troilo, Pugliese, Lomuto, y tantos otros maestros.

Julio De Caro

Julio De Caro también nació con el tango, el 11 de diciembre de 1899, en la calle Piedad 1898, que hoy se llama Bartolomé Mitre, en el barrio porteño de Balvanera. El matrimonio formado por José De Caro De Sica y Mariana Ricciardi tuvo 12 hijos, Francisco, Julio, Gilda, Ermelinda, Rosa, Emilio, Carlos Alberto, Margarita, Genoveva, Alfredo, José y Elida. De todos ellos Francisco, Julio, Emilio, Carlos Alberto y José, heredaron las dotes musicales de su padre, quien en su Italia natal llegó a dirigir el conservatorio de la Scala de Milán, y en Buenos Aires instaló un negocio donde vendía instrumentos musicales y partituras, además de enseñar música. Allí Julio y sus hermanos aprendieron música desde chicos. Su padre quería que Julio estudiara piano y su hermano Francisco violín, lo que en la práctica luego se invirtió, con los resultados conocidos. A los 15 años se puso un pantalón largo prestado para poder entrar con sus amigos en el **Palais de Glace**, donde iban a escuchar a la orquesta de Roberto Firpo. El grupo que lo acompañaba empezó a gritar *Que toque el pibe*. El "pibe" era Julio De Caro. Asombrado, Roberto Firpo preguntó qué pasaba, y cuando se enteró a quién se referían, pese a no conocerlo lo invitó a que subiera al escenario y le acercó el violín de Tito Roccatagliata, aquél que compuso *Elegante papirusa*, del que Miguel Caló hizo cuarenta años después una creación. Según se cuenta, Firpo le preguntó al "pibe": *¿Qué querés tocar?*, y la respuesta fue: *La cumparsita.* Así fue como Firpo lo incorporó luego a su orquesta.

El mismo De Caro contaría después que bajó del escenario ovacionado, por los malabarismos que hizo con el violín, con la complicidad de la orquesta, que a pedido suyo tocó *suave*, para que se luciera. El relato no dejaba de incluir que, además del abrazo de Firpo, recibió un largo y ardiente beso de una de las francesitas que *trabajaban* en el lugar, que a decir de De Caro, *lo fagocitó*. Allí no terminó la cosa. Se le acercó un señor que le ofreció tocar el violín en su orquesta. Era Eduardo Arolas. Pero el éxito musical se vio empañado por un problema familar. Su padre no quería saber nada con el tango, y menos aún su madre, que quería que estudiara medicina. Inclusive llegó a decirle un día a Eduardo Arolas, quien había intentado convencerlos para que lo dejaran tocar en su conjunto: *Mi hijo no tocará nunca tangos, será médico. Señor, hemos termindado.* Y en serio la cosa terminó, y mal, pero para Julio, porque se tuvo que ir de su casa. Arolas le dio el espaldarazo que necesitaba, y a partir de allí integró su cuarteto, junto con Rafael Tuegols y Pascual Cardarópolis, que actuaba en el café **El Parque**. Luego pasó junto con José María Rizzutti a tocar en la recién constituída orquesta de Osvaldo Fresedo, tuvo a continuación un fugaz paso por Montevideo en la orquesta de Minotto Di Cico y luego, en 1923, se hizo cargo de la conducción del sexteto de Juan Carlos Cobián, en el que ya actuaba, cuando éste decidió retirarse. Estaba compuesto por Pedro Maffia y Luis Petrucelli en bandoneones, su hermano Emilio como segundo violín, su otro hermano, Francisco, en piano, y el "Negro" Leopoldo Thompson en contrabajo. En 1924 se incorporó Pedro Laurenz, cuyo nombre real era Pedro Blanco Acosta, en reemplazo de Petrucelli, y Enrique Krauss en lugar de Thompson, debido a su muerte. Los cambios siguen, ya que en 1926 se fue Maffia e ingresó en su lugar Armando Blasco, junto con José Nieso como segundo violín.

A partir de 1931 Julio De Caro paseó el tango por Europa, y llegó a tocar en La Sorbona, en París. Puede decirse que con él comenzó la verdadera evolución musical en el tango, que luego continuaron y mejoraron las grandes orquestas que actuaron entre 1940 y 1955. Por todo eso, sus inicios lo ubican en esa época que se conoció como La Guardia Vieja. En 1925 introdujo en el tango los sonidos del violín corneta, aunque hay quien afirma que el primero en utilizarlo fue José Bonano. El instrumento se lo trajo desde los Estados Unidos el director general de la Victor Talking Machine Co., pero no en forma gratuita, ya que su valor se lo fue descontando de los derechos que recibía desde ese país. Una vez confesó: *Fui a Europa en 1931 para extirpar al gaucho. Fui a tocar de frac y smocking, y se terminó el gaucho.*

Una tarde de 1936, muchos años después del triste episodio cuando debió abandonar el hogar paterno, la vida le ofreció la recompensa que tanto anhelaba. En la vereda del **Teatro Opera**, donde estaba actuando, lo esperaban papá y mamá, para abrazarlo..

Un gran investigador de nuestra música popular, Luis A. Sierra, resumió en una frase lo que significaron los valiosos arreglos técnicos que Julio De Caro introdujo en el tango: *Sin Julio De Caro, hubiera sido muy distinto el destino artístico de Elvino Vardaro, Aníbal Troilo, Osvaldo Pugliese, Alfredo Gobbi, Horacio Salgán, Lucio Demare y de Astor Piazzolla.* De Caro tuvo el privilegio de inaugurar en 1940 el **Casino de Mar del Plata**, al que le dedicó el tango **Punto y banca**, en colaboración con Mario Gomila. La orquesta era de lujo. Estaba formada por Alfredo Cordisco, Félix Lipesker, Pedro Beluati, Romualdo Marcucci y Carlos Marcucci, como bandoneonistas; Julio De Caro, Luis Gutiérrez del Barrio y José Niesow, como violinistas; Francisco De Caro en el piano, Alfredo Sciarretta en contrabajo, y el cantor era Héctor Farrel. Tuvo la particularidad de incluir en algunos de sus tangos partes silbadas, que Osvaldo Pugliese respetó al grabarlos y, además, carcajadas, como en **Mala junta**, o en su registro de **Guardia vieja** una voz que dice en el medio del tango *"tengo miedo...viene el cuco"*.

A pesar de su gran predilección por los tangos instrumentales, contó en sus conjuntos con destacados cantores, como Félix Gutiérrez, Lito Bayardo, Luis Díaz, Pedro Lauga, Juan Lauga, Teófilo Ibáñez, Carlos Marambio Catán, Antonio Rodríguez Lesende, Edmundo Rivero, Lidia Desmond, Violeta Desmond, Héctor Farrel, Agustín Volpe, Roberto Quiroga, Carlos Viván, Roberto Medina, Fanny Navarro, Orlando Verri, Roberto Taibo.

Compuso alrededor de 350 obras, algunas que se transformaron en grandes éxitos y otras que no tuvieron esa repercusión. Se recuerdan *Adiós, Albéniz, Al Buenos Aires que se fue, Alegre juventud, Allá en el cielo, A Aníbal Troilo, Amar y ser amado, Ay, mamita, Adiós a la real, Adiós Montevideo, Boedo, Batida nocturna, Buen amigo, Beatriz, Caín y Abel, Canción de amor, Colombina, Capablanca, Copacabana* (Nido de amor), *Cote D'Azur, Cata, Cómo nos divertimos, Cerca de ti, Carita de ángel, Chiclana, ¡Churro!, De contrapunto, Don Antonio, Dulce hogar, De rompe y raja, El arranque, El bajel, El candombe, El malevo, El diente, El desquite, El mareo, El monito, Esmeralda, El tigre del bandoneón, Farolero, ¡Fuego!; Farolito, Flor de flor, Floreo porteño, Fresedo, Gringuita, Guardia vieja, Hasta el otro carnaval, Ilusión de Pierrot, Ingrata, Ja...ja...ja..., Jamás podré olvidarte, Jardín florido, La cañada, La farándula, La rayuela, Las catorce provincias argentinas, Los muchachos, Luna de miel, Mala cría, Mala junta, Manos vacías, Maridito mío, Minotito, Mala pinta; Mi viejo zaguán; Mi corazón sentimental, Moulin Rouge, Mundo argentino; Nobleza trovera, Noche calurosa, Noche callada, No me pidas la exclusiva, No me olvides, Nunca, Olympia, Orgullo criollo, Osvaldo Pugliese, Parlamento, Piazzolla, Puede ser, Primer amor, Pulgarín, Punto y banca, Quién dijo miedo, Remolacha, Rosita, Sin mancha en el corazón, Si preguntan por mí, Soy bailarín, Sueño de amor, Sueño dorado, Te perdono, Tiny, Tierra querida, Todo corazón, Todo el año es carnaval, Un dilema, Un silbido en el bolsillo, Violín alucinado, Violín alucinado; Viña del Mar, Viejo paria, Yo me quiero divertir.*

Grabó en los sellos RCA Victor, Brunswick, Victor Juniors, Odeón, y Pathe. Comenzó en 1931, y dejó registrados, entre otros, *Atilio Pelossi; Adiós arrabal; Arolas; Ay, aurora; A pan y agua; A la francesa; Allá en el cielo; Andá con tus amigos; Aníbal Troilo; Arrabal; Boedo; Berretín; Batida nocturna; Boca abierta; Balcón florido; Buen amigo; Blanquita; Bohardilla; Beba; Catamarca; Color de rosa; Copacabana;*

*Criolla linda; Corazón de carbón; Cuatro campanadas;
Caripavo; Coraje; Cote D¡Azur; Churro; Chiclana; Che,
Pascual; Don Esteban; Demasiado tarde; Deseo; Dónde estás
corazón; Del pasado; De mi barrio; Dulce esperanza; Derecho
viejo; De rompe y raja; De vuelta al bulín; Decime qué pasó;
Dejá que te cuente; Don Goyo; De contrapunto; Decime que sí;
Desengaño; Dolor; El pensamiento; El buey solo; El espiante;
El penado 14; El baqueano; El rebelde; Esta noche de luna; El
arranque; Esmeralda; Era mi vida; El motivo; El pillete; El
monito; Flores negras; Filigrana; Fuego; Flor de milonga;
Gaucha; Gigoló; Guardia vieja; Ideal; Ilusión de pierrot;
Ja...ja...ja...; Jueves; Luz divina; La revancha; La serenata de
ayer; La rayuela; La casita está triste; La casita de mis viejos;
La revancha; La cumparsita; La tranquera; Lorenzo; Loca
bohemia; La refalada; La otra noche; Mentiras de amor;
Mariposa; Moulin Rouge; Mi dolor; Mala pinta; Milonga de
Monserrat; Maipo; Medio día; Milonga de mi flor; Mis lágrimas; Mala pata; Mala junta; Mocosita; Nunca; Norma; No
hay tierra como la mía; Noche estrellada; Narciso negro; Ojos
negros; Orgullo criollo; Para Corrientes; Puras plumas; Puro
apronte; Puro corte: Piramidal; Parlamento; Pobre Margot;
Puede ser; Pura maña; Picardías; Quiéreme más; Rodríguez
Peña; Recuerdo; Soy bailarín; Sueño de juventud; Selecciones
de Gardel; Sobre el pucho; Solterona; Sacachispas; Sorpresa
de novia; Sueño azul; Tata viejo; Triste; Todo corazón; Taba
calzada; Tierra negra; Tristeza; Un copetín; Un silencio; Un
violín en la noche; Viña del Mar; Vení chinita; Volverás; Yo no
sé si me querés.*

Fue un incansable luchador por la defensa del tango y de los
autores y compositores, a lo largo de su extensa trayectoria como
músico y como dirigente de SADAIC en cuatro oportunidades.
Publicó sus memorias en el libro "El tango en sus recuerdos"

202

MIGUEL CALÓ

Nació en el barrio de Balvanera, en Alberti 284, un 28 de octubre de 1907, y de los 16 hijos que tuvo el matrimonio de inmigrantes italianos que como muchos otros buscó paz y trabajo por estas tierras, 6 se dedicaron a la música: Miguel, Juan, Salvador, Antonio, Armando y Roberto, lo que resulta paradójico si se tiene en cuenta que el padre, como ocurría por ese entonces en muchas otras familias, no quería saber nada con ese tipo de inclinaciones. A pesar de eso, Miguel Caló comenzó a escondidas en 1923 sus estudios de violín, y llegó a comprarse uno usado, hasta que fue descubierto por su progenitor, quien le *secuestró* el instrumento. Su pasión pudo más y siguió, como pudo y con "profesores" que tocaban de oído, pero cambió el violín por el bandoneón. Su debut en público, siendo un muchachito, se produjo en el cine **Independencia,** en su propio barrio, ya con la anuencia del padre, fundamentalmente porque sus actuaciones en el cine le significaban un importante ingreso mensual. A partir de esa experiencia perfeccionó sus conocimientos de música con Julián Divasto, un músico que también vivía a pocas cuadras de su casa. Fue entonces requerido por Francisco Pracánico para integrar su conjunto, con el que acompañaba en el **Teatro Astral** a Azucena Maizani. A raíz de esas actuaciones fue que el empresario del teatro, Clemente Lococo, lo instó a que formara su propia agrupación, y así se transformó en director en 1928. Pero esta experiencia duró poco, porque al año siguiente Cátulo Castillo lo llevó en una gira por España, junto con los hermanos Malerba y con Roberto Maida como cantor. Luego de esa exitosa gira volvió a la Argentina, y formó nuevamente su propio conjunto, con él y Domingo Cuestas en bandoneones, Domingo Varela Conte, Hugo Gutiérrez y Enrique Veltri en violines, Luis Brighenti en piano y Enza Ricci en contrabajo, con Román Prince como cantor. Con esa formación grabó en Odeón, *No vale la pena, Tú eres para mí, Si volviera Jesús, Nostalgia, Dulce amargura*. Sin embargo, Osvaldo Fresedo lo convenció para que viajara a los Estados Unidos como bandoneonista de su orquesta, que no encontró en aquel país el eco esperado, y la experiencia se transformó para Caló en un rotundo fracaso.

Ya en 1937 la orquesta de Miguel Caló brillaba en sus actuaciones en radio, en bailes e inclusive a través de los discos, pero él consideraba que su fama empezó en 1942, tres años después de haber formado su nueva orquesta, cuando grabó un tema que se transformó en un éxito arrollador. Uno de sus músicos, Domingo Federico, había compuesto con letra de Homero Expósito el tango *Al compás del corazón*. La magnífica interpretación que hacía la orquesta estaba complementada por la sutil voz del cantor Raúl Berón. No fue casual, entonces, la cálida acogida que el público tanguero le brindó, tanto al tango como a la interpretación, y de allí en más la orquesta de Caló pasó a integrar la lista de los grandes del tango.

Esto lo llevó a decir que era inexplicable que un músico que trabaja seriamente durante tantos años no obtenga del público el reconocimiento que su labor merece y que, de golpe, una sola interpretación le marque el inicio de una etapa de éxitos ininterrumpidos, a partir del fenómeno que produjo la aceptación masiva de un determinado tema. Aunque no lo entendía, consideraba que era muy positivo que ello ocurriera, porque debía servir de aliciente para todos los que luchaban con empeño para levantar el nivel de la música popular.

Lo que no se sabe, es si Caló conocía cuál fue el motivo que inspiró a su autor para componer el tango *Al compás del corazón*, contado por él mismo, muchos años después, en un programa de televisión. El relato fue el siguiente: Domingo Federico era en ese entonces estudiante de Medicina, y en una clase práctica de la cátedra del profesor Bernardo Housay les explicó a los alumnos que si a una rana se le extraía del cuerpo el corazón, seguía latiendo por 48 o 72 horas. Un día a Federico se le ocurrió comprobar si era cierto. Una vez frente al corazón de la rana, le llamó la atención lo rítmico del latido. Fue hasta el piano y comenzó a imitarlo con notas. Lo llamó por teléfono a Homero Expósito y le pidió que fuera enseguida a su casa. Una vez allí, le dijo *quiero que escuches estas notas*. Ni bien las escuchó, Expósito, sin conocer los pormenores, expresó inmediatamente *late un corazón*. Asombrado, Federico le preguntó: *¿de dónde sacaste eso?*, y cuando Expósito le dijo que se asemejaba al latido de un corazón, recién allí le contó la anécdota y el motivo por el cual lo había llamado. Lo completaron, y así nació ***Al compás del corazón***.

Cuando alcanzó la fama pasó a ser la de Miguel Caló la "Orquesta de las Estrellas". El mote no era gratuito. La integraban, entre otros, músicos que le agregaban a su capacidad, el hecho de ser compositores de grandes tangos. Estaba así integrada; Domingo Federico, Armando Pontier, José Cambareri, Felipe Ricciardi, en bandoneones, Enrique Mario Francini, Aquiles Aguilar, Ariol Aroldo Ghesaghi, Angel Bodas, en violines, Osmar Maderna en el piano y a cargo de los arreglos, y Ariel Pedernera como contrabajista. También alternaron en algunas oportunidades Héctor Stamponi en piano, como bandoneonistas Julio Ahumada, Antonio Ríos, Carlos Lázzari, Alberto San Miguel y Eduardo Rovira. Vale destacar que Enrique Mario Francini llegó a ser solista en el **Teatro Colón**.

El ingreso de Domingo Federico, Enrique Mario Francini, Armando Pontier, y de Osmar Maderna se produjo simultáneamente, en 1939. Muchos de ellos más adelante brillaron con luz propia, cuando se desvincularon de la orquesta de Miguel Caló, y formaron sus propias agrupaciones. El primero en hacerlo, en 1943, fue Domingo Federico, y poco después la orquesta se desmembró, con el alejamiento de Francini, Pontier y Maderna. En esa orquesta el alma y la esencia fue, sin lugar a dudas, Osmar Maderna. Era el instrumentador principal, quien básicamente hacía las orquestaciones y quien le imprimió ese estilo tan personal e inconfundible. Sólo en los tangos de su autoría, Francini, Pontier y Federico hacían los arreglos, o Héctor Stamponi en el caso de sus valses, aunque el toque definitivo lo daba siempre Osmar Maderna. Eso la transformó en una orquesta muy particular, porque contaba en su integración con más de un genio. Por algo triunfó en todas las giras que realizó por casi todos los países de América Latina.

Cuando Miguel Caló incorporó a su repertorio el tango de Domingo Federico **Saludos**, que comienza con un solo de violín, en el ensayo previo Francini, por su cuenta, hizo unas modificaciones introduciendo unos fraseos que no estaban en el arreglo original. Caló, molesto, le dijo *¡Pará, pará! ¿Qué es eso?, no agregués cosas por tu cuenta.* Pero el resto de los músicos lo convencieron de que las dejara, que eran cosas muy lindas, y así comenzó Francini a imponer su estilo, su personalidad.

Miguel Caló también supo elegir con talento a sus cantores, que formaban una conjunción perfecta con la orquesta en cada interpretación. Así pasaron Carlos Dante, Jorge Ortiz, Alberto Podestá, Raúl Iriarte, Raúl Berón, Roberto Arrieta, Roberto Rufino, Luis Correa, Félix Ocampo, Alberto Morel, Luis Tolosa, Horacio Deval, Mario Corrales, Juan Carlos Rolón, Alfredo Dalton, Juan Carlos Fabri, Ricardo Blanco, Raúl Ledesma, Carlos Roldán, Carlos Barbé, Miguel Martino, Roberto Luque, Carlos Vázquez, Tito Reyes, y también tiene grabaciones con Alberto Marino, Miguel Montero, Lucho Gatica y con las cantantes Ada Gálvez, Manina Ibar, Chola Luna y con la japonesa Ranko Fujisawa.

Con Raúl Iriarte grabó 60 temas; con Roberto Arrieta, 30; con Raúl Berón, 28 y con Alberto Podestá, 27. Alcanzó grandes éxitos con Raúl Iriarte, el nombre artístico adoptado por Rafael Fiorentino, nacido en Barracas el 15 de octubre de 1916, que debutó en 1937 en la orquesta de Enrique Forte y que luego cantó con Raúl Blasi. Fue en 1942 que se incorporó a la brillante orquesta de Miguel Caló, con quien cantó hasta que se transformó en solista y en 1950 se fue a Colombia, donde actuó con singular éxito.

A diferencia de otros grandes directores, no trascendió como compositor, aunque aportó una interesante serie de obras, como *Allá en el cielo, Aquel lugar querido, A mí me gusta...¿a Usted?, A Osmar Maderna* (luego Soy melodioso), *Cuento azul, Copa de amargura, Corazón yo creo en vos, Con personalidad, Cobrate y dame el vuelto, Culpable, Campanita de oración, Cómo le digo a la vieja, Che, Panchito, Desorientado, Dos fracasos, Declaración, Disco rayado, El abandono, Es mejor, Extra, Echale sal, El mundo de los dos, Es una santa mamá, Fastidio, Garabato, Hermana, Ingratitud, Jamás retornarás, Jugando...jugando, Luna de plata, La pequeña Shirley, Me casé con un sargento, Milonga, milonguera, Me llamo Anselmo Contreras, Mi adiós, Munyinga, Mimí, Mi gaucha, Milonga porteña, Nadien, No me reproches este adiós, No me tengas así, Porteñísimo, Porteñísima, Qué falta que me hacés, Qué te importe que te llore, Que te lo diga Dios, Si yo pudiera comprender, Solitaria, Sin cuartel, Soy feo pero vistoso, Soy milonguero, Sabor a Buenos Aires, Te pregunto, Ternura, Todo es mentira, Unamos nuestras vidas, Un lugar para los dos, Voy pa'viejo*.

Extrañamente, Caló en algunas grabaciones agregó una batería a sus habituales instrumentos, lo que se nota perfectamente en los registros de *Azabache* y *Corazón no le hagas caso*. Era tal el éxito de la orquesta que cuando actuaban en algunos de los reductos tangueros de la época la gente no iba solamente a escuchar al conjunto y a sus cantores, sino a ver tocar a los compositores que la integraban.

Quedó para recordarlo una extensa nómina de grabaciones, en los sellos Splendid, Odeón, donde registró casi toda su trayectoria, y Embassy, entre las que se destacan *A las estrellas; Aconsejando, A mucha honra; Azabache; Amo a París; Allá en el cielo; Alma mía; Adiós pampa mía; Al compás de un tango; Amarguras; A Martín Fierro; A la gran muñeca; A media luz; Aquel viejo tango; A mí me gusta...a usted?; Aquel lugar querido; A Villoldo; A mí me llaman Juan Tango; Adiós; Así se baila hoy; Amor y tango; A las 7 en el café; Al compás del cora-*

zón; *Bohardilla; Bajo un cielo de estrellas; Bailar y soñar; Bien criolla y bien porteña; Bebiendo contigo; Brazo de oro; Boca Juniors; Bien jailefe; Barrio de tango; Cuando rondan los recuerdos; Cuando me entrés a fallar; Café para dos; Caballo de calesita; Carta para René; Cuanta angustia; Canción desesperada; Cosas de tango; Corazón no le hagas caso; Cuando caigan las hojas; Cómo le digo a la vieja; Coplas de esperanza; Cafetín de Buenos Aires; Cimarrón de ausencia; Cuando tallan los recuerdos; Caminito; Carriego; Cada día te extraño más; Cambalache; Corazón si lo vieras; Corazón de papel; Cuento azul; Con personalidad; Corazón yo creo en vos; Cobrate y dame el vuelto; Canción de rango; Cuatro compases; Che bandoneón; Charamusca; Domingo a la noche; Después; De seis a siete; Declaración; Desorientado; Disco rayado; De barro; Dos fracasos; De levita y con bastón; Duelo criollo; Dulce amargura; Dejame hablar; En fa menor; El bazar de los juguetes; El mismo final; En la calle; El divorcio; El billete; Echale sal; En el recuerdo; El chamuyo; Es una santa, mamá; El amanecer; El penado 14; El mismo final; Encadenados; El mismo dolor; En tus ojos de cielo; El choclo; El abandono; Extraña; Elegante papirusa; El bazar de los juguetes; El vals soñador; Es en vano llorar; Entre sueños; El plebeyo; El desafío; Entre dos; El chupete; En secreto; El cuatrero; Fatalmente nada; Fantasma; Flor de lino; Frenético; Fruta amarga; Gloria; Gime el viento; Garras; Gracias; He vuelto muchachos; Inútil; Igual que una sombra; Inspiración; Jamás retornarás; Jugando... jugando; Luna de Tartagal; La de los ojos tristes; La trampera; La mentirosa; Los mareados; Los años pasan; Luces del puerto; La cantina; La guitarrita; La noche que te fuiste; La pequeña Shirley; Luna de plata; Los despojos; Los cosos de al lao; La negra quiere bailar; Luna de Viejo Castillo; La cumparsita; La última cita; Los leñadores; La casa vacía; Lo pensó así; La luz de la pensión; Las campanas; La barquilla; La guiñada; La perinola; Loco turbión; La maleva; La vi llegar; Lo que vos te merecés; La abandoné y no sabía; Lejos de Buenos Aires; Lluvia de abril; Madre hay una sola; Madalit; Milonga porteña; Mama yo quiero un novio; Mi flor de noche; Madre; Milonga que peina canas; Mi promesa; Mi tango es triste; Mi Nataí; Mañana iré temprano; Murmullos; Mis flores negras; Mientras viva; Milonga, milonguera; Mi moro; Margo; Madre de los cabellos de plata; Me llamo Anselmo Contreras; Me duele el corazón; Mañana no estarás; Mentiras piadosas; Margarita Gauthier; Mi moro; Mi flor de noche; Marión; Mientras vuelva el amor; Mi cantar; Mulata; Malva loca; Me casé con un sargento; Manos adoradas; Milonga antigua; Nocturna; Noche de plataforma; No fue ninguno de los dos; Nostalgias; Nadine; Nada; Noche de locura; No vale la pena; Nunca más; Notas para el cielo; No te olvides de mí, corazón; No te perdono más; Nido gaucho; Oyeme; Oración errante; Otro tango; Orquestas de mi ciudad; Pa' lo que te va a durar; Para Osmar Maderna; Para el recuerdo; Por una cabeza; Pasional; Pobre mi madre querida; Por la cuesta arriba; Percal; Plomo; Por quererla así; Por unos ojos negros; Pudo ser una vida; Pobre negra; Pa' que seguir; Porteñísima; Precio; Portero, suba y diga; Primero yo; Pedacito de cielo; Pimienta; Puesta de sol; Pobre negra; Quiero huir de mí; Que te lo diga Dios; Quedó en venir a las nueve; Qué cosas tiene la vida; Quedémonos aquí; Qué te importa que te llore; Qué me van a hablar de amor; Racconto; Rondando tu esquina; Reminiscencias; Rebeldía; Soy melodioso; Sueña; Soy feo, pero vistoso; Serpentina de esperanza; Sin comprender; Suena el acordeón; Soy milonguero; San souci; Sol; Si yo pudiera comprender; Sin palabras; Saludos; Seis días; Sobre un mar de azoteas; Soledad, la de Barracas; Snobismo; Señor que no me mira; Sabor a Buenos Aires; Sensiblero; Si volviera Jesús; Si tú quisieras; Tedio; Tierra querida; Tristezas de la calle Corrientes; Trapitos; Tomá estas monedas; Trasnochando; Tabaco; Tarde gris; Trenzas; Tarareando; Tango triste; Tu piel de jazmín; Tú; Tanto; Tú eres para mí; Una fija; Un tango para la historia; Unamos nuestras vidas; Unión Cívica; Un infierno; Un alma buena; Una tarde cualquiera; Un crimen; Valcesito; Volvió una noche; Vanidad; Vengo a verla; Voluntad; Verdemar; Yo; Y dicen que no te quiero; Yo soy el tango; Yira...yira; Yo pequé; Yo también soñé; Y te necesito tanto; Ya sale el tren; Yuyo verde.*

En 1963 Miguel Caló formó nuevamente la Orquesta de las Estrellas, para lo cual convocó a Domingo Federico, Armando Pontier, Enrique Mario Francini, a Orlando Trípodi en lugar del desaparecido Osmar Maderna, y a los cantores Raúl Berón y Alberto Podestá. El objetivo era grabar un disco en Odeón, y actuar en radio **El Mundo**, auspiciados por la zapatería Grimoldi y la presentación de Cacho Fontana y en **Canal 9,** donde hicieron durante cuatro sábados un programa de una hora. Para poder grabar el disco tuvieron que formar una cooperativa, y firmar todos el contrato con Odeón. Pero así se rememoró la Orquesta de las Estrellas.

Sin que nada lo hiciera pensar, en la noche del 24 de mayo de 1972 falleció de muerte súbita, mientras caminaba por la calle Montevideo, casi llegando a Corrientes. Y así el tango perdió al que supo crear la "Orquesta de las Estrellas". .

ROBERTO FIRPO

Fue uno de los primeros intérpretes del tango, y quien incorporó definitivamente el piano en los conjuntos que por entonces interpretaban nuestra música popular. Hijo de Nicolás Firpo y Celestina Verdessi, nació el 10 de mayo de 1884 en Las Flores, provincia de Buenos Aires, ciudad natal también, un 13 de agosto del mismo año, de otro grande del tango, Agustín Bardi. De joven le nacieron sus ambiciones artísticas, para lo que el pueblo le quedaba chico. Aunque su padre era dueño de un almacén, su condición económica no le permitía darse el lujo de costearle a su hijo el viaje y la estada en la Capital Federal, que era su meta. Con sólo 14 años se animó y cumplió su sueño. Ya en la gran ciudad, consiguió trabajo en un almacén en Santa Fe y Callao, aprovechando la experiencia que había adquirido en el negocio de su padre, y tras un fugaz paso como peón de esquila en una estancia, volvió a la Capital Federal. Tenía 17 años y ganas de triunfar en lo que era su ambición, la música. Para subsistir, se desempeñó como obrero, primero en una fábrica de calzado, y luego en los Talleres Vasena. Allí también trabajaba alguien que luego sería otra de las glorias del tango, José "Bachicha" Deambroggio. A través de él se vinculó con el maestro Alfredo Bevilacqua, autor de joyas musicales como *Independencia*, *Venus* y *Emancipación*, con quien perfeccionó sus estudios de violín. Después de los trágicos episodios registrados en la fábrica Vasena, para poder vivir, sólo en Buenos Aires, se ganó la vida como pintor, repartidor de leche, empleado de comercio y albañil. Como eso no alcanzaba decidió irse a Bahía Blanca, donde trabajó en el puerto como apuntador, mientras que en uno de los cafés de la zona aprovechaba para practicar piano, con la anuencia del dueño, en sus horas libres. Pero su destino era otro, formar parte de la Guardia Vieja, de la que se lo consideró un patriarca.

De vuelta en Buenos Aires, con lo poco que había ahorrado se compró un piano. *Doscientos pesos me costó el día más feliz de mi vida*, confesó mucho más adelante.

Luego, ya como pianista, debutó con un trío en el café **La Marina**, en Suárez y Necochea, en plena Boca, lugar donde ya triunfaba, en el **Café Las Flores**, otro pianista, Manuel A. Campoamor, quien dejó para recordarlo *La cara de la luna*, *El Sargento Cabral* o *La metralla*. Posteriormente formó otro trío, con Juan Carlos Bazán en clarinete y Francisco Postiglione en violín, con el que alcanzaron un gran éxito en "lo de **Hansen**". Como dijimos, fue uno de los primeros en incorporar el piano al tango, que hasta entonces se tocaba con flauta, guitarra y violín. Escenarios antológicos como **Hansen**, **El velódromo**, **El tambito**, **Palais de Glace**, **Armenonville**, **El Centenario**, o **La Castellana**, de la Avenida de Mayo, lugar tradicional de música española, fueron testigos de su virtuosismo. Estos lugares eran simbólicos para el tango, y lo demuestra el hecho de que fueron inmortalizados en obras famosas por grandes autores. En su orquesta tocaron glorias como Eduardo Arolas, Juan Polito, Francisco Canaro, Juan Carlos Bazán, Agesilao Ferrazzano, Tito Roccatagliata, José "Bachicha" Deambroggio, el creador de **Bandoneón arrabalero**, Leopoldo Thompson, Cayetano Puglisi, así como José Servidio, que pasó a la inmortalidad con **El bulín de la calle Ayacucho**.

Según cuenta la historia, fue Roberto Firpo quien pasó al pentagrama como debía escribirse técnicamente, pero en tiempo de tango, una marchita para carnaval que le llevó Gerardo Matos Rodríguez en Montevideo a la confitería **La Giralda**, donde estaba tocando, con un éxito extraordinario. Esa pieza ya llevaba como título **La cumparsita**, porque era para la comparsa "Ateniense", de la que él formaba parte, y estaba garabateada sobre un papel en blanco. Firpo, además de pasarla al pentagrama le hizo algunos retoques, y una noche la estrenó, aclarándole al público de **La Giralda** que el autor era un muchacho uruguayo. Ninguno de los dos se imaginaba entonces que desde esa confitería saldría a la fama el "Himno del Tango". Seguramente ése debe ser el motivo por el cual desde la vecina orilla se dice que **La cumparsita** es uruguaya. Cabe recordar sobre este tango que Matos Rodríguez le entabló un juicio a Enrique P. Maroni y a Pascual Contursi porque les agregaron letras sin pedirle su autorización. Debieron pasar 20 años para que finalmente tuviera un fallo favorable. Lo que ocurría es que Matos Rodríguez le había escrito la letra original, que es la que dice *La cumparsa/ de miserias sin fin desfila.....*

Roberto Firpo acompañó en 1918 con su orquesta en el **Teatro Buenos Aires** a la actriz Manolita Poli, en el estreno de la obra "Los dientes del perro", de José González Castillo y Weisbach, en la que cantaba **Mi noche triste**.

Compuso temas que hoy forman parte de la galería de los clásicos: **Alma de bohemio, Argañaraz, Al gran bonete, Ave sin rumbo, Alma poética, Angustias del corazón, Alma gaucha, Al resplandor de las estrellas, Bravo porteño, Benguria, Barquinazo, Barógrafo, Boca negra, Cabaret de cristal, Cero a** *cero, Crepúsculo serrano, Curda completa, De pura cepa, Didí, De aquellos tiempos, De mi arrabal, Desde pebeta, De madrugada, Después de tanto rodar, De vuelta al pago, Dulce perdón, De mi flor, De tal palo...¡tal astilla!, El apronte, El rápido, El compinche, El repique, El solitario, El ahorcado, El gallito, El horizonte, El perrito, Eco melodioso, En el desierto, El ricotero, El resplandor, En plena mar, El tachero, El talento, Escalera real, En la brecha, El bisturí, En la lejanía, El recado, El amanecer, Fuegos artificiales, Flor de suburbio, Hoy te llaman Milonguita, Horas de pasión, Hilacha, Homero, Honda tristeza, Indio, sacale el pelo, Indiecita, Ida a Bernal, La bordadora, La caravana, Lo mismo que ayer, La despedida, Lo que está bien...ta'bien, La canción del cabaret, La muchacha del arrabal, Los creadores, La murra, Los pajaritos cantan, La cocinera, Las carreras, La gaucha Manuela, Los Guevara, La Chola, Mágico sueño, Mascarada, Muy juntitos, Milonga orillera, Milonga del 38, Mal pagador, Mariposa azul, Marejada, Montevideo, Noche de farra, Noches de frío, Ni flores que se ven, Noche calurosa, Olas nocturnas, Ondas sonoras, Presentimiento, Pálida sombra, Penas del alma, Por buen camino, Pensando en ti, Que la salve Dios, Qué me contás!, Recordando lo pasado, Sueño florido, Siempre te recuerdo, Sentimiento criollo, Siempre juntitos, Toda la vida, Triste memoria, Te ví llorar, Tallada, Una partida, Una sombra, Vea, vea, Viviani.* Támbiém compuso una cantidad de estilos y temas camperos, pasodobles y fox-trots.

Como dijimos, contó en sus conjuntos con maestros como Eduardo Arolas, Tito Roccatagliata, Agesilao Ferrazzano, José Servidio, Alejandro Michetti, Octavio Scaglione, Enrique Cantore, Juan B. Guido, Osvaldo Pugliese, Juan Carlos Bazán, Pedro Maffia, Rafael Tuegols, Rafael Giovanazzi, Armando Federico, Carlos García, Antonio Rossi, José Nieso, Cayetano Puglisi, Elvino Vardaro y Luis Cosenza.

Con distintas orquestas, con el quinteto y con su cuarteto, con el que rememoró sus grandes éxitos, formó parte de la historia viva del tango y dejó para el recuerdo un número extraordinario de grabaciones en los sellos Columbia, Era Atlanta, Odeón y RCA Víctor, entre las que se destacan *Ataniche; Alma de bohemio; Anoche a las dos; A Firpo; Alas nocturnas; Argañaraz; Al volver de madrugada; A media luz; Apolo; Ave sin rumbo; Atardecer campero; Boca negra; Buen ejemplo; Botonazo; Barranca abajo; Bar exposición; Como los nardos en flor; Cielo de arrabal; Canaro; Carillón de La Merced; Campo afuera; Camarada; Casino Pigall; Clavel rojo; Curda completa; Chiquita; Chinita linda; Champagne tango; Don Juan; Didí; Diez de mayo; De vuelta al bulín; Don Enrique; De mi arrabal; De vuelta al pago; Duelo criollo; Desde el alma; El internado; El cencerro; El potro; El aeroplano; El esquinazo; En el desierto; El perrito; El cencerro; El llorón; Espinas; El entrerriano; El pensamiento; El talento; El pirata; El tango de anoche; El horizonte; El porteñito; El once; El amanecer; El aeroplano; El talar; El cuzquito; El repique; Entre los ceibos; El tabernero; El pillete; El choclo; El paisano; El apache argentino; El flete; Entre dos luces; El compinche; El estagiario; El chamuyo; El apronte; El chacotón; Fantasma; Fuegos artificiales; Felicia; Gato; Hotel Victoria; Hernani; Ivette; Indio manso; Joaquina; Juego limpio; La puñalada; La que murió en París; La trilla; La rosarina; Las tres de la mañana; La luz de tus sonrisas; La morocha; La violetera; La chiflada; La payasa; Los dientes del perro; La galarcita; La morocha; La bordadora; La murra; La canción del cabaret; Loco lindo; La cueva de oro; La cumparsita; Las golondrinas; La payanca; Lo mismo que ayer; La regalona; La revoltosa; Lagrimitas; La rezongona; Llanto de amor; Muchachita buena; Mi pebeta; Me gusta bailar milonga; Mi llanto; Mascarita; Marejada; Malevaje; Mascarada; Mi desdicha; Mi noche triste; Muchachitas de Chiclana; Mi corazón es tu morada; Milonguita; Martínez; Miniatura; Mala racha; Mariquita; Mensaje de amor; Martirios del alma; Milonga orillera; Nostalgias; Nubes de humos; No quiero verte llorar; Noche calurosa; Noche de frío; Ñata linda; Organito de la tarde; Olga; Ondas sonoras; Organito del suburbio; Por ella he sido malo; Piedrita; Princesita; Paja brava; Pobre gallo bataraz;*

*Padre nuestro; Palo dulce; Presentimiento; Plumitas; Que
Dios te ayude; Qué noche; Risa de cristal; Recordando el pasa-
do; Rodríguez Peña; Racing Club; Retintin; Reflejos de luna;
Si alguna vez; Sin cariño; Serenatas de ayer; Seña fatal;
Sábado ingles; Sueño florido; Suerte negra; Sentimiento crio-
llo; Te fuiste, hermano; Te aconsejo que me olvides; Triste
recuerdo; Taita linda; Tratala con cariño; Triste separación;
Tierra negra; Una partida; Un lamento; Volver a vernos;
Viviani; Vida mía; Vea, vea; Y una noche; Yo tuve un amor; Yo
tuve un corazón; Yo también tuve mis tiempos.*

Roberto Firpo falleció a los 85 años, el 14 de junio de 1969.

RODOLFO BIAGI

El popular "Manos Brujas" había nacido en San Telmo el 14 de mayo de 1906. Con sólo 13 años tocaba el piano en el cine **Colón** de la calle Entre Ríos. En 1920, con Elvino Vardaro, debutó en la orquesta de Juan Maglio "Pacho", que tocaba en el café **Nacional** y luego en el café **Domínguez**, para pasar luego a la de Miguel Orlando y más tarde a la de Juan B. Guido, a quien apodaban "El leche-rito".

A los 24 años se dio el lujo de acompañar en cinco grabacio-nes a Carlos Gardel, junto con sus habituales guitarristas, José María Aguilar, Guillermo Barbieri y Domingo Riverol, y el agre-gado de Antonio Rodio con su violín. Como testimonio queda-ron grabados los tangos *Buenos Aires, Viejo smoking, Aquellas farras,* el vals *Aromas del Cairo* y el fox-trox *Yo seré para ti, tú serás para mí.* En 1935 se incorporó a la orquesta de Juan D'Arienzo para reemplazar a Juan Polito, previo paso por la de Graciano De Leone, el recordado autor de *Un lamento.*

Para Horacio Salas, Rodolfo Biagi creó un estilo característico de interpretación, mediante un ritmo picado, más veloz que el resto de las orquestas, y que con él el tango volvió al dos por cuatro y retomó su alegría inicial. Hay quien también asegura que fue Biagi el que introdujo la modalidad de agregar compases de piano en los silencios, que luego fue copiada por casi todas las orquestas.

En 1938 se desvinculó del "Rey del Compás", y formó su propia orquesta, con la que debutó el 16 de septiembre de ese año en el **Marabú** y en radio **Belgrano**. La mantuvo hasta 1956 y logró resonantes éxitos, hasta hoy inolvidables. El más popular, sin lugar a dudas, su aplaudida interpretación del vals *Lágrimas y sonrisas*, que era lo mismo que decir Rodolfo Biagi.

Supo elegir cantores que estaban al tono con el ritmo que le imprimió a su orquesta. Los dos primeros fueron Andrés Falgás y Teófilo Ibáñez, y también tuvo a Alberto Echagüe, Alberto Amor, Jorge Saavedra, Carlos Heredia, Jorge Garré, Hugo Duval, Carlos Acuña, Carlos Almagro y Jorge Ortiz, cuyo verdadero nombre es Juan Edelmiro Alessio, nacido en el barrio de San Cristóbal el 18 de septiembre de 1912. Este excelente cantor también integró las orquestas de Edgardo Donato, A. Arcieri, Antonio Sureda, Vicente Bonavena y Miguel Caló.

El éxito de Biagi se basó en el tango clásico que reinó por décadas en los salones y en el gusto del público. La mejor prueba es que nunca quiso tocar nada compuesto por Astor Piazzolla, por considerar que era desvirtuar el tango. Falleció el 24 de septiembre de 1969.

Uno de sus primeros cantores, Andrés Falgás, había nacido el 15 de enero de 1914. Debutó cantando en LR4 **Radio Splendid**, por haber ganado un concurso que había organizado "Puloil", que era la marca de un conocido limpiador de utensilios de cocina. En 1933 cantó con la orquesta del recordado bandoneonista Federico Scorticatti, al año siguiente pasó a la de Enrique Rodríguez, la que integró hasta 1938, cuando se incorporó a la orquesta de Francisco Canaro, y luego a la de Biagi, para pasar en 1940 a la de Carlos Di Sarli, con quien inició una gira por México, donde decidió quedarse para formar un conjunto que denominó "Los Reyes del Tango". Regresó al país en 1944 y dos años después inició una gira que culminó en los Estados Unidos. Andrés Falgás falleció el 15 de mayo de 1995. Teófilo Ibáñez, por su parte, fue otro de los extranjeros atraídos por el tango. Había nacido el 22 de julio de 1907 en Pamplona, España, y ya radicado en nuestro país, debutó cantando en radio en 1925. En 1928 comenzó su actuación en la orquesta de Roberto Firpo, y dos años después formó un dúo con el recordado cantor Néstor Feria. Luego de una carrera como solista, se incorporó al conjunto de Adolfo Carabelli, hasta que en 1938, cuando Biagi formó su orquesta, pasó a ser uno de sus cantores. Falleció el 10 de marzo de 1986.

Rodolfo Biagi grabó mucho y bueno, en el sello Odeón, desde 1938 hasta 1956. En total 189 temas, de los cuales 34 eran instrumentales. De los cantados, 38 con Jorge Ortiz, 33 con Hugo Duval, 30 con Alberto Amor, 12 con Carlos Acuña, 11 con Andrés Falgás, 8 con Teófilo Ibáñez, y el resto con Hugo Duval, Carlos Almagro y Carlos Heredia. Entre otros grandes autores, incluyendo a él mismo, llevó al disco 12 temas de Carlos Bahr, 6 de Enrique Santos Discépolo, 6 de Horacio Sanguinetti, 5 de Enrique Cadícamo y 5 de Cátulo Castillo.

De sus grabaciones se destacan: *Ahora no me conocés; A la gran muñeca; Andrajos; A suerte y verdad; Adiós pampa mía; A mí no me interesa; Adiós te vas; Alma de bohemio; A la luz de un candil; Arrebato; Adoración; Barrio reo; Bélgica; Campo afuera; ¡Cielo!; Copas, amigas y besos; Cuando se ha querido mucho; Cantando se van las penas; Carillón de la merced; Como el hornero; Caricias; Canción de rango; Catorce primaveras; Canaro; Callecita de mi barrio; Camino del Tucumán; Con mi perro; Calla corazón; Cuatro palabras; Cicatrices; Café de los angelitos; Dichas que viví; Dejame amarte aunque sea un día; Deja al mundo como está; Didí; El entrerriano; El irresistible; El último adiós; El internado; Equipaje; Esta noche me emborracho; El incendio; El rápido;*

El 13; El carrerito; Flor de Monserrat; Guapo y varón; Gólgota; Griseta; Humillación; Hoy te quiero mucho más; Indiferencia; La Marcha Nupcial; La viruta; Loca de amor; Lonjazos; Lágrimas y sonrisas; La maleva; La marca de fuego; Lejos de tí; La chacarera; La novena; Lisón; La cumparsita; Mariposita; Marcas; Magdala; Matala; Metido; Mis amores de ayer; No le digas que la quiero; No puede ser; Oyendo tu voz; Picante; Por un beso de amor; Pinta orillera; Pájaro herido; Paloma; Pueblito de provincia; Por algo será; Por tener un corazón; Por la huella; Pura clase; Pájaro ciego; Queja indiana; Romántico bulincito; Re-fa-si; Ramona; Racing Club; Será lo mejor; Seamos amigos; Sueño de juventud; Son cosas del bandoneón; Sacerdotiza del tango; Soledad la de Barracas; Si de mí te has olvidado; Sosiego en la noche; Soy del '90; Trenzas; Tus labios me dirán; Tu promesa; Todo te nombra; Tu voz; Triste comedia; Te odio; Tu melodía; Uno; Una pena; Unión Cívica; Viejo portón; Y a mí qué; Y volvemos a querernos; Y no te voy a llorar; Yo también; Ya lo ves; Yo tengo un puñal; Zaraza.

EDUARDO AROLAS

Se puede decir que Eduardo Arolas, el "Tigre del bandoneón", fue sin lugar a dudas integrante de la mitología del tango, junto con otros grandes como Agustín Bardi, Pedro Laurenz, Pedro Maffia o Julio De Caro. Hijo de franceses, había nacido en Barracas, el 24 de febrero de 1892, y su verdadero apellido era Lorenzo Arola. Allí conoció las chatas y los corralones, a los cuarteadores y a los compadritos. Una farra lo inspiró para que, siendo adolescente, compusiera su primer tango, *Una noche de garufa*, en el café de Montes de Oca al 1600. Corría 1913 y, según el relato de García

Jiménez, era común que se mezclaran en ese ambiente camaradas, amigas y copas. Allí Arolas iba escribiendo las notas de un tango, sin título aún, a medida que los bailarines dibujaban sus pasos en las baldosas. Se le ocurrió entonces ponerle *Una noche de garufa*, porque decía que era lo que todos estaban viviendo.

De muchacho tocó en los lugares de bajo fondo que por entonces pululaban en La Boca y Barracas, como el café **TVO**, de Suárez y Montes de Oca, **La Turca**, de Necochea y Pinzón, **La buseca**, cruzando el Riachuelo, en Avellaneda, **Royal**, **Tabarín** o **Botafogo,** con un conjunto que contaba con músicos como Rafael Tuegols, el autor de *Zorro gris*, Julio de Caro, José María Rizzutti y Manuel Pizarro. .

Julio De Caro decía de él: *Fue el creador del rezongo y del fraseo del fueye. Sus composiciones encierran una estructura definida y una línea melódica de verdadera inspiración. El bandoneón que pulsaba hablaba siempre, musicalmente, el idioma porteño, sin cosas raras.* A su vez, Pedro Maffia opinó de Arolas que *La ejecución era brillante, enérgica. Tocaba el tango muy sencillo, sin variaciones, muy matizado y colorido.*

Otro grande del fueye, Pedro Laurenz, dijo: *Vivía adelantado a su época. Fue el precursor del fraseo. El rezongo también era una creación suya. Ha sido tan creador que durante años y años los que vinimos atrás hicimos lo que él hizo en 1920.*

Enrique Delfino lo definió así: *Tocaba de alma, ponía el corazón en los pliegues del fueye y no porque tuviera la digitación de Marcucci. Ante Arolas, yo tenía siempre la sospecha de que era poco instrumento para un corazón tan grande.* Su gran admirador, José Portogalo, aseguraba con acierto que *un bandoneón con incrustaciones de nácar circunstanció lo inmediato y expresivo de su apodo. Y un tango entrador de aquellos que no se empardan, mantiene vivo su nombre en la memoria del pueblo. Murió en París hace largos años, y sin embargo es como si lo tuviéramos a nuestro lado.*

Murió enfermo en París, el 21 de septiembre de 1924, pero antes de abandonar físicamente el mundo dejó huellas inborrables para que nunca se lo olvide, como *Alice; Adiós Buenos Aires; Araca; Anatomía; Bataraz; Bien tirao; Comme il faut; Cardos; Catamarca; Dinamita; Derecho viejo; De vuelta y media; El rey de los bordoneos; El jaguar; El chañar; El Marne; El gauchito; La cabrera; Lágrimas; La cachila; La trilla; La guitarrita; Mishiadura; Maipo; No; Nariz; Papas calientes; Place Pigalle; Qué querés con esa cara; Rocca; Rawson; Retintin; Suipacha; Taba calzada; Temperley; Una noche de garufa; Vivorita*, y muchas otras joyas musicales.

AGUSTÍN BARDI

Este excepcional violinista, pianista y compositor, nació en Las Flores, provincia de Buenos Aires, el 13 de agosto de 1884, donde, para bien del tango, unos meses antes había nacido otras de las glorias de nuestra música popular, Roberto Firpo. Pasó parte de su niñez y su adolescencia en Barracas, donde recogió las vivencias del arrabal, ya que a los seis años fue enviado por sus padres a la casa de unos familiares, con el objeto de que hiciera la escuela primaria en la Capital Federal. Con sólo 13 años entró como telegrafista en lo que era el Ferrocarril del Sud, pero ya hacía varios años que había aprendido a tocar la guitarra, gracias a las lecciones que le daba un pariente, instrumento que luego, en 1935, cambió por el violín. Su paso por el ferrocarril lo inspiró muchos años después para elegir el título de uno de sus tangos más notables, *Tinta verde*, por ser de ese color la que se usaba en la empresa ferroviaria.

Sus primeras armas las hizo integrando un trío que completaban el "Tano" Genaro Spósito en bandoneón y el "Tuerto" José Camarano en guitarra, con el que debutaron, como era muy común en aquella época de inicios del tango, en un café de La

Boca, el **Royal**, conocido en el ambiente como el "Café del Griego"..

Sus condiciones de músico lo llevaron tiempo después a tocar con Vicente Greco en **El estribo**, e integrar otro trío, esta vez como pianista, junto con los hermanos Graciano y Pascual De Leone. Más adelante, con Eduardo Arolas en bandoneón y Eduardo Ponzio (no Ernesto Ponzio) en violín, completó otro conjunto que tocaba en el **T.V.O.** de Barracas, y también tocó con Francisco Canaro. Su primer tango fue *Vicentito*, compuesto en 1912, que dedicó a Vicente Greco, su gran amigo. Por entonces no tenía todavía una gran facilidad para escribir música, por lo cual sus primeras obras se las pasó al pentagrama otro amigo, Hernani Macchi. Grabó solos de piano con la vieja técnica de los cilindros, en los sellos Pampa y Olimpo. Su última actuación en un escenario se produjo en 1921, debido a que como era gerente de una empresa comercial no quería trabajar de noche porque, según decía, *no tengo vocación de calavera*. De allí en más se dedicó exclusivamente a componer.

"Mascotita", o "el Chino Bardi", como lo llamaban sus amigos, murió de un ataque al corazón, a los 57 años, en la localidad de Bernal el 21 de abril de 1941, pero antes dejó una extensa lista de composiciones que enriquecieron la antología tanguera, como por ejemplo *Acuérdate de mí, Adiós pueblo, A la sombra, Amén, Barranca abajo, C.T.V., Cabecita negra, Cachada, Cartas amarillas, Confidencia, Chuzas, El cuatrero, En su ley, El rodeo, El forastero, El paladín, El pial, El baqueano, El tío soltero, El abrojo, El buey solo, El taura, Florcita, Florentino, Golondrina, Gente menuda, Gallo ciego, Independiente Club, La guiñada, La orillera, La racha, Lorenzo, Las doce menos cinco, La última cita, Misterio, Nunca tuvo novio, No me escribas, Madre hay una sola, ¡Oiga, compadre!, Pico blanco, Polvorita, ¡Qué noche!, Rezagao, Se han sentado las carretas, Se lo llevaron, Sin hilo en el carretel, Tinta verde, Tiempos mozos, Tierrita, Triste queja, Tiernamente, Viejo espejo, Yo también fui pibe.*

Fue presidente de SADAIC, y Osvaldo Pugliese, quien dijo de él *El tango, sin Agustín Bardi, no hubiera cambiado de forma*, le dedicó **Adiós Bardi**, mientras que Horacio Salgan compuso en su homenaje **Don Agustín Bardi**.

CÁTULO CASTILLO

Cátulo Ovidio González Castillo es una de las glorias que tuvo el tango, al que puso por encima de sus otras actividades como boxeador (fue preseleccionado para participar en los Juegos Olímpicos que en 1924 se realizaron en Amsterdam, Holanda), ensayista, periodista (trabajó en los diarios "El Líder", "El Nacional" y "Ultima Hora"), dirigente gremial, publicista, crítico teatral e historiador. Fue, por sobre todas las cosas, músico, director, autor y compositor. Uno de los hombres de Boedo, nació el 6 de agosto de 1906, y falleció de un síncope cardíaco el 19 de octubre de 1975. Hijo de otro grande del tango, José González Castillo, a poco de su nacimiento su familia se radicó en Valparaíso, Chile, y cuando volvieron a Buenos Aires, con sólo ocho años empezó a estudiar solfeo, teoría y violín, y más tarde también piano..

El primer tango que compuso, ***Organito de la tarde***, ganó el primer premio en el concurso "Disco Doble Nacional", organizado por la empresa editora Max Glucksman, y tiempo después su padre le agregó la letra. Con una orquesta integrada por él como pianista y director, Ricardo Malerba y Miguel Caló en bandoneones, Carlos Malerba y Estanislao Savarese en violines, y Roberto Maida como cantor, hicieron una gira por España que en principio debía durar unos meses, pero el éxito logrado hizo que permanecieran dos años en ese país. De regreso en la Argentina, en 1930 fue nombrado para desempeñarse como profesor de solfeo y teoría en el Conservatorio Municipal de Música, pero al año siguiente decidió viajar nuevamente a Europa, esta vez integrando la compañía del **Teatro Sarmiento**.

Desarrolló una extensa actividad, tanto desde sus cargos de secretario o presidente de SADAIC, donde defendió los intereses de los autores y compositores, como profesor primero y secretario luego del Conservatorio Manuel de Falla. En un principio componía la música de sus obras, hasta que al morir su padres decidió escribir solamente las letras, eligiendo como compositor a grandes músicos, como por ejemplo Aníbal Troilo.

Compuso grandes éxitos, como *Aquella cantina de la ribera, A Homero, Aquí nomás, A cara o cruz, Anoche, Aquellas locuras, Adiós, te vas, Acuarelita del arrabal, Bandita de mi pueblo, Caminito del taller, Café de los Angelitos, Corazón de papel, Callejón y huella, Camino del Tucumán, Color de barro, Chirimoya, Destino, Desencuentro, Dinero, dinero, Domani, Detrás del turbio cristal, El circo se va, El patio de la morocha, El aguacero, Eufemio Pizarro, El pregón, El último café, Historia breve, Invocación al tango, Juan Tango, Luna llena, La calesita, La última curda, La madrugada, Luces de París, La misa del tango, La cantina, Llorando tu ausencia, Me llamo Anselmo Contreras, Mi moro, María, Mangangá, No, no matarás, Naná, Organito de la tarde, Para qué te quiero tanto, Patio mío, Perdóname, Papel picado, Pobre Fan Fan, Por qué ha de ser así, Quince asños, Responso malevo, Rincones de París, Rosal, Silbando, Son cosas del ayer, Se muere de amor, Sin ella, Tu cariño, Tango sin letra, Tres, seis, diez, Te llama mi violín, Una vez, Un hombre silba en la noche, Una canción, Una canción en la niebla, Viejo ciego, Y a mí qué.*

JOSÉ MARÍA CONTURSI

Hijo de Pascual Contursi e Hilda Bríamo, nació en Lanús, provincia de Buenos Aires, el 31 de octubre de 1911. Fue locutor, cronista cinematográfico, y se desempeñó también como funcionario del Ministerio de Agricultura y Ganadería de la Nación. Pero, evidentemente, su destino era continuar la obra que había iniciado su padre en favor del tango.

Se lo recuerda como un gran autor, a través de obras inmortales como por ejemplo *Angustias, Al verla pasar, Bibelot, Como aquella princesa, Claudinette, Cosas olvidadas, Cristal, Cuando estés muy lejos, Cada vez que me recuerdes, Culpable, Como dos extraños, Desagravio, Distante, Este viejo corazón, Esclavo, Esta noche de copas, En el viejo café, En la capilla, En el olvido, En tinieblas, Entre la lluvia, Evocándote, En esta tarde gris, Es mejor perdonar, Fulgor, Frío, Grisel, Garras, Golondrinas, Has de volver un día, Junto a tu corazón, La lluvia y yo, La noche que te fuiste, La que murió en París, Lluvia sobre el mar, Manón, Milonga de mis amores, Mi ruego, Mis amigos de ayer, Mi tango triste, Más allá, Mañana a las ocho, Mi mejor canción, Mi viejo amigo, Otra vez, Para qué, Pena de amor, Que nunca lo sepa, Quiero verte una vez más, Sombras nada más, Sin lágrimas, Si de mí te has olvidado, Tormento, Tu piel de jazmín, Tú, Tu nombre, Tabaco, Toda mi vida, Vieja amiga, Verdemar, Y no puede ser, Y la perdí.*

Enrique Cadícamo

Nació en la Villa de Luján el 15 de julio de 1900, junto con el tango, al que le dedicó toda su vida. Ya en Buenos Aires, trabajó en el Consejo Nacional de Educación, y su gran vocación lo llevó a escribir su primer tango en 1924, al crear *Pompas de jabón*, con música del pianista Roberto Goyeneche. En 1930 estrenó su primer sainete, "Baba del Diablo", en el teatro **Buenos Aires**, y con lo ganado con esa obra, viajó por los Estados Unidos y Europa. A su regreso al país se dedicó al cine, para el que escribió innumerables argumentos, todos grandes éxitos.

Con su historia podría escribirse un libro, pero la mejor forma de homenajear a este hombre considerado "El poeta del tango", es recordando algunos de los grandes éxitos que nos legó, de los cuales algunos le pertenece la letra, y otros también la música, que escribió con el seudónimo de Rosendo Luna. Además del mencionado *Pompas de jabón*, *Aquellas farras*, *Adiós Chantecler*, *A pan y agua*, *Argañaraz*, *Ave cantora*, *Apología tanguera*, *Al mundo le falta un tornillo*, *A quién le puede importar*, *Almita herida*, *Ave de paso*, *Anclao en París*, *Boedo y San Juan*, *Berretín*, *Brumas*, *Callejera*, *Cuando tallan los recuerdos*, *Café de Barracas*, *Copas, amigas y besos*, *Compadrón*, *Che papusa, oí*, *Che, Bartolo*, *De todo te olvidas*, *Desvelo*, *Dolor milonguero*, *El llorón*, *El morocho y el oriental*, *El que atrasó el reloj*, *En lo de Laura*, *Escuchame*, *El cuarteador*, *El cantor de Buenos Aires*, *Garúa*, *Guapo de la guardia vieja*, *Igual que una sombra*, *La biaba de un beso*, *La calle sin sueño*, *Los mareados*, *La luz de un fósforo*, *La novia ausente*, *La barranca*, *La casita de mis viejos*, *La reina del tango*, *Melodía oriental*, *Muñeca brava*, *Madame Ivonne*, *Nostalgias*, *Naipe*, *No hay tierra como la mía*, *Nunca tuvo novio*, *Niebla del Riachuelo*, *Olvidao*, *Otros tiempos y otros hombres*, *Pico de oro, Pa' que bailen los muchachos, Por la vuelta, Palais de glace, Rubí, Rondando tu esquina, Santa milonguita, Shusheta, Se fue la pobre viejita, Se llamaba Eduardo Arolas, Tres esquinas, Tres amigos, Violetas, Vieja recova* y muchos más.

ÁNGEL D'AGOSTINO

El nombre completo de este pianista, director y compositor, era Angel Domingo Emilio D'Agostino. Había nacido en Buenos Aires un 25 de mayo de 1900, en Moreno 1626, entre Solís y Virrey Cevallos, y falleció, soltero, el 16 de enero de 1991. Integrante de una familia de músicos, todos aficionados, ya a los seis años empezó a teclear en el piano de su casa. Cuando sus padres descubrieron que no lo hacía por jugar le pusieron un profesor quien, como era normal por entonces, lo inició en los caminos de la música clásica.

Pero su destino era otro. Amigos de la familia, asiduamente concurrían a su casa Manuel Aróztegui y Alfredo Bevilacqua, quienes, sin saberlo, serían los que marcarían en ese chico de sólo ocho años su afición por el tango. En una de esas visitas Bevilacqua llevó la partitura de un tango que todavía no había estrenado. Angel le dijo que se animaba a tocar esa música en el piano, y así lo hizo, ante la admiración de su familia y del propio Bevilacqua. Dos años después, en 1910 y con motivo de los festejos del Centenario, vió la luz *Independencia*, esa magnífica obra que aún hoy recordamos.

Debutó a los 11 años en un terceto juvenil que integraban también D'Arienzo y Bianchi, que tocaba en el teatro **Guiñol**, que existía por aquella época dentro del **Jardín Zoológico**, que duró poco tiempo, porque el dueño del local nunca les pagó, como les había prometido.

También acompañaba con la música de su piano las películas mudas en los cines de barrio, como tantos otros que luego fueron grandes en el tango, y alternaba esas actuaciones con las que cumplía como pianista de música clásica en mansiones de aristócratas de la época, y en una cervecería, integrando el conjunto de Eduardo Arman, quien luego sería el director de una de las más conocidas orquestas de jazz.

Su trayectoria artística no se detuvo, con actuaciones en los más variados y selectos escenarios porteños, interpretando música de diversos géneros, hasta que en 1920 entró definitivamente en el tango, a través de la orquesta de Juan Maglio "Pacho". Luego formó su propio conjunto, con el que inicialmente tocaba tango y jazz. Hasta que en 1932 se incorporó Angel Vargas, nombre artístico de José Lomio. Este binomio alcanzó en la "Epoca de Oro" del tango éxitos inolvidables. Vargas había nacido en el barrio de Parque Patricios, el 22 de octubre de 1904, y murió el 7 de julio de 1959.

Antes de la incorporación a la orquesta de Angel D'Agostino, Angel Vargas había tentado suerte cantando en algunas agrupaciones orquestales, como la de Armando Consani, la de Landó-Mattino, con la que debutó en el Café Marzotto, o la de José Luis Padula, y también como solista, etapa en la que grabó dos discos acompañado por guitarras. Algunos historiadores compararon su estilo de cantar con el de Santiago Devin o el de Ignacio Corsini. Lo cierto es que hizo historia en el tango en la orquesta de Angel D'Agostino, con la que grabó 94 temas, de los cuales 84 fueron tangos, 6 milongas y 5 valses, antes de desvincularse, en septiembre de 1946, para iniciar una nueva etapa, esta vez como solista, con una orquesta dirigida por Eduardo Del Piano e integrada por muchos de los músicos que habían pertenecido a la de Angel D'Agostino. Después fue acompañado por conjuntos dirigidos, sucesivamente, por Armando Lacava, Alejandro Scarpino, Edelmiro D'Amario, Daniel Lomuto, Luis Stazo y José Libertela. Pero antes de eso hubo una breve separación, en 1943, cuando Vargas se unió al primer bandoneonista de D'Agostino, Alfredo Attadía, experiencia que duró sólo dos meses. El primer disco que grabó con D'Agostino tenía *No aflojés* de un lado y *Muchacho* del otro.

Por la orquesta de Angel D'Agostino también pasaron, entre otros, Tino García, quien venía de una etapa como solista y como cantor en las orquestas de Juan Maglio, Carlos Marcucci, Héctor Bates, Félix Guillán y Joaquín Do Reyes; Ricardo Ruiz, Roberto Alvar, Rubén Cané, Raúl Lavié y Raúl Aldao, pero las grabaciones más memorables las registró con Angel Vargas.

Angel D'Agostino contó con músicos excepcionales, como los bandoneonistas Alfredo Attadía, Ismael Spitalnik, Eduardo Del Piano, Salvador Cascone, Domingo Mattio, Alberto García, Mariano Rodas, Jacinto Nieves, Toto Rodríguez, Miguel Fernández, Máximo Mori, Santiago Cóppola, Atilio Corral, Manuel Daponte, Ernesto Baffa, los violinistas Víctor Felice, Mario Perini, Alberto Del Bagno, Alberto Del Mónaco, Carlos Arnaiz, Claudio González, Víctor Braña, José Votti, Armando Andrade, en bajo Vicente Sciarreta, Juan José Fantín y Romeo Molo, todos los cuales supieron interpretar fielmente los arreglos orquestales de Eduardo del Piano, Alfredo Attadía e Ismael Spitalnik, y la dirección, desde el piano, del maestro D'Agostino.

Compuso delicadas obras, como *Abranse las pulperías, Angel Vargas, el ruiseñor, Cantando olvidaré, Café Domínguez, Dice un refrán, El Morocho y el Oriental, El bar de Rosendo, Entre copa y copa, El cocherito, Esta noche en Buenos Aires, Hay que vivirla, compadre, Mi chiquita, Tres esquinas, Pobre piba, Almonacid, Pasión milonguera, Se llamaba Eduardo Arolas.*

Dejó inolvidables grabaciones para recordarlo, como *Argañaraz; Abranse las pulperías; Ahora no me conocés; Angel Vargas, el ruiseñor; Adiós para siempre; A pan y agua; Al volverte a ver; Ave de paso; A quién le puede importar; A las siete en el café; Así me gusta a mí; Adiós arrabal; Así era el tango; Alma de bohemio; Agua florida; Bailarín compadrito; Bailarín de contraseña; Barrio de tango; Carnavales de mi vida; Camino del Tucumán; Corazón cobarde; Con sabor a tango; Carnaval de mi barrio; Cómo querés que te quiera; Cuando se ha querido mucho; Caricias; Copa de ajenjo; Como el hornero; Compadreando; Café de Barracas; Cardo azul; Cantando olvidaré; Cascabelito; De pura cepa; De igual a igual; De corte criollo; Dice un refrán; Demasiado tarde; De salto y carta; Destellos; Era en otro Buenos Aires; En lo de Laura; El aristócrata; El bar de Rosendo; El 13; El cuarteador; El cocherito; El Morocho y el Oriental; El porteñito; Ella; El trompito; El choclo; Esta noche en Buenos Aires; El poncho del olvido; El espejo de tus ojos; Entre copa y copa; El Yacaré; El cornetín del tranvía; Esquinas porteñas; Gil a rayas; Gran muñeca; Gerardo Matos Rodríguez; Guitarra que llora; Gorriones; Hotel Victoria; Hay que vivirla, compadre; La violetera; La sonámbula; La carreta; La chiflada; La cumparsita; La nueva vecina; La barranca; La última cita; Llora vida mía; Mi viejo Buenos Aires* (con palabras de Julio Jorge Nelson)*; Mentiras; Mi viejo barrio; Madreselva; Muchacho; Mi chiquita; Muñequita; Menta y cedrón; Me llaman tango; Mano blanca; Mi distinguida pebeta; Madre hay una sola; Más solo que nunca; Notas de bandoneón; Ninguna; No creas; Noviecita mía; No vendrá; No aflojés; Oiga mozo; Pero yo sé; Pinta blanca; Pobre gallo bataraz; Por qué me siento feliz; Polvorín; Pico de oro; Palais de Glace; Quién tuviera 18 años; Qué me pasará; Qué lento corre el tren; Racing Club; Rondando tu esquina; Ronda de tango; Rosita la santiagueña; Su carta no llegó; Serpentina de esperanza; Señores yo soy del Centro; Se llamaba Eduardo Arolas; Sólo compasión; Tiento crudo* (con palabras de Víctor Braña)*; Tristeza criolla; Trasnochando; Tomo y obligo; Traiga otra caña; Todo terminó; Todos te quieren; Tres esquinas; Un tango argentino; Una pena; Un copetín; Un tropezón; Un lamento; Viejo coche; Y te dejé partir; Yo soy el tango, señores; Yo te canto Buenos Aires; Yo soy de Parque Patricios; Yo tengo una novia,* y el instrumental del que es autor, con glosas de Julián Centeya, *Café Domínguez*, que lamentablemente, como ocurre con muchos otros tangos, ninguna otra orquesta lo incluyó en su repertorio. El verdadero nombre de Julián Centeya era Amleto Enrique Vergiati.

JUAN D'ARIENZO

Fue el "Príncipe Cubano", seudónimo de Angel Sánchez Carreño, el animador del **Chantecler**, el famoso cabaret donde actuó por más de 15 años, quien bautizó "El Rey del Compás" a Juan D'Arienzo, este grande del tango que nació en el barrio de Balvanera el 14 de diciembre de 1900, y murió el 14 de enero de 1976.

Hijo de inmigrantes italianos, inició los estudios de violín en 1912 en los conservatorios Mascagni y Thinaud-Piazzini, y muchos años después marcó con su orquesta una época y un cambio en la forma de tocar el tango y en la de bailarlo. Hizo tanto por el tango que el "Negro" Joaquín Mora, autor de temas inolvidables, llegó a decir que era "San D'Arienzo". Sus primeras armas las hizo en un trío infantil con D'Agostino y Bianchi, que actuaba en el teatro **Guiñol** que había en el Jardín Zoológico. Posteriormente trabajó en el teatro **Apolo** en la temporada de Roberto Casaux y con otros conjuntos, en la orquesta del teatro **Avenida,** y en junio de 1919 en la del **Nacional**, donde sustituyó al conjunto de Roberto Firpo. También actuó en la rondalla Cauvilla Prin y en la banda de jazz de Nicolás Verona. Posteriormente viajó a Europa, y a su regreso volvió a integrar un conjunto, nuevamente con Angel D'Agostino, al que luego se sumó Anselmo Aieta.

En 1926 le ofrecieron integrar como violinista la Orquesta Típica Paramount, que tocaba en el cine de ese nombre en el Centro, junto con Aieta y Navarro como bandoneonistas, Cuervo como segundo violín, Corleto en contrabajo y Visca en piano. De allí pasó al sexteto Los Ases, que tocaba en el cine **Hindú**, hasta que en 1928 decidió formar su propia orquesta, con Juan Carlos Howard en piano y Fiorentino en bandoneón, el que a la sazón también cantaba los estribillos. Antes de eso, en 1927, lo había convocado el sello Electra para iniciar un ciclo de grabaciones,

con el fin de acompañar a Carlos Dante, quien hacía sus primeras armas como cantor, junto a Ciriaco Ortiz como primer bandoneón, Vicente Gorrese en piano, Juan Puglisi en contrabajo.
Paralelamente, tenía otra orquesta, que se llamaba D'Arienzo-
Visca, con la que tocaban en el cine **Río de la Plata**, en Parral y
Gaona. En 1934 comenzó a tocar en el **Chantecler**, y en enero
de1936 incorporó a Rodolfo Biagi, quien permaneció en la
orquesta hasta 1939. Con Biagi en el piano se inició su estilo tan
particular, que no abandonaría prácticamente en toda su trayectoria tanguera. Su brillante habilidad para elegir su repertorio
sólo se vio opacada en parte en el breve lapso en que se dedicó a
tocar tangos mediocres y con letras ordinarias y de dudoso gusto,
como *El Nene del Abasto*, *El hipo*, *Qué mufa, che*, *Amarroto*,
*Che, existencialista, Giuseppe el crooner, Pa' que sepan como
soy, Cartón junao, Chichipía, Bien polenta*, *El tarta* y otros,
todos con Alberto Echagüe como cantor. Vale aclarar que tanto
D'Arienzo como Echagüe interpretaban fielmente por ese entonces el gusto de una parte del público que seguía a la orquesta, que
también les sirvió para vender una importante cantidad de discos. Felizmente, pasado ese entusiasmo volvió a su estilo habitual y a elegir los tangos con el mismo gusto con que siempre lo
había hecho. Fue el 2 de julio de 1935 que grabó su primer disco,
con *Hotel Victoria* de un lado y *Desde el alma* del otro.

Cuando en 1936 se inauguró **Radio El Mundo**, Juan
D'Arienzo fue una de sus atracciones. Impuso un estilo distinto,
con fuerte marcación del compás, y por supuesto con un ritmo
bien acompasado y una forma franca de milongueo, y toda su
orquesta tenía una métrica dictada desde el piano, a través de pianistas notables como Juan Polito, Juancito Díaz, Rodolfo Biagi,
Fulvio Salamanca y Jorge Bragone. En 1935 una mujer ocupó la
banqueta del piano: Lidia Fasoli.

Juan D'Arienzo sostenía que la base de su orquesta era el
piano, que creía irreemplazable, y que cuando se enfermaba un
pianista siempre tenía a otro, pero si llegaba a pasarle algo a éste,
entonces el problema no tenía solución. También el violín de
"cuarta cuerda" para él era un elemento vital, que debía sonar

como una viola o un cello. Normalmente, su orquesta estaba integrada por piano, contrabajo, cinco violines, cinco bandoneones y tres cantores, pero en algunas grabaciones llegó a utilizar hasta diez violines. Así sentía D'Arienzo el tango. Cada interpretación suya era un éxito seguro, ya sea instrumental o cantada.

Tenía una personalidad muy particular. Disfrutaba todo lo que hacía al frente de su orquesta, porque no dirigía mecánicamente, sino que interpretaba su verdadero papel de director. Alentaba con gestos a sus músicos y a sus cantores. Fue una característica durante toda su trayectoria. Así les sacaba todo lo que tenían adentro. Se agachaba delante de los bandoneonistas para marcarles el ritmo. De golpe se incorporaba y hacía lo propio cuando le tocaba el turno a los violines, especialmente cuando Cayetano Puglisi hacía algún solo, como el de *La cumparsita*, o el de *Loca*. Parado delante del cantor, repetía por lo bajo parte de la letra, mientras aprobaba con gestos y sonrisas su actuación.

Gozaba su fama de ogro, pero era todo lo contrario, e íntimamente sabía que tanto sus músicos como sus cantores lo querían por el inmenso cariño y apoyo que les brindaba. Detrás de su imagen hosca, eléctrica, había una sonrisa cariñosa, bondadosa. Integrantes de su orquesta recuerdan que le encantaba utilizar la palabra *plomo* para simular que los *verdugueaba*. Como ejemplo Horacio Palma contaba que le decía: *Usted es cantor porque canta en mi orquesta, pero es un plomo*, y lo mismo hacía con los músicos. En 1960, a poco de debutar Horacio Palma en la orquesta, cuando le tocó grabar por primera vez confesó que tenía miedo. Con una actitud casi paternal y con su gran experiencia D'Arienzo le sacó el temor. El día de la grabación se paró delante de Palma para darle ánimo con sus clásicos gestos, y todo salió bien. Muchos años después, Horacio Palma lo contó emocionado, como un homenaje al maestro.

Cuando incorporaba un tema al repertorio, primero lo ensayaban mucho, después lo grababan, y sólo si le gustaba como había salido lo tocaba en actuaciones con público. Era todo un personaje y se divertía cuando la orquesta tocaba. En un baile, se le ocurrió hacerle caer de las rodillas el instrumento a uno de los bandoneonistas quien, sorprendido, creyó que se le había cortado una de las correas por donde se pasa la mano. Como a la gente le causó gracia el supuesto contratiempo, D'Arienzo lo repetía en otros bailes, y la gente lo festejaba. Otra ocurrencia era tirarle de la patilla a Armando Laborde cuando cantaba.

Algunos historiadores creen que el gran éxito que logró esta orquesta desde su aparición, alrededor de 1935, se basó en que D'Arienzo rescató piezas de la Guardia Vieja que habían sido dejadas un poco de lado por Julio De Caro y Osvaldo Fresedo, que eran quienes imponían su estilo por aquella época. D'Arienzo descubrió la fórmula perfecta. Incluyó en su repertorio esas viejas piezas, marcadas en cuatro por cuatro, que atrajeron notablemente a los bailarines. Aníbal Troilo creía que la actuación de D'Arienzo en el **Chantecler** fue fundamental para el resurgimiento del tango. Si bien Troilo estaba en lo cierto, la verdad era a medias, porque eso influía solamente en determinadas capas sociales. Varios años después se produjo otro fenómeno, que favoreció indirectamente al tango. La política populista impuesta por el peronismo a partir de 1946, basada en la concentración de grandes masas en los actos políticos, generó la llegada a Buenos Aires de gran cantidad de hombres y mujeres desde el interior del país, casi todos de baja condición social. La distracción generalizada que tenían era ir los sábados o domingos a bailar. Las mujeres en su gran mayoría trabajaban de mucamas, y tenían un solo día de salida. Lógicamente, esa cantidad de gente acudía masivamente a los tradicionales salones y a los clubes de barrio, con precios accesibles a su economía. Fue tan grande el fenómeno D'Arienzo, que cuando en 1960 comenzó el ocaso del tango su orquesta era prácticamente la única que seguía trabajando.

También incursionó en el cine. Participó en "Tango", la primera película sonora argentina, donde interpretó *Brumas*, *Chirusa* y *Alma de bohemio*, cantados por Alberto Gómez, pero no con la orquesta que lo hizo famoso, sino con un pequeño conjunto musical. En 1937 participó en "Melodías porteñas", en 1941 en "Yo quiero ser bataclana", y en 1949 en "Otra cosa es con guitarra".

Solamente en la década de 1940 grabó 239 temas, de los cuales 69 eran instrumentales. Con sus cantores, 50 discos con Héctor Mauré, 48 con Alberto Echagüe, 42 con Armando Laborde, cuyo nombre es Atilio Dáttoli, 16 con Alberto Reynal, 11 con Juan Carlos Lamas, 3 con Carlos Casares, y más adelante grabó una buena cantidad con Jorge Valdéz, Osvaldo Ramos, Horacio Palma y Mario Bustos. Compuso 43 temas, como por ejemplo *Ya lo ves*, *Borrá y apuntá de nuevo*, *Apache* que luego se llamó *Nada más*, *Paciencia*, *El vino triste*, *Chirusa*, *Garronero*, *No nos veremos nunca*, *En la boca no*, pero además era muy afecto a tocar los compuestos por sus músicos, y de esta forma le grabó 39 temas a Carlos Lázzari, 22 a Fulvio Salamanca, 20 a Enrique Alessio, 20 a Héctor Varela y 13 a Eladio Blanco. En toda su trayectoria llevó al disco 1013 temas, muchos de los cuales más de una vez, a saber: 5 veces, *La cumparsita*; 4 veces; *El choclo*, *El internado*, *El irresistible*, *Esta noche me emborracho*, *Felicia*, *La catrera*, *La payanca*, *La puñalada*, *Paciencia*, *Pampa*; 3 veces, *Canaro en París*, *Derecho viejo*, *Don Juan*, *Don Pacífico*, *El africano*, *El entrerriano*, *El Marne*, *Hotel Victoria*, *Homero*, *La guitarrita*, *La morocha*, *Loca*, *Nueve de julio*.

Una de sus mejores etapas transcurrió entre 1940 y 1945, cuando cantaba en su orquesta Héctor Mauré, cuyo verdadero nombre era Vicente J. Falivene. Mauré había nacido en Buenos Aires el 13 de marzo de 1920, y falleció el 12 de mayo de 1976. En su juventud fue boxeador, igual que Celedonio Flores. A los 18 años le empezó a "tirar" el tango, y se presentó en un concurso organizado por una empresa que fabricaba Puloil, un polvo limpiador para vajillas. En 1940 lo contrató D'Arienzo, con quien logró resonantes éxitos porque su voz se ajustaba a la perfección con esa orquesta, en la que permaneció hasta 1945, cuando decidió seguir su carrera como solista. Toda su trayectoria con D'Arienzo quedó registrada en el sello RCA Víctor, y en su etapa de solista grabó en Orfeo, Odeón, Columbia y Music Hall. En 1958 viajó a Francia, para concretar una serie de actuaciones en París.

En un reportaje publicado en 1949 por la revista "Aquí Está", Juan D'Arienzo decía que para él, el tango es ritmo, nervio, fuerza y carácter, y que el tango antiguo, el de la Guardia Vieja, tenía todo eso, y que había que procurar que no lo perdiera. A su criterio, por haberlo olvidado entró en crisis. *Modestia aparte, yo hice todo lo posible por hacerlo resurgir.* Por eso justicieramente se dijo que fue D'Arienzo quien llevó otra vez el tango a los afiches de los bailes.

Siempre creyó que a los cantores les correspondió una buena parte de culpa por la decadencia del tango. A su entender, hubo un momento en que una orquesta típica no era más que un simple pretexto para que se luciera un cantor, y que los músicos, incluyendo el director, no eran más que acompañantes de un divo más o menos popular. *Para mí* -decía- *eso no debe ser*, y lo demostraba en su orquesta, con el cantor como un instrumento más dentro del conjunto. *Yo reaccioné contra ese error que generó la crisis del tango y puse a la orquesta en primer plano y al cantor en su lugar. Además, traté de restituir al tango su acento varonil, que había ido perdiendo, y le imprimí en mis interpretaciones el ritmo, el nervio, la fuerza y el carácter que le dieron carta de ciudadanía en el mundo musical y que había ido perdiendo. Por suerte, esa crisis fue transitoria y hoy ha resurgido el tango, nuestro tango.* Su mayor orgullo era haber contribuido a ese renacimiento de nuestra música popular. Eso ocurría en 1949, y lejos debía estar el "Rey del compás" de imaginarse que poco tiempo más adelante aparecerían los vanguardistas que volvieron a quitarle el ritmo, el nervio, la fuerza y el carácter por lo que él tanto luchó.

Por su orquesta pasaron grandes músicos, y sólo por nombrar a algunos podemos mencionar a Juan Polito, Alberto San Martín, Enrique Alessio, Carlos Lázzari, Ernesto Franco, Felipe Ricciardi, que tocó 25 años el bandoneón en la orquesta, entre 1950 y 1975, Rodolfo Biagi, Fulvio Salamanca, Héctor Varela, Cayetano Puglisi, y buenos cantores, como Carlos Acuña, Héctor Mauré, Alberto Echagüe, cuyo nomre real era Juan de Dios Osvaldo Rodríguez, Armando Laborde, Jorge Valdéz, Horacio

Palma, Osvaldo Ramos, Mario Bustos, y en sus comienzos Enrique Carvel, un riojano que falleció muy joven y que llegó a grabar un solo disco con el "Rey del compás". En sus actuaciones en el Uruguay cantaba con su orquesta una mujer, M. Serrano, de excelente voz, y que encajaba a la perfección con la orquesta.

Jorge Valdéz había nacido en el barrio porteño de Villa Urquiza, y su verdadero nombre era Leo Mario Vitale. Falleció el 21 de febrero de 2002, a los 70 años, de una dolencia hepática. Cantó hasta pocos días antes de su muerte en giras por el norte del país. Había comenzado su actuación desde muy joven en fiestas familiares y en los números vivos de los cines acompañado por guitarras, hasta que Juan D'Arienzo lo incorporó a su orquesta, donde actuó con gran éxito. El ingreso a esta orquesta se concretó gracias a que el bandoneonista y arreglador Carlos Lazzari lo escuchó y se comprometió a que el "Rey del Compás" le tomara una prueba. Fue en 1956, y tenía entonces sólo 24 años. El mismo contabó que lo primero que hizo D'Arienzo, a quien le agradó como cantaba, fue cambiarle el nombre. En principio lo contrató por cuatro años, pero estuvo diez, lapso en el que grabó 135 temas, y llegó a cantar en los Estados Unidos y Europa.

Juan D'Arienzo era rioplatense. Actuaba tanto en Montevideo que muchos aseguraban que era uruguayo, pero realmente, como dijimos, había nacido en el barrio de Balvanera. Muchas orquestas tocaban con su clásico estilo, especialmente en el interior del país. Esto no ocurría con el estilo de Osvaldo Fresedo, Aníbal Troilo o Carlos Di Sarli.

Compuso muchos tangos, la gran mayoría convertidos en grandes éxitos y dejó un número importante de grabaciones, como *Aquel muchacho de la orquesta; Aguilucho; A la gran muñeca; Amarroto; A media luz; Arlette; A Orlando Goñi, Amarras; Adiós corazón; Ahi va el dulce; Adiós Chantecler; Bailate un tango, Ricardo; Baldosa floja; Bien polenta; Barajando; Bandera baja; Bailarín compadrito; Carancho;*

Cruz Maidana; Cortada de San Ignacio; Cicatrices; CTV; Claudinette; Canchero; Cambalache; Cartón junao; Corrientes y Esmeralda; Compadrón; Carnavalera; Calandria pampa; Condecita; Canaro en Paris; Che, existencialista; Chirusa; Chorra; Che, pituca; Chichipía; Charamusca; Don Alfonso; De pura cepa; Don Pacífico; Don Goyo; Desde el alma; De corazón a corazón; Don Juan; Dos amores; Derecho viejo; Dime mi amor; Dos guitas; Después; De antaño; Desde aquella noche; Embrujamiento; El 13; El triunfo; El chupete; El choclo; El irresistible; El Entrerriano; El hipo; El pollito; El paisanito; El esquinazo; El internado; El apache argentino; El simpático; Esta noche me emborracho; El tarta; El Nene del Abasto; El romántico; El corazón me engañó; El penado 14; El huracán; En la madrugada; El bar de Rosendo; El vino triste; El Tigre Millán; Fuegos artificiales; Felicia; Flor del mal; Florida; Farabute; Gólgota; Giuseppe el crooner; Hasta siempre amor; Hotel Victoria; Humillación; Infamia; Independencia; Inspiración; Judas; Justo el 31; Jueves; Joaquina; Lilian; La bruja; La catrera; La puñalada; Loca; La morocha; La viruta; La cumparsita; La espuela; Las 12; La galarcita; Ladrón de sueños; Lágrimas; Las cuarenta; La serenata de ayer; Lenguas de fuego; Llegando a puerto; Música de mi Argentina; Medianoche; Milonga del corazón; Malevaje; Mirame en la cara; Mandria; Mi dolor; Mala suerte; Mi Japón; Meta fierro; Melodías porteñas; Mi Caperucita; No mientas; Nueve de Julio; Nosotros; Niebla del Riachuelo; Nada más; Nada; No nos veremos nunca; Oro de ley; Pobre mascarita; Papá; Pico blanco; Paciencia; Pampa; Popoff; Pampa y huella; Pabellón de las rosas; Perdoname si querés; Pan comido; Pura trampa; P'a que sepan como soy; Pájaro sin luz; Pimienta; Qué me importa tu pasado; Qué mufa, che; Qué falta que me hacés; Que vachaché; Re-fa-si; Remembranzas; Recuerdos de la pampa; Seguime corazón; Santa milonguita; Si soy así; Soy un arlequín; Sin balurdo; Sábado ingles; Si supiera que la extraño; Sobre el pucho; Si la llegaran a ver; Seguime si podés; Te espero en Rodríguez Peña; Tierrita; Tango brujo; Tu boca mintió; Un vals para mamá; Uno; Unión Cívica; Venus;

Victoria; Vieja recova; Yo me llamo Eloy Peralta; Y entonces llorarás; Y suma y sigue; Yuyo brujo; Ya lo ves; Yapeyú.

RAÚL GARELLO

Forma parte del grupo de músicos modernos del tango, y se siente *uno más del semillero de Troilo*. En 1948, con sólo 12 años, comenzó a estudiar bandoneón, teoría, solfeo y tonalidades en su ciudad natal, Chacabuco, con los maestros Salvador Criscuolo y Héctor Marsiletti. Ya radicado en Buenos Aires actúa desde 1954 con Roberto Firpo (h), en las orquestas que acompañan a Horacio Quintana, Carlos Dante y Alberto Morán, y luego pasa a la de Horacio Salgán, a partir de 1958. Luego perfeccionó sus estudios con el maestro Juan Schultis, quien le enseñó escritura coral, canto gregoriano, armonía, composición, contrapunto y fuga. Así se inició como arreglador, con dos trabajos excepcionales, *La guiñada*, para Baffa-Berlingieri, y *Los mareados*, para Aníbal Troilo, quien en 1963 lo incorporó a su orquesta, donde permaneció hasta la muerte de "Pichuco" en 1975. En forma simultánea, desde 1965 dirigió su propia orquesta, con la que grabaron Roberto Goyeneche, Rubén Juárez, Floreal Ruiz, Roberto Rufino, Eladia Blázquez, Edmundo Rivero, Susana Rinaldi, Dyango, al mismo tiempo que hacía arreglos para las orquestas de Enrique Mario Francini y Leopoldo Federico.

Con una orquesta integrada por 27 músicos grabó cuatro long-play con sus obras instrumentales *Che, Buenos Aires*, *Verdenuevo, Margarita de agosto, Muñeca de marzo, Pequeña Martina, Bien al mango, Vaciar la copa, Aves del mismo plumaje, Che Pichin*, y los cantables *Dice una guitarra, Llevo tu misterio, Buenos Aires conoce, Hace 200 tangos, Tiempo de tranvías*, entre otros.

Para Raúl Garello, Aníbal Troilo encabezó la lista de los bandoneonistas del tango, seguido por Osvaldo Ruggiero y por Astor Piazzolla. En su ranking se ubican más abajo Pedro Laurenz, Pedro Maffia, Leopoldo Federico, Roberto De Filippo, Julio Ahumada, Dino Saluzzi, Daniel Binelli, Antonio Ríos, Ciriaco Ortiz y Julio Pane.

Tiene el mérito de haber tocado doce años al lado de "Pichuco", y de haber sido su arreglador. Suele contar que un día Vittorio Gassman le dijo que el bandoneón respira como un hombre. Es uno de los músicos que perdura en el mundo del tango, pues codirige con Carlos García la Orquesta Municipal de la Ciudad de Buenos Aires, además de tocar en orquestas sinfónicas de diversos países y de hacer orquestaciones.

Opina que esto tiene que agradecérselo a Astor Piazzolla, pues sería inpensable creer que 40 años atrás lo hubiesen llamado de una orquesta sinfónica de otro país para tocar o para hacer los arreglos musicales. Cita como ejemplo las filarmónicas de Dresden, en Alemania, o la de Toulouse, en Francia, que dirige el maestro Michael Plason, adonde va acompañado por el bandoneonista Julio Pane y el pianista Alberto Giaimo.

Normalmente, la Orquesta de Tango de la Ciudad de Buenos Aires estuvo integrada así: Directores, Raúl Garello y Carlos García; bandoneones, Julio Pane, Osvaldo Montes, Antonio Príncipe y Claudio Corrales; violines, Leonardo Ferreyra, Mario Arce, Gustavo Pontoriero, Miguel Condomí, Eduardo Malaguarnera, Alberto García Villafañe, Irene Cardarios, Fabián Bertero y Daniel Tou; violas, Luis Paz, Pablo Maglia y Rubén Pagano; cellos, Roberto Regret, Eduardo Gatinoni y Rubén Pagano; bajo eléctrico, Gabriel De Lío; contrabajo, Omar Murtagh; guitarra, Aníbal Arias; piano, Alberto Giaimo; percusión, José Corriale y José María Lavandera, y cantor, Hernán Salinas.

Se enorgullece de ser requerido con frecuencia desde el exterior, y recuerda que escribió para el coreógrafo belga Maurice Béjart *La danza del fueye*, que bailó Jorge Donn en los festivales de Lausana, en Suiza, y Lens, en Francia. Sus actuaciones incluyen Brasil, México, Uruguay, España, Holanda, Turquía y Japón. Todo esto reafirma su condición de intérprete moderno de la música de Buenos Aires.

Con el auspicio del Banco de la Ciudad de Buenos Aires, grabó un long-play al que se denominó "VIVA EL TANGO", que contiene *Buenos Aires, es tu fiesta; ¡Qué flor para mi truco!; Pipermint; Bailando en Buenos Aires; ¡Viva el tango!; El pisito de la calle Melo; Atahualpa Yupanqui; Che, Gomina*, todos tangos de su autoría en colaboración con Horacio Ferrer, compuestos entre agosto de 1987 y febrero de 1988. Para esa grabación la orquesta estuvo compuesta por Raúl Garello, Julio O. Pane, Daniel Binelli, Osvaldo Monte, bandoneonistas, Antonio Agri, Reinaldo Nichele, Mauricio Marcelli, Hermes J. Peresini, Mario Arce, José Votti, Miguel Condomí, Eduardo Malaguar-nera, violines, Luis Paz, viola, José Bragato, violoncelo, Omar Murtaghi, contrabajo, Alberto Giaimo, piano, Miguel Cosentino, flauta, José Corriale, percusión, Hugo Pierre, saxo, y como cantor Gustavo Nocetti.

Compuso también *Trasnoche de ilusión*, *Dice una guitarra* y *Margarita de agosto*. Tiene, además, grabaciones notables, como *Arrabal amargo; Amargura; Buen amigo; Bandoneón arrabalero; Che Buenos Aires; El amanecer; El último bailongo; Homenaje a Troilo; La última cita; Malandraca; Margarita de agosto; Negracha; Otoño porteño; Ojos negros; Ropa blanca; Selección de tangos de Julio De Caro; Verdenuevo*.

TITA MERELLO

Laura Ana Merello, nuestra querida Tita Merello, nació el 11 de octubre de 1904, casi junto con el tango, en un conventillo de la cortada San Lorenzo y Balcarce, en el corazón de San Telmo. Hija de un cochero, Santiago Merello y una planchadora, Anna Gianelli, a los pocos meses de nacer perdió a su padre, por lo que la madre se vio obligada a dejarla en un asilo. Conoció en carne propia desde niña lo que significa la pobreza como huérfana, primero en Montevideo, como mucama, y luego, de vuelta en la Argentina, en un campo en la provincia de Buenos Aires, donde ya a los 10 años trabajaba en el ordeñe de vacas.

Siendo una muchachita volvió a la Capital, realizó distintos trabajos para ganarse la vida, y hasta llegó a decir, ya en el apogeo de su carrera, que en 1920 entró *por hambre* en el **Bataclán**, uno de los tantos teatros que proliferaban por ese entonces en la calle 25 de Mayo. Pero antes había tenido otra experiencia, para nada agradable. Un día vio que en la puerta del **Teatro Avenida** había un cartel que decía *Se necesitan chicas jóvenes que sepan menearse bien al compás de la música y en público*. Con ironía contaría luego que allí cantó "Titina, mi Titina", y que, como la silbaron, se dijo: *Ah, ¿sí?, vamos a ver quién gana*. Con un dejo de tristeza también contó que cuando tenía 15 años *andaba tocando timbres en la calle Montevideo para ofrecerme como sirvientita y no me tomaban. Y tocaba los timbres por la misma razón que después me presenté en ese teatrito, por hambre. Yo supe lo que es el hambre, y el que la pasa una vez, no la olvida más.*

En una ocasión le preguntaron cómo era a los 19 años. Con su mismo espíritu sano de siempre respondió: *Era flaquita, negra, y linda. Linda no, linda no creo haber sido nunca. Era atractiva, pícara. A los 19 años ya me habían matado unos cuantos sueños, ya hacía rato que era una mujer.* Lo que ocurría es que, precisamente, a esa edad había empezado como corista en el Bajo. Corría 1923 cuando pasó a integrar el elenco del **Teatro Maipo**, bajo la dirección de Roberto Cayol, y llegó a reemplazar a figuras de renombre como Olinda Bozán, en la obra de Claudio Martínez Paiva "El rancho del hermano"..

Su carrera era ascendente, y comenzó a actuar en cine, donde debutó en "Tango", la primera película sonora argentina. Su papel era personificar a una chica de barrio, que cantaba dos tangos. Ese no sólo fue el inicio de sus actuaciones en una actividad que luego le depararía grandes satisfacciones sino que, además, quedaría identificada con la música que ya representaba a Buenos Aires, el tango. Pero otro motivo, el sentimental, también surgió con esa película, ya que allí conoció al que fue el amor de su vida, Luis Sandrini. En 1937 le dieron una oportunidad en Montevideo, en la obra "Santa María del Buen Ayre", de Enrique Larreta. La ovacionaron. Cuando el autor, finalizado el espectáculo, le preguntó de dónde había sacado tanta emoción para actuar, la respuesta fue muy simple: *De la letra de los tangos, doctor Larreta.*

La trayectoria de Tita Merello en el teatro no se detuvo, y en el cine tampoco. Además de "Tango", en 1934 filmó "Idolos de la radio"; en 1935, "Noches de Buenos Aires"; en 1937, "Así es el tango", "La fuga"; en 1942, "Ceniza al viento"; en 1947, "27 millones"; en 1949, "Don Juan Tenorio", "La historia del tango", "Morir en su ley"; en 1950, "Filomena Marturano", "Arrabalera"; en 1951, "Los isleros", "Vivir un instante", "Pasó en mi barrio"; en 1952, "Deshonra"; en 1954, "Guacho"; en 1955, "Mercado de Abasto", "Para vestir santos", "El amor nunca muere"; en 1958, "La morocha"; en 1961, "Amorina"; en 1964, "Los evadidos"; en 1965, "La industria del matrimonio", "Ritmo nuevo y vieja ola", "Los hipócritas"; en 1967, "¡Esto es alegría!", "El andador"; en 1969, "¡Viva la vida!"; en 1974, "La Madre María"; en 1976, "El canto cuenta su historia"; en 1980, "Los miedos", y en 1985, "Los barras bravas".

También paseó su estampa de "Vedette-rea", como la apodó Roberto Cayol, por los estudios de la televisión. Su fructífera y amplia carrera se vio interrumpida al caer el gobierno peronista, en 1955, por su afinidad con esas ideas, y entonces debió pasar los mismos sinsabores, desprecios y hasta humillaciones, que soportaron Enrique Santos Discépolo, Rodolfo Sciamarella, Mariano Mores, Carlos Acuña, Lola Membrives, Eduardo Cuitiño, Sabina Olmos, Charlo o Hugo del Carril, entre muchos otros. Así se vio obligada a ir a trabajar a México, donde triunfó, como lo había hecho antes en Chile.

Siempre decía que *al tango hay que hacerlo como lo crearon. Fue una inspiración nata del pueblo, por eso no se le deben agregar firuletes.* Y tenía razón Tita. Una vez le preguntaron qué opinaba sobre Borges. La respuesta fue *¿Borges? Mire, no me hable de él, a mí me provoca dudas, dice que no ha leído un diario en su vida. ¿Qué ejemplo es ese para la juventud? Yo no soy quien para juzgarlo, pero no le gusta el tango, no le gusta el fútbol, no leyó nunca un diario. ¿Solamente los versos, solamente la poesía?* En otra ocasión, el director teatral Alfredo Bettanin le ofreció representar "Medea", de William Shakespeare. *¿Y usted me ve a mí recitando los diálogos de un inglés? ¡Por favor!, ese papel no es para mí, yo soy de Buenos Aires.*

Nunca ocultó su simpatía por el peronismo. En 1989, pocos días antes de cumplir 85 años, recibió una invitación del presidente de la Nación para que lo visitara en la Casa de Gobierno. Una vez frente al doctor Carlos Menem, solamente le dijo *¡Muchacho!,* y se confundieron en un abrazo. Desde 1998 hasta su muerte, el 24 de diciembre de 2002, vivió recluída en la Fundación Favaloro, de donde salió solamente para visitar al ex ministro de Economía, Domingo Cavallo, cuando estuvo detenido, o para encontrarse con sus amigos Ben Molar o Julio Mahárbiz. Sólo cabe agradecerle todo lo que nos dio, a través del teatro, el cine, la radio y, en menor medida de la televisión..

Se especializó en los tangos reos, los que supo cantar con su estilo propio con gran perfección. Grabó alrededor de 100 temas, en los sellos Odeón, RCA Víctor y Microfón, con Francisco Canaro, Héctor Varela y Carlos Figari, como por ejemplo: *Apología del tango: El choclo, Don Juan, El ciruja, Mano a mano, La cumparsita; Arrabalera; Aquí nomás; A mí no me hablen de tango; Al tango lo canto así; Andrajos; A mí no me cambia nadie; Compadrón; Con el tango en el alma; Copa de ajenjo; Con permiso; Cambalache; Che pepinito; Che bacana; Che Bartolo; De contramano; Decime Dios dónde estás; Dónde hay un mango; Del barrio de las latas; El choclo; El ciruja; El ángel milonguero; El que atrasó el reloj; Garufa;*

FE DE ERRATAS

En la Pág. 13, donde dice "acerse" debe decir "hacerse".

En la Pág. 56, donde dice "Pizzolla" debe decir "Piazzolla".

En la Pág. 72, donde dice "Gautier" debe decir "Gauthier".

En la Pág. 74, donde dice "tiera" debe decir "tierra".

En la Pág. 89, donde dice "García Bur" debe decir "García Bhur".

En la Pág. 156, donde dice "600" debe decir "300".

En la Pág. 165, donde dice "Colora" debe decir "Colorao".

En la Pág. 167, donde dice "trinfal" debe decir "triunfal".

En la Pág. 195, donde dice "múisca" debe decir "música".

En la Pág. 226, donde dice "Arman" debe decir "Armani".

En la Pág. 235, donde dice "contabó" debe decir "contó".

En la Pág. 259, donde dice "pensa" debe decir "pensaba".

Hotel Victoria; Las doce menos cinco; La Patria (poema)*; Los cardales; La muchacha del centro; La viuda misteriosa; Lo mismo que usted; Los ejecutivos; Los amores con la crisis; La milonga y yo; Llamarada pasional; Mi papito; Muchacho rana; Milongón; Me enamoré una vez; Mañana; Mama mía, ¡Qué mujer!; Mascarón de proa; No te hagas curar; Naipe marcado; Niebla del Riachuelo; No aflojés; Niño bien; No te aguanto más; No es por hablar mal; Ña-to-ribia; Padrino pelao; Porteño* (poema)*; Paquetín paquetón; Pipistrela; Pedime lo que querés; Qué torcido andás, Julián; Qué le importa a Buenos Aires; Qué hacés, qué hacés; Qué careta; Quien te ve; Qué le importa al mundo; Que vachaché; Silbando; Sobre el pucho; Sos una fiera; San Telmo; Sencillo y compadre; Se dice de mí; Soledad, la de Barracas; Te has comprado un automóvil; Torta frita; Trabajar, nunca; Tranquilo, viejo, tranquilo; Tata llevame p'al centro; Te acordás, reo; Viejo rincón; Vieja ola; Volvé mi negra; Ya no vale la pena; Yo soy Graciela oscura; Yo soy del 30.*

ROBERTO GOYENECHE

Antes de dedicarse al tango, se ganaba la vida manejando un colectivo. Fue apodado "El polaco" por Aníbal Troilo. De familia tanguera, porque su tío, Roberto Emilio Goyeneche, el recordado autor de **Pompas de jabón**, **De mi barrio** y **El metejón**, vivía en ese ambiente. Comenzó cantando en 1946 con la orquesta de Raúl Kaplún, época en la que, lamentablemente, no grabó, y de allí pasó a la de Horacio Salgán, con quien sí comenzó su serie discográfica, en 1952, con **Alma de loca**.

Su estrellato lo logró con la orquesta de "Pichuco", en la que reemplazó a Jorge Casal, con quien cantó desde 1956 hasta 1964.

Como la gran mayoría de los cantores, salvo honrosas excepciones, nunca estudió ni música ni canto, pero sí hizo lo que ningún otro cantor, estudió gramática, para saber qué era lo que estaba cantando. La calidad de sus fraseos llevó a decir a más de un fanático que tenía un bandoneón en su garganta.

Fue el propio Troilo quien lo animó a lanzarse como solista. Un día le dijo: *Polaco, vos ya estás para cosas grandes, para liberarte de la orquesta, andáte o te echo.*

Cualquier cantor siempre hubiese pensado que no podía pasarle una cosa más grande que cantar con Troilo. Pero la realidad era otra. A todos sus cantores "Pichuco" les indicaba cómo tenían que cantar, y el "Polaco" ya se le escapaba de las manos. Lo demuestra el hecho de que en muchas interpretaciones, como por ejemplo se puede apreciar en las grabaciones de **En esta tarde gris**, **A Homero**, **Toda mi vida**, **Corazón de papel**, **Tinta roja**, **Trenzas**, entre otras, la orquesta apenas hace una introducción y Goyeneche canta las tres partes del tango, con lo cual Troilo aparece como acompañando a un cantor, lo que nunca había sucedido con Francisco Fiorentino, Alberto Marino, Floreal Ruiz, Jorge Casal, Edmundo Rivero, Roberto Rufino, Angel Cárdenas.

Y entonces aquí cabe recordar la opinión de Juan D'Arienzo, cuando decía, como ya hemos visto, que hubo un momento en que una orquesta típica no era más que un pretexto para que se luciera un cantor, y que para él, no debía ser así. Y "El Rey del Compás" sabía lo que decía.

Goyeneche nació entre tangos, porque su padre y su tío eran músicos y autores de tangos. Siempre recordaba con emoción que de muy chico su mamá le ponía un disco de Gardel, y él hacía el dúo. Cantó hasta que nos abandonó físicamente, el 27 de agosto de 1994, pero dejó para recordarlo notables grabaciones, especialmente las realizadas con Horacio Salgán, Armando Pontier, Aníbal Troilo y como solista, con Ernesto Baffa, Atilio Stampone, Osvaldo Berlinghieri, con la Orquesta Típica Porteña dirigida por Raúl Garello, e inclusive acompañado en guitarras por Juanjo Domínguez.

Lo recordamos con *Afiches; Buenos Aires; Cantor de mi barrio; Cuando tallan los recuerdos; Cambalache; Cafetín de Buenos Aires, Confesión; Canción de ausencia; Contramarca; Café La Humedad; Che papusa oí; Chau, no va más; Después; De barro; Dandy; El aguacero; El cantor de Buenos Aires; Frente al mar; Fueye; Fuimos; Gricel; Garúa; La última curda; Milonguita; Mi malacara y yo; Madame Ivonne; Mañana iré temprano; Mariposita; Malena; Mensaje; Malevaje; Más solo que nunca; Mimí Pinsón; Nuestro balance; Olvido; Por la vuelta; Pedacito de cielo; Percal; Pompas de jabón; Por este amor; Qué fácil es decir; Quedémonos aquí; Soy un arlequín; Siga el corso; Solamente ella; Solo; Tinta roja; Tengo; Tú; Temblando; Vuelvo al Sur; Viejo smoking; Viva el tango; Viejo Buenos Aires; Viejo ciego; Zurdo.*

El Diario "Página 12" editó como merecido homenaje una serie de cuatro discos compactos, que contienen: el Nº 1, *En esta tarde gris; A Homero; Toda mi vida; Corazón de papel; Tinta roja; Trenzas; Romance de barrio; Melodía de arrabal; María; Desencuentro; El último café; Bandoneón arrabalero;* el Nº 2, *Madame Ivonne; La novia ausente; Caserón de tejas; Soledad; Almita herida; Che bandoneón; Discepolín; ¡Che papusa oí!; Percal; Arrabal amargo; Garúa; Martirio;* el Nº 3, *Yira... yira; Fruta amarga; Cuando tú no estás; Maquillaje; Cada vez que me recuerdes; Chau, no va más; Tú; Tabaco; Por una cabeza; Mensaje; Como aquella princesa; Afiches;* el Nº 4, *Una canción; El motivo; Volvió una noche; La última curda; De todo te olvidas; Después; Sin palabras; Canción desesperada; Gricel; Quedémonos aquí; La casita de mis viejos; Los mareados.*

Según cuenta el periodista Julio Nudler en las pequeñas publicaciones que acompañaron a los discos, la primera vez que Goyeneche entró en un estudio para grabar, en 1948, lo hizo *por las suyas*, acompañado por dos guitarristas, para registrar su tango *Celedonio*, que nunca tuvo difusión, compuesto en homenaje al gran autor de letras que un año antes había fallecido. También dice que el título original de **Los mareados** era **Los dopados**, escrito en 1922 por Juan Carlos Cobián con letra de Raúl Doblas y Alberto Weisbach, y que según conjeturan Oscar del Priore e Irene Amuchástegui en su libro "Cien tangos fundamentales", de Editorial Aguilar, en 1942, cuando Aníbal Troilo le pidió a Enrique Cadícamo que le pusiera letra a la música de Juan Carlos Cobián, que había *descubierto* en una versión instrumental de Osvaldo Fresedo, ambos ignoraban que ya la tenía. De allí, asegura Nudler, que en la grabación de Goyeneche con la orquesta dirigida por C. Franzetti haya reemplazado la palabra mareados por dopados.

ALBERTO CASTILLO

Un hecho insólito motivó el alejamiento de Alberto Castillo de la orquesta de Ricardo Tanturi, con la cual había logrado fama y resonantes éxitos. Le negaron un aumento de lo que cobraba y, además, le dijeron que al director artístico de **Radio El Mundo** no le gustaba como cantaba porque era *muy arrabalero*. No debía imaginarse que ese estilo arrabalero sería el que lo llevaría a ser un ídolo popular y a mantenerse en los escenarios por más de 6 décadas.

Alberto Salvador De Lucca, su verdadero nombre, además, no toleró que le cambiaran las letras de los tangos que él cantaba. Debe haber influído en su decisión, que tuvo que grabar varios con la letra modificada, como por ejemplo **Muñeca brava** o **Que me quiten lo bailao**, a raíz de que el gobierno surgido de la revolución militar de 1943 había prohibido que se utilizaran en los tangos letras lunfardas o reas, que era el estilo que Alberto Castillo había impuesto.

Era particularísimo o, como decía Julián Centeya, *no se parece a ninguna voz* Había nacido el 7 de diciembre de 1914 en pleno barrio de Mataderos, en Juan Bautista Alberdi al 4700. Quinto hijo de un matrimonio de inmigrantes italianos, Salvador De Lucca y Lucía Di Paola, desde muy chico se inició en la música. Era adolescente cuando intentó estudiar violín, pero pronto se dio cuenta que lo que le gustaba con pasión era cantar. Se prendía en cuanta ocasión se le daba, y en una de ellas, cuando tenía 15 años, el guitarrista Armando Neira lo escuchó y le popuso cantar en el conjunto que tenía. Con el nombre de Alberto Dual hizo entonces su debut profesional. Después pasó a llamarse Carlos Duval, nombre con el que cantó en 1934 con Julio De Caro, al año siguiente con Augusto Pedro Berto y en 1937 en la orquesta de Mariano Rodas. En 1938 decidió estudiar medicina y abandonó su pasión por el canto. Pero su vocación por el mismo era demasiado fuerte, ya que poco antes de recibirse de médico ginecólogo se incorporó a la Orquesta Típica "Los Indios", integrada por estudiantes y dirigida por un dentista, Ricardo Tanturi. Hacía lo que más le gustaba: cantar tangos. Nunca estudió música, porque decía que cantaba como le salía del alma, dándole intención a los versos, apoyado por la reacción de su público, que le respondía incondicionalmente, y al que no le importaba si no seguía estrictamente la música del tango. *Qué iba a estudiar canto, si con lo que debía hacerlo en la Facultad ya era suficiente.* Se justificaba diciendo que él había mamado el tango en la calle, en las esquinas, en los cafés, y en la sala de guardia del Hospital Alvear. *Ese es el tango que llevé a todos lados.* Siempre sostuvo que su estilo favorecía a los bailarines. *La gente se mueve gracias a mi modo de cantar*, aseguraba.

Era todo un personaje, y un verdadero hombre de barrio, y él mismo se consideraba *bien de pueblo*". Ya en la orquesta de Ricardo Tanturi y con el nombre de Alberto Castillo, propuesto por un hombre que hizo mucho por la radiofonía argentina, Pablo Osvaldo Valle, el 8 de enero de 1941 grabó el primer disco. Podría decirse que fue con el vals **Recuerdos** con que se inició la larga serie de los grandes éxitos que signó la trayectoria de algo que ya era muy popular: la orquesta de Ricardo Tanturi con su cantor Alberto Castillo, que hacían furor en las matinée de **Unione e Benevolenza** y del salón **Augusteo**. En 1938 ya había cantado con esta orquesta, a pedido de sus compañeros, en una fiesta de estudiantes.

Alternaba el canto con la atención del consultorio que había instalado en la casa paterna. Siempre se dijo que acudía una legión de mujeres, algunas realmente para ser atendidas, pero la gran mayoría con la única intención de poder estar con el cantor. Sin embargo, el 6 de junio de 1945, siendo un ídolo popular, se casó con Ofelia Oneto, con quien tuvo tres hijos: Alberto Jorge, ginecólogo y obstetra; Viviana Ofelia, veterinaria e ingeniera agrónoma, y Gustavo Alberto, cirujano plástico.

Con Ricardo Tanturi estuvo hasta 1944, cuando se hizo solista. En esta nueva etapa primero lo acompañó la orquesta de Emilio Balcarce, luego la de Enrique Alessio y después la de Angel Condercuri. Con Tanturi alcanzó éxitos memorables, especialmente en los bailes, donde más de una vez fue el promotor de alguna gresca, cuando intencionalmente le cantaba a algunos de los presentes *Así se baila el tango*, poniendo especial énfasis en el inicio de los versos, cuando dicen: *Qué saben los pitucos/ lamidos y shushetas...*, como una vez que, ya como solista, la policía debió cortar el tránsito en la avenida Corrientes, frente al **Teatro Alvear**, donde estaba actuando.

Algo similar había ocurrido el día de su debut en el **Palermo Palace**, donde se juntaba tanta gente en la calle que a los pocos días la Policía tuvo que intervenir para solucionar el tumulto. Uno de los oficiales le dijo *Lo siento, Castillo, si le puedo ser útil en alguna forma*, a lo que, despectivamente, le contestó *Para usted, yo soy el doctor De Luca* El mismo Tanturi, su amigo, le recomendaba que tuviera cuidado en su forma de cantar, a lo que Castillo le respondía *¿Qué quieren, que cante como si estuviera anémico?*

Se definía como *un bandoneón que canta*, y se jactaba de haber sido el primero en cantar caminando por el escenario, porque normalmente los cantores *se paraban ante el micrófono, cantaban el estribillo y se escondían detrás del piano.* También decía, en un reportaje en 1965: *Cuando canto un tango pongo todo porque lo siento. No podés hablar de un drama si nunca lo tuviste. Y que me vengan a mí a hablar de miserias, a mí, que pasé cinco años de practicante en la Asistencia Pública. ¡Las cosas que aprendí! Yo conozco al público, a la multitud. La conocí en el hospital. Y cuando subo a un escenario, de una mirada sé qué hay que cantar, porque miro la cara de los que están enfrente. Y veo si hay reos, si hay nocheros, si hay pitucos. Yo soy el Perón del tango.* En otra ocasión aseguró: *Triunfé porque canto como quieren cantar todos cuando se están bañando. Todos quieren cantar como yo.*

Incursionó en el cine, ayudado por su gran naturalidad para actuar, igual que cuando cantaba frente a su público, sin poses preestudiadas. En 1946 debutó con "Adiós Pampa mía", y le siguieron, en 1948, "El tango vuelve a París", junto a la orquesta de Aníbal Troilo, "Un tropezón cualquiera da en la vida", con Virginia Luque, y "Alma de bohemio"; en 1950, "La barra de la esquina"; en 1951, "Buenos Aires mi tierra querida"; en 1953, "Por cuatro días locos"; en 1955, "Ritmo, amor y picardía"; en 1956, "Música, alegría y amor"; en 1958, "Luces de candilejas", y en 1959, "Nubes de humo".

Aunque no trascendió como autor, tenía una capacidad asombrosa para escribir letras, que se transformaron en los tangos *Yo soy de la vieja ola*, como crítica a la "nueva ola" que irrumpió en 1959, *Muchachos, escuchen*, *Cucusita*, *Así canta Buenos Aires*, *Un regalo del cielo*, *A Chirolita*, *¡Adónde me quieren llevar!*, *Castañuelas*, *Cada día canta más*, dos marchas, *La perinola* y *Año nuevo*, y el candombe *Candonga*.

Tuvo en su larga trayectoria primero un gran amor por el tango, pero su espíritu innovador lo llevó a incursionar también en otra expresión popular como es el candombe, junto a bailarines negros. Y allí también cosechó éxitos, y si antes se había transformado en ídolo, primero con Ricardo Tanturi y después solo, repitió esos sucesos, esta vez con Osvaldo Sosa Cordero, autor de algunas de las obras que él llevó a la fama. En su repertorio incluyó *Siga el baile*, *Baile de los morenos*, *El cachivachero* y *Candonga*. Pero no paró allí su afán creador, porque supo mantenerse siempre cerca de la juventud. En la década de 1940 había conquistado al exigente público tanguero con su particular estilo, y en la de 1990 hizo lo propio con una juventud totalmente distinta, con otros gustos, cuando "Los Auténticos Decadentes" lo fueron a buscar y lo invitaron a grabar con ellos *Siga el baile*.

Alberto Castillo no supo de renunciamientos ni abandonó nunca su gran pasión, que era cantar. En 1984 festejó sus 70 años de vida en un local tanguero en Nueva York. Nos regaló su estilo, un tanto deformado por el paso de los años, con su voz ya gastada y chillona, junto a la orquesta de Jorge Dragone, hasta prácticamente antes de morir. No se resignaba a abandonar el escenario. Lo venció una neumonía, que en pocos días le produjo el deceso, a los 87 años, el 23 de julio de 2002.

Grabó mucho, con Ricardo Tanturi, y en su etapa de solista, entre otros, *Al compás del tango; Alma de bohemio; A media luz; Amarras; A mi madre; Así se baila el tango; Buzón; Baile de los morenos; Candonga; Cucusita; El cachivachero; El tango es el tango; El choclo; El sueño del pibe; El carrerito; El pescante; Juan Tango; Garufa; Los 100 barrios porteños; La pulpera de Santa Lucía; La mazorquera de Monserrat; Luna de arrabal; La que murió en París; La cumparsita; Lecherito del Abasto; Moneda de cobre; Muñeca brava; Mano blanca; Margot; Noches de Colón; Ninguna; Nubes de humo; Otra noche; Pinceladas; Que nadie sepa mi sufrir; Quevachaché; Recuerdos; Silbando; Se lustra señor; Se acabó tu cuarto de hora; Siga el baile; Tomo y obligo; Un tropezón; Violetas; Yo soy de la vieja ola; ¡Y sonó el despertador!*

FRANCISCO FIORENTINO

Hasta Fiorentino, sólo se cantaba el estribillo de los tangos. Fue el primero que cantó íntegras las letras, con la orquesta de Roberto Zerrillo, allá por 1934, según narra el investigador Nicolás Lefcovich, pues hasta entonces las orquestas le daban preferencia a la música en los tangos. Era un gran admirador de Ignacio Corsini, de quien sacó un estilo propio que luego le imprimió a su forma tan personal de cantar. Como los demás cantores, estaba acostumbrado a cantar sólo el estribillo, como lo había hecho en las orquestas de Francisco Canaro, Juan Carlos Cobián, Roberto Firpo, Juan D'Arienzo, Angel D'Agostino, Julio Fava, Julio Pollero, Pedro Maffia, Minoto Di Cico, Roberto Zerrillo, Ricardo Malerba y Daniel Alvarez, en las que participó con algún intervalo debido a un fugaz paso por Alemania integrando un conjunto de escaso relieve artístico. En algunas de esas orquestas tocaba el bandoneón, y cuando llegaba el momento de los versos se levantaba y cantaba el estribillo. Antes había actuado en el conjunto Los poetas del tango, con Antonio Rodio, Héctor Artola, Miguel Nijelshon y Miguel Bonano.

Nació en el barrio de San Telmo, el 23 de septiembre de 1905, y estudió bandoneón con Minoto Di Cico. Siendo muy joven, con su hermano Vicente en violín y José Martínez en piano, formó un trío que actuaba en los cafés tangueros. Pasó luego a la orquesta de Canaro y, ya como cantor, a la de D'Arienzo

El salto a la fama lo dio cuando llegó a la orquesta de Aníbal Troilo, el 1 de julio de 1937, actuación que compartió un tiempo breve con Amadeo Mandarino, hasta que Pichuco incorporó a Alberto Marino, con quien constituyó un binomio prácticamente inigualable. Estuvo con Troilo hasta 1944, lapso en el cual grabó 60 temas, todos inolvidables, convertidos en grandes éxitos, que aún perduran en los modernos discos compactos para regocijo de los amantes del buen tango.

Compuso tangos, dos de los cuales alcanzaron éxitos inolvidables, como *Pa' que seguir* y *Orquestas de mi ciudad*. Un día dijo en un reportaje por radio que tenía una valija llena de composiciones escritas por él, pero que difícilmente las editara. Fue una verdaderas pena que adoptara tal decisión porque, si nos guiamos por las dos que se conocieron, todo haría suponer que nos encontrábamos ante un autor excepcional. Cuando se desvinculó de Troilo formó parte por poco tiempo de la orquesta que compartía con el pianista Orlando Goñi, que también se había desvinculado del "Gordo", y luego le confió la dirección de la suya a Astor Piazzolla, con quien grabó 24 temas. Se produjo entonces un hecho inusual. Piazzolla se limitaba sólo a dirigir la orquesta para acompañarlo, y pese a eso Fiorentino le permitió grabar algunos tangos instrumentales. Luego de esta etapa como solista pasó a la orquesta de Ismael Spitalnik, el autor de *Bien milonga*, tango que le grabaron Osvaldo Pugliese y Aníbal Troilo, a la de José Basso, a la de Francisco Rotundo, y a la de Alberto Mancione, hermano de Homero Manzi.

El "Tano" Fiore, como solían llamarlo quienes lo apreciaban, se desvinculó de la vida con la misma facilidad con que se desvinculaba de las orquestas, y nos abandonó el 11 de septiembre de 1955, siendo muy joven. Tenía sólo 49 años. Había ido a actuar como solista en el pueblo Tres Arboles, en la provincia de Mendoza, y el auto en que regresaba con el chofer a Buenos Aires volcó y cayó en una acequia, donde insólitamente falleció ahogado en un pequeño caudal de agua. Antonio Carrizo siempre recuerda que fue al velorio con Aníbal Troilo, quien le dijo *Vamos, porque esta noche lo despiden todos los zomos (los mozos) y las putas de Buenos Aires*.

Indudablemente, sus creaciones las logró con Aníbal Troilo. Como solista no grabó mucho, pero se lo recuerda con *Amigazo; Burbujas; Corrientes y Esmeralda; Cotorrita de la suerte; De vuelta al bulín; Ensueño; En carne propia; El trovero; Fruta amarga; María; Nos encontramos al pasar; Oro falso; Otros tiempos y otros hombres; Rosa de otoño; Soy una fiera; Si se salva el pibe; Tomo y obligo; Triste comedia; Viejo ciego; Volvió una noche*, y muchos otros.

JULIO SOSA

Nació el 2 de febrero de 1926 en Las Piedras, en el departamento Canelones, cerca de Montevideo, en la República Oriental del Uruguay. Tenía sólo 12 años cuando ganó un concurso de aficionados en un recreo en los suburbios de la capital uruguaya, y desde allí comenzó su carrera de cantor ganándose la vida en algún café de pueblo. Luego de cantar un tiempo con la orquesta de Carlos Gilardoni, probó fortuna en Montevideo y en Punta del Este con los conjuntos de Epifanio Chain y Luis Caruso, y con un cuarteto que dirigía Hugo Di Carlo. A pesar de que llegó a grabar algunos discos con Luis Caruso, su actuación en su país no lo conformaba, por lo que en 1949 decidió venir a Buenos Aires, donde empezó a cantar en el café **Los Andes**, de Villa Crespo, acompañado por dos guitarristas, Cortese y Fontana. Actuó luego por poco tiempo en la orquesta de Joaquín Do Reyes, y de allí dio el gran salto, cuando fue requerido para incorporarse a la orquesta de Francini-Pontier, que no hacía mucho que se habían desvinculado de Miguel Caló y que tenían como cantor a Alberto Podestá. La cita para hacer una prueba se concretó donde actuaba la orquesta, en el **Picadilly**. Ya frente a Pontier, éste le preguntó qué quería cantar. *Tengo* miedo, respondió. Y Pontier, sonriente, le dijo: *el tango Tengo miedo, o está julepeado.* Nunca se avergonzó de decir que su padre era analfabeto y su madre sirvienta, y que para poder debutar en Buenos Aires le tuvieron que prestar un traje.

En 1953 pasó a la orquesta de Francisco Rotundo, hasta que Armando Pontier se separó de Enrique Mario Francini, y nuevamente lo convocó como cantor de su nueva orquesta, donde actuó hasta 1958. La etapa con Francisco Rotundo fue la de más bajo nivel en su trayectoria, no porque esta orquesta fuera de segunda línea, sino porque Sosa tenía pólipos en las cuerdas vocales, lo que por supuesto lo perjudicaba y le impedía cantar bien. Fue la dirigente peronista Juanita Larrauri quien lo vinculó con el doctor Juan Elkin, el que con un trabajo altamente profesional le devolvió sus dotes de eximio cantor. Pero Julio Sosa no era amante de seguir conductas ejemplares ni mucho menos tratamientos estrictos. Fue así como una noche el propio Rotundo lo sorprendió en un boliche tomando vino y fumando cigarrillos negros, lo que se prohíbe terminantemente a todo operado de pólipos en las cuerdas vocales, por lo menos durante el período de recuperación. Por suerte la fuerte reprimenda surtió efecto y Sosa se recuperó y de allí en más comenzó la mejor etapa de su vida como cantor.

Luego eligió cantar como solista, acompañado por Leopoldo Federico, con quien grabó innumerables éxitos en el sello Columbia. También incursionó en el cine, donde participó en películas dedicadas al tango, y en la televisión. Los años de las vacas flacas habían quedado atrás y el éxito ya era su aliado.

Como hemos visto, el tango está lleno de anécdotas, cada cantor, cada orquesta, tiene la suya. Y a Julio Sosa no le faltaban algunas propias. Cantaba **Dicen que dicen** en el cabaret **Picadilly**, cuando vio entrar a Enrique Santos Discépolo, que era la primera vez que iba a escucharlo. Le dedicó el siguiente tango, y cuando terminó, Discépolo lo abrazó y le dijo: *Pibe, si lo hacés mejor seguro que está mal*. En otra oportunidad, iba a actuar en el auditorio de **Radio El Mundo**, y al llegar, un muchacho vestido humildemente le pidió si intercedía para que lo dejaran pasar, porque como no tenía traje no le permitían entrar. Sosa, recordando su humilde pasado, enseguida lo hizo entrar. Pero la anécdota es mucho más profunda y emotiva. La audición estaba patrocinada por la sastrería Modart, que sorteaba un traje entre los presentes. Julio Sosa le regaló al muchacho el número que le correspondía a él, que fue el que, curiosamente, salió sorteado.

Realizó 143 grabaciones, y recibió un Disco de Oro por haberse vendido 500.000 unidades de un long-play. Aunque en un principio su actuación se basó en los tangos reos, luego fue incorporando en su repertorio otros de corte melódico, con los que alcanzó el mismo éxito que con los que se había hecho popular. Había un tango, *En esta tarde gris* que, nunca se supo por qué, le costaba mucho cantar. Al empezar los versos *Qúe ganas de llorar, en esta tarde gris*, se emocionaba tanto que se desmoronaba, se le llenaban los ojos de lágrimas y se le ahogaba la voz. El día que tuvo que grabarlo con Leopoldo Federico no fue la excepción. Intentaron varias veces y siempre le ocurrió lo mismo. Luego de un intervalo para que se distendiera, café de por medio, consiguió cantarlo íntegro. Pero hubo un hecho que sólo él notó. Al llegar a la parte que dice *ven pues te quiero tanto, que si no vienes hoy voy a quedar ahogado en llanto* se le quebró la voz, pero no se detuvo. Finalizada la grabación fue a la cabina técnica y le dijo a los operadores: *Que quede como está, ya no puedo repetirla más.* Y así quedó, como una grabación en la que el cantor interpreta con emotividad lo que escribió el autor.

Aseguraba que nunca había escrito letras de tango, para no comprometerse a tener que devolver favores, porque él cantaba sólo lo que creía que era bueno, sin tener en cuenta si el autor era amigo o no. Sin embargo, es el creador de la letra de *Seis años*. Le gustaba sí escribir poemas, que fueron reunidos en el libro **Dos horas antes del alba**.

Murió trágicamente, el 26 de noviembre de 1964, dos días después de haber chocado con su auto en Palermo. El velatorio inicialmente se realizó en el **Salón La Argentina**, donde había actuado tantas veces, pero cuando el público superó la capacidad del local se hicieron gestiones ante Juan Carlos Lectoure, quien cedió las instalaciones del **Luna Park**, desde donde una larga columna de admiradores acompañó el cortejo hasta la Chacarita.

Evidentemente, su destino estaba marcado. La noche del accidente, luego de actuar fue a cenar en un restaurante del Centro, pero como no le gustó la comida decidió ir al carrito N° 7 de la Costanera. Iba con su auto por la avenida Figueroa Alcorta, probablemente con la idea de girar en Salguero hacia la Costanera, pero al llegar a la esquina de Mariscal Castilla se encontró casi de frente con un camión, que salía de una estación de servicio y que le cerraba el paso. Institntivamente, intentó esquivarlo por adelante, pasándose a la mano contraria de la avenida, pero en su trayecto se estrelló contra una de las balizas de cemento que dividían las dos manos de la avenida, luego de chocar contra el camión. Según se publicó en el Diario "La Nación" del día siguiente, un grupo de manifestantes peronistas intentó politizar la triste ceremonia, portando una corona con el nombre del ex presidente. Sus restos fueron repatriados en 1987, y descansan en su ciudad natal de Las Piedras..

El "Varón del tango" apodo puesto por el periodista Ricardo Gaspari, dejó 140 grabaciones memorables con todas las orquestas en las que cantó, como *Al compás del corazón; Amurado; Araca París; Abuelito; Al mundo le falta un tornillo; Azabache; As de cartón; Amor en remolino; Araca corazón; Bien bohemio; Barrio pobre; Brindis de sangre; Caminito soledo; Criollita de mis amores; Como todas; Calor de hogar; Corazón no le hagas caso; Carnaval; Cuando era mía mi vieja; Camouflage; Canchero; Confesión; Certificao; Cambalache; Contramarca; Cachadora; Che papusa, oí; Después de esta canción; Dicha pasada; Dicen que dicen; Dios te salve m'hijo; Destellos; En esta tarde gris; El firulete; El hijo triste; El ciruja; El rosal de los cerros; Enfundá la mandolina; En la madrugada; Entre sueños; El rosal; En el corsito del barrio; El último café; El mismo final; Estas cosas de la vida; Eras como la flor; Farolito viejo; Guitarra, guitarra mía; Guapo y varón; Hoy es tarde; Ivette; Justo el 31; La última copa; Levanta la frente; La cumparsita; La gayola; La casita está triste; La casita de mis viejos; La pena del payador; Lloró como una mujer; Llorando la carta; Mascarita; Martingala; Mano a mano; María; Milonga triste; Madame Ivonne; Mirala como se va; Milonga en rojo; Margot; Mi sentencia; Mala suerte; Milonga del 900; Monserga; Mañana iré temprano; Margo; Mentiras; Nunca tuvo novio; Nada; No nos veremos más; No te apures, carablanca; Nunca es tarde; Otario que andás penando; Olvidao; Por seguidora y por fiel; Para quererte nací; Por una mala mujer; Padrino pelao; Pa' mi es igual; Princesa de fango; Por un cariño; Por el camino adelante; Pa' que sepan como soy; Qué me van a hablar de amor; Qué me importa tu pasado; Qué solo estoy; Qué falta que me hacés; Qué solo estoy; Que vachaché; Que me quiten lo bailao; Quién hubiera dicho; Rencor; Recordándote; Romántica; Sur; San Domingo; Silbando; Secreto; Soledad; Sus ojos se cerraron; Siga el corso; Si no me engaña el corazón; Total pa' que sirvo; Tu vuelta; Tabaco; Tu pálido final; Tarde; Tan sólo por verte; Tengo miedo; Tiempos viejos; Tenemos que abrirnos; Tanto; Toda mi vida; Una y mil noches; Uno; Un alma buena; Un tropezón; Viejo smoking; Viejo rincón; Volvió una noche; Verdemar; Yo soy aquel muchacho.*

El recitado de *La cumparsita* no fue programado de antemano, sino que surgió por una casualidad. En un baile, la orquesta de Leopoldo Federico iba a tocarla, y Sosa se acercó al director y le preguntó si quería que recitara. Federico asintió y la recepción que tuvo por parte del público fue tal que decidieron incorporar la glosa definitivamente, pero con una variedad. En los bailes, la orquesta terminaba al finalizar los versos, mientras que en la grabación continúa con el arreglo original, incluyendo las variaciones de bandoneón. Julio Sosa registró también un longplay con todas canciones de Carlos Gardel, acompañado por guitarras.

Algunos escritores consideran que el tango con el que Julio Sosa encontró su verdadera personalidad fue *Dios te salve m'hijo*, el mismo que había hecho popular Agustín Magaldi. El drama que relata la letra de ese tango, vinculado con la política del país en los años treinta, es expresado cabalmente por Sosa, que hizo de él una creación cuando cantaba en la orquesta de Francisco

Rotundo. Luego de la muerte de Sosa, el bandoneonista Julio Montes compuso el tango *Lejano*, que cuenta con un excelente recitado a cargo de Julián Centeya. Muchos años después, Montes se animó a decir que su obra estaba dedicada a Julio Sosa.

EDMUNDO RIVERO

Antes de dedicarse al tango era cantor nacional, y en su repertorio predominaban especialmente zambas, cielitos y milongas, que interpretaba acompañándose con la guitarra, en sus largos recorridos por el interior del país. Formó un dúo con su hermana Eva, conocido como "Los hermanos Rivero". También era guitarrista de otros cantores, y además trabajaba en el Arsenal Esteban de Luca. Hijo de Aníbal Rivero y Anselma Duro, su verdadero nombre era Leonel Edmundo Rivera Duro, había nacido el 6 de junio de 1911, y siempre se preocupó por estudiar música. Puede decirse que él, junto con Charlo, fueron prácticamente los únicos cantores populares poseedores de una verdadera cultura musical. Esto les posibilitaba seguir fielmente la música en cada interpretación sin desafinar, a diferencia del grueso de los demás cantores, respetando lo que había escrito el autor.

Su voz grave y de bajo le trajo más de un problema a la hora de buscar dónde y con quién actuar. Siempre creían los encargados de contratarlo que estaba enfermo de la garganta y que por eso cantaba así. Más de uno le recomendaba que se hiciera ver y *luego volviera*. Como no podía hacer lo que le gustaba, cantar, trabajó en **Radio Cultura** como director artístico, además de acompañar en guitarra a su hermana Eva, y fue él quien les tomó la prueba nada menos que a Roberto Rufino y Alberto Marino. Pero un día, luego de peregrinar por varias radios, pudo cantar en

La Voz del Aire, donde interpretó algunas zambas y *Caminito*. Tuvo un fugaz paso como cantor en la orquesta de Julio De Caro, luego cantó con el conjunto de Emilio Orango y también con Humberto Canaro.

Inexplicablemente, se alejó durante casi cinco años de las actuaciones artísticas, lapso en el que se ganó la vida trabajando en el Arsenal Esteban de Luca. Y en 1944 se abrió el largo camino que luego recorrería en el tango. Recibió un llamado telefónico de la esposa de Horacio Salgán para que fuera a hablar con su marido, que estaba formando una orquesta. Así lo hizo, pero le pidió a Salgán que primero lo contratara a prueba, para ver si al público le gustaba. *Si la gente me aplaude, sigo. Si no, amigos como siempre, pero largo*, fue la honesta proposición de Rivero. Interiormente no estaba muy convencido de triunfar. Siempre recordaba: pensa *Mi voz de bajo barítono, mi propia estampa, tan alejada del galán, en lugar de un cantor de típica me convertían más bien en un cantor atípico.*

Como muchos otros, Edmundo Rivero también tuvo anécdotas. Una vez que fueron a grabar a la RCA Víctor, un directivo dijo: *La orquesta es medio rara, no se le entiende muy bien, pero el cantor es imposible.* Ese cantor *imposible* al poco tiempo tuvo la satisfacción de ser requerido por "Pichuco". Contó Troilo que la primera vez que se reunieron, con la presencia de Zita, su esposa, con gran humildad, Rivero únicamente mostró preocupación por llegar a tener un buen repertorio. "Pichuco" no salía de su asombro. Era la primera vez que alguien que estaba por ingresar en su orquesta no ponía como prioridad las condiciones económicas. Debutó con la orquesta de Aníbal Troilo el 3 de abril de 1947, en el cabaret **Tibidabo**.

Después de un período de exitosas actuaciones, Troilo hizo lo mismo que antes había hecho con otros cantores. Alentó a Rivero para que se decidiera a volar con sus propias alas. Así lo hizo, y muchos años después, aquel director artístico que le había aconsejado que se curara de algo que, según él tenía en la garganta, tuvo que reconocer que tenía una voz privilegiada por la naturaleza, y que en su garganta estaba la riqueza musical de un órgano.

Participó, en 1949, en la película "El cielo en las manos" junto a una orquesta dirigida por Astor Piazzolla. Una vez Borges le preguntó *¿Con qué autoridad, con qué conocimientos canta usted esos temas que canta? bueno, le contestó, los canto porque los entiendo y los entiendo porque los he vivido. Lo mismo que usted, que los escribió porque los conoce, porque los vio. No, en mi caso no es así* -dijo Borges- *yo no he tenido la fortuna que usted tuvo. Estos personajes y estas historias me llegaron por otros, por terceros. O son imaginarios. No tuve su suerte, mi madre no quería que saliera a la calle, yo estaba siempre detrás de los ventanales.*

Siempre decía que, para él, no hubo un poeta más perfecto que Celedonio Flores. Lo sentía apasionadamente, como a ningún otro, y lo demostró en las interpretaciones de sus tangos.

Compuso 32 temas, entre tangos, milongas, valses y canciones criollas, a saber, *A Buenos Aires, Amablemente, Arigato Japón, Aguja brava, Acuérdate, Bronca, Biava, Coplas del Viejo Almacén, Calle Cabildo, Desde la cana, El chamuyo, El deschave, El jubilado, El rescate, El piro, Falsía, Grata, La señora del chalet, Las 10 de últimas, Línea 9, La solita, Morena Pilar, Milonga lunfarda, Milonga del consorcio, Milonga de Don Quijote, Malón de ausencia, Negro soy, No mi amor, Pobre rico, Para vos hermano tango, Pelota de cuero, Poema N° 0, Packard, P'al nene, Quién sino tú, Tres puntos, Tu huella, Todavía no, Vivir lo nuestro, Yo soy el mismo,*

Edmundo Rivero grabó 471 temas, en los sellos RCA Víctor, T.K., Antar Telefunken (Uruguay), Odeón, Philips, Polidor, con Horacio Salgán, Aníbal Troilo, Víctor Buchino, Carlos Figari, Mario Demarco, Astor Piazzolla, Roberto Pansera, Héctor Stampone y con guitarras, y nadie como él interpretó el lunfardo. También registró un disco con el sistema play back, sobre la base de un disco de Carlos Di Sarli. Lo podemos recordar como solista con *Audacia; A mí dejame en mi barrio; A la luz de un candil; Amurado; Apología tanguera; A mi padre; Adiós pampa mía; Adiós muchachos; A media luz; Araca la cana; Aguja brava; A Buenos Aires; Adiós San Telmo; Aquel tapado de armiño; Amigos que yo quiero; Confesión; Cuesta abajo; Cafetín de Buenos Aires; Codiciando; Canción de fuego; Cuando me entrés a fallar; Carmín; Cómo querés que te quiera; Como abrazado a un rencor; Calle Cabildo; Cuando mueren nuestros sueños; Caminito; Cambalache; Carillón de La Merced; Canchero; Chorra; Duelo criollo; De vuelta al bulín; Dicen que dicen; Déjelo señora; Desdén; Esta noche me emborracho; En la vía; El ciruja; El rebenque fatal; El cielo en las manos; El títere; Fugitiva; Fogón de huella; Fangal; Fatalmente nada; Hasta el último tren; Infamia; Jacinto Chiclana; Jamás me olvidarás; La casita de mis viejos; Las cuarenta; La canchera; La gayola; Lejana tierra mía; Leguizamo solo; La toalla mojada; Las vueltas de la vida; La cumparsita;Lloró como una mujer; Milonga de Don quijote; Malena; Margot; Milonga en negro; Malevaje; Mano a mano; Mala entraña; Mala entraña; Muchacho; Medallita de la suerte; Matala; Martirio; Muñeca brava; Mi ciudad y mi gente; Musa rea; Muriéndome de amor; Mi noche triste; Mi Buenos Aires querido; Noche sin sueño; N.P.: Nostalgia; No mi amor; Nunca tuvo novio; Olvidao; Oración rante; Por ella; Pucherito de gallina; Primero yo; Para vos, hermano tango; Pobre rico; Por una mujer; Pan; Por un cariño; P'al nene; Patio mío; Quién sino tú; Qué risa; Que se vayan; Segundos afuera; Sin palabras; Secreto; Santa Milonguita; Sentimiento gaucho; Tomo y obligo; Todavía no; Tengo miedo; Uno; Una carta; Un silbo cualquiera; Vieja amiga; Viejito calavera; Vieja casa; Viejo baldío; Yo creía; Y taconeando salió; Yira...yira; Yo soy el mismo.*

Ediciones Altaya editó en Barcelona, España, un disco compacto con 14 piezas, en algunas acompañado por la orquesta de Víctor Buchino y en otras por guitarras. Lamentablemente, no han puesto demasiado cuidado cuando elaboraron la literatura donde se mencionan los temas, sus autores y el acompañamiento, porque en algunas de las interpretaciones figura acompañado por la orquesta y en realidad es con guitarras, o viceversa. Este disco incluye *Audacia; Para vos, hermano tango; En la vía; Vieja casa; Cómo querés que te quiera; Y taconeando salió; Olvidao; Pa'l nene; Cuando me entrés a fallar; Las vueltas de la vida; Primero yo; El cielo en las manos; Carmín; Margot; Dónde estás; La señora del chalet; Pucherito de gallina, La gayola; Mi noche triste; Lloró como una mujer; Nostalgias; Vamos, vamos zaino viejo.*

Edmundo Rivero actuó en España en 1959, en los Estados Unidos en 1965 y 1967, y luego de una gira por varios países del Pacífico, en Japón, en 1967 y 1968. falleció el 18 de enero de 1986 en el Sanatorio Güemes, donde el equipo del doctor René Favaloro lo había internado para tratarlo de una grave dolencia cardíaca que, lamentablemente, no pudo superar.

RUBÉN JUÁREZ

Es difícil no encontrar anécdotas tangueras, incluso de intérpretes relativamente modernos que no tienen una trayectoria tan prolongada como la de los grandes maestros que tuvo el tango.

Es el caso de Jorge Rubén Juárez, nacido en 1947, que trabajaba en una fábrica, que se inició como músico de rock en el conjunto "The black coats", y luego cantaba chacareras, pasodobles y otros géneros, y que pasó a las filas del tango por un hecho fortuito. Su madre era fanática de Julio Sosa, y cuando éste falleció su hijo la sorprendió llorando. Luego supo que le estaba rogando al alma de Julio Sosa para que ayudara a su hijo a ser su sucesor.

Cinco años después, ya dedicado definitivamente al tango con su bandoneón, debutó en **Caño 14**, pero con el agregado que también hacía lo que más le gustaba, cantar. La experiencia la había recogido en las presentaciones que hacía los fines de semana en pueblos del interior, donde actuaba acompañado por Héctor Arbelo, quien había secundado con su guitarra durante mucho tiempo a Julio Sosa. Y como en muchos otros casos, la suerte le apareció por pura casualidad.

En una de esas actuaciones se encontró con el cantor Horacio Quintana, quien lo orientó, lo aconsejó e, inclusive, fue su representante cuando lo contrataron en **Caño 14**. Por varios años fue uno de los referentes en la etapa de los herederos de los grandes maestros de la Epoca de Oro del tango.

Considera *monstruos* y siente un gran respeto por Carlos Gardel, Alberto Marino, Floreal Ruiz y Roberto Goyeneche, pero prefiere cantar con su propio estilo, sin contagiarse de nadie. La empresa Odeón lo contrató para que grabara, y lo hizo acompañado por Carlos García, Armando Pontier y Raúl Garello.

No tiene una discografía muy extensa, pero de todos modos se pueden destacar *A Homero; Alma en pena; Bien criolla y bien porteña; Cordón; Cuando tallan los recuerdos; Cambalache; Como dos extraños; Con toda la voz que tengo; Corazón no le hagas caso; Canción a tu presencia; Contame una historia; Convencernos; Café La Humedad; Chau, no va más; Después; El último farol; El encopao; El aguacero; El corazón al sur; El último round; Fangal; La pared; La última cita; Malevaje; Me están sobrando las penas; Margot; Mala entraña; Mañana iré temprano; Mi bandoneón y yo; Pasional; Para vos canilla; Por las calles de la vida; Qué buena fe; Qué tango hay que cantar; Soy un circo; Sueño de barrilete; Toda mi vida; Temblando; Tormenta; Tiempo de tranvía; Tú; Volvió una noche; Volver a Chaplin.*

HUGO DEL CARRIL

Piero Bruno Hugo Fontana nació en Flores, en la calle San Pedrito 256, el 30 de noviembre de 1912. Era hijo de inmigrantes italianos, Hugo Fontana y Orsolina Bertani. Cuando tenía cuatro años sus padres decidieron separarse, y él quedó entonces a cargo de una familia francesa, quienes por su rudimentario castellano lo llamaban Pierrot, en lugar de Piero. Ya de chico le gustaba el canto, y más de una vez en su adolescencia dio serenatas en el balcón de alguna vecina acompañado por su vecino y amigo, Floreal Ruiz

Trabajó en una fábrica de jabón y en una cristalería, pero ya empezaba a *despuntar el vicio* cantando en algunos negocios en el barrio, pero no todavía profesionalmente.

Consiguió que lo probaran en **Radio Bernotti**, que luego pasaría a ser **Radio Del Pueblo**. Cuando el dueño de la radio le preguntó cómo se llamaba, muy suelto de cuerpo le dijo: *Oro Cáceres*. Cuando lo escuchó cantar, a Ricardo Bernotti le llamó la atención el timbre de voz, e intuyó que lo que tenía delante de él era más un locutor que un cantor. No desaprovechó la ocasión, y le dijo que haría las dos cosas a la vez. *Su tarea específica será la de anunciador y, correlativamente, le vamos a dar algunos espacios para que se saque el gusto.* En una crónica sobre el tema se contó que Oro Cáceres decía: *Gomina, único fabricante Brancatto*, y luego seguía: *ahora les voy a entonar la bonita pieza intitulada* **Mi noche triste**. Ya como **Radio Del Pueblo** siguió con las dos funciones, pero esta vez como cantor de los conjuntos que allí tocaban, como Carmelo Taverna, Eduardo Requena o Juan Marini, con la variación que cambiaba de nombre artístico según de cuál se tratara, y así utilizó Pierrot, Hugo Caures, Carlos Cáceres o Hugo Funt.

El de Hugo del Carril lo adoptó varios años después, cuando con Roberto Acuña formó el dúo Acuña-Del Carril. Fue Edgardo Donato, en 1935, quien le dio la oportunidad que él esperaba, cuando le propuso que grabara con su orquesta el estribillo de los tangos, estilo que era común en aquella época. Como ya hemos visto, fue a partir de Fiorentino que se empezó a cantar la letra entera de los tangos.

En un programa de radio en homenaje a Carlos Gardel, a un año de su muerte, del que participaban Tito Lusiardo y Rosita Quiroga, no tuvo mejor ocurrencia que cantar un tango. Casualmente estaba en su casa escuchando el programa Manuel Romero, quien lo llamó para ofrecerle que cantara *Tiempos viejos* en la película "Los muchachos de antes no usaban gomina", que estaba filmando.

Su primera grabación la realizó en el sello RCA Víctor con *Yo soy aquel muchacho* y *Me besó y se fue*, acompañado de piano y violín, y un año después pasó a Odeón, donde debutó con *Como aquella princesa* y *Te vi partir*. Solía contar que en sus primeros años se juntaba en Flores en una bohardilla con algunos vaguitos amigos, y que mientras tomaban mate y jugaban a los naipes, él cantaba. Un día uno de los amigos, a quien apodaban "el francés", le comentó que lo quería escuchar el "Tano" Pepe, que era un conocido guitarrista. Una vez frente a él, le cantó *Llevame carretero*, un tango que cantaba Carlos Gardel. El "Tano" le preguntó de qué se ocupaba, y la respuesta fue *de cualquier cosa*. El resultado fue que terminó cantando en un burdel de Mataderos, donde -según él- las mujeres del *oficio* lo recompensaban con *buen dinero*. Comenzó su carrera profesional cantando en un pequeño palco en esa *casa*, y después de cantar pasaba el platito.

Su filmografía fue muy extensa, como actor, productor y director, ya que dirigió 15 de las 50 películas en que participó, que también sirvieron de vehículo para pasear al tango por diversos países de América. Además, actuó en diversas obras teatrales, especialmente con Mariano Mores y Virginia Luque. Su última participación en el cine como director fue en "Yo maté a Facundo", en 1975, con una gran actuación de Federico Lupi, pese a lo cual la crítica periodística fue lapidaria.

Le gustaban las bromas, y cuando hizo su primera película inventó un autor y dijo que era de un poeta riojano que se llamaba Alejo Pacheco Ramos, pero en realidad era él. Al igual que a Enrique Santos Discépolo, le dolía la injusticia , y manifestó en sus películas un gran contenido social, que muchos que lo conocían decían que reflejaba lo que le había pasado cuando era chico y trabajaba en una fábrica. Sentía un gran interés por ese tema y por la forma en que la gente era explotada, lo que volcó fielmente en la película "Las aguas bajan turbias".

Compuso **Como la mariposa, Felicita, Viejo camarada**, y la marcha dedicada al partido, **Un solo corazón**, con música de Jorge Dragone. Dejó 237 discos, uno de ellos la marcha **Los muchachos peronistas**, que se grabó en RCA Víctor, en el **Teatro Colón** en 1949, con una orquesta dirigida por Domingo Marafiotti. Le molestaba que lo recordaran por eso y no por el resto de las grabaciones que había realizado. Como muchos otros artistas, hombres de letras y de la cultura, adhirió a las ideas de Perón, bajo la frase "Para una Argentina mejor". Su vínculo con el general fue por un hecho fortuito. Quería llegar al Presidente para plantearle un problema de índole gremial, y usó de intermediaria a Eva Perón, a quien conocía por haber trabajado juntos en la película "La cabalgata del circo". Una vez frente a él, fue cautivado por sus ideas y su forma de ser. Era conocida la cualidad especial que tenía Perón para convencer con su parlamento.

Y también, como a Discépolo, a Hugo del Carril le costó caro demostrar sus sentimientos políticos. Al caer Perón en 1955 comenzaron para él una larga serie de dificultades, como prohibiciones y detenciones, y.el gobierno militar finalmente lo encarceló, en carácter de incomunicado. Sus amigos dijeron después que su único delito había sido cantar la marcha **Los muchachos peronistas**. La realidad era muy distinta. Se había jugado entero por la causa peronista. También había grabado las canciones

Versos de un payador al General Juan Perón y *Versos de un payador a Eva Perón*, de Homero Manzi, que también defendía las mismas ideas, así como las marchas *Luz y Fuerza* y *Canto al trabajo*, esta última acompañado por la Orquesta y el Coro del **Teatro Colón**, bajo la dirección de Alejandro Gutiérrez del Barrio..

Por entonces vivía con Ana María Lynch, en un departamento en la calle Cerrito. Un día una brigada encabezada por un guardia marina se presentó en su domicilio, y antes de llevárselo detenido a la vieja cárcel de la Avenida Las Heras, le revolvieron y revisaron toda la casa, incluso los sombreros. Estaba incomunicado, y Roberto Rufino consiguió que el almirante Isaac Rojas le permitiera visitarlo, y lo hizo junto con otro cantor, Raúl Carrel. Cuando fueron a verlo, se encontraron con que les hacía cantar la marcha peronista a todos los presos. También se enteraron que todos los días le mandaban al padre Iñaki de Azpiazu, el capellán de la Policía, para que se confesara. Así le hacían creer que lo iban a fusilar. En la época en que lo detuvieron estaba filmando la película "La sombra" con Laura Hidalgo, y cuando en diciembre de ese año quedó en libertad la continuó, pero con otro título, "Más allá de las sombras". Se fue a vivir en México, donde fue recibido cariñosamente y pudo desarrollar una intensa actividad, transformando cada actuación en un rotundo éxito. En, 1981, en su presentación en la capital azteca, en el Teatro de la Ciudad, lo acompañaron Roberto Berlinghieri al piano, Enrique Alessio en bandoneón y Pedro Aguayo en contrabajo.

En 1960 todavía continuaba la prohibición de que actuara en radio, pero el locutor Osvaldo Martín consiguió, luego de un mes de arduas conversaciones con el director militar de una de ellas, llevarlo de nuevo frente a un micrófono. El argumento que usó fue que iba a cantar y no a hacer política. Cumplido el objetivo, hicieron un ciclo que duró seis meses, y luego giras por los barrios, sin que se les presentaran inconvenientes, y así de a poco volvió a la actividad.

En 1973, durante la última presidencia de Perón, le ofrecieron la dirección del Instituto Nacional de Cinematografía, pero a los tres días abandonó el cargo, muy molesto y muy tocado por las críticas. Fue Ciudadano Ilustre de la Ciudad de Buenos Aires, y poco después de ser honrado con esa distinción murió, el 13 de agosto de 1989. Sus seguidores aseguran que su mayor mérito consistía en que al aparecer en un escenario se producía un silecio absoluto del público, algo que sólo él conseguía, y que eso era la mejor demostración de su gran personalidad.

Como un simple recuerdo, mencionaremos algunas de las obras que quedaron registradas en los sellos RCA Víctor, Odeón, Seeco-TK, Microfón, algunas en México y otras en Cuba y en Colombia, con las orquestas de Edgardo Donato, Joaquín Mauricio Mora, Tito Ribero, Atilio Bruni, Waldo de los Ríos, Armando Pontier, Mariano Mores, Osvaldo Requena, con guitarras, y en algunos casos con glosas a cargo de Julián Centeya. como *Amores de estudiante; Al mundo le falta un tornillo; Angustia; Arruyito; A media luz; Adios, te vas; Así soy yo; Azabache; A mí me llaman Juan Tango; Ave sin vuelo; Adiós muchachos; Al compás del corazón; Andá a refrescarte un poco; Blanche nuage* (en francés) *;Bélgica; Bien frappé; Buenos Aires; Bailongo de los domingos; Betinoti; Barrio reo; Candombe; Canción desesperada; Carnavalera; Cuesta abajo; Corrientes y Esmeralda; Cuando tú no estás; Cuando llora la milonga; Clavel del aire; Confesión; Congoja; Cada vez que me recuerdes; Cafetín de Buenos Aires; Con toda la voz que tengo; Camino del indio; Cobrate y dame el vuelto; Claudinette; Caminito; Como aquella princesa; Chorra; Desaliento; De contramano; Desde el alma; En blanco y negro; El vals de los recuerdos; El día que me quieras; El artista; El vino triste; El patio de la morocha; El llorón; El adiós; Esta noche me emborracho; El carretero; El volumen de Carlota; El porteñito; El último café; Felicita; Guapo; Garúa; Guitarra, guitarra mía; Golondrinas; Indiferencia; Igual que una sombra; Igual que ayer; La copa del olvido; La casita de mis viejos; La caída de la estantería; La derniére reverie* (en francés); *Luna de arrabal; Lejana tierra mía; Las cuarenta; La mariposa; La cumparsita; Los jazmines de San Ignacio; La calesita; Martirio; Malditos celos; Milonguita; Madame Ivonne; Mi tristeza; Me besó y se fue; Milonga sentimental; Marecchiare; Mi Buenos Aires querido; Melodía de arrabal; Mi morena; Madre hay una sola; Mi noche triste; Malevaje; Mano a mano; Me besó y se fue; Muchacho de cafetín; Madame Ivonne; Nada más; Niño bien; Nostalgias; Negra María; Nubes de humo; Otra vez carnaval; Oro y plata; Percal; Pobre gallo bataraz; Por tus ojos negros; Paciencia; Pan; Para vos canilla; Papá Baltazar; Pa' que bailen los muchachos; Pobre mi madre querida; Pituca; Por una cabeza; Que te cuente mi violín; Qué habrá sido de Lucía; Rosas de otoño; Rosa, poneme una ventosa; Soy del 90; Sosiego en la noche; Si soy así; Silbando; Secreto; Sus ojos se cerraron; Sin palabras; San Sebastián; Tomo y obligo; Tres esquinas; Tango brujo; Toda mi vida; Tango en cur4da; Tu vieja ventana; Te vi partir; Tiempos viejos; Una tarde cualquiera; Una lágrima tuya; Uno; Vendrás alguna vez; Vieja amiga; Vos y yo; Volver; Viejo ciego; Viejo Buenos Aires; Yo también; Yo soy aquel muchacho; Yo no tengo suerte; Yira... yira.*

ALBERTO MARINO

Fue Alfredo Gobbi quien bautizó a Alberto Marino "La voz de oro del tango", y no se equivocó. Un personaje popular como Juan Mondiola, creado por la pluma insigne del periodista y escritor Bavio Esquiú, que por años deleitó a los porteños con sus notas en diarios y revistas, dijo una vez de él: *Hay quien afirma que canta como los ángeles. Yo sostengo que quizás los ángeles canten como él, y no mejor. Tiene una voz varonil, y sin embargo, cáli-*

da, dulce, hermosa y pura. Es tanta su voz que con ella puede permitirse el lujo de subir muy alto, hasta donde todos no llegan, y luego descender lenta, suave, majestuosamente, desgranándose en un gorgeo de diáfana claridad. Quizás ignore en qué reside la fuerza emocional de su arte. Pienso que para él no existe otra alternativa que cantar, cantar siempre. Largar la voz en todo lo que tiene, dejarla que remonte libremente, sin medirse. Porque Alberto Marino no es intérprete de versos, cuya hondura a veces no capta, ni es artista que deba apelar a recursos baratos para triunfar. Simplemente, su arte es su garganta de privilegio. Su voz inigualada. Y no se equivocaba Juan Mondiola, Alberto Marino era todo eso.

Había nacido en Verona, Italia, el 26 de abril de 1920, hijo de Angel Marinaro y Àngela Musso, pero cuando era muy chico los padres se mudaron a Palermo, en Sicilia. Debido a esto algunos historiadores mencionan que era siciliano. Su abuelo, que vivía en Salta, tentó a la familia para que vinieran a la Argentina, y allí se radicaron. Pero poco duró la aventura en las tierras de Güemes, porque los atrajo Buenos Aires y se instalaron en el barrio Las Cañitas, entre Palermo y Belgrano.

Siempre contaba que en su niñez oficiaba de monaguillo en una iglesia en pleno Centro. Vicente Alberto Marinaro, como realmente se llamaba, fue un predestinado. Alberto Mendizábal relata en la tapa de un long-play editado por RCA Víctor para recordar a Aníbal Troilo con "La Voz de Oro del Tango", que su debut profesional se produjo en 1938 en un conjunto juvenil que se llamaba "Caramelos Surtidos", y que luego estudió canto con el maestro Eduardo Bonessi, el mismo que le daba clases a Carlos Gardel, Azucena Maizani, Hugo del Carril, Alberto Gómez, Ignacio Corsini; Roberto Maida, Teófilo Ibáñez y María de la Fuente.

Utilizando el nombre artístico de De Mari debutó en **Radio Mitre**, y cantó en la orquesta de Emilio Balcarce, que al poco tiempo la disolvió para ingresar como violinista en la de Edgardo Donato. Siguió su trayectoria en el conjunto de Fortunato

Matino, y luego en el del bandoneonista Luis Moresco. Fue en 1939 cuando Emilio Orlando, que había formado su propia orquesta, lo convocó para que hiciera dupla con otro cantor, Roberto Rufino. Ya había adoptado el nombre de Alberto Marino, y en 1942 Rodolfo Biagi, a quien le gustaba su forma de cantar, le ofreció formar parte de su agrupación, que por entonces era una de las más populares. Pero no alcanzó ni siquiera a debutar, porque antes de eso un día Aníbal Troilo lo escuchó e inmediatamente decidió contratarlo.

Esto fue el inicio de un ascenso vertiginoso, que lo llevó a transformarse en uno de los cantores de tango más exitosos, desde su debut en el cabaret **Tibidabo**, el 5 de abril de 1942, lo cual posiblemente no hubiera ocurrido con la orquesta de Rodolfo Biagi.

Permaneció con Aníbal Troilo cuatro años, durante los que grabó una serie importante de discos, todos inolvidables, mencionados en la reseña sobre "Pichuco". El primero que registró fue *Tango y copas*, en abril de 1943, y el último, *Mi tango triste*, el 28 de noviembre de 1946. Ese año se desvinculó de Troilo y decidió cantar con orquesta propia. A esta orquesta la dirigió E-milio Balcarce, y estaba integrada por excelentes músicos, como Leopoldo Federico, Simón Bajur, Mario Lalli, Rafael Del Bagno y Osvaldo Manzi, y más adelante Héctor María Artola, Hugo Baralis, Osvaldo Manzi, Héctor Stamponi u Osvaldo Tarantino. Hizo su presentación en el café **Marzotto** y en **Radio Splendid**, al mismo tiempo que lo contrató el sello Odeón. Luego su orquesta la dirigió Héctor María Artola, y a partir de la década de 1960 actuó en prácticamente todo el interior del país, así como en Montevideo y en las más importantes ciudades del Brasil, y de países del Pacífico. En 1961, acompañado por una orquesta dirigida por Tití Rossi actuó durante seis meses en Nueva York. En 1968, esta vez con la orquesta de Osvaldo Tarantino, su presentación fue en Hollywood, y al año siguiente viajó a Japón. Su extensa y exitosa trayectoria en el tango sólo finalizó con su temprana muerte, motivada por una cirrosis, el 20 de junio de 1989, a los 66 años.

Compuso *Aquella puerta, Busco tu piel, Calle del ocaso, Cilicio, El veterano, El paria de los caminos, La chabona, Mi barco ya no está, Mi amigo bandoneón, Te tengo que olvidar, Tango de otros tiempos* y *Yo no largo.*

De sus etapas como solista, con las orquestas ya mencionadas y con las de Hugo Baralis, Osvaldo Manzi, Héctor Stamponi, Fernando López, Osvaldo Tarantino, Albeto Di Paulo, José Carli, Miguel Caló, Armando Pontier, Carlos García, o con guitarras, quedaron registrados *A mis amigos; A su memoria; Alma de loca; Aquella novia que tuve; Alma y corazón; Amor de Buenos Aires; Aquella puerta; Alas; Al compás del corazón; Aquel cantor de mi pueblo; Adiós, pampa mía; Adiós; Bien jaileife; Busco tu piel; Cristal; Cuando caigan las hojas; Canzoneta; Condena; Café de los Angelitos; Certificao; Calla; Callejera; Carillón de La Merced; Cafetín de Buenos Aires; Canchero; Calle del ocaso; Comprendelo; Cómo olvidarte, viejo tranvía; Cosas olvidadas; Copas, amigas y besos; Carmín; Cambalache; Cilicio; Condena; Canción desesperada; Chorra; Del suburbio; Dónde estás; Duelo criollo; Después; Dame mi libertad; De flor en flor; Donde quiera que estés; Desde los muros; Domani; Desencanto; Desencuentro; De tardecita; Este fiel corazón; En tus brazos; En las sombras; El motivo; El veterano; Eras como la flor; El cachorro; Esta noche de luna; Esta noche es nuestra; Este adiós; Estudiante; El paria de los caminos; El cantor de Buenos Aires; Francesita; Fatal y tanguera; Fogón de huella; Fui; Farolito de papel; Garúa; He vuelto, muchachos; Inalcanzable; La calle sin sueño; La fulana; La carreta tucumana; La rodada; Los ejes de mi carreta; La tarde del adiós; La canción más triste; Lo que vos no sabés; Las cuarenta; La chabona; La muchacha del circo; La cantina; La última curda; La casita de mis viejos; La López Pereyra; Luz de gas; Leguizamo solo; Los tangos de Filiberto; La abandoné y no sabía; La mariposa; Mi resto; Medallita de la suerte; Mariposita; Milonga de mis amores; Mano cruel; Mano cruel; Mi vieja viola; Mi amigo bandoneón; Mi tango triste; Mi barco ya no está; Milonga de mis*

*amores; Misa de once; Me olvidé de tu nombre; María;
Nuestra culpa; No me digas que te vas; Necesito querer; 9 de
Julio; Náufrago; Nada más que un corazón; Nostalgias;
Noches de luna; No puede ser; Nací en Pompeya; Olvido; Ojos
tristes; Organito de la tarde; Oasis; Pastora; Palomita blanca;
Pájaro ciego; Potros azules; Perdóname; Príncipe; Pompas de
jabón; Quedémonos aquí; Qué habrá sido de Lucía; Qué risa;
Que nadie sepa mi sufrir; Quién?; Recuerdo malevo; Rosas de
abril; Seguime corazón; Serenata peruana; Siempre vos; Son
los recuerdos; Sueño querido; Senda florida; Sin palabras;
Sólo el perfume; San Pedro y San Pablo; Torrente; Tango de
otros tiempos; Tres cariños; Tú; Tengo celos nada más; Te
tengo que olvidar; Tabernero; Telón; Tinta roja; Tres amigos;
Tarde; Tango de otros tiempos; Tedio; Te confieso; Tus palabras y la noche; Tango, te cambiaron la pinta; Tu piel de jazmín; Una canción; Uno; Un cielo para los dos; Una lágrima
tuya; Vieja viola; Viejo sauce; Viejo cochero; Venecia en La
Boca; Vamos cadenero; Volvé de tardecita; Venganza; Viejo
baldío; Yo no largo; Yo creo en Dios;Y...no puede ser; .*

ELADIA BLÁZQUEZ

A Eladia Blázquez le ocurrió lo que a muchos otros intérpretes de tango. En su niñez escuchaba cantar los tangos de Discépolo a su madre, una andaluza, y así aprendió a quererlo. De haber sido contemporá-nea de los maestros de la década de 1940, es probable que for-maría parte de la galería de los músicos y compositores a los que hoy agradecemos habernos deleitado en aquél momento y que nos dejaron tantas joyas musicales que todavía escuchamos.

Aunque Eladia Blázquez es sin lugar a dudas una referente del tango moderno, especialmente como autora y compositora, sus comienzos transitaron por otros géneros musicales. Cuando tenía sólo 8 años cantaba canciones españolas en la desaparecida radio **Argentina**. Recuerda que la subían a una silla porque la altura del micrófono la sobrepasaba largamente. Más adelante incursionó en el bolero y después en el folclore. Finalmente recaló en el tango, porque comprendió que las viejas letras no reflejaban lo que ocurría realmente en esos momentos, ni en su barrio de Avellaneda en particular, ni en el país en general. Salvando las distancias, algo similar hizo Enrique Santos Discépolo.

Vio lo que otros no veían, que había que modernizar en serio al tango, pero no copiando los sonidos que algunos querían introducir bajo el pretexto de que componían tango contemporáneo o música de Buenos Aires. Si bien nunca deslizó nombres en particular, sus dardos tenían destinatarios fijos. Decía algo innegable, que está manifestado al comienzo de este libro: no se puede entender lo que no se vivió. Lo explicaba así: *¿Cómo se puede pretender que los chicos tengan nostalgia? La nostalgia se tiene cuando se vivió.*

No le fue nada fácil introducirse en el tango, a pesar de que era avalada por maestros como Julián Centeya, Homero Expósito y Cátulo Castillo. En un momento comentó que *muchos fruncían el hocico*. La descubrió Julián Centeya, quien dijo de ella: *La ciudad padece de necesidades. Necesita existir y sentirse. Y su piel la transita una muchacha que la padece, la vive. Una muchacha que tiene todos los miedos que le dan su coraje para reinventarla en canciones que delatan cuál es la amistad que mantiene con sus muros, sus calles, sus esquinas y su luna.*

Su primer tango fue ***Sueño de barrilete***, que nació de una imagen callejera. Contó que esa imagen le caló tan hondo que llegó a su casa y se puso a componer. Eran unos chicos que remontaban un barrilete y que para poder pasar los tuvo que apartar. Luego se dio vuelta a mirarlos, y comprobó que estaban tan absortos con lo suyo, con ojos de esperanza, que ni habían reparado en su presencia. Esa imagen le brindó la idea. *Pero yo* *no quería hacer un tango, quería hacer la idea del barrilete, pero al final quedó un tango, no podía ser otra cosa.* Eladia Blázquez dice que el barrilete tiene esencia tanguera, y que no sabe por qué está tan unido a nuestro porteñismo, a nuestras cosas, a nuestro idioma cotidiano, a los sueños. No ignora que existe en otros lugares del mundo, que en España lo llaman cometa, pero que aquí tiene otro sabor, y que barrilete suena mejor. Vale destacar que en una magnífica grabación de un cantante caribeño, se cambió barrilete por papelote, y sin embargo no perdió la esencia que le imprimió su autora. Confesó que cuando trató de colocar el tema para que alguien lo grabara, *nadie lo quiso hacer.* Le dijeron que no hacía falta innovar, que el tango se arreglaba muy bien como estaba.

Recuerda que hizo la primera parte y el refrán, y después lo dejó en un cajón. Un día lo desempolvó y le compuso la segunda parte, un año después de haberlo empezado. La obra es de 1957, pero sólo 10 años después se lo conoció, cuando lo grabó Miguel Saravia. La creación surgió en la voz de Susana Rinaldi, cuando lo incorporó a su repertorio.

También compuso **Contame una historia, Patente de piola; Mi ciudad y mi gente, Domingos de Buenos Aires, Viejo Tortoni, La bronca del porteño, El corazón al sur, Somos la gente, Siempre se vuelve a Buenos Aires**, entre otros.

Julián Centeya también reconocía su talento. Dijo de ella *Es tan nuestra que parece de otros. Con su mensaje tierno de sangre y piel se delata mujer y tiempo de Buenos Aires que se inventa, lo crea y lo funda.* Es una verdadera lástima que haya aparecido en una época en la que el tango no tiene ni la repercusión ni la difusión que tuvo en sus años dorados.

VIRGINIA LUQUE

Fue Azucena Maizani quien introdujo en el tango a Virginia Luque, una morocha nacida el 4 de octubre de 1927, cuyo verdadero nombre es Violeta Mabel Domínguez. No tenía una orientación definida, y navegaba entre el folclore, el bolero, canciones en inglés y en idish. Hasta que un día "La ñata gaucha" la escuchó cantar, y le dijo: *Oíme piba, vos sos tango*.

Hija de gallegos, nació en el Hospital Rivadavia, en Las Heras y Agüero, y fue bautizada en la capilla lindera. Trabajó en el **Teatro Liceo** con la compañía española que encabezaba Josefina Díaz y también con Eduardo Cuitiño. Después pasó al elenco de Ernesto Vilches, donde además de actuar cantaba la canción *Clavelito*, y allí fue cuando se dio cuenta que además de actriz podía ser cancionista. Pero le costó bastante llegar al tango, y cuando lo hizo eligió, fundamentalmente, las letras dramáticas de las obras de Enrique Santos Discépolo, las que interpretó con todo su sentimiento, como por ejemplo *Quién más quien menos*, *Mensaje*, *Tormenta* Esto hizo que, nuevamente, Azucena Maizani la alentara para siempre al decirle *No te desdibujés, piba, vos sos tango*.

Para esto ya había hecho un largo camino en el cine, carrera que comenzó en 1943 con "La guerra la gano yo", película a la que le siguieron, en 1944, "Se rematan ilusiones", en 1945, "Allá en el setenta y tantos", en 1946, "El tercer huésped", en 1947, "El hombre del sábado", en 1949, "La historia del tango", "Un tropezón cualquiera da en la vida" y "Don Juan Tenorio", en 1950, "La balandra Isabel llegó esta tarde", en 1951, La vida color de rosa" y "El patio de la morocha", en 1956, "Sangre y acero", en 1957, "La despedida", en 1959, "Del cuplé al tango", en 1964, "Buenas noches, Buenos Aires", en 1966, "Vivir es formidable" y en 1974, "Los chicos crecen". Como se ve, su trayectoria en el cine fue bastante extensa.

Su característica de cantar fue muy especial, dándole a cada interpretación los momentos y el tono de voz que su letra requería, pero siempre apoyada en un estilo muy personal, distinto al de las demás cantantes. Hay quienes creen que su máxima expresión la logró con el tango *El patio de la morocha*, del que hizo su interpretación personal.

Tuvo una feliz actuación en televisión en el programa "Grandes valores del tango", donde aparecía con un traje de compadrito, y debutó cantando *La canción de Buenos Aires*, como homenaje a Azucena Maizani y envuelta en el poncho que ella le había regalado..

ALBERTO PODESTÁ

El verdadero nombre de Alberto Podestá es Alejandro Washington Alé, y adoptó el de Podestá, que era el apellido de su madre. Nació en San Juan en 1924, y en sus comienzos usaba el de Juan Carlos Morel como nombre artístico. Fue en 1939 cuando Hugo del Carril y el dúo cómico Buono-Striano, que habían ido a actuar a San Juan, lo escucharon y lo alentaron para que viajara a Buenos Aires. Ellos mismos le hicieron hacer una prueba con Miguel Caló, a quien conformó su voz y su estilo, y así debutó en diciembre de ese año en el dancing **Singapur**, que por entonces se decía que era propiedad de Caló. Allí permaneció hasta fines de 1941, y en enero del año siguiente se incorporó a la orquesta de Carlos Di Sarli, con quien logró su consagración a través de interpretaciones magistrales. Alternó su actuación con el "Señor del Tango" en tres oportunidades, y en esos intervalos cantó con Pedro Laurenz y con Francini-Pontier.

Cuando se lanzó a cantar como solista lo acompañó la orquesta dirigida por Héctor Grané. En 1958 inició un extenso periplo y llevó al tango con singular éxito por Chile, Perú, Venezuela, República Dominicana, Colombia, México y los Estados Unidos, donde en Nueva York integró el elenco de Juan Carlos Copes. En 1960 en una de esas giras cantó en la orquesta de Joaquín Mora, y hasta se dio el lujo de cantar a dúo con su hija Bettina. Su base de operaciones era Colombia, donde en Medellín tenía un bar *con el que hice buena plata*. De México no tiene buenos recuerdos, porque un representante lo entusiasmó y le hizo firmar un contrato por dos años con una importante grabadora, *donde no me hicieron grabar ni un solo disco.*

Alberto Podestá guarda en su memoria varias anécdotas muy sentidas que vivió durante su paso por la orquesta de Carlos Di Sarli, por quien sigue sintiendo un gran cariño y respeto. Reconoció en él a un verdadero maestro, y sentía que lo trataba como a un hijo. Repite siempre que es lamentable y que le da mucha vergüenza lo que de él se dice, que locutores que se vanagloriaban de anunciarlo se toman los genitales cuando escuchan su nombre, porque lo consideraban "mufa".

*Cuando me dio la letra de **Al compás del corazón**, yo la empecé a cantar con mucho entusiasmo. Pero Di Sarli* –recordaba- *me paró en la mitad del tema y me preguntó ¿Alguna vez escuchó a Gardel? Claro, le dije, es mi maestro. Entonces me dijo: creo que en realidad usted no lo escuchó muy bien. Gardel este tema lo haría de esta forma, y comenzó a frasear con un estilo romántico, que después tomé yo, y funcionó a las mil maravillas.*

En otra oportunidad, cuando cantaba él solo en la orquesta, al bajar del palco en el intervalo de una actuación le preguntó *Pibe, te sentís cansado.* Al escuchar la respuesta afirmativa le dijo *Bueno, vení, no cantés más, que mientras descansás tocamos tangos sin letra.* Y Alberto Podestá recordó emocionado que Di Sarli lo tomó de la mano, como a un chico, y le hizo tomar leche con miel. Lo que encierran las palabras de Podestá en sus anécdotas es que aquéllos no sólo eran directores, eran maestros. Su discografía alcanza a 265 temas.

FLOREAL RUÍZ

Si bien Floreal Ruíz hizo conocer su voz clara y con una afinación perfecta en la orquesta de Alberto Mancione, fue sólo cuando empezó a cantar con Alfredo De Angelis, en 1943, que el público lo transformó en otro de los ídolos del pentagrama tanguero. Hizo sus primeras artes en su barrio, Flores, alternando el canto con su trabajo de repartidor de leche y de pan, con serenatas que daba junto con su amigo y vecino, Hugo del Carril.

Había nacido el 29 de marzo de 1916, hijo de José Ruíz y Rosa Raimundo. El padre era un anarquista, que le había puesto de nombre a su primera hija Fraternidad.. No se sabe por qué Floreal se salvó de ser bautizado con algún nombre que respondiera a las conviciones políticas paternas, no así su hermano más chico, al que llamaron Libertario.

Como su padre no quería saber nada con el tango, se presentó en concursos organizados por **Radio Fénix** y **Radio Prieto** con los seudónimos de Fabián Conte o Carlos Martel. Ganó en uno de ellos, lo que le posibilitó su ingreso en la orquesta de José Otero, de la que luego paso a la de Alberto Mancione.

En 1941 comenzaron los éxitos, al ser requerido por Alfredo de Angelis, para formar dupla con Julio Martel. Fue Alberto Marino quien convenció a Aníbal Troilo para que lo incorporara a su orquesta, cuando Fiorentino decidió alejarse para intentar su propio destino. Allí se inició su consagración definitiva, merced a un repertorio elegido sabiamente, conformado no sólo por tangos sino también por valses y milongas, que Floreal interpretó magistralmente. Primero compartió el cartel con Alberto Marino, y más adelante con Edmundo Rivero.

Luego de cuatro años con "Pichuco" pasó a cantar con Francisco Rotundo, un músico de buenos recursos económicos, que se dió el gusto de contratar a los cantores que él quería, como lo hizo con Enrique Campos, Carlos Roldán, Julio Sosa y otros. En su momento se dijo que su buena situación se debía a que se casó con Juanita Larrauri, una cantante que luego incursionó en política, y llegó a ser senadora por la provincia de Emtre Ríos por el peronismo, la misma idea que defendía su marido, *lo que le habría permitido lograr favores y buenas contrataciones para su orquesta.* Cierta o no la sospecha, lo sugestivo fue que cuando en 1955 cayó el gobierno peronista, Rotundo disolvió su orquesta.

El paso de Floreal Ruíz a la orquesta de Francisco Rotundo fue por motivos muy especiales, y no porque quisiera abandonar a "Pichuco". Su familia estaba pasando, por motivos de salud, por una situación económica muy delicada, y la única manera de llevar una solución era pasar a la orquesta de Francisco Rotundo, quien le aseguró un ingreso mensual de 3000 pesos moneda nacional, más 100.000 pesos al contratarlo. Ese dinero le permitió indemnizar a Troilo y al sello RCA Víctor, donde estaban grabando, y con gran éxito, por rescindir el vínculo que lo ligaba con ellos. El ingreso que le aseguró Francisco Rotundo era significativamente superior al que lograba con "Pichuco".

Como dijimos, Rotundo un día decidió disolver su orquesta, y entonces Floreal Ruiz pasó a ser el cantor de José Basso, con quien logró resonantes éxitos, a través de sus ocho años de permanencia en esa orquesta, y de los 40 temas que juntos grabaron. De la orquesta de José Basso se desvinculó para tentar suerte como solista, acompañado por Jorge Dragone primero y por Carlos Galván después. Luego de una amplia y exitosa gira por Colombia, le confió su acompañamiento a una orquesta dirigida por Osvaldo Requena.

Familiarmente era conocido como "Piruco", pero fue precisamente durante esa gira por Colombia donde surgió el cariñoso apodo "Tata", el que lo identificó definitivamente en el ambiente tanguero. El inspirador fue Mario Bustos, quien también integraba la delegación. A Floreal Ruíz lo habían elegido para que manejara el dinero del grupo. Un día, Mario Bustos necesitaba un adelanto a cuenta, y dijo: *Voy a pedirle a Tata Dios que me afloje unos pesos*, y de allí en más Floreal pasó a ser para siempre el "Tata".

Su carrera fue triunfal, hasta que su salud le jugó una mala pasada, justo con lo que él más ponía para cantar, el corazón, fundamentalmente por los excesos en las comidas y por su fuerte adicción al tabaco, ya que llegó a fumar hasta cuatro paquetes de cigarrillos por día.

Se cuenta que José Soler, técnico de la empresa grabadora Odeón, le preguntó un día por qué estaba tan deprimido. Se enteró entonces que el médico le había prohibido seguir cantando. Muy triste le dijo: *Si dejo de cantar me muero*. Y al poco tiempo murió.

Compuso ***La cuadrera, Mundana, Ranchito criollo, Sedas, Solo, Tu beso y nada más, Te quiero por buena, Tengo miedo de encontrarte, Una copa, nada más, Yo sé cuánto te quise, Y no tenés perdón.***

En total realizó 148 grabaciones, con Alfredo De Angelis, Aníbal Troilo, Francisco Rotundo, José Basso, y como solista. En el sello Microfón con Osvaldo Requena, en RCA Víctor con la Orquesta Típica Porteña, dirigida por Raúl Garello, y en Alanicky, con Jorge Dragone. Lo recordamos con: *A quién le puede importar; Ausencia; Barrio de tango; Buenos Aires conoce; Bien criolla y bien porteña; Cuándo volverás; Como aquella princesa; Cimarrón de ausencia; Corazón de papel; Cada día te extraño más; Divina; Desencanto; De todo te olvidas; Destellos; El motivo; El cielo en tus ojos; La noche que te fuiste; Los mareados; La luz de un fósforo; Muchachos, yo soy de Boca; Madre del alma mía; Mañana zarpa un barco; Melenita de oro; Mimí Pinsón; María; Mocosita; Perfume de mujer; Romance de barrio; Siempre vos; Sueño de juventud;*

Sur; Toda mi vida; Trenzas; Tristeza marina; Tu pálida voz; Tu recuerdo y nada más; Toda mi vida; Triste comedia; Una canción; Valcesito amigo; Y no tenés perdón; Y no puede ser; Yuyo verde.

NELLY OMAR

La bautizaron "La Gardel con pollera", porque se inició grabando sus temas, en 1938. Nació en Guaminí, provincia de Buenos Aires en 1911, y su nombre real es Nilda Elvira Vattuone. Después de más de 70 años con el tango, todavía seguía cantando y grabando. Su último disco fue "Por la luz que me alumbra", que es el título del tango de Héctor Oviedo y Osvaldo Tarantino que da nombre al registro.

Tuvo el privilegio de haber rechazado ofertas de la compañía de Blanca Podestá para actuar como actriz, porque prefirió dedicarse a hacer lo que le gustaba, cantar. Contaba que conoció a Carlos Gardel en 1918, aunque su debut sólo se produjo en 1932, en **Radio Splendid**. Fue de una manera poco ortodoxa. En su Guaminí natal se entusiasmaba cuando escuchaban en su casa por la radio el programa "Cenizas del fogón". A la muerte de su padre, la familia se trasladó a Buenos Aires, y ya en la gran ciudad le confesó a su madre que su intención era actuar. Por su cuenta se presentó en una de las radios de aquella época y cuando la recibió el director artístico le dijo que cantaba tangos y temas criollos. El hombre, asombrado, le proporcionó una guitarra, y ella le cantó primero un tango y luego una zamba. Le gustó, y la citó para esa tarde, para que la escucharan los otros directivos de la radio. Esa misma noche debutó.

Poco después formó un dúo con su hermana, con el que actuaron fugazmente en la compañía "Cuadros Argentinos", en **Radio**

Sténtor. Un año antes había empezado a cantar en el viejo teatro **Argos**, de Alvarez Thomas y Federico Lacroze. donde la escuchó Ignacio Corsini, quien la llevó a **Radio Splendid**, donde la contrataron. Además tuvo el gesto, siempre reconocido por ella, de cederle a sus guitarristas.

Su repertorio estaba compuesto básicamente por milongas, cifras y tangos camperos, como *Lonjazos* y *Cruz de palo*. Empezó a grabar con los temas que cantaba Carlos Gardel, de allí su apodo, hasta que, para renovarse, decidió elegir un repertorio más amplio. No es una improvisada. Se vinculó en sus inicios con gente importante, como el trío Irusta-Fugazot-Demare, Rita Montaner, Patrocinio Díaz, Martha de los Ríos. Estudió arte escénico con Milagros de la Vega, danza con Irma Villamil, música con el maestro Rubbione, y canto con Julián Viñas, del **Teatro Colón**. Aprendió guitarra con Héctor Ayala, compañero por entonces de Roberto Grela, y se enorgullece de decir que la acompañaron los mejores guitarristas del país, como Prudencio Giménez, Alfonso y Zavala, Baez y Casao. Cantó en dos películas, "Mi vida por la tuya" y "Melodías de América".

Francisco Canaro, en 1946, le dio la oportunidad de grabar con él, y juntos registraron 10 obras. Diez años después grabó un disco criollo, "El farol de los gauchos", con el conjunto de Roberto Grela, y más adelante otros ocho discos en Magenta y dos en el sello Odeón.

Peronista de alma, grabó el tema *La descamisada* y la marcha *Es el pueblo*, y su inclinación política le costó, a la caída del regimen, marginación y falta de trabajo. Contó que conoció a Eva Perón cuando ambas tenían 17 años, en el aeródromo de Quilmes, porque ambas tenían el berretín de ser aviadoras, pero su madre, por suerte para los amantes del tango, la convenció de que su vocación era el canto.

Compuso algunas obras, como el vals *Sólo para tí*, el bolero *Montoncito de arena* y la milonga *Pa' Dumesnil*, y con música del excelente guitarrista José Canet, con cuyo conjunto alcanzó grandes éxitos, otra milonga, *Como el clavel y la rosa*. Tras setenta años de canto, tuvo la satisfacción de que la invitaran a cantar en la Semana de Mayo en París, con los integrantes del conjunto "El arranque".

Tiene excelente grabaciones, muchas como solista y otras con Francisco Canaro, como *Así es Ninón; Canción desesperada; Comme il faut; Cafetín de Buenos Aires; Cornetín; Callejón; Déjame; Desde el alma; Luna; La canción de Buenos Aires; Milonga triste; Muchacho; Melodía de arrabal; Monte criollo; Nobleza de arrabal; Parece mentira; Por la luz que me alumbra; Rosas de otoño; Suena guitarra querida; Sur; Tu vuelta; Tango argentino; Tapera; Volvió una noche.*

MERCEDES SIMONE

Se destacó entre las voces femeninas del tango por su estilo y su voz inconfundible. Había nacido en Villa Elisa, el 21 de abril de 1904, pero fue Buenos Aires quien la acogió cálidamente, pues la llamaban "La Dama del Tango" o, simplemente "La Negra" o "La Simone". Confesó que antes de dedicarse al canto soñaba con ser bailarina, que *todo se inició un poco por casualidad, porque mis sueños de chica no estaban emparentados con el canto, sino con el baile. Me eduqué en un colegio de monjas, donde me pasaba muchas horas del día en la iglesia; tomé el canto como una de las actividades naturales que se desarrollaban allí. Prontamente advirtieron que tenía condiciones, pero no pensé lanzarme públicamente a esa actividad.*

Finalizados sus estudios tuvo que ganarse el sustento diario, y así fue a trabajar, primero, en un taller de costura, y más tarde en una imprenta. Allí conoció a Pablo Rodríguez, que tocaba la guitarra y cantaba. Con él se casó, y juntos decidieron hacer giras por el interior, donde cada presentación significaba un éxito.

Fue el compositor y cantor Alfredo Pelaia quien le dio el espaldarazo para que actuara en radios de la Capital, y así se abrió el camino que la llevó a debutar en el café **El Nacional**, en la calle Corrientes. Ya caminaba de la mano del éxito, y fue contratada para actuar en los escenarios de los cines **Opera**, **Hindú**, **Empire**, **Florida**, y los teatros **Porteño** y **National,** de donde pasó al **Maipo**. Una noche la escuchó cantar Rosita Quiroga, y le gustó tanto su personal manera de interpretar los temas que le sugirió a los directivos de la RCA Víctor para que le dieran la oportunidad de grabar. Su primer disco en ese sello se registró el 15 de diciembre de 1927, con *Estampa rea* de un lado y *El morito* en el otro, acompañada por guitarras.

Actuó en "Tango", la primera película sonora argentina, filmada en 1933, a la que le siguieron "Sombras porteñas", "La Vuelta de Rocha" y "Ambición". A decir de Héctor Ernié, era *dulzura hecha voz*, que perteneció a nuestro tango en su era de mayor esplendor, entre 1936 y 1942.

Además de pasear el tango por las principales salas porteñas, actuaba simultáneamente con la orquesta de Ernesto De la Cruz, en los cines **Empire** y **Florida**, y en los principales teatros de la calle Corrientes. Hizo giras por Uruguay, Colombia, Chile, Perú, Cuba, Brasil y diversos países de América Central, y por su personal presencia fue admirada en todos los lugares donde se presentó.

Autora de *Cantando*, que no dejó de cantar en ninguna de sus actuaciones, era tan requerida que se veía obligada a ampliar notablemente su repertorio. Así llegó a estrenar un tango por semana, con gran beneplácito de los compositores. También compuso *Angustias, Ríe, payaso, ríe, Zapatos blancos, Te quedás pa'vestir santos, Oiga, agente, Inocencia, Gracias, gracias a Dios, Incertidumbre,* y *Tu llegada*.

La última gira la realizó por Chile, Perú y Cuba, y sólo abandonó su pasión, el tango, cuando una operación en las cuerdas vocales la obligó a tomar una decisión que ella nunca hubiera querido. Murió el 2 de octubre de 1990, el mismo año en que la

Academia Nacional del Tango la designó "Académica de Honor".

Grabó en los sellos Odeón, RCA Víctor, TK, H y R, una discografía que incluye, además de tangos, rancheras, fox-trots, boleros, corridos, acompañada por las orquestas de Roberto Garza, Juan Carlos Cambón y Emilio Brameri, y en algunos casos a dúo con Charlo. Esa discografía incluye, entre otros *A media luz; Audacia; Ave sin rumbo; Abandono; Angustias; Bendita seas; Barrio de tango; Bailando; Cantando; Calla corazón; Cada día te extraño más; Cuanto tú te alejes; Carnaval de mi barrio; Cuatro palabras; Cadenas; Cuando bronca el temporal; Claudinette; Carretero; Cuentas viejas; Corre mi caballo; Celosa; Chorra; Dominio; Decime; Dímelo al oído; Día de sol; Desdén; Dandy; Del suburbio; Estambul; Esquinas porteñas; En su ley; El morito; Estampa rea; El tamboril; El aguacero; Fracaso; Fotogénico; Galopa, galopa; Garúa; Hace un año; Inocencia; Incertidumbre; Junto al mar; La nieta de japonesita; La paisana; La victrolera; La última curda; La tartamuda; La copla andaluza; La Marcha Nupcial; Lero, lero del Brasil; La morocha; La última cita; La cumparsita; Milonga triste; Melenudo; Mis recuerdos; Mendigo de amor; Maula; Milonga sentimental; Mañana si Dios quiere; Motivo sentimental; Milonguita; Muchacho; Milonga negra; Mi vieja viola; Milonga del 900; Negra María; No quiero verte llorar; Niño bien; No llores madre; Nada más que tú; Noche de San Juan; Oiga, agente; Otra noche; Plegaria; Pelechaste; Patio mío; Pifiaste; Parece mentira; Pena mulata; Quedate tranquilo; Queja gaucha; Rosas de picardía; Remembranzas; Refranero; Recostado en un farol; Ríe payaso; Si yo tuviera; Será una noche; Siempre más; Sonsa; Silenciosamente; Santa milonguita; Serenata; Tu nombre; Tiempos viejos; Tu jardín; Tu llegada; Uno; Una señora milonga; Vieja amiga; Vieja calesita; Volver; Verdemar; Yo vendo unos ojos negros; Yo te bendigo; Ya sale el tren; Yo soy la milonguera; Yira...yira; Zapateado* entrerriano. Además, grabó *Lo que vieron tus ojos*, con la orquesta de Francisco Lomuto, a dúo con Fernando Díaz.

Domingo Federico

Domingo Serafín Federico nació en Buenos Aires en 1916. De muchacho estudió guitarra, piano y violín, pero definitivamente se inclinó por el bandoneón, con un profesor de lujo: Pedro Maffia. Solía decir que tocó el bandoneón por necesidad, pero que después lo tenía metido en el alma. Su carrera más extensa como músico de una orquesta la hizo con Miguel Caló, desde 1939 hasta 1943, cuando se decidió a formar una propia. Debutó en junio de ese año con Alberto Tagle como cantor.

Su orquesta se caracterizaba por un estilo melancólico y apagado, y tuvo como cantores a Ignacio Díaz, Carlos Vidal, Oscar Larroca, Armando Moreno, Enzo Valentino, Mario Bustos y Dante Rossi. Se dedicó a tocar profesionalmente el bandoneón. desde los 12 o 13 años como músico ambulante, y las monedas que juntaba, alrededor de 5 pesos por día, contribuían al sostenimiento de su casa, porque su familia había pasado de ser de clase media alta a otra de muy humilde condición, debido a la enfermedad de su padre. Ese fue el motivo por el cual se dedicó a tocar el bandoneón. Llevar unos pesos a su madre. No lo avergozaba ganarse la vida. Para ello formó un dúo de bandoneones con su hermana, y hasta llegó a formar e integrar orquestas de señoritas. También tocó en la oquesta de Juan Canaro, con la que redondeó una actuación de 2 años y 8 meses en el **Tabaris**. Ingresó en la orquesta de Miguel Caló el mismo día que Osmar Maderna, lo que siempre recordó con gran cariño.

Compuso magníficos tangos, casi todos constituídos después en grandes éxitos, como *Al compás del corazón, A bailar, Tristezas de la calle Corrientes, La noche y marfil, Yo soy el tango, Yuyo verde, Percal, Déjame volver para mi pueblo, Saludos, Futuro, Con el mayor gusto*. Como cosa curiosa podemos decir que, según contó en una oportunidad en una charla por televisión el cantor Alberto Podestá, para componer el tango *Saludos* Domingo Federico se inspiró en un dibujo animado de Walt Disney.

Federico no grabó mucho, pero tenemos para recordar a esta orquesta *A María Rosa; A lo Pirincho; Al compás del corazón; Con el mayor gusto; Dibujos; El chamuyo; Ella me dio esta pena; En carne propia; Escarcha; Felicia; Futuro; Honda tristeza; La mazorquera de Monserrat; La culpa es mía; Muy suave; Quiéreme como soy; Quejas de bandoneón; Recuerdo; Saludos; Senda florida; Tu melodía; Yo; Y así nació este tango; Yuyo verde.*

ANTONIO AGRI

Este virtuoso violinista nació en Rosario en 1932. Su vocación era tocar el acordeón, pero como su familia no disponía del dinero para comprarle uno, se conformó con un violín que tenían en la casa. Empezó a estudiar música con Dermidio Guastavino y de a poco se fue formando, hasta que decidió incorporarse al tango. Pasó por diversos estilos de orquestas, como los de José Basso, Héctor Varela, Alfredo De Angelis, Osvaldo Fresedo, Aníbal Troilo, Leopoldo Federico, Atilio Stampone, tuvo una participación especial en la Orquesta Sinfónica de Rosario, y actuó en la sala **Casacuberta** del **Teatro Municipal General San Martín**, al frente de un grupo de músicos de primerísima calidad.

Allá por 1961 formó el Quinteto de Arcos Agri, que fue el primer *intento por ofrecer temas de tango con un conjunto armado sobre un modelo de música de cámara*, hasta que finalmente recaló, un año después, en el Quinteto de Astor Piazzolla, con el que durante 14 años recorrió diversos países. En ese lapso acumuló experiencia y utilizó toda su sabiduría musical, para *hacer lo que a mí me gusta*, como solía decir, argumento que también repetía cuando después integró la Orquesta Estable del Colón. Como muchos otros, fue uno de los músicos clásicos que incursionó en el tango, pero sin abandonar nunca sus inicios en la música, como lo demostraría en algunas de las grabaciones que realizó al frente de sus conjuntos y en sus actuaciones en París, con el famoso guitarrista flamenco Paco de Lucía.

Cuando alguien le preguntaba por qué mezcló a Juan Carlos Cobián con Bach, a Joaquín Mora con Glück, a Carlos Gardel con John Lennon, a Aníbal Troilo con Kreisler, respondía: *¿acaso la música no es una sola?*. Por eso algunos opinaron sobre Agri, sin dejar de reconocer sus fabulosas condiciones, que no era un verdadero músico de tango, aunque haya incursionado en él. Otros decían que su música *no era para pacatos*. Lo cierto es que por algo el famoso Salvatore Accardo en una ocasión le prestó su violín Stradivarius para una grabación.

Tras doce meses de ensayos y de buscar arregladores que amalgamaran el gusto de dos clases distintas de público, en 1977 grabó en CBS un disco de la Serie Especial identificado como "Música de Cámara un Programa en LP de Antonio Agri y su Conjunto de Arcos", que contiene *La última curda*, con arreglos de Aquiles Roggero, y José López Echeverría como solista en violoncello; *Danza de los espíritus bienaventurados*, de *Orfeo y Eurídice*; *Divina*, con arreglos de Omar Torres, y Mario Lalli como solista en viola; *El día que me quieras*, con arreglos de Omar Torres; *Fuga y misterio*, de la operita *María de Buenos Aires*, con arreglos de Rodolfo Alchourron; *Yesterday* (Ayer), con arreglos de Juan Rossino, y como solistas Antonio Agri y Félix Marafioti en violines, Mario Lalli en viola y José López Echeverría en violoncello; *Sur*, con arreglos de Aquiles Roggero, y *Liebeslied* (Penas de amor), un magnífico vals del austríaco Fritz Kreisler, con arreglos de Omar Torres, y como solista José López Echeverría en violoncello.

Antonio Agri murió el 17 de octubre de 1998, pero poco antes alcanzó a grabar un disco en Riga, Letonia, con uno de sus hijos, Pablo, también violinista, y la Orquesta Sinfónica Nacional de Letonia, que contiene tres composiciones de su autoría. Si bien ya había registrado uno similar a mediados de 1977 en el sello Melopea, el grabado en Letonia recién se editó en Buenos Aires a fines de 2001. Se llama "Antonio Agri-Tango Sinfónico", y contiene *SP de Nada*; *SP de Nada II* y *Carambón*. Vale aclarar que SP de Nada, significa Sin pretensiones de nada.

HORACIO FERRER

Es otro de los extranjeros cautivados por el tango, aunque hay que encasillarlo entre los vanguardistas de la nueva generación. Si bien nació en Montevideo, el 2 de junio de 1933, de padre uruguayo y madre argentina, vivió desde su niñez en Buenos Aires, ciudad que lo atrapó y fue en la que recibió la simpatía y la amistad de grandes de la música popular, como Julio De Caro, Aníbal Troilo, Héctor Stamponi, Horacio Salgán, Edmundo Rivero, Argentino Galván, Carlos García y, por supuesto, de Astor Piazzolla, con quien logró grandes éxitos.

La primera vez que subió a un escenario fue a pedido de Aníbal Troilo, para que hiciera la presentación de su orquesta. Recordaba, con el gran cariño que sentía por él, que cuando iban a salir a actuar oyó que "Pichuco" le decía *Horacio, Kolynos*. Sin entender a qué se refería, le preguntó qué quería decirle, y el "Gordo" le dijo *mire, Fiorentino, que era más grande que nosotros y se la sabía todas y nos enseñaba cómo salir con la orquesta, nos decía siempre ¡Kolynos!, para que saliéramos todos con una sonrisa, bien contentos.*

Su primer tango fue *La última grela*, escrito a pedido de Aníbal Troilo. Por encargo de Astor Piazzolla escribió en 1967 los dos actos de la operita *María de Buenos Aires*, estrenada en 1968, por él recitada y cantada por Amelita Baltar y Héctor de Rosas. También escribió con Piazzolla, entre 1968 y 1981, **La bicicleta blanca**, **Balada para mi muerte**, **Milonga del trovador**, **El gordo triste**, **El diablo**, **Te quiero, che**, **Chiquilín de Bachín**, y **Balada para un loco**.

Con una conferencia y un recitado de sus versos, introdujo en 1981 el tango en la **Universidad de París**, al presentar su obra "El libro del tango", compuesta por 3 tomos, con 2000 páginas y 2500 ilustraciones, en la **Salle Delphy** del **Institut de Etudes Iberiques** de **La Sorbonne**.

Con música para sinfónica de Horacio Salgán, recitó en 1985 en el **Teatro Colón** su *Oratorio Carlos Gardel*, con la dirección de Pedro Ignacio Calderón. En 1987 reescribió *María de Buenos Aires*, pero esta vez como ópera-tango, en dos actos, con adaptación musical de Jorge Zulueta y puesta de Jacobo Romano, que fue estrenada en Francia y luego presentada en Italia. Esta obra recogió elogiosos conceptos de los mejores críticos europeos, quienes en la oportunidad lo compararon con Neruda y Cortázar.

Un día le llevó a Raúl Garello una hoja tamaño oficio llena de versos para que les pusiera música, y así nació *Buenos Aires es tu fiesta*. Juntos escribieron, entre 1988 y 1992, casi 30 temas, grabaron el álbum *Viva el tango*, y compusieron el tango *Woody Allen*, en homenaje al actor norteamericano.

Según Garello, Ferrer es un *poeta-músico*, porque su poesía y sus textos tienen una musicalidad tal que los músicos se sienten *como cuando uno se calza un guante*, por el ensamble entre lo musical, lo rítmico y la precisión del texto, que lo hace realmente notable.

Considerado un innovador, busca y se replantea constantemente su forma de escribir. Junto con el músico Yaco González escribió en 1999 *Picasso XXIV*, en homenaje al pintor. Fue escrito sobre la base de su libro "1000 Versos a Picasso", en el que, según Ferrer, puso *toda la carne sobre el asador*. Al respecto, González contó que Ferrer tenía una idea lejana de la obra de Picasso, pero que un día le dijo *Ya está. Terminé el libro*. Yaco González tenía ya alguna música compuesta, y le fue agregando otra para completar la obra, que se hizo sobre la base del libro. Con mucha honestidad, Yaco González confesó y reconoció *que no es tango*. Y es cierto, porque, con el fondo de su música, lo que hace Horacio Ferrer es recitar los versos.

CARLOS GARCÍA

Comparte desde hace más de 20 años con Raúl Garello la dirección de la Orquesta del Tango de Buenos Aires, pero su trayectoria en el mundo de la música supera largamente la de otros conocidos músicos, ya que acumula más de 75 años de profesión.

Nació el 21 de abril de 1914, y fue su padre, cuando tenía sólo 5 años, que con gran visión descubrió su vocación. Lo veía teclear en la mesa familiar, al escuchar por la radio música de Mozart, Chopin, Scarlatti o Schumann. Como no tenían piano, cuando a los 6 años comenzó a estudiar en un conservatorio, ensayaba en un teclado que se había dibujado en un papel. Así fue hasta que *entre mi viejo y algunos amigos me regalaron un piano Breyer*.

Corría 1926 cuando, al terminar la escuela primaria, debutó tocando en un cine del barrio de Mataderos donde, contra su voluntad, se vio obligado a tocar todo tipo de música popular, tangos, rancheras, valses y pasodobles, y también jazz y los ritmos brasileños. A los 15 años se fue perfeccionando con estudios de armonía, contrapunto e instrumentación. Fue entonces cuando descubrió que *hay que conocer para profundizar* y se convenció de que *es difícil hacer jazz fuera de los Estados Unidos, así como hacer tango fuera de Buenos Aires, porque cada uno hace bien lo que mamó*.

Carlos García que estuvo entre 1932 y 1938 con Roberto Firpo, opina que hay que entender que una orquesta típica se las arregla perfectamente con el ritmo. Sin referirse a nadie en particular, dice que el agregado de una batería sólo sirve para dar efecto.

A manera de reproche, opina que cuando se habla de pianistas siempre aparecen los mismos nombres, entre los que no está, nadie se acuerda, el de Carlos Di Sarli, *que era un fenómeno, el más tanguero, dentro de una sencillez tremenda. Su toque era una invitación al baile. Además, ofrecía los matices forte-piano y hacía cantar bien la melodía.*

Sobre el tema recuerda que, en otro aspecto, Aníbal Troilo *nos dejó desde el bandoneón un montón de enseñanzas, que no solamente le gustaba cantar, sino que elegía pensando en el tango y con la convicción de que el acompañamiento no debía perturbar el canto.*

Cabe recordar que Carlos García fue uno de los fundadores, en 1969, del famoso reducto tanguero **El Viejo Almacén**. En sus comienzos tuvo el honor de acompañar a Mercedes Simone, Alberto Marino y también a Antonio Tormo, sin olvidar que ofreció su talento musical a agrupaciones de jazz y de folclore, al dúo Martínez-Ledesma.

Siempre sostuvo que se puede conocrer mucho de tango, pero que de nada sirve si no se lo siente. Sin decirlo, posiblemente es una clara alusión a los que se autodenominaron *vanguardistas* o intérpretes de *música contemporánea*. Carlos García sabe lo que siente. Cuando alguien le menciona un disco *for export* de Troilo, él retruca: *cuanto más for export, menos Troilo es. Lo más Troilo, lo más porteño, fue con Fiorentino y con Marino. Yo tengo la colección completa de su obra, y considero que su imaginación es un misterio.* Se confiesa hincha de Arturo Rubinstein, que le encanta cuando toca los conciertos de Chopin para piano, y que lo que aprendió en profundidad en música lo aplicó al tango, porque el tango es profundo y *quizás por eso lo que hago tiene una proximidad con lo clásico, pero con influencias de De Caro, De Angelis, Fresedo, Di Sarli, Troilo, Salgan.* Afirma que nadie puede conocer la verdadera música si no conoce la música del campo, y que *Pedro Rubione, mi maestro, me hizo analizar a Bela Bartok, que se inspiró en la música de las aldeas húngaras.*

Descree totalmente de la faz comercial de la música, *le hace mal,* porque *no se puede tocar* **Adiós Nonino** *como una fanfarria, es un tango para llegar al fondo de ese sentimiento tristón de homenaje que Piazzolla hizo a su padre.*

Respecto de la historia del tango, considera que cada etapa tuvo su jerarquía, por eso con la Orquesta del Tango de Buenos Aires le ofrecen al público la música de los años 90 del siglo XIX hasta 1927, del 27 al 44, del 44 al 80 y del 80 en adelante. Todo tiene su encanto. *La* **Pulpera de Santa Lucía,** *por ejemplo, no es una musiquita, es algo sencillo y hermoso;* **Romance de barrio,** *es una obra de arte, y están los tangos de Agustín Bardi, que son incomparables. Todos explican el tango. Con lo que está escrito cubrimos mil años, aunque no se invente un tango más.*

FRANCINI - PONTIER

Este binomio se formó en 1945, luego de que ambos se desvincularon de la orquesta de Miguel Caló, luego de haber cosechado grandes satisfacciones y de haber triunfado, tanto como músicos como en su condición de compositores, en esa orquesta, junto con Domingo Federico y Osmar Maderna. Esta formación duró 10 años, y por ella pasaron varios cantores, aunque durante el primer año el único fue Alberto Podestá, a quien eligió Pontier porque siempre decía que era el más profesional de los cantores. Eso lo demostró plenamente en ese primer período de la orquesta, cuando hacían de 17 a 19 su presentación en el café, después en la radio, y por último en el cabaret, siempre sólo con Alberto Podestá.

Enrique Mario Francini nació el 14 de enero de 1916 en San Fernando, provincia de Buenos Aires. Cuando la familia se mudó a Campana, conoció a quien luego sería su amigo de toda la vida, Héctor Stamponi, a quien también le *tiraba* la música. Francini ya estudiaba violín, pero tocaba música clásica, el tango todavía no estaba en sus planes. Pero el destino ya estaba marcado, porque ambos amigos fueron juntos, en Zárate, a perfeccionarse en un pequeño conservatorio que tenía el violinista alemán Juan Ehlert. Consiguieron así incorporarse al conjunto que el profesor tenía, con el que interpretaban toda clase de ritmos, y en el que ya tocaba Armando Pontier. Sin abandonar sus estudios de música clásica, empezó a inclinarse por el tango, máxime cuando se le presentó la oportunidad de tocar en Buenos Aires, ya que Ehlert había conseguido un contrato para actuar en **Radio Mitre**. **Fue** ésta la primera vez que Francini y Pontier tocaron juntos en una emisora radial.

De allí pasó a tocar en la orquesta de Argentino Galván, lo que le significó el trampolín para pasar a la de Miguel Caló, y por segunda vez integró un conjunto en el que también estaba Armando Pontier. Cuando se desvincularon de la "Orquesta de las Estrellas" decidieron formar juntos una nueva formación orquestal, que llevó como nombre Francini-Pontier.

El debut se produjo el 1 de septiembre de 1945 en la inauguración del **Tango Bar**, y también tocaban en **Radio El Mundo**. Después de actuar en diversas confiterías céntricas, en 1947 se produjo su presentación en el **Tibidabo.** Allí Aníbal Troilo actuaba hasta fines de noviembres, y desde diciembre hasta fines de marzo, o a veces de abril, lo hacía la orquesta de Francini-Pontier. Su primer disco, un 78 r.p.m., lo registraron en RCA Víctor en 1946, y contenía *Sirva otra copa* de un lado y *Margo* del otro, con la particularidad de que ambos eran cantados por Podestá, lo que no era común, porque todas las otras orquestas grababan, de un lado uno cantado, y del otro, uno instrumental o en su defecto, uno con cada cantor.

A pesar del éxito que de a poco obtenían, gracias a los magníficos arreglos de Argentino Galván, Enrique Mario Francini no dejó de perfeccionar sus estudios, y llegó a ser, en 1958, primer violín en el **Teatro Colón**, en la Orquesta Filarmónica de Buenos Aires. Antes, en 1954, integró un quinteto que se formó únicamente para rendir un homenaje a Juan Carlos Cobián, y que lo integraban, además, Aníbal Troilo, Horacio Salgán, Roberto Grela y Kicho Díaz. Un año después Francini y Pontier decidieron disolver el binomio, que tantas satisfassciones les había dado, y cada uno formó su orquesta por separado.

Con la suya, con cantores como Alberto Podestá, Roberto Rufino, Carlos Ferrán y Oscar Gallardo, Francini desarrolló una intensa actividad en radio, televisión y bailes, además de grabar en el sello RCA Víctor. Razones económicas lo obligaron a disolverla, pero por ello no dejó su profesión. Integró el octeto de Astor Piazzolla; el conjunto de cuerdas "Los Astros del Tango", muchos de ellos formaron después "Los violines de oro del tango", y participó como figura invitada en las orquestas de Astor Piazzolla, Horacio Salgán y Atilio Stampone. Formó en 1970 un sexteto con figuras relevantes, con el que debutó en "Caño 14", y en 1977 realizó por Japón una gira de tres meses de duración. Aprovechó su permanencia en ese país para hacerse tratar de algunas dolencias que ya comenzaban a aquejarlo. De regreso en Buenos Aires y recuperado físicamente, armó una orquesta sinfónica, con la que actuó en el **Teatro Presidente Alvear**. Con la idea de levantarle un monumento a "Pichuco", un grupo de figuras del tango organizó un espectáculo que tenía como fin recaudar los fondos necesarios. Era el 27 de agosto de 1978, y mientras estaba tocando *Nostalgias*, Enrique Mario Francini murió en el escenario. Amigos que estuvieron en el infausto acontecimiento contaron después que mientras caía dijo: *mi violín*.

El otro integrante del binomio, Armando Pontier, nació en Zárate, provincia de Buenos Aires, el 29 de agosto de 1917, y su verdadero nombre era Armando Francisco Punturero. Al igual que Enrique Mario Francini, estudió música con el profesor alemán Juan Ehlert, y a los cinco años ya tenía el bandoneón sobre sus rodillas. Llegó a Buenos Aires en 1937, junto con sus amigos Héctor Stamponi, Enrique Mario Francini y Cristóbal Herrero. Luego de algunas actuaciones en las matinée de **Radio Prieto,** tanto Pontier como Stamponi y Francini fueron requeridos por Miguel Caló, orquesta en la que iniciaron su larga trayectoria. Cuando en 1955 se separó de Francini y formó su propia orquesta eligió músicos experimentados, así como a Julio Sosa y a Roberto Florio para la parte cantable. Debutó en **Radio Belgrano**, y paralelamente cumplía actuaciones, tanto en locales nocturnos como en el interior del país. También cantaron con la orquesta de Pontier, Oscar Ferrari, Héctor Darío, cuyo verdadero nombre era José Petralia, Roberto Rufino, Néstor Real, Carlos Maidana, Carlos Casado y Alberto Podestá. Sus actuaciones en radio, televisión, en locales bailables y en las salas de grabación se sucedían ininterrumpidamente. Esto hizo que el empresario Yoshio Nakanishi le organizara su primer viaje al Japón, que realizó en 1967, con la participación de Alba Solís..

Aunque esta orquesta pertenecía al grupo de las consideradas de segunda línea, no pasó desapercibida en el horizonte tanguero. Estaba hecha sobre la base de Pontier, quien logró lo que deseaba, imponer su personalidad. Siempre decía que tenía que encontrar un estilo para que cuando la gente la escuchara, dijera *¡Esta es la orquesta Francini-Pontier!*, y lo logró. Todos los arreglos eran de Pontier, pero la armonía del violín estaba a cargo de Francini, un bohemio total. Francini agregaba *sus cosas*, pero el ensamble general lo hacía finalmente Pontier.

Fernando Suárez Paz, quien fue primer violín en la orquesta de Miguel Caló, decía que era muy difícil querer imitar el estilo de Francini, por su personalidad única, y que por su facilidad para improvisar parecía un *jazzista*. Lo consideraba un profeta. Pontier, por su parte, también era un músico excepcional. Introdujo algunas cosas revolucionarias, como el comienzo de contrabajo, en el tango **Boedo**. Hasta entonces, ese instrumento no tenía protagonismo, a diferencia del piano, el violín o el bandoneón, era simplemente utilizado para llevar el ritmo.

Tanto Francini como Pontier fueron grandes compositores. En aquella época, era común que los autores hicieran conocer un tango por año. En ese lapso medían su éxito y, mientras, iban *amasando* el próximo. Por eso el éxito arrollador de los tangos de la década de 1940. Eran bien pensados y bien compuestos. La gran mayoría no componía solamente por el interés económico, aunque casi todos vivían de lo que cobraban en la orquesta donde tocaban.

Enrique Mario Francini compuso *Alergia, Bajo un cielo de estrellas, Con ella en el mar, Camuflaje, Delirio, Dejame que te arrulle, El hijo triste, Es hora de vivir, Inquietud, El mismo dolor, Junto a tu corazón, Las rosas de mi madre, La canción inolvidable, La vi llegar, Lluvia de abril, Mañana iré temprano, Milonga de esquina, Oyeme, Pecado, Primaveral, Princesa del fango, Pedacito de cielo, Por una mala mujer, Triste flor de tango, Tema otoñal, Una triste verdad, Un día más.*

Armando Pontier, compuso *A los amigos, A Zárate, A José Manuel Moreno, A la Guardia Vieja, Anoche, A mis amores, Amada melancolía, A través del tango, A Luis Mariani, Amanece, Apenas Marielena, A tus pies bailarín, A los 48, Bien criolla y bien porteña; Cuando talla un bandoneón, Canción para un breve final, Certificado, Claveles blancos, Cuando hable con Dios, Cielo de cometas; Carroussel, Cada día te extraño más, Corazón no le hagas caso, Pecado, Distrito 14, Dondequiera que estés, Esa es la puerta, El hombre que fue ciudad, El vals soñador, Esa cosas que me han quedado, Entre Zárate y Campana, El mismo final, El puente, Es nuestra despedida, El milagro, El momento señalado, El mundo que formamos, El embajador, Extraño, La junada, La última lágrima, La mariposa y la muerte, La serranita, La esquina cualquiera, La pared, La fortinera de Trenque Lauquen, Margo, Milongueando en el 40, Nuestro Buenos Aires, Otra vez Esthercita, Para poder volver, Pichuco, Palermo en octubre, Pa' qué, Pa' que se acuerde de mí, Poema de arrabal, Qué falta que me hacés, Romance de la ciudad, Señorita María, Siempre joven, Sombras del puerto, Trenzas, Tango a Japón, Tango del colectivo, Tabaco, Tal vez porque te quiero, Una historia como tantas, Zurdo*, y otra cantidad de títulos, que no tuvieron gran repercusión.

El día que Troilo le estrenó *Milongueando en el 40*, su primer tango, tanto él como Alberto Podestá estaban todavía en la orquesta de Miguel Caló. Pontier, que sabía del estreno, lo llamó a Podestá y le dijo: *Vení esta noche a comer a casa y así escuchamos a Troilo que me estrena mi primer tango*. Fue tan grande la emoción cuando el locutor anunció que Troilo iba a estrenar un tango de un autor novel, que a los dos les corrían las lágrimas por las mejillas.

Por esta orquesta pasaron grandes cantores. Hasta 1947 estuvieron Raúl Berón y Alberto Podestá, a quien reemplazó Roberto Rufino, quien junto con Berón permaneció hasta 1949. Cuando se van, vuelve Alberto Podestá, el único cantor que *fue y vino* varias veces a la orquesta Francini-Pontier. En septiembre de ese año se incorporó Julio Sosa, y Podestá y Berón vuelven a la orquesta de Miguel Caló. El que eligió a Julio Sosa fue Pontier. Después de haber probado a muchos candidatos, inclusive algunos de ellos ya profesionales, un día Pontier lo llamó a Podestá y le pidió que lo acompañara a escuchar a un cantor.

En principio Podestá se negó, pero Pontier lo convenció, con el argumento de que *es un gran caradura*. Fueron juntos, y Podestá le pidió que cante *Viejo smoking*. Lo impresionó la forma en que movía los brazos y las manos, *con una soltura bárbara*, diría después Podestá. Por entonces ningún cantor, salvo el caso de Alberto Castillo o de algún otro, gesticulaba como lo hacía Julio Sosa. Inmediatamente fue contratado, y permaneció en la orquesta hasta 1953, con el éxito conocido.

También cantaron con Francini-Pontier Pablo Moreno, Mario Lagos, Roberto Florio y Luis Correa, estos dos últimos hasta julio de 1955, cuando se disolvió el binomio. En agosto de ese año Pontier debutó con su propia orquesta, con Roberto Florio y

Julio Sosa como cantores. La incorporación de Sosa obedeció a un hecho especial. Cuando en 1953 se alejó de Francini-Pontier para ir a la orquesta de Francisco Rotundo, le prometió a Pontier que volvería a cantar con él, y así lo hizo.

El binomio grabó en RCA Víctor una importante serie de discos: *Anoche; Alma de bohemio; A mi madre; Alergia; A José Manuel Moreno; A dos puntas; A Zárate; Adiós marinero; Adiós Nonino; A la Guardia Vieja; Azabache; A su memoria; A los amigos; A pedido; A mis amores; Arrabal; Blue tango; Boedo; Barra querida; Corazón de oro; Cuartito azul; Contratiempo; Certificao; Cuatro líneas para el cielo; Cargamento; Camouflaje; Cuando talla un bandoneón; Cafetín; Como tú; Con ella en el mar; Claveles blancos: Cerraste los ojos; Calesita de barrio; Cobrate y dame el vuelto; Canción para un breve final; Caricias perdidas; Che bandoneón; Chiqué; Dicen que dicen; De mi corazón; Delirio; Déjame; Discepolín; Derecho viejo; El ciruja; El pecoso; El retoque; El amanecer; El apache argentino; El entrerriano; El mismo dolor; El hijo triste; En la capilla; El tobiano; El milagro; El remate; Las cosas que me han quedado; Los días pasarán; Los despojos; La Beba; La culpa es mía; Lo que vendrá; Los cosos de al la'o; La canción inolvidable; La cumparsita; La vi llegar; La yumba; Lloró como una mujer; Lluvia sobre el mar; Mi sentencia; Mate amargo; Milonga de esquina; Manos adoradas; Margo; Noche de locura; Nunca tuvo novio; Nostalgias; Olvidao; Oyeme mamá; Oyeme; Por unos ojos negros; Primer beso; Para lucirse; Pecado; Princesa del fango; Perdóname; Pa' que sepan como soy; Por seguidora y por fiel; Por "H" o por "B"; Por una mala mujer; Prohibido; Por unos ojos negros; Pichuco; Por una muñeca; Pa' que se acuerden de mí; Qué me van a hablar de amor; Remolino; Ronda azul; República Argentina; Sin lágrimas; Santa mía; Sin palabras; Sirva otra copa; Si sos brujo; Selección de valses; Tu piel de jazmín; Tengo un amigo; Triste flor de tango; Taquito militar; Tan sólo por verte; Tenemos que abrirnos; Tanguera; Tigre viejo; Trapitos; Un alma buena; Una carta para Italia; 1 y 1; Un día más; Una canción; Una lágrima; Una historia como tantas; Una triste verdad; Viejo smoking; Viejo ciego; Y dicen que no te quiero.*

La orquesta duró 10 años, y luego tanto Francini como Pontier decidieron formar sus propios conjuntos, pudiendo considerarse que el de Pontier alcanzó mucho más repercusión que el de Francini.

Pontier siempre puso la obra que tocaba por encima del intérprete. Uno de sus cantores, Héctor Darío, contó que durante su paso por la orquesta nunca recibió una observación, que cuando iba a debutar le dijo *Pibe, cante como quiera y como sabe*, gesto considerado de gran importancia para un cantor novel. Héctor Darío estaba en ese entonces en la orquesta de Joaquín Do Reyes. Mientras actuaban un día en **Radio El Mundo**, se le acercó su gran amigo Roberto Florio para avisarle que Pontier quería hablar con él, porque se iba Julio Sosa y buscaba un reemplazante. Se produjo el encuentro y Héctor Darío cantó *Amor de resero*. Contó emocionado que al terminar la segunda parte vio que Pontier cerraba el bandoneón. Asustado, pensó que paraba la prueba porque no le había gustado cómo cantaba. Su sorpresa fue mayúscula cuando Pontier miró a todos los de la orquesta y les dijo *Muchachos, ya tenemos cantor*.

ALFREDO GOBBI (H)

El Violín Romántico del Tango, como se lo conocía a Alfredo Julio Floro Gobbi, nació en París, el 14 de mayo de 1912. Hijo de Alfredo Eusebio Gobbi, uruguayo, y Flora Hortensia Rodríguez, chilena, que se encontraban en Francia con Angel Villoldo, enviados por la tienda Gath y Chaves para grabar en los viejos cilindros, eran reconocidos artistas de teatro criollo y de zarzuelas, que actuaron en escenarios de España, Inglaterra, Alemania y los Estados Unidos, además de ser de los primeros profesores que enseñaron a bailar el tango.

Cuando Alfredo Gobbi tenía sólo seis meses sus padres retornaron a Buenos Aires. A los seis años empezó a estudiar música, tarea que alternaba con la de vendedor de diarios, en la esquina porteña de Triunvirato y Estomba. Unos años después su padre le compró un violín, A los 13 años integró un trío con un guitarrista y un bandoneonista, y un año después tocaba tangos con el violín en un café de su barrio, Villa Ortúzar. A esa edad compuso su primer tango, *Perro fiel*. Si bien a los 15 años ya tocaba en la orquesta del **Teatro Nuevo**, su verdadero debut en forma profesional se concretó con su ingreso en la orquesta de Luis Casanova. En 1927 integró como violinista la orquesta de Juan Maglio "Pacho", que había sido contratada para los bailes de carnaval en el **Pabellón de las Rosas**. Más adelante, sucesivamente tocó en las orquestas de Roberto Firpo, Carlos Tirigall, Manuel Buzón, Anselmo Aieta, Mario Pardo, Adolfo R. Avilés y Antonio Rodio. Tuvo un fugaz paso como pianista en el cine **Metropol**, pero inmediatamente volvió al violín, para formar un trío con Domingo Triguero en bandoneón y Orlando Goñi en piano, y después integró el sexteto Vardaro-Pugliese hasta que se disolvió, en 1931. Pugliese y Gobbi forman otro sexteto, para hacer giras por el interior del país, y al regresar a la Capital, Pugliese se unió al bandoneonista Federico Scorticati y al violinista Juan José Gallasteguí, para acompañar a Charlo y a Adhelma Falcón, y Gobbi ingresó nuevamente en la orquesta de Manuel Buzón.

A partir de allí, Alfredo Gobbi decidió formar su propio conjunto, para lo cual convocó a Aníbal Troilo y Alfredo Attadía, como bandoneonistas, José Goñi, hermano de Orlando, junto a él en violín, Agustín Furchi en contrabajo y como pianista a Orlando Goñi, con el que debutó en el café Buen Orden, en Constitución. Pero la aventura duró poco, y Alfredo Gobbi volvió a unirse a Osvaldo Pugliese, con quien formó un dúo para actuar en **Radio Prieto**, pero a los dos meses los echaron porque *no gustaban*. Incansable luchador, armó otro conjunto con Aníbal Troilo, José Goñi, Alfredo Calabró, José Furchi y Osvaldo Pugliese, para actuar en el cine **Garay**. En 1935 pasó a ser primer violín en la orquesta de Pedro Laurenz, y luego tocó en las orquestas de Joaquín Do Reyes, Armando Ballliotti y Nicolás Vacaro. Su siguiente actuación se concretó en Montevideo, en la orquesta de Pintín Castellanos, el autor de *La puñalada*, que tenía a Enrique Campos como cantor.

En 1945 formó la orquesta con la que pasó definitivamente a formar parte de la lista de grandes directores, y dos años después comenzó a grabar en el sello RCA Víctor primero y luego en Orfeo. Hacía los arreglos él mismo, y excepcionalmente recurría a algún instrumentador, a quien le pedía los retoques finales. Tuvo como cantores a Oscar Ferrari, cuyo nombre verdadero es Oscar Rodríguez de Mendoza, Warren Cabral, Carlos Heredia; Pablo Lozano, Jorge Maciel, que realmente se llamaba Carlos Pellegrini, Angel Díaz, Héctor Coral, Hugo Soler; Carlos Almada, Tito Landó, nombre que adoptó en reemplazo del suyo, Néstor Cacciatore, Mario Beltrán, Alfredo del Río, que en realidad se llamaba Alfredo Jesús Pérez, y Carlos Yanel, cuyo nombre verdadero es Roberto Santamaría, y luego pasó a ser Ciro San Román. Después de más de 10 años de fructíferas actuaciones disolvió la orquesta, que estaba integrada por él, Eduardo Salgado y Ariel Haroldo Gessaghi en violines, Mario Demarco, Luis Maggiolo, Osvaldo Piro y Emilio Nurié en bandoneones, Normando Lázara en piano y Osvaldo Monteleone en contrabajo. Después de varios años de ausencia volvió al tango como pianista, con un quinteto, para actuar en la confitería **Siglo XX**, en Corrientes y Uruguay. El fin de su trayectoria en el tango se acercaba. y su última actuación se produjo en la confitería **El Olmo**, en el Once, como solista de piano. Falleció en una mala situación económica, el 21 de mayo de 1965, a los 53 años.

Alfredo Gobbi es autor de 30 composiciones: *A mis amigos, Antojos, A mis manos, Arbolito, Camandulaje, Cavilando, Cuando llora mi violín, Cuatro novios, Dicen que sos mala,*

Desvelos, De punta y hacha, El desquite, El último bohemio (dedicado a Aníbal Troilo)*; El andariego, Ensueño de amor, La trucada, Las cuentas de mi madre, Mujeres son mujeres, Mi novela, Mensajera, Mi paloma, Muguette, Orlando Goñi, Perro fiel, Redención, Soy el cantor de la orquesta, Si lo quieres tú, Tu angustia y mi dolor, Un tango para Chaplin, Viejo madrigal.*

Grabó *Amor de forastero; Aunque sea mujer; A media luz; Adoración; A mis manos; As de cartón; Adiós, corazón; Amémonos; Barcarola triste; Calla; Camandulaje; Canzoneta; Cuatro novios; Como las margaritas; Cuánta angustia; Calor de hogar; Chuzas; Dame tiempo; El andariego; El pollero; El hijo cruel; El incendio; Estás en mi corazón; Entrador; El engobbiao; El solitario; El inquilino; Estrellita del sur; Fraternal; Garabatos de mujer; Historia de un amor; Independiente Club; Jueves; La número cinco* (con relatos de Fioravanti)*; Lágrimas de sangre; La última curda; La intriga; La catrera; La vieja serenata; Lágrimas y sonrisas; La viruta; La entrerriana; Mensajera; Muchachos yo tengo un tango; Mala entraña; Mi colegiala; No me supiste amar; No la traigas; Nueve puntos; Orlando Goñi; Para qué vivir así; Por eso canto así; Por una muñeca; ¿Por qué soy reo?; Pelele; Predestinada; Puro apronte; Qué fácil es decir; Que nadie sepa mi sufrir; Que me quiten lo bailao; Remembranzas; Racing Club; Reflexionemos; Sin vuelta de hoja; Si sos brujo; Sin madre; Sombras; Saludos; Salto mortal; Traicionera; Tu amargura; Tierrita; Tu angustia y mi dolor; Tropa; Te estaba esperando; Tuya; Triste destino; Un regalo de reyes; Un tango para Chaplin; Y...algún día; Ya no eres mía.*

LIBERTAD LAMARQUE

Libertad Lamarque, bautizada en Cuba "La novia de América", nació en Rosario el 24 de noviembre de 1909, y falleció en el 2000. Hija de Gaudencio Lamarque y Josefa Bousa. A los siete años hizo su primera presentación ante el público, en una obra de teatro representada en un festival a beneficio de los presos. Siendo aún niña, recitaba versos de protesta en reuniones organizadas por algún sindicato, ya que el padre era un conocido dirigente anarquista. Con sólo 12 años actuó en la obra "Romántico bulincito", en el acto de egresados universitarios, y por el papel que le tocó representar una vez dijo: *De esta forma, a los 12 años me recibí de prostituta"*. Dos años después ya trabajaba en Buenos Aires en forma profesional, y en una de las obras cantó por primera vez en un escenario. Razones familiares la hicieron volver a Rosario, y en 1923 su padre le aconsejó que le escribiera al empresario teatral Pascual Carcavallo. En la carta, acompañada de una foto suya, le decía: *Solicito el puesto de dama joven y $ 500 de sueldo para viajar a Buenos Aires con mamá.* La respuesta fue: *Ofrézcole contrato por un año, un puesto de actriz y $ 300 mensuales*

Así empezó a trabajar en el **Teatro Nacional**, en la obra "El dueño del pueblo", en un papel muy pequeño, que sería el inicio de una carrera profesional que sólo supo de éxitos. El mismo Carcavallo le hizo tomar clases de canto, y en la obra "La Porota" integró un trío vocal junto a Olinda Bozán y Antonia Volpe. En las obras teatrales estrenó muchos tangos, y como ya era conocida como actriz y cantante, Gerardo Matos Rodríguez le pidió que le estrenara *Mocosita*, que a partir de allí se transformó en un éxito. En 1926 comenzó su carrera en el cine, donde debutó en la película "Adiós Argentina", que por ser muda sólo interpretó un papel como actriz, y también en la industria discográfica, ya que fue requerida primero por Odeón, donde grabó *Intimas* y *Déjalo*, y luego por la RCA Víctor, donde su primer disco contenía *Gaucho sol* y *Chilenito*, registrado el 2 de septiembre de ese año.

A partir de 1927 su actividad se extendió a la radio y a las giras por el interior del país, Chile, Cuba, República Dominicana, Puerto Rico, Venezuela, Perú, México, Guatemala, El Salvador, Honduras, Nicaragua, Costa Rica, los Estados Unidos y Panamá.

De regreso en su patria, por un entredicho con Eva Duarte mientras se filmaba la película "La cabalgata del circo" (también se dijo que le propinó una bofetada), prácticamente no tuvo más trabajo, y decidió entonces radicarse definitivamente en México. Respecto de ese pasaje de su vida, declaró en 1990 en un reportaje: *Quisieron vencerme y por el contrario, me ayudaron a crecer laboralmente en el exterior. Si bien nunca me dijeron que me vaya, ni directa ni indirectamente me han echado, también es claro que las propuestas de trabajo nunca llegaban a mis manos, las posibilidades eran nulas y mi agenda cada vez estaba más vacía, por eso decidí hacer mi propio exilio, un exilio voluntario. Quisieron opacarme, pero les puedo asegurar que el tiro les salió por la culata.*

Aparte de cantar, su principal actividad la desarrolló en el cine, ya que participó en más de 100 películas, tanto aquí como en el país azteca.

De su filmografía podemos extraer "Tango", "El alma del bandoneón", "Ayúdame a vivir", "Besos brujos", "La ley que olvidaron", "Madreselva", "Puerta cerrada", "Caminito de gloria", "La casa del recuerdo", "La mamá de la novia", "Cita en la frontera", "Una vez en la vida", "Yo conocí a esa mujer", "En el viejo Buenos Aires", "Eclipse de sol", "El fin de la noche", "La cabalgata del circo", "Romance musical", "Creo en ti o esposa y amante", "La sonrisa de mamá", "Gran casino", "Soledad", "La dama del velo", "Huellas del pasado", "Nunca es tarde para amar", "Ansiedad", "Si volvieras a mí", "Canta mi corazón",

"Hoy he soñado con Dios", "El cielo y la tierra", "La loca de los milagros".

Grabó en la Argentina con las orquestas de Alfredo Malerba (su esposo), Mario Maurano, Héctor Stamponi, Víctor Buchino, Juan D'Arienzo, Oscar Toscano, Tito Ribero, Lucio Milena, y con guitarras, y en México, a dúo con Pedro Vargas, con las orquestas de Chucho Zarzosa, Ruiz Armengol, el Mariachi Vargas a dúo con Miguel Aceves Mejía, Raúl Lavista, Chucho Ferrer, Jesús Rodríguez de Hijar y Pocho Pérez.

La recordamos con *Alice; Arañazos; Adiós pampa mía; Ahora no me conocés; Alma mía; A media luz; Adiós muchachos; Botellero; Bandoneón arrabalero; Bien criolla y bien porteña; Besos brujos; Consejo; Cómo te extraño; Claveles rojos; Cachito; Cuando me vaya; Cantando; Cuando vuelva a tu lado; Caminito; Cañaveral; Cuesta abajo; Compadre Pedro Juan; Café de los Angelitos; Cuatro campanadas; Caserón de tejas; Cornetín; Cada vez que me recuerdes; Cuando el amor muere; Cielito lindo; Celos; Canción de cuna; Campanita de cristal; Dímelo al oído; Dónde irás ilusión; Dos guitarras; Después; Desconsuelo; Dónde estás corazón; De vuelta al barrio; Esta noche de luna; En esta tarde gris; El borrachito; Estoy loca por la bocina de los automóviles; Esperanzas; El pañuelito; Engominado; Fuego en el alma; Fruta amarga; Gricel; Guapo lindo; Garras; Galleguita; Horas que pasan; Historia de un amor; Hermanita; Isabel; Inspiración; Idilio trunco; Júrame; Julián; Lonjazos; La cumparsita; Los muñequitos; La compañera; La princesa está triste; La chica del 17; La negrita Cururumbé; Los cochinitos dormilones; Ladrón; La morocha; Llevátelo todo; Llorarás, llorarás; Mi taza de café; Maldito tango; Malena; Madreselva; Muñecos; María; Mentiras; Mate amargo; Medio y medio; Mi pibe; Muchacha; Mocosita; Nunca; Negra María; Nido gaucho; Nostalgias; Nunca tuvo novio; Organito de la tarde; Plegaria; Por qué; Pregonera; Pobre mariposa; Prohibido; Quiéreme mucho; Quiero verte una vez más; Qué querés con ese loro; Ropa blanca; Silencio; Soñar y nada más; Seis días; Sombras nada más;*

Semblanzas; Somos novios; Sus ojos se cerraron; Sin pala-
bras; Tango y copas; Tú, tú y tú; Te quiero así; Tabaco;
Tristeza marina; Tango de las rosas; Tal vez será mi alcohol;
Torrente; Tango mío; Te quiero; Tristezas de la calle
Corrientes; Te sigo esperando; Unidos; Uno; Uruguaya;
Verdemar; Vida mía; Vendrás alguna vez; Virgen de
Guadalupe; Ya estamos iguales.

HÉCTOR VARELA

Héctor Varela nació en Avellaneda el 29 de enero de 1914, y falleció en 1987. Hijo de Salustiano Varela y Francisca Crespo, desde chico ya tocaba de oído el bandoneón, por lo que el padre lo mandó a un maestro que en las cercanías de su casa daba clases de música. Para perfeccionarse recurrió al conservatorio del bandoneonista Eladio Blanco, en Cabildo y Monroe, sin sospechar siquiera que después formarían en la misma fila de bandoneones de la orquesta de Juan D'Arienzo.

A los 16 años formó parte, como segundo bandoneón, de la orquesta de Salvador Grupillo, luego pasó a la de Alberto Gambino, y después al conjunto que acompañó a Tita Merello en sus actuaciones en radio. De allí pasó, por poco tiempo, al conjunto de Juan D'Arienzo, quien grababa por ese entonces en el sello Electra, porque lo llamó Enrique Santos Discépolo para que se incorporara a la orquesta que había formado para actuar en **Radio Municipal**. El paso por esa orquesta fue muy fugaz, porque el autor de *Cambalache* al poco tiempo la disolvió, y entonces Varela integró el grupo de músicos que acompañaba a Libertad Lamarque en sus actuaciones en **Radio Belgrano**.

En 1939 formó su primera orquesta propia, que duró menos de un año, porque por segunda vez había sido llamado por Juan

D'Arienzo, con quien estuvo diez años como primer bandoneón y arreglador. En los inicios de la década de 1950 se desvincula de Juan D'Arienzo y forma su propia orquesta, con un estilo completamente distinto del que le imprimía el "Rey del compás". Además de actuar en **Radio Belgrano** y en el **Chantecler**, empezó su ciclo de grabaciones en el sello Odeón.

El verdadero nombre de Héctor Varela era Salustiano Paco Varela, y vale la pena contar los pormenores de su anotación en el Registro Civil. Sus padres tenían cuatro hijas cuando él nació, y fue tanta la alegría de su progenitor por la llegada del primer varón que le pidió a su hermano que lo acompañara a anotar al nuevo vástago. Desde su casa hasta el Registro Civil hicieron "estación" en cuanto boliche encontraron, para festejar con *una copita* la buena nueva. Con Doña Francisca habían decidido que debía llamarse Héctor Raúl, pero cuando los dos hermanos llegaron a la oficina pública ninguno de los dos, a raíz de los tragos, se acordaba nada. Eligieron la salida más fácil: le pusieron Salustiano por el padre y Paco porque el nombre de la madre era Francisca.

Tuvo buenos cantores, como Armando Laborde, Rodolfo Lesica, Argentino Ledesma, Raúl Lavié, cuyo nombre es Raúl Peralta, Ernesto Herrera, F. Reyes, Jorge Garré, Carlos Yanel, Jorge Rolando, Carlos Damián, Hugo Carrasco, Jorge Falcón, Luis Correa, Fernando Soler, Diego Solís, Víctor Daniel, Claudio Bergé, Mario de la Cruz. El ingreso de Rodolfo Lesica tuvo sus ribetes cómicos. Como su verdadero nombre es Rodolfo Oscar Aiello, Héctor Varela le sugirió buscar otro que artísticamente fuera más atractivo. *Piense en algún parque que quede cerca de su casa, a ver si sirve como apellido.* El cantor le dijo: *Maestro, ya lo tengo, vivo a media cuadra del Parque Chacabuco.* Y Varela lo frenó: *No jovencito, ¿Cómo un cantor se puede llamar Rodolfo Chacabuco? Mejor pensemos en el Parque Lezica, pero Lesica, con S.*

Fue un prolífico compositor, y dejó para recordarlo *A don Antonio, Amigos de la noche, A don Héctor María, Azúcar, pimienta y sal, Al final de un cuento, Así bailaban mis abuelos, Abran cancha, Amanecer porteño, Bienvenido a Buenos Aires, Cantar, reír, bailar, Cielo y luna, Contrapinta, Con ganas de vivir, Doblan las campanas, Desubicado, Dame un beso, mi amor, Don Orlando, El 58, En la Costanera, Gaucha, Guerrera, Haceme cu cu, Jesús negro, Los Diablos Rojos, Las calles de mi ciudad, La macumba, Matinée de tango, Mi fama de burrero, Mística, Murió el malevo, Mirame en la cara, Noches de mi club, Noches de Brasil, Primer beso, Pájaros en la noche, Quién me robó tu corazón, Qué poca cosa fue tu amor; Que sigan charlando, Que tarde que has venido, Repetido, Si supiera que la extraño, Te tuve que perder, Tangos y toros, Tristeza sureña, Tal para cual, Un tango para Jorge, Un rincón de La Boca, Volver a Buenos Aires, Ven a bailar, Y no me digas no, Y no me dejes corazón, Y porque te quiero tanto, Y a dónde llegarás, Y el viejo no está, Yo te canto Buenos Aires*. La esposa de Héctor Varela, Erma Suárez, también compuso temas, entre otros, *Amor de chiquilina, Al final para qué, Canzoneta, No empieces a llorar, Sin barco y sin amor, Terroncito de azúcar, Y el último beso, Y llorarás como yo*.

Grabó un sinnúmero de composiciones en los sellos Pampa, C.B.S. Columbia, Music Hall, Odeón, Embassy, entre los que se destacan: *A la gran muñeca; Argañaraz; Anoche a las dos; Ay, Aurora; Adiós muchachos; A media luz; Antes de llorar; Al final para qué; Amanecer porteño; Adiós pampa mía; Abran cancha; Azúcar, pimienta y sal; Araca corazón; Al final ¿Para qué?: Buen amigo; Comme il faut; Con ganas de vivir; Criolla linda; Cómo volver a vivir; Caprichosa; Cuesta abajo; Canzoneta; Cantar, reír, bailar; Corazón me equivoqué; Canaro en París; Con permiso; Caminito; Che papusa, oí; Charamusca; Don Orlando; Dos canarios; Don Esteban; Demasiado tarde; Doblan las campanas; Derecho viejo; Decime qué pasó; El desafío; El chupete; El arroyito; El día que me quieras; El as de los ases; El africano; El pensamiento; El caburé; El pollo Ricardo; El final de un cuento; Entrada prohibida; El bulín de la calle Ayacucho; El Marne; El ama-*

necer; El flete; El tiempo será testigo; El último café; Esas cosas del corazón; Eras como la flor; El rápido; Fatalmente...nada; Fuegos artificiales; Fumando espero; Farolito viejo; Fueron tres años; Fosforerita; Guerrera; Gota de lluvia; Honda tristeza; Lilian; Las calles de mi ciudad; La guitarrita; La cumparsita; La maleva; La matraca; Los Diablos Rojos; La carreta; Llanto de amor; Moneda de cobre; Melodía oriental; Mística; Mi fama de burrero; Milongueando en el 40; Mi dolor; Muchacha; Mi corazón es un violín; Mi Buenos Aires querido; Milonga de barrio; Mano a mano; No me hablen de ella; No me van a venir a buscar; Noches de cabaret; Pájaros en la noche; Prueba de fuego; Pago por tu amor; P'a que te oigan bandoneón; Paciencia; Padrino pelao; Pichingo; Palomita blanca; Portero suba y diga; Primer beso; Queja indiana; Quién me robó tu corazón; Quebradita y luja-nera; Qué le importa al mundo; Qué tarde que has venido; Qué tenés que hablar; Risque; Rodríguez Peña; Royal Pigall; Si supiera que la extraño; Se tiran conmigo; Silueta porteña; Suipacha; Señora princesa; Sábado inglés; Sin barco y sin amor; Tiempos viejos; Te tuve que perder; Tierra negra; Tal para cual; Tropero soy; Tomo y obligo; Terminemos de una vez; Tus lágrimas benditas; Tierrita; Un poco más; Un cariño pasajero; Un bailongo; Un poquito así; Un tropezón; Una lagrimita; Vuelves hoy; Y te seguiré queriendo; Y el último beso; Ya vuelvo; Yo te canto Buenos Aires; Yira...yira; Y no te voy a llorar; Y te parece todavía; Y comenzamos a vivir; Y el viejo no está; Yuyo brujo.

Héctor Varela falleció el 30 de enero de 1987.

FLORINDO SASSONE

Pedro Florindo Sassone nació en el barrio de Liniers, el 12 de enero de 1912, donde realizó sus primeros estudios musicales, hasta llegar a ser profesor de violín, y falleció el 31 de enero de 1982. Su orquesta se caracterizó, a diferencia de otras de su época, por el poco lucimiento de los solistas, ya que ponía todo el acento de su música en el conjunto de cada una de la gama de los instrumentos.

Como violinista debutó profesionalmente en 1930, a los 18 años, en el conjunto de Antonio Polito, quien en ese entonces actuaba en **Radio Belgrano**. Al año siguiente pasó a la orquesta de Roberto Firpo, pero fue en la de Osvaldo Fresedo donde se nutrió del estilo que después adoptaría definitivamente, mezclado con el de Carlos Di Sarli, en los sucesivos conjuntos que dirigió. Su primera orquesta la formó en 1935, cuando se desvinculó de la de Fresedo, y con Alberto Amor como cantor debutó el 1° de enero de 1936 en **Radio Belgrano**, además de actuar en el café **Nacional** y en el **Marabú**. A esa orquesta más adelante le agregó arpa e instrumentos de percusión, para actuar en **Radio El Mundo**. Entre 1940 y 1946 se alejó de la actividad musical para dedicarse a negocios particulares, pero volvió a formar otra orquesta para actuar en cafés de barrio y confiterías, la que en 1947 amplió y retornó a la radio y a los bailes, y allí comenzó su verdadera carrera artística a la par de los mejores directores de la época.

Pero no fue por casualidad que ello ocurrió. Influyó notablemente para eso la incorporación de un joven cantor que hacía su presentación en el horizonte tanguero, Jorge Casal, quien poco tiempo después hizo dupla con Roberto Chanel. Su ascenso no se detuvo, apoyado en músicos notables. En su apogeo la orquesta estaba formada por Pastor Cores, Carlos Pazos, Jesús Méndez y

Daniel Lomuto en bandoneones, Roberto Guisado, Claudio González, Carlos Arnaiz, Domingo Mancuso, Juan Scafino y José Amatriali en violines, Osvaldo Requena en el piano y Enrique Marchetto en contrabajo.

También tuvo buenos cantores, ya que pasaron por su orquesta, además de Alberto Amor, Jorge Casal y Roberto Chanel, Mario Bustos, Luciano Blanco, Oscar Macri, Rodolfo Lemos, Carlos Malbrán, Raúl Lavalle, Rodolfo Galé, Andrés Peyró, Fontán Luna, Osvaldo Di Santis, Zulema Robles y Gloria Díaz.

Realizó diversas giras por el exterior, y además de actuar dos veces en Japón, tuvo exitosas presentaciones en Venezuela, Colombia, Paraguay y Brasil.

Compuso muy pocas obras, y lo recordamos con *Baldosa floja, El último escalón, El relámpago, Cancha, Rivera Sud, Bolívar y Chile, Tango caprichoso, Esquina gardeliana.*

JULIÁN CENTEYA

Como ya hemos visto, el verdadero nombre de este poeta de Buenos Aires era Amleto Enrico Vergiati, nacido el 15 de octubre de 1910 en la calle del Borgo San Nicoló 25, en Parma, Italia. Su padre se llamaba Carlo y su madre Amalia, quienes decidieron huir de su país debido a la persecución fascista, originada en las ideas liberales que volcaba don Carlo en el diario "Avanti", donde desarrollaba su profesión de periodista. Fue así como vía Génova la familia, compuesta por ambos progenitores y sus tres hijos, nuestro protagonista, que contaba con sólo 12 años, y sus dos hermanas mayores, Fanny y Pierina, sin olvidar al perro, se embarcó en el vapor Conte Rosso, con destino a su nuevo terruño, donde llegaron el 14 de abril de 1922. Inicialmente la familia se radicó en

San Francisco, Córdoba, debido a que allí estaba instalada una colonia de inmigrantes piamonteses. En menos de un año su nuevo destino fue Buenos Aires, y luego de un breve paso por el barrio de Saavedra recalaron definitivamente en Boedo, donde Amleto, todavía un niño, comenzó seguramente a amar la música que luego sería su pasión, a través de amigos como Cátulo Castillo, Homero Manzi, Dante Linyera y otros. Sobre la decisión de su padre de huir del suelo natal el propio Centeya contó una vez que *cuando llegó Mussolini al poder, mi viejo, que era de ideas liberales de avanzada, se tuvo que tomar el piro.*

Abandonados tempranamente sus estudios secundarios, transitó por diversas actividades, hasta que, despertadas sus ansias de ser periodista, recorrió las redacciones de "La Calle", "Cine Argentino", "Ahora" y "Crítica". Recordaba risueñamente que de este prestigioso diario, Natalio Botana lo echó *por discrepar con mis vacaciones montevideanas de tres meses, tomadas por designio propio.* Sus amigos le decían que estaba loco: *Te querés venir periodista?,* mientras que Roberto Arlt iba más lejos: *Elegiste un oficio desesperado, escribir. No vas a tener pasado mañana, y lo único que vas a lograr será morirte de hambre.* Muchos años después el mismo dijo: *Dejé de hacer periodismo. No voy a volver nunca más. Un día me cansé y tiré el carné por la ventanilla de un tren.*

Ya había escrito un sainete **Peluquería y perfumería La Bomba,** en colaboración con Tito Smuclir, y ya pensaba en que su verdadero nombre y apellido debía ser sustituido por otro más profesional, por lo que, sucesivamente, usó seudónimos tales como William Pérez, Juan de la Luna, Juan Sin Luna, Shakespeare García o Enrique Alvarado, con el que firmó un libro de poemas de negros, "El recuerdo de la enfermera de San Jaime", como homenaje, según dijo, por el trompetista norteamericano Louis Armstrong, y con música de José Canet la milonga **Julián Centeya,** magistralmente interpretada y llevada al disco por Carlos Di Sarli con Alberto Podestá.

En su poema "Mi viejo" decía: *Vino en el Conte Rosso, fue un espiro/ Tres hijos, la mujer y a más un perro/ Como un tungo tenaz la fue de tiro/ Todo se lo aguantó, hasta el destierro.* Fue Roberto Tálice quien definitivamente le dio el espaldarazo necesario, cuando lo llevó a **Radio Belgrano**. Entonces le dijo: *Elíjase un seudónimo y hable.* En su debut, el locutor lo presentó así: *Julián Centeya, el nuevo charlista de Buenos Aires.*

Orgulloso, decía: *A mí me parió Buenos Aires,* y lo justificaba agregando: *De noche me pongo la chalina del viento y camino esta ciudad que prepotentemente hice mía.* Hay quien contaba que amaba tanto a Buenos Aires que hasta se había inventado un abuelo argentino quien, según él, se llamaba Lauro Roque Centeya.

José Gobello dijo refiriéndose al lunfardo que usaba Centeya: *Más que una necesidad expresiva parece un lujo, casi una compadrada de quien al regreso de infinitas lecturas, ancla otra vez en el barrio, con ganas de habitar la pieza del fondo de una casa situada en la muy franciscana calle que se llama Diógenes Taborda.*

Alguien lo bautizó "El hombre gris de Buenos Aires", mote que para él *lo inventó un chanta,* pero lo cierto es que a Julián Centeya le debemos obras magistrales como *Claudinette,* en colaboración con Enrique Delfino; *La vi llegar,* con Enrique Mario Francini, con el que también produjo *Lluvia de abril,* una joya musical que grabó Miguel Caló con Raúl Iriarte; *Cuando escucho un tango viejo,* con Ernesto de la Cruz; *A los muchachos,* con José Ranieri; *Sol de Chiclana,* con Pedro Mafia; *Sueño de papel,* con Sebastián Piana; *Más allá de mi rencor,* con Lucio Demare; *Mi perro Chango,* con Cátulo Castillo y Sebastián Piana; *Tus pequeñas cosas,* con Miguel Caló; *Virginia de Buenos Aires,* con Osvaldo Requena, y muchos otros, así como una cantidad de milongas, entre las que se destacan *Muerte de Juan Bertana, Felicita, Con un clavel en la oreja,* y los valses *Valsecito del grillo* y *Carmen.*

Además, escribió una serie de libros. En 194', "El misterio del tango"; en 1964, "La musa mistonga"; en 1965, "Glosas de tango"; en 1967, "Primera antología de tangos lunfardos"; en 1969, "La musa del barro"; en 1971, en colaboración con

Washington Sánchez, "Porteñerías", y ese mismo año "El vacia-
dero", y en 1978 su última obra, "Piel de palabra/La musa maleva y otros poemas inéditos". Lamentablemente, quedaron sin
editar "La otra gente" y "El pozo hacia arriba", de tono humo-
rístico. También fue autor de innumerables poemas, algunos de
ellos utilizados para grabarlos, y en algunos discos de Angel
D'Agostino, como por ejemplo en *Café Domínguez,* Hugo del
Carril, Jorge Vidal o Claudio Bergé, las glosas le pertenecen.

Casi en el final de su extensa y fértil carrera lo habían convocado para actuar en el programa "Grandes valores del tango",
como reconocimiento a todo lo que había hecho a favor de nuestra música ciudadana. No pudo disfrutarlo mucho porque murió
el 26 de julio de 1974, internado en un sanatorio geriátrico, de un
infarto agudo de miocardio.

OSMAR MADERNA

Osmar Héctor Maderna, director,
compositor y arreglador, nació en
Pehuajó, el 26 de febrero de 1918, y su
padre, Juan Maderna, tocaba en esa zona
rural de la provincia de Buenos Aires el acorde-
ón a piano y el armonio a fuelle. Osmar Maderna falleció en un
accidente de aviación, mientras piloteaba su propio avión, que
rozó su ala con otro, al mando de un amigo con el que siempre
volaban juntos, en la mañana del domingo 28 de abril de 1951.

Este magnífico pianista, de sutil estilo, totalmente diferente
de lo que imperaba en la época, el toque enérgico y marcado,
impuso su personal modalidad a partir de 1939 y en la década de
1940, a través de los arreglos y de sus interpretaciones en la
orquesta de Miguel Caló, donde marcó una etapa brillante y des-
colló hasta su desvinculación, en 1945.

Cuando tenía 13 años formó con músicos de su pueblo una orquesta, a la que le puso de nombre Vitaphone. A los 20 años tentó suerte en Buenos Aires como solista en espacios de radio, donde tocó música clásica y tangos. Pero al año siguiente cambió su destino, cuando Miguel Caló le ofreció reemplazar como pianista de su orquesta a Héctor Stamponi, que había decidido su desvinculación. Coincidió su incorporación con la de otros jóvenes músicos. Eran, nada más y nada menos, que Enrique Mario Francini, Eduardo Rovira, Domingo Federico y Armando Pontier.

Como dijimos, en 1945 Osmar Maderna decidió tomar vuelo propio y se fue de la orquesta de Miguel Caló. Lo hizo con uno de los cantores, Raúl Iriarte, con el que formó la orquesta Iriarte-Maderna. Esta dupla duró poco tiempo, porque Raúl Iriarte fue convencido por Miguel Caló para que retornara a su orquesta.

Osmar Maderna debutó con la suya en el café Marzotto, y además actuó en **Radio Belgrano** y **Radio El Mundo**, y en el café **Tango Bar**.

Tuvo como cantores a Orlando Verri, Mario Corrales, quien después pasó a la orquesta de Carlos Di Sarli con el nombre de Mario Pomar, Héctor de Rosas, Pedro Dátila y Adolfo Rivas.

Compuso, entre otros, *Lluvia de estrellas*, *Escalas en azul*, *Concierto en la luna* (en todos ellos predominó la influencia de Chopin), *Pequeña*, *La noche que te fuiste*, *Volvió a llover*, *Rincones de París*.

Sus primeras grabaciones las realizó en Uruguay en el sello Sondor, y en la Argentina registró 52 temas, todos en el sello RCA Víctor, entre los que podemos citar una serie de instrumentales, como *Chiqué; Ojos negros; Loca bohemia; El bajel; El Marne; El baqueano; Qué noche; El pillete; Charamusca; Inspiración; La cautiva; Aromas,* y otros como *Para qué seguir así, Pequeña; Volvió a llover; Rincones de París; La noche que te fuiste*, y los tangos fantasía por él compuestos. Luego de su muerte, su orquesta fue conducida por el violinista Aquiles Roggero, con el nombre de "Orquesta Símbolo Osmar

Maderna", con Adolfo Rivas como cantor, y su lugar en el piano lo ocupó magistralmente Orlando Trípodi, quien le dedicó el tango *Notas para el cielo.*

APÉNDICE (Los Creadores)

Hemos visto la evolución del tango desde su nacimiento, a fines del siglo XIX, hasta su apogeo, a mediados del siglo XX, primero a través de guitarristas, luego de modestos tríos de violín, guitarra y flauta, los que luego se fueron transformando en los famosos sextetos con el agregado de piano, bandoneones y más violines y la eliminación de la flauta y la guitarra, hasta llegar a las grandes formaciones orquestales que conocimos desde mediados de la década de 1930 hasta aproximadamente los comienzos de la de 1950. Pero sería injusto adjudicarles solamente a las famosas orquestas haber sido las generadoras del éxito arrollador que tuvo el tango en su época de esplendor. Ese éxito estuvo apoyado en la conjunción que formaron la calidad de la mayoría de las orquestas típicas y las obras magistrales que interpretaban. Por eso, como un homenaje a esos creadores y para las generaciones que no vivieron esa época, mencionamos una lista de obras escritas hasta 1950, sin que esto signifique la totalidad de las registradas en ese período. En todos los casos, además de la fecha de creación, se mencionan los autores de la letra y de la música, en ese orden. Cuando figura sólo uno, es debido a que la obra es instrumental, o que el mismo autor escribió la letra y la música.

En **1897**: *El entrerriano,* Rosendo Mendizábal; *Justicia criolla*, Ezequiel Soria y Antonio Reynoso.

En **1898**: *Don Juan (El taita del barrio)*, Ricardo Podestá y Ernesto Ponzio.

En **1900**: *Bartolo*, Francisco A. Hargreavez; *Pobre mi madre querida*, José Betinoti.

En **1902**: *El esquinazo*, Carlos Pesce, Antonio Polito y Angel Villoldo.

En **1903**: *El porteñito*, Angel Villoldo.

En **1905**: *La morocha*, Angel Villoldo y Enrique Saborido.

En **1906**: *Hotel Victoria*, Carlos Pesce y Feliciano Latasa; *Los disfrazados*, Mauricio Pacheco y Antonio Reynoso.

En **1907**: *Cuidado con los cincuenta*, Angel Villoldo; *El taita*, Silverio Manco y Alfredo Gobbi (padre).

En **1908**: *La catrera*, Arturo de Bassi; *Independencia*, Alfredo Bevilacqua.

En **1909**: *El pechador*, Angel Villoldo; *Ojos negros*, Vicente Greco

En **1910**: *Cuerpo de alambre*, Angel Villoldo; *Don Enrique*, Anselmo R. Mendizábal; *El torito*, Angel Villoldo; *Soy tremendo*, Angel Villoldo; *Tristeza criolla*, Julián de Charras e Ignacio Corsini.

En **1911**: *Desde el alma*, Homero Manzi y Rosita Melo; *Rodríguez Peña*, Julián Porteño y Vicente Greco.

En **1912**: *La viruta*, Julián Porteño y Vicente Greco.

En **1913**: *Argañaraz*, Enrique Cadícamo y Roberto Firpo; *El 13*, Angel Villoldo y Albérico Spátola; *El apache argentino*, Carlos Waiss y Manuel Aróztegui; *El cachafaz*, Angel Villoldo y Manuel Aróztegui; *Marejada*, Daniel López Barreto y Roberto Firpo; *Un copetín*, José Fernández y Juan Maglio.

En **1914**: *Champagne tangó*, Pascual Contursi y Manuel Aróztegui; *De vuelta al bulín*, Pascual Contursi y José Martínez; *El 14*, Angel Villoldo y Albérico Spátola; *Flor de fango*, Pascual Contursi y Augusto Gentile; *Ivette*, Pascual Contursi y José Martínez; *Matasano*, Pascual Contursi y Francisco Canaro; *Pobre paica*, Pascual Contursi y Juan Carlos Cobián.

En **1915**: *Juancito de la ribera*, Vicente Greco; *La milonguera*, Vicente Greco; *Nogoyá*, Juan Maglio; *Qué querés con esa* *cara*, Pascual Contursi y Eduardo Arolas; *Una más*, Antonio Martínez y Manuel Jovés.

En **1916**: *El flete*, Pascual Contursi y Vicente Greco; *Maldito tango*, Luis Roldán y Osmán Pérez Freire; *Orillas del Plata*, Francisco Bianco y Juan Maglio; *Vea, vea*, Carlos Waiss y Roberto Firpo; *La Cumparsita*, Gerardo M. Rodríguez.

En **1917**: *Amores viejos*, Pascual Contursi y Enrique Delfino; *Cantar eterno*, Angel Villoldo; *El moro*, Juan María Gutiérrez y Carlos Gardel y José Razzano; *Flor de fango,* Pascual Contursi y Augusto A. Gentile; *Mi noche triste*, Pascual Contursi y Samuel Castriota; *Moñito; El marne*, Eduardo Arolas.

En **1918**: *Dale perejil al loro*, E. Manfredi; *Don brócoli*, Ambrosio Río; *El cafisho*, Florencio Iriarte y Juan Canavesi; *El chimango*, Florencio Iriarte y Juan Canavesi; *Era linda mi gauchita*, Pascual Contursi y Eduardo Arolas; *Muñequita*, Adolfo Herschell y Francisco Lomuto.

En **1919**: *A pan y agua*, Enrique Cadícamo y Juan Carlos Cobián; *A la gran muñeca*, Miguel F. Osés y Jesús Ventura; *Margot,* Celedonio Flores y Carlos Gardel y José Razzano; *Nobleza de arrabal*, Homero Manzi y Francisco Canaro.

En **1920**: *Café de Barracas*, Enrique Cadícamo y Eduardo Arolas; *Carne de cabaret*, Luis Roldán y Pacífico Lambertucci; *Chiqué*, Ricardo L. Brignolo; *El motivo*, Pascual Contursi y Juan Carlos Cobián; *La cachila*, Héctor Polito y Eduardo Arolas; *La copa del olvido*, Alberto Vacarezza y Enrique Delfino; *Ivette,* Pascual Contursi y E. Costa y J. A. Roca; *La mariposa*, Celedonio Flores y Pedro Maffia; *Mano a mano,* Celedonio Flores y Carlos Gardel y José Francisco Razzano; *Milonguita*, Samuel Linning y Enrique Delfino; *Shusheta*, Enrique Cadícamo y Juan Carlos Cobián.

En **1921**: *Sufra*, Juan A. Caruso y Francisco Canaro; *Todo corazón*, José María Ruffer y Julio De Caro.

En **1922**: *El taita del arrabal*, Luis Bayón Herrera, Manuel Romero y José Padilla; *Fumando espero*, F. Garzo, J.

Villadomat y Juan V. Masanas; *Loca*, A. Martínez Viérgol y Manuel Jovés; *Los mareados*, Enrique Cadícamo y Juan Carlos Cobián; *Melenita de oro*, Samuel Linning y Carlos Geroni Flores; *Patotero sentimental*, Manuel Romero y Manuel Jovés; *Polvorín*, Manuel Romero y José Martínez; *Sobre el pucho*, José González Castillo y Sebastián Piana.

En **1923**: *Aromas*, Emilio Fresedo y Osvaldo Fresedo; *Alma porteña*, Vicente Greco; *Buenos Aires*, Manuel Romero y Manuel Jovés; *Desdichas*, Pascual Contursi y Augusto Gentile; *Desencanto*, Enrique Santos Discépolo y Luis Amadori; *El bulín de la calle Ayacucho*, Celedonio Flores y José y Luis Servidio; *Muchacho,* Celedonio Flores y Edgardo Donato; *Mano a mano*, Celedonio Flores y Carlos Gardel y José Razzano; *Nubes de humo*, Manuel Romero y Manuel Jovés; *Organito de la tarde*, José González Castillo y Cátulo Castillo; *Padre nuestro*, Alberto Vacarezza y Enrique Delfino; *Pobre milonga*, Manuel Romero y Manuel Jovés; *Rosa de otoño*, José Rial y Guillermo Barbieri; *Sentencia*, Celedonio Flores y Pedro Maffia; *Se viene la maroma,* Manuel Romero y Enrique Delfino; *Silbando*, José González Castillo y Cátulo Castillo.

En **1924**: *Amigazo*, Francisco Brancatti, Juan Velich y Juan De Dios Filiberto; *Cascabelito*, Juan A. Caruso y José Bohr; *Caminito,* Gabino Coria Peñaloza y Juan de Dios Filiberto; *El 11*, Emilio y Osvaldo Fresedo; *Galleguita*, Alfredo Navarrine y Horacio Petorossi; *Garabita*, Pascual Contursi y Bernardino Terés; *Griseta*, José González Castillo y Enrique Delfino; *Hacelo por la vieja*, Carlos Viván, H. Bonatti y Rodolfo Sciammarella; *Julián*, José Luis Panizza y Edgardo Donato; *La cabeza del italiano*, Francisco Bastardi y Antonio Scatasso; *La garçonnière*, Juan A. Caruso y Francisco Canaro; *La cumparsita*, Pascual Contursi, Enrique P. Maroni y Gerardo Matos Rodríguez; *La mina del Ford*, Pascual Contursi, Enrique Maroni y F. Del Negro y Antonio Scatasso; *Muchacho*, Celedonio Flores y Edgardo Donato; *No le digas que la quiero*, Alberto Vacarezza y Enrique Delfino; *Nunca es tarde*, Celedonio Flores y Eduardo Pereyra; *Nunca tuvo novio*, Enrique Cadícamo y

Agustín Bardi; *Príncipe*, Francisco García Jiménez y Anselmo Aieta y Rafael Tuegols; *Sentimiento gaucho*, Juan A. Caruso y Francisco Canaro y Rafael Canaro; *Talán...talán*, Alberto Vacarezza y Enrique Delfino.

En **1925**: *Audacia*, Celedonio Flores y Hugo La Rocca; *Ave cantora*, Enrique Cárdenas y Rafael Rossi; *A media luz*, Carlos Lenzi y Edgardo Donato; *Adiós, para siempre*, Alberto Vacarezza y Antonio Scatasso; *Bizcochito,* Enrique Santos Discépolo y José Antonio Saldías; *Buen amigo*, Juan C. Marambio Catán y Julio De Caro; *Caminito al taller*, Cátulo Castillo; *Campana de plata*, Samuel Linning y Carlos Geroni Flores; *Cicatrices*, Enrique P. Maroni y Adolfo R. Avilés; *Dejá el conventillo*, Francisco Ruiz Peña y Antonio Scatasso; *El circo se va*, José González Castillo y Cátulo Castillo; *Entrá nomás*, Francisco Bastardi y Juan Razzano; *La última copa*, Juan A. Caruso y Francisco Canaro; *Langosta*, Juan A. Bruno (Julio A. Burón) y Juan De Dios Filiberto; *Leguisamo solo*, Modesto Papávero; *Olvidao*, Enrique Cadícamo y Guillermo Barbieri; *Perdón viejita*, José A. Saldías y Osvaldo Fresedo; *Pinta brava*, Mario Battistella y Charlo; *Pompas de jabón*, Enrique Cadícamo y Roberto Goyeneche; *Qué calamidad!*, Pascual Contursi y Bernardino Terés; *Recuerdo*, Eduardo Moreno y Osvaldo Pugliese; *Yo te bendigo,* Juan A. Bruno (Julio A. Burón) y Juan de Dios Filiberto.

En **1926**: *Aquella cantina de la ribera*, José González Castillo y Cátulo Castillo; *Anoche a las dos*, Roberto Cayol y Raúl De Los Hoyos; *Amurado*, José De Grandis y Pedro Laurenz y Pedro Maffia; *Allá en el bajo*, I. Aguilar y J. Martinelli Massa; *¿Abuelita, qué horas son?*, C. Oreste y Roberto Díaz; *Abuelito*, Homero y Virgilio Expósito; *Bajo Belgrano*, Francisco García Jiménez y Anselmo Aieta; *Caferata*, Pascual Contursi y Antonio Scatasso; *Calavera viejo*, Carlos Gardel y José Razzano; *Copen la banca,* Enrique Dizeo y Juan Maglio; *Caminito*, Gabino Coria Peñaloza y Juan De Dios Filiberto; *El abrojito*, Jesús Fernández Blanco y Luis Bernstein; *El ciruja*, Francisco Marino y Ernesto de la Cruz; *La gayola*, Armando

Tagini y Rafael Tuegols; *La he visto con otro*, Pascual Contursi y Antonio Scatasso; *La musa mistonga*, Celedonio Flores y Antonio Polito; *Mandria*, Francisco Brancatti, Juan Velich y Juan C. Rodríguez; *Marchetta*, Pascual Contursi y Alberto Scatasso; *Milonguero viejo*, Enrique Carrera Sotelo y Carlos Di Sarli; *Mocosita*, Víctor Soliño y Gerardo Matos Rodríguez; *No te engañes, corazón*, José Caffaro Rossi y Rodolfo Sciammarella; *Noches de Colón*, Roberto Cayol y Raúl de los Hoyos; *Normiña*, Francisco A. Capone y Eduardo Armani; *Oro muerto*, Julio P. Navarrine y Juan Raggi; *Pan comido*, Enrique Dizeo e Ismael Gómez; *Pobre corazón mío*, Pascual Contursi y Antonio Scatasso; *Puente Alsina*, Benjamín Tagle Lara; *Que vachaché*, Enrique Santos Discépolo; *Siga el corso*, Francisco García Jiménez y Anselmo Aieta; *Sonsa*, Emilio Fresedo y Raúl de los Hoyos; *Te doy lo que tengo*, Pascual Contursi y Antonio Scatasso; *Tengo miedo*, Celedonio Flores y José María Aguilar; *Tiempos viejos*, Manuel Romero y Francisco Canaro; *Tus besos fueron míos*, Francisco García Jiménez y Anselmo Aieta; *Viejo ciego,* Homero Manzi y Sebastián Piana y Cátulo Castillo; *Viejo tango*, Francisco Marino y Juan Arcuri; *A media luz*, E. Donato y C. Lenzi

En **1927**: *Arrabalero*, Eduardo Calvo y Osvaldo Fresedo; *Araca corazón*, Alberto Vacarezza y Enrique Delfino; *Adiós muchachos*, César Felipe Vedani y César Alberto Sanders; A la luz del candil, Julio Navarrine y Carlos Geroni Flores; *Amurado,* José de Grandis y Pedro Maffia y Pedro Laurenz; *Barrio reo*, Alfredo Navarrine y Roberto Fugazot; *Botija linda*, Celedonio Flores y Gerardo Matos Rodríguez; *Carnaval*, Francisco García Jiménez y Anselmo Aieta; *Che papusa, oí*, Enrique Cadícamo y Gerardo Matos Rodríguez; *Cotorrita de la suerte*, José De Grandis y Alfredo De Franco; *Cuando llora la milonga*, Luis Mario y Juan De Dios Filiberto; *De tardecita*, Carlos Alvarez Pintos y Nicolás Messutti; *El malevo*, Mario Castro y Julio De Caro; *El poncho del amor*, Alberto Vacarezza y Antonio Scatasso; *Farolito viejo*, José Eneas Riú y Luis Teisseire; *Gajito de cedrón*, Mario Pardo; *Gloria*, Armando Tagini y H. Canaro; *Garufa*, Roberto Fontaina, Víctor Soliño y

Juan Antonio Collazo; *Hipólito Yrigoyen*, Enrique P. Maroni; *Haragán,* Manuel Romero y Enrique Delfino; *La gayola,* Armando J. Tagini y Rafael Tuegols; *La carreta*, Francisco García Jiménez y José y Luis Servidio; *Mala entraña*, Celedonio Flores y Enrique Maciel; *Mala junta*, Juan Velich y Julio De Caro y Pedro Laurenz; *Niño bien*, Roberto Fontaina, Vicente Soliño y Ramón Collazo; *No salgas de tu barrio*, A. Bustamante y Enrique Delfino; *Noche de Reyes*, Jorge Curi y Pedro Maffia; *Palermo*, J. Villalba, H. Braga y Enrique Delfino; *¿Por dónde andará?*, Atilio Supparo y Salvador Merico; *Pipistrela*, Fernando Ochoa y Juan Canaro; *Qué lindo es estar metido*, Pascual Contursi, D. Parra y Enrique Delfino; *Se acabaron los otarios*, Juan A. Caruso y Francisco Canaro; *Un tropezón*, Luis Bayón Herrera y Raúl de los Hoyos; *Ventanita de arrabal*, Pascual Contursi y Antonio Scatasso.

En **1928**: *Aquel tapado de armiño*, Manuel Romero y Enrique Delfino; *Alma de bohemio*, Juan A. Caruso y Roberto Firpo; *Alma en pena*, Francisco García Jiménez y Anselmo Aieta; *Agua florida*, Fernán Silva Valdés y Ramón Collazo; *Bandoneón arrabalero*, Pascual Contursi y Juan B. Deambroggio; *Barajando*, E. Escariz Méndez y Nicolás Vaccaro; *Berretín*, Enrique Cadícamo y Pedro Laurenz; *Boedo*, Dante Linyera y Julio De Caro; *Buenos Aires es una papa*, Camilo Darthés y Enrique Delfino; *Cachadora*, Francisco Lomuto; *Canción de cuna*, J. A. Diez Gómez y José M. Rizzuti; *Che Bartolo*, Enrique Cadícamo y Rodolfo Sciammarella; *Chirusa*, Nolo López y Juan D'Arienzo; *Chorra*, Enrique S. Discépolo; *Cualquier cosa*, Juan Miguel Velich y Herminia Adela; *Dandy*, Agustín Irusta, Roberto Fugazot y Lucio Demare; *Dejá que la gente diga*, Luis Bayón Herrera y Raúl de los Hoyos; *Duelo criollo*, Lito Bayardo y Juan Razzano; *El carrerito*, Alberto Vacarezza y Raúl de los Hoyos; *Entre sueños*, Francisco García Jiménez y Anselmo Aieta y Juan Polito; *Esta noche me emborracho*, Enrique Santos Discépolo; *Fierro chifle*, Benjamín Tagle Lara y César De Pardo; *Florida de arrabal*, Dante Linyera y Ricardo L. Brignolo; *Garufa*, R. Fontaina, V. Soliño y J. A. Collazo; *La muchacha del circo*, Manuel Romero y Gerardo Matos Rodríguez; *La reja*, Manuel A. Meaños y Carlos Marcucci; *Llevátelo todo*, Rodolfo Sciammarella; *Muñeca brava,* Enrique Cadícamo y Nicolás Luis Visca; *Maldonado*, Alberto Vacarezza; *Malevaje*, Enrique S. Discépolo y Juan De Dios Filiberto; *Mama, yo quiero un novio*, Roberto Fontaina y Ramón Collazo; *Mano cruel*, Armando Tagini y Carmelo Mutarelli; *Marionetas*, Armando Tagini y Juan Guichandut; *Mi papito*, Roberto Fontaina, Víctor Soliño y David Estévez Martín; *Patadura*, Enrique Carreras Sotelo y José Ares; *Pero yo sé*, Azucena Maizani; *Piedad*, Luis De Biase; *Portero, suba y diga*, Luis C. Amadori y Eduardo de Labar (h): *Qué querés con ese loro*, Manuel Romero y Enrique Delfino; *Recostado en un farol*, Ismael Aguilar y Luis Mottolese; *Seguí mi consejo*, Eduardo Trongé y Juan Fernández y Salvador Merico; *Soy un arlequín*, Enrique S. Discépolo; *Tango sin letra*, Venancio Clauso y Cátulo Castillo; *Te aconsejo que me olvides*, Jorge Curi y Pedro Maffia; *Todavía hay otarios*, Héctor N. Behety y Manuel Pizarro.

En **1929**: *Atenti, pebeta*, Celedonio Flores y Ciriaco Ortiz; *Aquel muchacho triste*, José De Grandis; *A Montmartre*, José González Castillo y Enrique Delfino; *Allá en el monte*, Charlo y Francisco Canaro; *Alguna vez*, Francisco García Jiménez y Enrique Santos Discépolo; *A contramano*, Juan A. Caruso y Luis Teisseire; *Ave negra*, Dante Linyera y O. Cruz Montenegro; *Bailarín compadrito*, Miguel Buccino; *Barrio pobre*, Francisco García Jiménez y Vicente Belvedere; *Carnaval de antaño,* Manuel Romero y Sebastián Piana; *Cómo se pianta la vida*, Carlos Viván; *De todo te olvidas (Cabeza de novia)*, Enrique Cadícamo y Salvador Merico; *En el cepo*, Enrique Santos Discépolo y Francisco Pracánico, retitulado en 1934 *S.O.S.*, con letra de Discépolo; *El penado 14*, Carlos Pesce y Agustín Magaldi y Pedro Noda; *Inspiración*, Luis Rubinstein y Peregrino Paulos; *Juventud*, Roberto Barboza y Juan Bauer; *La pulpera de Santa Lucía*, Héctor P. Blomberg y Enrique Maciel; *La uruguayita Lucía*, Daniel López Barreto y Eduardo Pereyra; *La violeta*, Nicolás Olivari y Cátulo Castillo; *Lloró como una mujer*, Celedonio Flores y José María Aguilar; *Miguelito,*

Enrique Santos Discépolo y luego, con letra de Francisco García Jiménez, retitulado *Pero el día que me quieras*; *Malevaje,* Enrique Santos Discépolo y Juan de Dios Filiberto; *Margaritas*, Gabino Coria Peñaloza y J. Moreno Aguilar; *Misa de once*, Armando Tagini y Juan José Guichandut; *Palomita blanca*, Francisco García Jiménez y Anselmo Aieta;: *Piuma al vento*, Armando Tagini y Eduardo Ponzio; *¿Por qué soy reo?*, Manuel A. Meaños, Juan Velich y H. Velich de Rossano; *Primero yo*, José Rial y Rafael Rossi; *Qué fenómeno*, Enrique Dizeo y Anselmo Aieta; *Recordándote*, Adolfo José De Grandis y Guillermo Barbieri; *Se va la vida*, Luis Mario y Edgardo Donato; *Sólo se quiere una vez*, Claudio Frollo y Carlos Flores; *Tango argentino*, Alfredo Bigeschi y Juan Maglio; *Tras cartón*, Santiago Adamini y Ovidio Bianquet; *Triste paica*, Homero Manzi y Juan Pecci; *Uno y uno*, Lorenzo Juan Traverso y Julio Fava Pollero.

En **1930**: *Araca París*, Carlos Lenzi y Ramón Collazo; *Almagro*, Iván Diez y Vicente San Lorenzo; *Adiós Argentina*, Fernán Silva Valdés y Gerardo Matos Rodríguez; *Bajo tierra*, Francisco García Jiménez y Anselmo Aieta; *Canchero*, Celedonio Flores y Arturo de Bassi; *Confesión,* Enrique Santos Discépolo y Luis César Amadori; *Clavel del aire*, Fernán Silva Valdéz y Juan De Dios Filiberto; *Cocoliche*, Dante Linyera y Eugenio Nóbile; *Contramarca*, Francisco Brancatti y Rafael Rossi; *Corazón de papel*, Alberto Franco y Cátulo Castillo; *Dicen que dicen*, Alberto J. Ballesteros y Enrique Delfino; *Dios te salve m'hijo*, Luis Acosta García y Agustín Magaldi y Pedro Noda; *El ahorcado*, Roberto Firpo; *En blanco y negro*, Fernán Silva Valdés y Néstor Feria; *Enfundá la mandolina*, H. Zubiría Mansilla y Francisco Pracánico; *Farolito de papel*, Francisco García Jiménez y Teófilo Lespés; *Gacho gris*, Juan Carlos Barthe y Alejandro Sarni; *Giuseppe el zapatero*, Guillermo Del Ciancio; *Incurable*, Roberto Aubriot Barboza y Guillermo Barbieri; *Justo el 31*, Ray Rada y Enrique Santos Discépolo; *La biaba de un beso*, Enrique Cadícamo, F. Pelayo y Pedro Maffia; *La mazorquera de Montserrat*, Héctor P. Blomberg y Enrique

Maciel; *La que murió en París*, Héctor P. Blomberg y Enrique Maciel; *La viajera perdida*, Héctor P. Blomberg y Enrique Maciel; *Linyera*, Luis Mario y Juan De Dios Filiberto; *Madreselva*, Luis C. Amadori y Francisco Canaro; *Milonga del 900*, Homero Manzi y Sebastián Piana; *Música de calesita*, José González Castillo y Cátulo Castillo; *Padrino pelao*, Julio Cantuarias y Enrique Delfino; *Pajarito*, Dante Linyera; *¿Sos vos?, qué cambiada estás*, Celedonio Flores y Edgardo Donato; *Tarde gris*, Luis Rubinstein y Juan B. Guido; *Tortazo*, Enrique P. Maroni; *Victoria*, Enrique S. Discépolo; *Vieja guitarra*, Omar J. Menvielle; *Vieja recova*, Enrique Cadícamo y Rodolfo Sciammarella; *Viejo smoking*, Celedonio Flores y Guillermo Barbieri; *Violetas*, Enrique Cadícamo y Juan Maglio; *Yira, yira*, Enrique Santos Discépolo; .

En **1931**: *Anclao en París*; Enrique Cadícamo y Guillermo Desiderio Barbieri; *Acquaforte*, Juan Carlos Marambio Catán y Horacio Pettorossi; *Cantando*, Mercedes Simone; *Carillón de la Merced*, Enrique Santos Discépolo y Alfredo Le Pera; *Como abrazao a un rencor*, Antonio M. Podestá y Rafael Rossi; *El aguacero*, José González Castillo y Cátulo Castillo; *La casita de mis viejos*, Enrique Cadícamo y Juan Carlos Cobián; *Preparate pa'l domingo*, José Rial y Guillermo Barbieri; *¡Qué sapa, Señor!*, Enrique Santos Discépolo; *Taconeando*, José Staffolani y Pedro Maffia; *Tomo y obligo*, Manuel Romero y Carlos Gardel; *Una carta*, Miguel Bucino; *Ventanita florida*, Luis C. Amadori y Enrique Delfino.

En **1932**: *Apología del tango*, Enrique Maroni; *Al mundo le falta un tornillo*, Enrique Cadícamo y José María Aguilar; *Alma*, Juan Sarcione y Federico Scorticati; *Botines viejos*, Alberto Vacarezza y Juan De Dios Filiberto; *La canción de Buenos Aires*, Manuel Romero y Azucena Maizani y Orestes Cúfaro; *La novia ausente*, Enrique Cadícamo y Guillermo Barbieri; *Más solo que nunca*, Enrique Dizeo y Federico Leone; *Melodía de arrabal*, Alfredo Le Pera y Mario Battistella; *Milonga sentimental*, Homero Manzi y Sebastián Piana; *Pan*, Celedonio Flores y Eduardo Pereyra; *Rencor*, Luis C. Amadori y Charlo; *Secreto*,

Enrique S. Discépolo; *Silencio*, Alfredo Le Pera, Carlos Gardel y Alfredo Pettorossi; *Si se salva el pibe*, Celedonio Flores y Francisco Pracánico; *Ventarrón*, José Horacio Staffolani y Pedro Maffia; *Ya estamos iguales,* Francisco García Jiménez y Anselmo Aieta.

En **1933**: *Apología tanguera*, Enrique Cadícamo y Rosita Quiroga; *Andate*, R. Fontaina y Rodolfo Sciammarella; *Amores de estudiante*, Alfredo Le Pera y Carlos Gardel; *Al pie de la Santa Cruz*, Mario Battistella y Enrique Delfino; *Cuesta abajo,* Alfredo Le Pera y Carlos Gardel; *Cadenas*, Luis Rubinstein; *Corrientes y Esmeralda*, Celedonio Flores y Francisco Pracánico; *¿Dónde hay un mango?*, Ivo Pelay y Francisco Canaro; *El llorón*, Enrique Cadícamo y Juan Maglio; *El que atrasó el reloj*, Enrique Cadícamo y Guillermo Barbieri; *Guapo de la guardia vieja*, Enrique Cadícamo y Ricardo Cerebello; *Guitarra, guitarra mía*, Alfredo Le Pera y Carlos Gardel; *La novena*, Alfredo Bigeschi y Miguel Bonano; *La puñalada*, Celedonio Flores y Pintín Castellanos; *Madame Ivonne,* Enrique Cadícamo y Eduardo "Chon" Pereyra; *Medianoche*, Héctor Gagliardi y Aníbal Troilo; *Pa' lo que te va a durar*, Celedonio Flores y Guillermo Barbieri; *¡Qué hacés! ¡Qué hacés!*, Jesús Fernández Blanco y José Di Clemente; *Quisiera amarte menos*, Luis C. Amadori y Francisco Canaro; *Recuerdo malevo*, Alfredo Le Pera y Carlos Gardel; *Seguime corazón*, Jesús Fernández Blanco y Baldomero Suárez; *Si soy así*, Antonio Botta y Francisco Lomuto; *Tres esperanzas*, Enrique S. Discépolo.

En **1934**: *Arrabal amargo*, Alfredo Le Pera y Carlos Gardel; *Amargura*, Alfredo Le Pera y Carlos Gardel; *El arranque*, Mario Gomila y Julio De Caro; *El pescante*, Homero Manzi y Sebastián Piana; *Golondrinas*, Alfredo Le Pera y Carlos Gardel; *La pampita*, Alfredo Pelaia y Argentino Valle; *Mi Buenos Aires querido*, Alfredo Le Pera y Carlos Gardel; *No aflojés*, Mario Battistella y Pedro Mafia y Sebastián Piana; *Papel picado*, José González Castillo y Cátulo Castillo; *Si volviera Jesús*, Dante Linyera y Joaquín M. Mora; *Soledad*, Alfredo Le Pera y Carlos Gardel; *Vida mía*, Emilio Fresedo y Osvaldo Fresedo.

En **1935**: *Brindis de sangre*, José Suárez y Abel Fleury; *Cambalache*, Enrique S. Discépolo; *Casas viejas*, Ivo Pelay y Francisco Canaro; *El caballo del pueblo*, Manuel Romero y Alberto Soifer; *El día que me quieras*, Alfredo Le Pera y Carlos Gardel; *Margarita Gauthier*, Julio Jorge Nelson y Joaquín M. Mora; *Monte criollo*, Homero Manzi y Francisco Pracánico; *Muchacho de cafetín*, Homero Manzi y Francisco Pracánico; *Noches de Buenos Aires*, Manuel Romero y Alberto Soifer; *Nostalgias,* Enrique Cadícamo y Juan Carlos Cobián; *Poema*, Mario A. Melfi y Eduardo Bianco; *Por una cabeza*, Alfredo Le Pera y Carlos Gardel; *San José de Flores*, Enrique Gaudino y Armando Acquarone; *Sus ojos se cerraron*, Alfredo Le Pera y Carlos Gardel; *Volver,* Alfredo Le Pera y Carlos Gardel; *Volvió una noche*, Alfredo Le Pera y Carlos Gardel.

En **1936**: *Ave de paso*, Enrique Cadícamo y Charlo; *Déjame, no quiero verte nunca más*, Ivo Pelay y Francisco Canaro y Mariano Mores; *El pensamiento*, Francisco García Jiménez y José Martínez; *El cantor de Buenos Aires,* Enrique Cadícamo y Juan Carlos Cobián; *En las sombras*, Manuel A. Meaños y Joaquín M. Mora; *La ribera*, Manuel Romero y Alberto Soifer; *Las cuarenta*, Francisco Gorrindo y Roberto Grela; *Nieve*, Felipe Mitre Navas y Agustín Magaldi; *Olvido*, Luis César Amadori y Luis Rubinstein; *Que nadie se entere*, Alberto Gómez; *Silueta porteña*, Orlando Daniello, Ernesto Noli y Juan Ventura y Nicolás Cúccaro.

En **1937**: *Alguna vez,* Enrique Santos Discépolo y Francisco García Jiménez; *Besos brujos*, Rodolfo Sciamarella y Alfredo Malerba; *Condena,* Enrique Santos Discépolo; *Desconfiale*, Ivo Pelay y Francisco Canaro; *Desencanto*, Enrique Santos Discépolo y Luis César Amadori; *Después*, Homero Manzi y Hugo Gutiérrez; *Desvelo*, Enrique Cadícamo y Eduardo Bonessi; *El adiós*, Virgilio San Clemente y Maruja Pacheco Huergo; *El cornetín del tranvía*, Armando Tagini y Oscar Arona; *Las cuarenta,* Francisco Gorrindo y Roberto Grela; *Milonga de mis amores*, José María Contursi y Pedro Laurenz; *Niebla del riachuelo*, Enrique Cadícamo y Juan Carlos Cobián; *No cantes ese* *tango*, Rodolfo B. Arrigorriaga y Francisco Lomuto; *Paciencia*, Francisco Gorrindo y Juan D'Arienzo; *Soy un arlequín*, Enrique Santos Discépolo;

En **1938**: *Betinoti*, Homero Manzi y Sebastián Piana; *Cobardía*, Luis César Amadori y Charlo; *Cuando el corazón*, Francisco Canaro; *Cuartito azul*, Mario Battistella y Mariano Mores; *Desaliento*, Luis Castiñeira y Armando Baliotti; *Libertad*, Felipe Mitre Navas y Agustín Magaldi; *Por la vuelta*, Enrique Cadícamo y José Tinelli; *Quiero verte una vez más*, José María Contursi y Mario Canaro; *Vieja amiga*, José María Contursi y Pedro Laurenz.

En **1939**: *A mi primera novia*, Francisco García Jiménez y Francisco Fiorentino; *Campo afuera*, Homero Manzi y Rodolfo Biagi; *Corazón*, Héctor Marcó y Carlos Di Sarli; *Dos guitas*, Francisco Gorrindo y Juan D'Arienzo; *El vino triste*, Manuel Romero y Juan D'Arienzo; *Infamia*, Enrique Santos Discépolo; *Lunes*, Francisco García Jiménez; *Mala suerte*, Francisco Gorrindo y Francisco Lomuto; *Manoblanca*, Homero Manzi y Arturo de Bassi; *No hay tierra como la mía*, Charlo y Enrique Cadícamo; *Quiero verte una vez más*, José María Contursi y Mario Canaro; *Salud, dinero y amor*, Rodolfo Sciammarella; *Toque de oración*, Yamandú Rodríguez y Salvador Merico; *Tormenta*, Enrique S. Discépolo.

En **1940**: *Arrabalera*, Cátulo Castillo y Sebastián Piana; *Bohemio*, Homero Expósito y Héctor Stamponi y Enrique M. Francini; *Claudinette*, Julián Centeya y Enrique Delfino; *Como dos extraños*, José María Contursi y Pedro Laurenz; *Cuando me entrés a fallar*, Celedonio Flores y José María Aguilar; *Isabelita*, Manuel Romero y Rodolfo Sciammarella; *Junto a tu corazón*, José María Contursi y Enrique M. Francini y Héctor Stamponi; *Remembranzas*, Mario Battistella y Mario Melfi; *Sombras nada más*, José María Contursi y Francisco Lomuto; *Total pa' que sirvo*, Enrique Dizeo y Aníbal Troilo; *Un amor*, Luis Rubinstein y Mario Maurano.

En **1941**: *Adiós arrabal*, Carlos Lenzi y Juan Baüer; *Ahora* *no me conocés*, Giampe y Armando Balliotti; *Bien frappé*, Héctor Marcó y Carlos Di Sarli; *Carnavalera*, Homero Manzi y Sebastián Piana; *Caserón de tejas*, Cátulo Castillo y Sebastián Piana; *Charlemos*, Luis Rubinstein; *En esta tarde gris*, José María Contursi y Mariano Mores; *Malena,* Homero Manzi y Lucio Demare; *Pena mulata*, Homero Manzi y Sebastián Piana; *Tinta roja*, Cátulo Castillo y Sebastián Piana; *Toda mi vida*, José María Contursi y Aníbal Troilo; *Tres esquinas*, Enrique Cadícamo y Angel D'Agostino y Alfredo Attadía; *Tu piel de jazmín*, José María Contursi y Mariano Mores.

En **1942**: *Así se baila el tango*, Marvil (Elizardo Martínez Vilas) y Elías Randal; *Al compás del corazón*, Homero Expósito y Domingo Federico; *Barrio de tango*, Homero Manzi y Aníbal Troilo; *Barrio viejo del ochenta*, Héctor Pedro Blomberg y Enrique Maciel; *Bien criolla y bien porteña*, Homero Expósito y Armando Pontier; *Cipriano*, Marvil y Vidal; *Corazón no le hagas caso*, Carlos Bahr y Armando Pontier; *Corazón encadenado*, Ivo Pelay y Francisco Canaro; *El encopao*, Enrique Dizeo y Osvaldo Pugliese; *Felicita*, Julián Centeya y Hugo del Carril; *Fueye*, Homero Manzi y Charlo; *Gricel*, José María Contursi y Mariano Mores; *Los mareados,* Enrique Cadícamo y Juan Carlos Cobián; *Malena*, Homero Manzi y Lucio Demare; *Mañana zarpa un barco*, Homero Manzi y Lucio Demare; *Mi tango triste,* José María Contursi y Aníbal Troilo; *Moneda de cobre*, Horacio Sanguinetti y Carlos Viván; *Negra María*, Homero Manzi y Lucio Demare; *Nido gaucho*, Héctor Marcó y Carlos Di Sarli; *Ninguna*, Homero Manzi y Raúl Fernández Siro; *No te apures, carablanca*, Carlos Bahr y Roberto Garza; *Pa' que bailen los muchachos*, Enrique Cadícamo y Anibal Troilo; *Papá Baltasar*, Homero Manzi y Sebastián Piana; *Pedacito de cielo*, Homero Expósito y Héctor Stamponi y Enrique Francini; *Se muere de amor*, Cátulo Castillo y Pedro Maffia; *Tango*, Homero Manzi y Sebastián Piana; *Tres amigos*, Enrique Cadícamo; *Tristezas de la calle Corrientes*, Homero Expósito y Domingo Federico; *Tu pálida voz*, Homero Manzi y Charlo.

En **1943**: *Cada día te extraño más*, Carlos Bahr y Armando Pontier; *Cómo se hace un tango*, Enrique Dizeo y Arturo Gallucci; *Cuando tallan los recuerdos*, Enrique Cadícamo y Rafael Rossi; *Cada vez que me recuerdes*, José María Contursi y Mariano Mores; *El sueño del pibe*, Reinaldo Yiso y Juan Puey; *El tarta*, Emilio Fresedo y José María Rizutti; *En lo de Laura*, Enrique Cadícamo y Antonio Polito; *Falsedad*, A. Navarrino y H. Ariola; *Farol*, Homero y Virgilio Expósito; *Garúa,* Enrique Cadícamo y Aníbal Troilo; *La vi llegar,* Julián Centeya y Enrique Mario Francini; *Marión*, Luis Rubinstein: *Mi taza de café*, Homero Manzi y Alfredo Malerba; *Percal*, Homero Expósito y Domingo Federico; *Recién*, Homero Manzi y Osvaldo Pugliese; *Ronda de ases*, Homero Manzi y Osvaldo Fresedo; *Se dice de mí*, Ivo Pelay y Francisco Canaro; *Tal vez será su voz*, Homero Manzi y Sebastián Piana; *Tristeza marina*, Horacio Sanguinetti y José Dames y J. Flores; *Uno*, Enrique S. Discépolo y Mariano Mores; *Verdemar*, José María Contursi y Carlos Di Sarli.

En **1944**: *Café de los Angelitos*, Cátulo Castillo y José Razzano; *Cristal*, José María Contursi y Mariano Mores; *El espejo de tus ojos*, Angel Vargas y M. Perini; *Fuimos,* Homero Manzi y José Dames; *La abandoné y no sabía*, José Canet; *Lecherito del Abasto*, Luis Caruso y Emilio Balcarce; *Magdala*, Francisco Gorrindo y Rodolfo Biagi; *Naipe,* Enrique Cadícamo y Aníbal Troilo; *Nada*, Horacio Sanguinetti y José Dames; *Naranjo en flor*, Homero Expósito y Virgilio Expósito; *Palais de Glace*, Enrique Cadícamo y Rosendo Luna; *Pequeña*, Homero Expósito y Osmar Maderna; *Ramayón*, Homero Manzi y Cristóbal Herrero; *Tabaco,* José María Contursi y Armando Pontier; *Trenzas*, Homero Expósito y Armando Pontier; *Yuyo verde*, Homero Expósito y Domingo Federico.

En **1945**: *Adiós pampa mía*, Ivo Pelay y Francisco Canaro y Mariano Mores; *Buzón*, Marvil y Rafaelli; *Canción desesperada*, Enrique S. Discépolo; *Discos de Gardel*, Horacio Sanguinetti y Eduardo del Piano; *La noche que te fuiste*, José María Contursi y Osmar Maderna; *Los cien barrios porteños*, Carlos A. Petit y Rodolfo Sciammarella; *Margo*, Homero Expósito y

Armando Pontier; *María*, Cátulo Castillo y Aníbal Troilo; *Menta y cedrón*, Armando Tagini y Oscar Arona; *Mis amigos de ayer*, José María Contursi y Francisco Lomuto; *Para qué te quiero tanto*, Cátulo Castillo y Juan Larenza; *Rendido*, Alberto Leiva y Alfredo Cordisco; *Rondando tu esquina*, Enrique Cadícamo y Charlo; *Siga el baile*, Carlos Warren y Edgardo Donato.

En **1946**: *Así es Ninón*, Marsilio Robles y Juan Larenza; *Cafetín*, Homero Expósito y Argentino Galván; *Camino del Tucumán*, Cátulo Castillo y José Razzano; *Cobrate y dame el vuelto*, Enrique Dizeo y Miguel Caló; *El milagro*, Homero Expósito y Armando Pontier; *El morocho y el oriental*, Enrique Cadícamo y Angel D'Agostino; *En carne propia*, Carlos Bahr y Manuel Sucher; *Garúa*, Enrique Cadícamo y Aníbal Troilo; *Qué me van a hablar de amor*, Homero Expósito y Héctor Stamponi; *Qué solo estoy*, Roberto Miró y Raúl Kaplún; *Quemá esas cartas*, Juan Pedro López y Alberto Cosentino; *Rosicler*, Francisco García Jiménez y José Basso; *Se lustra, señor*, Marvil y Enrique Alessio y Eduardo Del Piano; *Sin palabras*, Enrique S. Discépolo y Mariano Mores.

En **1947**: *Alelí*, José Rótulo y Alfredo De Angelis; *Bolero*, Santos Lipesker y Reinaldo Yiso; *Con la otra*, Lito Bayardo; Eufemio Pizarro, Cátulo Castillo y Homero Manzi; *Qué habrá sido de Lucía*, Leopoldo Díaz Vélez y Emilio Balcarce; *Romance de barrio*, Homero Manzi y Aníbal Troilo; *Tapera*, Homero Manzi y Hugo Gutiérrez; *Tarde*, José Canet.

En **1948**: *Cafetín de Buenos Aires*, Enrique S. Discépolo y Mariano Mores; *Color de barro*, Cátulo Castillo y Anselmo Aieta; *Cuatro líneas para el cielo*, Reinaldo Yiso y Arturo Gallucci; *El último organito*, Homero Manzi y Acho Manzi; *Mimí Pinsón*, José Rótulo y Aquiles Roggero; *Pampero*, Edmundo Bianchi y Osvaldo Fresedo; *Sur*, Homero Manzi y Aníbal Troilo; *Tu perro pekinés*, Luis Rubinstein.

En **1949**: *Una lágrima tuya*, Homero Manzi y Mariano Mores;

En **1950**: *Che, bandoneón*, Homero Manzi y Aníbal Troilo; *El cielo en las manos*, Homero Cárpena y Astor Piazzolla; *Mi vieja viola*, J. Frías y Humberto Correa; *N.P.*, Francisco Loiácono y Juan José Riverol; *Precio*, Carlos Bahr y Manuel Sucher; *Un baile a beneficio*, José A. Fernández y Juan C. Caviello.

Capítulo XII
Desvinculaciones

Volviendo un poco para atrás en el tiempo, vale la pena analizar cómo se desarrollaba la actividad tanguera en la Argentina durante la denominada "Época de oro", que transcurrió aproximadamente entre 1938 y hasta más o menos 1955. En ese entonces existía lo que se podría interpretar como dos categorías de orquestas. Esto no era una norma escrita, sino que la categorización surgía tácitamente de la preferencia del público. Las orquestas, como en el fútbol o el automovilismo, tenían hinchas, que eran los que las seguían en los bailes y en los cafés o confiterías donde tocaban, o sencillamente a través de las radios.

En el transcurso de esa época, las consideradas como de primera línea eran las de Aníbal Troilo, Juan D'Arienzo, Miguel Caló, Osvaldo Pugliese, Horacio Salgán, Carlos Di Sarli, Ricardo Tanturi, Angel D'Agostino, Osvaldo Fresedo, Francisco Canaro, Rodolfo Biagi, Alfredo De Angelis, y luego se ubicaba una enorme cantidad de orquestas de un gran nivel orquestal pero que no alcanzaban el de éstas, por lo menos para el gusto del público. Así podría mencionarse a las de Antonio Rodio, Lucio Demare, Domingo Federico, Florindo Sassone, Alberto Soifert, Alfredo Gobbi, Howard-Landi, Raúl Kaplún, Francisco Rotundo, Pedro Laurenz, Pedro Maffia, Juan Sánchez Gorio, José García, Alberto Di Paulo, Juan Cambareri, Roberto Firpo, Francisco Lomuto, y muchas otras. Un capítulo aparte merecería la orquesta de Julio De Caro, que muchos interpretan que marcó un antes y un después en el estilo en que se tocaba el tango.

Dijimos que en el comienzo de la denominada "Época de Oro" había orquestas de primera línea y otras que las seguían en preferencia. Pero a partir más o menos de 1948, aproximadamente, comenzó un fenómeno que produjo una revolución en el tango. Mencionamos el hecho de que normalmente el director de la orquesta era quien se llevaba la mejor plata. Un poco por este motivo y otro poco porque muchos músicos y cantores consideraron que ya tenían alas para volar por su cuenta, a veces alentados por el propio director, comenzó un desmembramiento que en parte benefició al tango pero también en alguna medida lo perjudicó.

Veamos por qué. Las orquestas, casi en su mayoría, estaban formadas con buenísimos músicos y con excelentes cantores. En este último rubro podríamos mencionar a Roberto Rufino, Alberto Podestá, Alberto Marino, Francisco Fiorentino, Héctor Mauré, Alberto Echagüe, Jorge Ortiz, Enrique Campos, Floreal Ruiz, Carlos Dante, Julio Martel, Raúl Iriarte, Raúl Berón, Julio Sosa, Roberto Goyeneche, Ricardo Ruiz, Héctor Pacheco, Alberto Castillo, Jorge Vidal, Edmundo Rivero, Carlos Vidal, Mario Bustos, Angel Cárdenas, Angel Díaz, Argentino Ledesma, Oscar Larrocca y muchos otros que hicieron época en el tango.

Además, existían muchos solistas, como Hugo del Carril, Charlo, Agustín Magaldi, Oscar Alonso, Alberto Gómez, Alberto Margal, Ignacio Corsini, Hugo Gutiérrez, que es autor de la música de tangos memorables como *Torrente*, *Después*, *Fruta amarga*, todos con letra de Homero Manzi, y muchas mujeres, entre las que podemos citar a Libertad Lamarque, Rosita Quiroga, Sofía Bozán, Mercedes Simone, Carmen Duval, Ada Falcón, Susy Leiva, Aída Luz, Azucena Maizani, María de la Fuente, Elba Berón, Alba Solís, Beba Bidart, Tita Merello, Virginia Luque, Nelly Omar.

En el aspecto musical, no de todos los integrantes de las orquestas se conocían los nombres, pero sí trascendían los de los más famosos, fundamentalmente a través de los tangos que componían. Por ejemplo, Enrique Mario Francini, Armando Pontier, Domingo Federico, Osmar Maderna, en la de Miguel Caló a la cual, por este motivo, se la conocía como la "Orquesta de las Estrellas".

En la de Aníbal Troilo tocaban Orlando Goñi, que luego fue reemplazado por José Basso, Hugo Baralis, Astor Piazzolla, Toto Rodriguez. En la de D'Arienzo, Juan Polito, a quien suplantó primero Rodolfo Biagi y luego Fulvio Salamanca, Héctor Varela, que luego formó su propia orquesta. Alfredo Attadía y Eduardo del Piano, en la de Angel D'Agostino. Osvaldo Ruggiero, Julio Carrasco, Oscar Herrero eran músicos de Pugliese, y así podríamos armar una lista interminable.

Casi todos eran compositores, por lo cual el caudal de nuevas piezas crecía en forma notable. En un momento determinado se inició una carrera de desvinculaciones de músicos y cantores, que formaron sus propias orquestas. En el caso de los músicos, y para lanzarse como solistas en el de los cantores. Francini y Pontier se fueron de Caló y formaron su agrupación y luego se separaron para actuar en forma individual. También lo hicieron Domingo Federico, Osmar Maderna y Raúl Iriarte. Esto repercutió en la orquesta de Miguel Caló, que dejó de ser la Orquesta de las Estrellas.

Alberto Castillo se fue de Ricardo Tanturi, Miguel Montero, Alberto Morán y Jorge Vidal de Pugliese, Mariano Mores de Francisco Canaro, Rodolfo Biagi se desvinculó de D'Arienzo, al igual que Fulvio Salamanca, Héctor Varela, Juan Polito y Héctor Mauré; Fiorentino, José Basso, Alberto Marino, Edmundo Rivero, Astor Piazzolla, José Colángelo, Ernesto Baffa, Osvaldo Berlinghieri, dejaron de pertenecer a la orquesta de Aníbal Troilo. En algunos casos -los menos- esto dio motivo a la creación de otras buenas orquestas que brillaron con identidad propia, con lo cual se amplió el espectro tanguero. En otros, la nueva orquesta o el cantor solista actuaron sin pena ni gloria.

Durante muchos años los directores y los músicos de las orquestas, y hasta algunos cantores, componían una cantidad tan grande de tangos, valses y milongas, que el repertorio popular se enriqueció de tal manera que las orquestas grababan ininterrumpidamente. Gran parte de ese gran caudal de obras alcanzaron un éxito notable, y aún hoy perduran en el recuerdo de los que gustamos del tango.

Podría decirse que durante esa época para las empresas grabadoras el tango era un buen negocio. Los discos se vendían como pan caliente. No es fácil precisar, por los distintos cambios de moneda que soportó el país, si los discos eran caros o eran baratos. En la década del 40 un disco de pasta de 78 revoluciones costaba 3,50 pesos moneda nacional, pero sólo contenían dos grabaciones, una en cada cara. Hasta fines de 2001, por 10 pesos, que eran 10 dólares, se obtenían discos compactos con hasta 24 temas, pero hay que tener en cuenta que los discos de pasta costaban en aquella época el equivalente de 0,15 de dólar, aproximadamente.

Por supuesto, había rivalidad entre las distintas orquestas que se disputaban el primer rango, y hasta se daba el caso que Troilo y Caló, por ejemplo, grababan discos con los mismos temas, es decir, que eran exactamente iguales. Vale recordar que se grababa en discos de 78 revoluciones, con una sola pieza en cada cara. Por ejemplo, tanto Caló como Troilo grabaron en un disco *Barrio de tango* y *Pa' qué seguir*.

Podemos estar agradecidos de la catarata discográfica de aquella época. De no haber sido así no podríamos seguir disfrutando de esas joyas, en música y en poesía, que nos legaron aquellos grandes maestros. Tampoco la juventud, que por suerte está descubriendo el tango, especialmente para bailarlo, tuvo la oportunidad de conocer esos grandes éxitos que muchos vivimos personalmente.

Merced a los discos compactos, que como dijimos albergan hasta 24 piezas en algunos casos, tenemos la oportunidad de contar en la actualidad con una enorme colección de nuestra música ciudadana sin necesitar para ello de un gran espacio, como ocurría con los viejos discos de 78 revoluciones por minuto, e inclusive con los long-play de vinilo. En la época en que brillaba el tango era infaltable en todas las casas el combinado, un mueble de distintas dimensiones, según su precio y calidad, que constaba de radio y tocadiscos. El avance tecnológico trajo los discos de vinilo de larga duración, de 33 revoluciones que, como ocurre ahora con los discos compactos, concentraban en una sola unidad el equivalente de 10 o 12 discos de pasta, y entonces se simplificó la tarea de almacenarlos y también de reproducirlos, pues los nuevos aparatos eran de dimensiones más reducidas. ¡Quién no habrá escuchado alguna vez un tango en el clásico Wincofón!

El tango tiene letras para todos los gustos. Sentimentales, tristes, suaves, reas, risueñas, lunfardas, con temas deportivos, pero ninguna ofensiva ni con palabras reprochables.

Capítulo XIII

Funcionarios Delirantes

Como puede ocurrir en otros países, aquí no faltaron los funcionarios delirantes. En 1943, en plena época de esplendor del tango, el gobierno surgido de la revolución que derrocó al doctor Ramón Castillo, el general Pedro Pablo Ramírez, que ocupaba la Presidencia, dispuso prohibir por decreto las letras y los títulos de los tangos que tuvieran sentido lunfardo o reo, y se amenazó con fuertes penas a los infractores. Había antecedentes, porque algo similar ocurrió en 1929, esta vez con un gobierno constitucional, cuando por decreto se atentó contra la letra de los tangos, y algo parecido se intentó en 1934 desde las esferas oficiales durante el gobierno de Agustín P. Justo.

Como la de 1943 era una disposición de carácter general, y decían que aplicaban una norma existente, cada director de orquesta, cantor, locutor o anunciador, en las radios o en los bailes, cambió como mejor le pareció el contenido de las letras o el título, con tal de no cometer una infracción a la medida en vigor. Se desnaturalizó totalmente el sentido de la música ciudadana, y se atropellaban los derechos de los autores, pero era un gobierno militar y no era cosa de irritar a las fieras. Y así todos cumplieron, con el consiguiente perjuicio para la música.

El mamarracho creado fue de antología. El tema es muy conocido y basta con citar algunos ejemplos: *El ciruja* se transformó en *El cirujano*; *Mala junta*, en *Mala compañía*; *El Taita*, en *Orgullo criollo*; *Chiqué*, en *El elegante*; *La maleva*, en *La mala*; *El espiante*, en *El rápido*; *Comme il faut*, en *Como debe ser*; *La borrachera del tango*, en *La embriaguez del tango*; *Metido*, en *Enamorado*; *Elegante papirusa*, en *Elegante porteñita*; *Oro muerto*, en *Girón porteño*; *Seguime si podés,* en *Sígueme si puedes*; *Shusheta*, en *El aristócrata*, que Angel D'Agostino transformó en un gran éxito con Angel Vargas, y *Milonguero viejo*, en *Bailarín porteño*.

Las letras no corrieron mejor suerte, pero lo más lamentable fue que quedaron grabadas en casi todos los casos así, con las modificaciones introducidas, perdiéndose el sentido original que les habían impreso sus autores. Un tango de antología como es *Tal vez será su voz*, que originalmente decía *Su voz no puede ser/ su voz ya se apagó/ tendrán que ser nomás/ fantasmas de mi alcohol*, quedó *Tendrá que ser nomás/ mi propio corazón*. Nada que ver con el verdadero significado del tema. Pero no solamente las letras sufrieron mutaciones, porque también los títulos tuvieron que ser cambiados. Originalmente no se llamaba *Tal vez será su voz*, sino *Tal vez será mi alcohol*. Con ese título lo había grabado antes Libertad Lamarque.

En *El pescante*, Homero Manzi había escrito *Vamos, por viejas rutinas/ tal vez de una esquina nos llame Renée/ vamos, que en mis aventuras/ viví una locura de amor y suissé*, en clara alusión al pernod y otras cosas, y esa parte fue cambiada por *Viví una locura que no olvidaré.* El tango *De barro* fue interdicto porque Homero Manzi incorporó en la letra la palabra *pucho*. Francisco García Jiménez escribió en la letra original de *Farolito de papel En tus grupos me ensarté*, pero, lamentablemente, en la magnífica versión grabada de Aníbal Troilo con Alberto Marino quedó *En tus cuentos me engañé.*

Enrique Delfino creó la música de *Al pie de la Santa Cruz*, a la que Mario Battistella, que realmente se llamaba Mario Z. Bates Stella, le puso letra. En su original se describió el problema de un gremialista que iba a ser embarcado rumbo a Ushuaia para confinarlo en la cárcel de esa ciudad austral, y decía textualmente: *Declaran la huelga,/ hay hambre en las casas,/ es mucho el trabajo/ y poco el jornal/ y en ese entrevero/ de lucha sangrienta/ se venga de un hombre/ la ley patronal.* En la década de 1940 Alfredo De Angelis lo grabó con la voz de Carlos Dante, pero con la siguiente letra, totalmente cambiada: *Estaban de fiesta/ corría la caña/ y en medio del baile/ la gresca se armó/ y en ese entrevero/ de mozos compadres/ un naipe marcado/ su audacia pagó.*

A pesar de su vieja amistad con Perón, iniciada en Chile muchos años antes de que éste tuviera su actuación pública, ni los tangos de Enrique Santos Discépolo se salvaron de la lista negra, en la que también estaban incluidos actores, actrices, músicos, cantores y las letras y los títulos que a los funcionarios del régimen no les gustaban. Uno de los casos fue el de *Cafetín de Buenos Aires*, no sólo en lo que al argumento del tema se refería, sino también a la inclusión de la palabra *vieja*, que fue necesario reemplazar por *madre*.

Cuando le preguntaron a Discépolo qué haría si lo obligaban a cambiarle el nombre a *Que vachaché*, irónicamente dijo: *Y bueno, le pondremos Qué has de hacerle.*

Un tango antológico, *Corrientes y Esmeralda*, también sufrió una mutación en su letra. Celedonio Flores escribió así una de las cuartetas de sus versos: *De Esmeralda al norte, del lao de Retiro/ franchutas papusas caen en la oración/ a ligarse un viaje, si se pone a tiro,/ gambeteando el lente que tira el botón.* En la mayoría de los registros fonográficos dice: *De Esmeralda al norte, del lao de Retiro,/ Montparnase se viene al caer la oración/ es la francesita, que con un suspiro,/ nos vende el embrujo de su corazón.*

El perjuicio mayor fue que, como dijimos, los tangos quedaron grabados así, con lo que entraron en la historia con letras y títulos que no son los originales. De muchas letras desapareció el cariñoso término *vieja* o *viejita*, para referirse a la madre, pero el tango capeó una vez más el temporal y siguió airoso su camino.

Capítulo XIV

El fenómeno Piazzolla

Hablar de Astor Pantaleón Piazzolla no es fácil, si se tiene en cuenta la controversia que todavía genera, muchos años después de su muerte, la discusión de si su música es tango o no. Por eso, el análisis del fenómeno Piazzolla quedó deliberadamente casi para el final, y no fue incluido entre **Los Protagonistas**, porque constituye un capítulo aparte en la historia de nuestra música. Fue realizado con la mayor objetividad posible, sin pasionismos, ni a favor ni en contra, tratando puntualmente de reflejar su trayectoria. No es la historia cronológica de la vida de este genio de la música, sino el desarrollo de los pasajes más importantes, con muchísimas anécdotas, desde su infancia hasta que nos abandonó físicamente, tanto en el aspecto privado como en el de sus actuaciones frente al público. Podría decirse que toda la vida de Piazzolla fue una gran anécdota.

Este resumen de su vida fue extraído de reportajes y de relatos, en algunos casos del propio músico, y en otros de integrantes de su familia, de sus más cercanos allegados, de amigos y de reconocidos músicos que han pasado por sus agrupaciones.

El hijo de Vicente Piazzolla y Asunta Mainetti nació en Mar del Plata un 11 de marzo de 1921. No le pusieron de nombre Astor por casualidad, sino como homenaje a Astor Bolognini, un violoncelista que su padre admiraba y que tocaba tangos junto con su hermano Remo, que era violinista. Viajaron a los Estados Unidos casi juntos con la familia Piazzolla, y allí hicieron una brillante carrera. Astor, en la Sinfónica de Chicago, y Remo, en la orquesta en la que Arturo Toscanini dirigía.

Los Piazzolla vivían en Mar del Plata, en Rivadavia 2560, y en 1925, cuando Astor Pantaleón tenía apenas cuatro años, sus padres decidieron mudarse a Nueva York. Primero viajó el padre solo para *tantear* el ambiente y las posibilidades de trabajo, ya

Astor Piazzolla

que tanto él como su esposa eran peluqueros. En una semana arregló el tema, y volvió a la Argentina para llevarse definitivamente al resto de la familia. Todo esto le llevó bastante tiempo porque, lógicamente, en aquella época los viajes se hacían en barco. Ya en Nueva York, se instalaron en uno de los barrios bajos, de mala fama, en Greenwich Village, *donde la mitad eran italianos, casi todos sicilianos, y la otra mitad, judíos.*

Muchos años después, Astor contaría que la mayoría de los italianos *eran mafiosos*, y que su padre trabajaba en una peluquería que era propiedad de uno de esos gángsters. Como dato curioso, refería recordando su infancia que la madre atendía a sus clientas en su propia casa, y para que no se mezclaran, de lunes a jueves recibía a las italianas, *las mujeres de los gángsters, que eran bastante amarretas*, y el resto de los días, *a las judías*. Sus amigos de la infancia eran los hijos de esos gángsters, y muy a menudo debía participar en las grescas que se armaban, *porque las peleas entre los grandes eran a tiros, y las de los chicos a trompadas*. El se sentía en *su salsa*. Quienes lo conocieron lo pintaron como *un gran atorrante, que no dudaba en robarle a alguno una armónica y salir corriendo*. Ese instrumento lo apasionaba, porque era loco por el jazz, especialmente el jazz cool y los blues.

Siempre estaba prendido en alguna pelea. Desde chico lo acomplejaba el defecto que de nacimiento tenía en un pie, que a pesar de las tres operaciones que soportó no se lo pudieron corregir. Nunca soportó que le dijeran rengo, y se esmeraba por caminar disimulando su defecto físico. Inclusive llegó a estudiar zapateo americano. Hay quien supone que, psicológicamente, trató siempre de sobresalir para contrarrestar eso que lo hacía sentir disminuido.

Su renquera lo convirtió en un chico rebelde, lo que le costó que lo echaran de tres colegios *porque era un loco*, hasta que su padre, que no escatimaba *sus buenas palizas* para enderezarlo, lo ubicó en el Colegio María Auxiliadora de la Congregación de Don Bosco. *Siempre fui loco* –contó una vez-, *pero allí fue donde aprendí las peores cosas de mi vida, en ese colegio de curas.* La crisis de 1930 hizo que su padre decidiera volver a la Argentina, para instalarse nuevamente en Mar del Plata, pero un año después volvieron a Nueva York.

Astor entró en el tango por una situación fortuita, que veremos un poco más adelante, y como entró, salió. Más bien podría decirse que pasó por el tango. Mientras tocó en la orquesta de Aníbal Troilo no se lo conoció como compositor, como lo era la gran mayoría de los músicos de aquella época. Recién apareció como autor cuando, después que dejó de acompañar a Fiorentino en su etapa como solista, encaró la titularidad de su orquesta, con Aldo Campoamor y Héctor Insúa como cantores.

Siempre aseguró que una cosa es ser arreglador, otra ser un buen músico, pero otra cosa muy distinta es ser creador. *Yo empecé a ser creador después del año 50*, decía. Como ejemplo, contó que estando todavía en la orquesta de Aníbal Troilo, el poeta Enrique Dizeo les alcanzó a él y a Hugo Baralis, su amigo de toda la vida, unos versos para que entre los dos le pusieran música. *Era una letra muy simple, pero estuvimos tratando como tres meses con Huguito, y cada vez era peor lo que componíamos. No la pudimos escribir, a pesar de que yo ya estudiaba música con Alberto Ginastera. Es inútil, porque si Dios no te dio el don para escribir, andate a dormir urgentemente.*

Los primeros tangos que se le conocieron fueron **Noches largas** y **El desbande**, pero para él el *primero* fue este último, inspirado en el vuelco de un ómnibus en el que viajaba, *por tener una estructura distinta* de los tangos tradicionales. Lo tocó con su orquesta en la película "El hombre del sábado". A partir de 1950 comenzó a componer una serie de obras instrumentales, que marcaron una renovación en el tango, como **Se armó**, que por el motivo apuntado la gente lo consideraba *raro*. Lo grabó en un 78, que del otro lado tenía **De mi bandoneón**, un magnífico tango de Roberto Pérez Prechi. Después vinieron **Para siempre**, en 1951; **Prepárense**, en 1952; **Contagio**, en 1953; **Triunfal**, y en 1954, **Lo que vendrá**. Luego **Contratiempo**, y **Para lucirse**, y los dedicados a las cuatro estaciones, *Invierno porteño*, *Otoño porteño*, *Primavera porteña* y *Verano porteño*, de los cuales sólo tuvo éxito este último.

Confesó que *un día decidí ser compositor porque nadie me tocaba los tangos que tenía. El único que me los tocaba era Troilo, y yo le hacía los arreglos gratis con tal que tocara mis tangos. Por eso tocó* **Prepárense**, **Para lucirse** *y* **Lo que vendrá**. *El otro que los tocaba era Fresedo, y un día me enojé y dije: no toco más un tango de nadie, y empecé a escribir.* Casi todas las orquestas rehuían tocar sus tangos por el tipo de música que componía. Un historiador y amigo suyo contó que el día que le llevó a Osvaldo Fresedo a la casa la música de **Para lucirse**, salió *como loco* porque le había dicho que se lo iba a tocar.

De allí en adelante, su producción no se la puede encasillar dentro de la música de tango. Desde 1960 hasta 1975 escribió lo más grande de su creación, a razón de 10 o 15 obras por año, y fue en esa época cuando se decidió a no tocar música de otro compositor. Sostenía que en la Argentina *se puede cambiar todo menos el tango. El corte del tango nuevo es totalmente distinto al corte de lo que fue el tango anterior, o sea que hay un cambio armónico, un cambio rítmico, es mucho más excitante.* Capitalizaba las críticas. Decía: *Abro el diario el lunes y dice Piazzolla está loco; abro el diario el martes y dice Piazzolla es un demente; abro el diario el miércoles y dice Piazzolla está matando el tango. Todo los días hablan de mí.* Y eso es lo que él buscaba. Agitaba las aguas porque su propia personalidad era así, quería que hablaran de él.

Su orgullo era **Adiós Nonino**. Aseguró que *fue el mejor tango que escribí en mi vida. Tiene un misterio especial: el ritmo, la melodía y ese glorioso final triste. Lo escribí en el exterior cuando murió mi padre. Es de tono intimista, parece casi fúnebre pero igual rompió todo. Hice alrededor de 20 arreglos para este tema. El que más me gustó fue el último, con el Quinteto. Me parece perfecto.* Estaba radicado en Nueva York, y ocasionalmente viajaba a Puerto Rico para actuar en un espectáculo con los bailarines Juan Carlos Copes y María Nieves.

Copes tenía la costumbre de no entregarle un telegrama o una carta a nadie hasta el final del show. Así ocurrió ese día. Llegó el telegrama con la noticia del accidente del padre de Piazzolla, pero Copes se lo guardó hasta que terminó el espectáculo. Cuando lo leyó, Astor llamó a Mar del Plata y supo que ya había muerto. Entonces les tomó las manos a Copes y a María Nieves, se las apretó con la fuerza colosal que tenía (era habitual que mostrara cómo rompía una nuez con los dedos) y así estuvo un rato, en silencio, y sin derramar una sola lágrima.

No pudo viajar a Buenos Aires porque su contrato no se lo permitía. Inmediatamente voló a Nueva York y allí, a diferencia de lo que hacía habitualmente cuando componía, pidió a su esposa y a su cuñada que lo dejaran solo. Siempre usaba el piano para componer, pero ese día se encerró en el living y, por primera vez con el bandoneón, entre *sollozos desgarradores*, en dos horas compuso *Adiós Nonino*.

Una vez confesó muy emocionado en Buenos Aires en un reportaje en televisión, que su padre *sabe todo lo que está pasando conmigo, y creo que soy el hijo que él deseó, que luchó tanto por mí*. Sin lugar a dudas, sentía una pasión por su padre, y fue todo para este genio.

El historiador y escritor Natalio Gorín sostiene que, para él, *Adiós Nonino* va a ser *La cumparsita* del siglo XXI. Llamativamente, Astor Piazzolla compuso algunos tangos excepcionales en sus comienzos en este género: *Fugitiva*, con versos de Juan Carlos La Madrid, que le grabó Osvaldo Fresedo con Héctor Pacheco, *El cielo en las manos*, con letra de Homero Cárpena, que llevaron al disco Osvaldo Pugliese, con Alberto Morán, y Edmundo Rivero en su etapa como solista, y *Pigmalión*, en cuyos versos Homero Expósito cuenta la historia mitológica del escultor que se enamoró de la estatua que había creado. Este tango lo grabó solamente él con su orquesta.

Retrocediendo a la segunda época de su infancia en Nueva York, el primer bandoneón que tuvo era usado y fue un regalo de su padre. Lo fue a buscar a una casa de compra-venta con un hermano suyo, y le costó 78 dólares. Nunca pudieron saber cómo había llegado hasta allí. Al abrir la caja y ver el instrumento, Astor sufrió una gran decepción, porque creyó que iba a encontrar los patines, que tantas veces le había pedido a su padre. Una vez confesó que, en lugar de los patines, se encontró *con un aparato que nunca había visto en mi vida*. Su padre lo hizo sentar, le colocó el bandoneón sobre las rodillas, y le dijo: *Astor, éste es el instrumento del tango, y quiero que aprendas a tocarlo*. Su padre y su tío, músicos aficionados, eran viejos tangueros, y en su casa se escuchaban discos de Carlos Gardel, Elvino Vardaro y Julio De Caro. A Astor no le gustaban, y con su armónica tocaba blues, jazz y todas las variantes que existían en aquella época. Era lo que a él lo subyugaba. — *Captívate*

Los que le dieron las primeras nociones de tango fueron Terig Tucci, que dirigía la orquesta que acompañaba a Carlos Gardel, y Andrés D'Aquila. Su padre quería inculcarle el tango, pero Astor con el bandoneón no quería saber nada. Después contaría en Buenos Aires que era tan loco y rebelde que el padre le daba unas *biabas bárbaras para que aprendiera a tocar*. Muchas décadas después lo reconoció como *muy positivo*, y que se lo agradeció *eternamente*. Recordaba que si no hubiera sido por su padre nunca hubiera llegado a lo que llegó.

Finalmente aflojó con lo del bandoneón, pero como no quería saber nada con el tango empezó a estudiar música clásica. Interpretaba a Bach, Mozart, Mendelssohn, aunque lo primero que tocó con su bandoneón fue una ranchera, según recordaba siempre como cosa jocosa.

El tema de cómo conoció a Carlos Gardel tuvo aspectos curiosos y cómicos. El mismo contó que su padre, como distracción, los sábados y domingos se dedicaba a tallar figuras en madera, y que una mañana de 1934 puso en sus manos la de un gaucho tocando la guitarra y le dijo *Tomá, llevale esto a Gardel*, a quien no conocían, pero sí sabían que se encontraba filmando en Nueva York. Cuando llegó a la casa de departamentos, en la calle 49, se encontró en el hall *con un hombre alto, pelado, con una botella de leche en cada mano*, al que en inglés le dijo que iba al piso 28°. No obtuvo respuesta alguna, a pesar de repetirlo dos o tres veces. El hombree *alto y pelado* resultó ser Alberto Castellanos, que no le contestaba porque no sabía inglés. Entonces, Astor en su pésimo español le dijo que era argentino, y que tenía que llevarle a Gardel ese regalo de parte de su padre. Subieron juntos, y al llegar al piso 28°, Alberto Castellanos se dio cuenta que no había llevado las llaves. Le dijo al pibe que estaba a su lado que por la escalera de incendio entrara por la ventana a la habitación, y le dijera a Gardel que les abriera la puerta.

Cuando entró, se encontró con dos personas durmiendo, uno en cada cama. Despertó al que tenía más cerca, que resultó ser Alfredo Le Pera. Con su habitual mal genio, Le Pera empezó a protestar porque lo había despertado, y le dijo que Gardel era el de la otra cama. Una vez despierto por Astor, se levantó y abrió la puerta. Piazzolla le explicó el motivo de su presencia y Gardel, *muy amablemente* agradeció el regalo y lo invitó a desayunar con ellos, y lo mandó a Alberto Castellanos a comprar un budín inglés. *Y así tomamos todos juntos el café con leche.*

De esa forma insólita, Astor Piazzolla conoció a Gardel, que se mostró muy contento al saber que no sólo era argentino sino que también tocaba el bandoneón. Le obsequió dos fotografías autografiadas, una para él y otra para su padre. Poco tiempo después lo hizo participar como extra en la película que estaban filmando, y lo invitó al asado que había organizado para los argentinos y uruguayos que allí se encontraban, para festejar el final de la filmación. Eran 11 en total, y decidieron que Alberto Castellanos tocara el piano y Astor el bandoneón. El piano estaba tan desafinado que era imposible tocar, y entonces decidieron que tocara él solo. Fue allí cuando Gardel le dijo: *Pibe, vos tocás muy bien el bandoneón, pero el tango lo tocás como un gallego.* Esa frase lo persiguió toda su vida. No la tomó como un elogio, sino como una crítica.

La escritora María Susana Azzi, que escribió un libro sobre su vida, dijo que Astor Piazzolla nunca sintió el tango, que lo que realmente sentía era el jazz, porque para él, el tango no quería decir mucho.

En 1937, su familia volvió de Nueva York y se instaló definitivamente en Mar del Plata. Entonces su padre le cambió aquel viejo bandoneón por un codiciado "Doble A", comprado en Buenos Aires en la casa Emilio Pitzer, al precio de 300 pesos moneda nacional. Ese mismo año lo trajo a la Capital un amigo de su padre y se instalaron en una pensión, en la calle Sarmiento, cerca del actual **Teatro San Martín**. La llamaban *la liebre*, porque los que vivían allí realmente *corrían la liebre*.

Sentía una gran frustración al comprobar que los músicos debían vivir de esa manera. Por eso decidió escribirle una carta, en su pésimo castellano, a Elvino Vardaro, en la que le contó que aunque era bandoneonista era hincha de él, que tocaba el violín, y que lo iba a ver donde actuaba con su sexteto, en el café **Germinal**. Así empezó a mezclarse con la gente de tango.

Con el nuevo instrumento que le había comprado su padre se perfeccionó, gracias a las clases que tomó con el músico Líbero Pauloni. Según relató en un reportaje, con ese "Doble A", al que le dedicó después *Tristezas de un doble A*, empezó a gozar el instrumento y el tango.

Siempre reconoció que hubo grandes bandoneonistas, unos con el estilo de Pedro Maffia y otros con el de Pedro Laurenz. El primero, *más intimista*, el segundo, *más desbordante*. Según él, *el Gordo Troilo fue otra cosa, no era deslumbrante, pero sí un intérprete maravilloso, que me hacía caer las medias tocando dos notas incomparables*. A su criterio, en materia de técnica predominaba Minoto, pero *el más grande de todos nosotros, aunque desconocido por el gran público, se llama Roberto Di Filippo*. Decía que en la primera línea no podía faltar Leopoldo Federico, que para esa época era el mejor de todos, y que en la generación posterior se colocaban dos muy buenos: Dino Saluzzi y Néstor Marconi. *Yo soy distinto a todos. No digo ni mejor ni peor que Troilo o Federico. No, lo que no tiene nadie es mi "touche", esto quiere decir que alguno me puede superar, o no, de lo que estoy seguro es de que como Piazzolla no puede tocar ninguno.*

Otra vez dijo: *He sido discutido en mi país y elogiado en el exterior; no soy popular, no convoco multitudes.* Al respecto, en un pasaje del libro "Piazzolla. A manera de memorias" de Natalio Gorín, confesó: *En el Opera de Buenos Aires podría hacer dos conciertos seguidos a sala llena, quizá tres, pero nunca una semana completa. A no ser que venga un Mesías o una entidad oficial y se puedan hacer a precios muy rebajados. Quiere decir que soy un artista de minorías comparado a los conjuntos de rock que llenan la cancha de River. Pero también estoy viendo en estos últimos años que esa minoría creció mucho. Alguien dijo hace poco que yo era famoso pero no popular. Eso también es lindo. Ahora ando solo, me cansé de los músicos, de los problemas. Hay un desgaste. Pero sería muy injusto si no reconociera lo que significó el quinteto en los últimos años de mi vida, desde 1978 hasta que lo disolví. Lo que había sembrado el noneto en* **María de Buenos Aires** *lo recogió musicalmente ese quinteto, hice mejores arreglos, ganó sonoridad, todos empezamos a volar. Ahí crece el fenómeno Piazzolla en Europa.*

En su larga etapa en el exterior, en una oportunidad actuó un sábado y un domingo en un importante teatro. Como en los dos días se agotaron las localidades, el empresario, entusiasmado, le propuso hacer un tercer concierto. Piazzolla le dijo *No, ya está, si hacemos otro ni yo vengo.* Sabía que no era músico para multitudes. Aseguró que se dedicó fundamentalmente a la música erudita *que es el nombre de moda. A mí me parece que decir música clásica es lo más correcto, aunque se enojen un poco los vanguardistas.*

La historia de la operita **María de Buenos Aires** es muy singular. Fue su obra cumbre, la primera escrita con el poeta Horacio Ferrer. Llegó a decir que después de eso le quedó la cabeza *llena de música.* La idea era hacer una obra con ballet, coros, varios solistas vocales, actores, pero por motivos económicos tuvieron que resignarse a hacer una cantata, aunque después *floreció en varias partes del mundo como una obra escénica, a todo lujo.* Por falta de recursos tuvieron que resumirla y, a pesar de eso, como era de suponer, perdió mucho dinero con esa obra. En mayo de 1968 se estrenó en la **Sala Planeta**, en la calle Viamonte. Cantaban Héctor de Rosas y Amelita Baltar y duró pocos meses, porque *la gente no iba a vernos, y además los diarios no nos apoyaban*, fundamentalmente porque Piazzolla *criticaba a otros músicos, muchos se sentían ofendidos.*

Como no tenían voz femenina, salieron a buscar una. Alguien les sugirió una folclorista *que además tiene lindas piernas.* Era Amelita Baltar, que actuaba en **Poncho verde**, cerca de **Caño 14**. Allá fueron. La oyeron cantar y Piazzolla preguntó *qué opinás.* De Rosas dijo: *me parece que da la voz para lo que estás escribiendo vos.* Recibió como comentario, *qué gambas.*

Un año después de esa experiencia, Astor Piazzolla le dijo a Horacio Ferrer: *Ya que hicimos una obra de tanta duración, porque no hacemos ahora un valsecito*, y se lo tocó en el piano, era **Chiquilín de Bachín**. Después hicieron **Balada para un loco** y hasta la zamba **Yo soy vos**, que grabaron en CBS con Amelita Baltar, aunque el disco nunca salió a la venta. Con Horacio Ferrer compuso alrededor de 75 obras, muchas de ellas en París.

Sobre su actuación en el **Teatro Colón,** en 1983, cuando tocó el *Concierto para bandoneón* dijo: *Por un momento me sentí como aquel Piazzolla que estaba estudiando con Ginastera y que los sábados a la tarde se iba con Roberto Di Filippo a escuchar ensayos de la Filarmónica. Fue otra gran alegría de mi vida, me sentía reconocido en mi país, que es lo más importante de todo. Nací en Mar del Plata, me crié en Nueva York, encontré mi camino en París, pero cada vez que subo a tocar a un escenario en todo el mundo, la gente sabe que voy a tocar música argentina. Es la tarjeta que deja Astor Piazzolla, el hijo de Nonino y Nonina.*

Dedé Wolf, su primera mujer, contó que ya estudiaba piano con Emilio Barbato, quien vivía en la misma pensión que él, y que un día decidió ir a visitar a Arturo Rubinstein, quien se encontraba en Buenos Aires. Había compuesto un nocturno dedicado a ella. De regreso, le contó que le había parecido un tipo *macanudo*, que lo recibió con una servilleta al cuello porque estaba comiendo. Le mostró lo que había escrito, y como a Rubinstein *le pareció bueno*, lo llamó por teléfono a Juan José Castro para que le diera clases de música. Como éste no se dedicaba a eso, le recomendó a Alberto Ginastera, que fue quien lo tomó como alumno.

De allí en adelante empezó a expresar su *gran malestar* porque decía que no entendía cómo músicos de tango con grandes condiciones no estudiaban música. Por eso dijo que creía que el 99,9 por ciento de los músicos no se renovaba, y que hacían *la fácil*, tocar **El choclo**, **La cumparsita**, **El bulín de la calle Ayacucho**, y todo lo común del repertorio tanguero. Su ex esposa dijo: *Se equivocan quienes lo consideran agresivo, lo que hace es defenderse porque lo atacan mucho, parece que quiere aplastar todo lo anterior, pero no es así, hasta que finalmente tuvo la maravillosa idea de decir que su música es música de Buenos Aires, porque el tango lo tenía hasta la coronilla*

Por su parte, el coleccionista y su amigo personal, Víctor Oliveros, aseguró que Piazzolla no quería que la gente lo considerara un hombre de tango, pero que en el fondo de su corazón era más tanguero que nadie. Apoyó su opinión diciendo que, según le contó un día Antonio Agri, en los intervalos de sus actuaciones se ponía a tocar, solo, los viejos tangos clásicos.

Su hija Diana, a su vez, relató en una entrevista algunos dichos muy sabrosos, que forman parte del libro Astor, editado por Emecé en 1987, obra que le insumió 17 horas de grabación con su padre, en México, después de varios años que le llevó convencerlo para escribir su vida: *Bajé del barco con una carga de dinamita en cada mano, por decirlo así. Había tenido mucho tiempo para pensar y juntar bronca. El Octeto Buenos Aires, tal* *como yo lo había armado en mi cabeza, iba a provocar un escándalo nacional. Eso quería yo: romper con todos los esquemas musicales que regían en la Argentina. En 1946 lo había hecho, pero con timidez. Existía en mis arreglos un pulso jazzístico especial, proveniente del jazz cool y del progresivo. Eran complejos, diferentes. No olvidemos que en esa época yo ya escuchaba a Stan Kenton y a Bill Evans. Pero a pesar de que esos cambios eran leves comparados con los que vendrían después, Troilo no los soportaba. Estos firuletes no van Gato. La gente quiere bailar. El tango es para bailar, me decía, y tachaba, borraba todo lo que yo metía. Por supuesto, fui juntando bronca. Además, tenía a todos en mi contra, salvo dos o tres que me seguían. Había muchos que no lo soportaban. Una noche, la orquesta tocó una introducción de violoncelo que yo había compuesto para el tango **Copas, amigas y besos**. Era larguísima y complicada. Tan extraña era, que las coperas del cabaret se pusieron a bailar en puntas de pie, como si se tratara de El lago de los cisnes. No puedo negar que me enfureció esa actitud. Lo único que yo quería era experimentar, incorporar todo lo que Ginastera me iba enseñando: contrapunto, acentuaciones rítmicas diferentes, pizzicato de los violines. Claro, en parte lo entiendo: yo era el loco Piazzolla. Por eso, cuando volví de París, después de un tiempo de no frecuentar el ambiente, periodistas y tangueros se preguntaban: ¿Qué nueva locura inventará ahora? ¿Qué se traerá entre manos? Yo era un misterio. Y el Octeto mató. Eramos ocho con el diablo adentro del cuerpo, como dijo un comentarista. Ocho tipos vestidos de negro que sonríen cuando tocan, hablan entre ellos, de repente gritan algo y hasta por las miradas parece que estuvieran en otro mundo. Piazzolla ha llegado para esterilizar el tango, que es lo más sagrado que tenemos los porteños, decía una revista de esos años. Y sí, yo había llegado dispuesto a romper con todo. Y aunque les pesara en ese momento, lo que yo hacía era tango.*

Según contaron sus hijos, nacidos en su primer matrimonio, Astor Piazzolla era muy desordenado en lo que respecta a la parte legal de sus intereses. Su único afán era difundir su música, y por eso firmó contratos por todo el mundo, a veces en blanco, y no siempre le asignaron los editores el porcentaje legal que como autor le correspondía. Hasta llegó a ceder, sin saberlo, derechos de televisión. Hacía las cosas de buena fe, y su interés por la difusión de su obra le hizo cometer errores, porque a él no le interesaba la faz comercial. Era un hombre que repartía el dinero que cobraba entre los integrantes de su quinteto, lo que nunca se supo públicamente.

Ordenar luego de su muerte el aspecto comercial de su música fue el motivo por el cual Laura Escalada, su segunda esposa, y Daniel y Diana Piazzolla decidieron formar una sociedad, Piazzolla Music S.A.R.L., juntamente con el francés Emmanuel Chamboredon, para recuperar muchas obras sin editar, para darle en su momento la difusión que corresponde. Sobre el tema económico, Laura Escalada contó que desde 1976 en adelante todo fue muy duro *que convivían casi sin un peso, que en París a veces llegaban a fin de mes sin poder pagar el alquiler.*

En 1960 formó su primer quinteto y ya era muy discutido por los amantes del tango tradicional, y después tuvo que disolver el Octeto Buenos Aires porque *no le pagaban nada*, y por razones económicas se fue a los Estados Unidos, donde casi de inmediato grabó dos long-play.

En un reportaje contó que cuando se murió Aníbal Troilo, Zita, su mujer, como una muestra de cariño le regaló su bandoneón. La recompensa fue que lo consideró *no tocable, por lo menos para mí. Es como el auto que maneja una tía a cuarenta por hora. Si uno se lo pide prestado y lo acelera, el auto se ahoga. Lo mismo me pasa con el fueye del "Gordo", lo tengo que tocar como él, suavemente, casi una caricia. Y yo no acaricio nada. Mis cinco dedos son una ametralladora. Las veces que lo usé en público se me pinchó a los dos minutos, y será así hasta el día del juicio final. Está achanchado para toda la vida. Debe ser una maldición de Troilo. Nadie podrá tocar ese instrumento.* En el final del reportaje fue más suave: *Por supuesto lo guardo como una reliquia. Hay dos instrumentos que no dejaría por nada del mundo. El primero, que me regaló mi papá, que lo tiene uno de mis nietos, y el de Troilo.* Piazzolla era así.

Fue reconocido como un músico genial, aunque nunca se caracterizó por su humildad, condición que demostraron casi sin excepción todos los grandes del tango. Cuando nuestra televisión emitía todavía en blanco y negro, se transmitía los sábados por la tarde por **Canal 7** un programa que duraba varias horas, y en una oportunidad el invitado era Astor Piazzolla. Ya se había ido de la orquesta de Aníbal Troilo y también había dejado atrás las etapas en que acompañaba a Fiorentino como solista y la de su orquesta, con Aldo Campoamor y Héctor Insúa como cantores. Ya había inaugurado su estilo que denominaba música de Buenos Aires. El conductor del programa lo invitó a que contara cómo había llegado a tocar con Aníbal Troilo. Piazzolla comenzó el relato con los pormenores de su vida en Nueva York. Después recordó que ya de vuelta en el país, en Mar del Plata le gustaba escuchar por radio al sexteto de Elvino Vardaro, y que un día fue a ver a Miguel Caló, que tocaba en el **Club de Pescadores** de esa ciudad. Allí entabló ocasionalmente charlas con algunos de los músicos de la "Orquesta de las Estrellas", y que delante de Julio Ahumada, José Miguel, Antonio Ríos y Héctor Stamponi tocaba a veces el bandoneón.

En una oportunidad, este último le aconsejó que viajara a Buenos Aires. Ya en la gran ciudad, tocó gratis en la orquesta de Miguel Caló, actuó tres meses en el conjunto de Francisco Lauro, y en dúo de bandoneones con Calixto Sayago grabaron obras de Bach y de Rachmaninoff. Siguió contando que como se había hecho amigo de Hugo Baralis, su distracción consistía en pasar las tardes escuchando a Troilo en el café **Germinal**. Y allí encontró su oportunidad. En una de esas tardes la orquesta demoraba su aparición en el palco. El motivo era que había faltado el primer bandoneón, porque estaba enfermo. Aníbal Troilo, con su conocida responsabilidad profesional frente a su público, no quería tocar sin su orquesta completa.

Fue entonces que Hugo Baralis le recordó que le había hablado de un muchacho *que tocaba bien el bandoneón*. Concretado el encuentro, Piazzolla le propuso solucionarle el problema reemplazando al músico ausente. Troilo, sorprendido, hizo bajar del palco un bandoneón y le dijo: *A ver pibe cómo tocás*. Lo que tocó Piazzolla no fue un tango, sino **Rapsodia en azul**, de Gershwin. Troilo lo escuchó atentamente y le dijo que iba a tocar en la orquesta, pero que tenía que aprenderse la parte del segundo bandoneón y conseguirse un traje azul. Piazzolla le contestó que la parte del segundo bandoneón se la sabía de memoria, y que ya tenía un traje azul. Y así se incorporó a la orquesta de Aníbal Troilo.

Luego de contar esto, tuvo la poco feliz idea de criticar a Troilo, porque no le había asignado el lugar de primer bandoneón, como él se había imaginado. Su participación en el programa casi termina abruptamente, por el enojo del conductor, quien le reprochó agriamente su actitud crítica hacia Troilo. Piazzolla puso *violín en bolsa* y no tuvo más remedio que, cabizbajo, aceptar el reto.

En otra oportunidad, a fines de la década de 1980, tuve ocasión de vivir personalmente una experiencia inédita. Astor Piazzolla actuaba en el **Luna Park** junto a la Camerata Bariloche, con el auspicio de la sucursal local de un banco norteamericano. Habían instalado un escenario en uno de los laterales del estadio, y frente a él una gran platea. Fue un espectáculo inolvidable, que duró aproximadamente dos horas, recibido cálidamente por la concurrencia que colmaba las instalaciones montadas por el **Luna Park** para la ocasión. Como cierre, como siempre, Piazzolla eligió **Adiós Nonino**. Al finalizar la obra, el público, de pie, aplaudía y lo ovacionaba. Astor Piazzolla se limitó a agradecer, parado en el borde del escenario, inclinando la cabeza en repetidas oportunidades. Todos esperábamos como respuesta que siguiera tocando. Pero no fue así. Luego de unos minutos, desapareció detrás del escenario. Los aplausos no cesaron, y los integrantes de la Camerata Bariloche, que no se habían movido de sus lugares, se miraban como no entendiendo nada. Entonces, apareció nuevamente Piazzolla, y la ovación fue tremenda, únicamente comparable con la que había recibido cuando actuó en el **Teatro Colón**. Piazzolla se paró nuevamente en el borde del escenario y, con una pose característica en él cuando actuaba en Europa, levantó el bandoneón con ambas manos por encima de su cabeza. Luego de estar un rato en esa posición escuchando aplausos y gritos, como llegó, se fue. Todos sentimos, y así muchos lo expresaron, una gran decepción.

Otra demostración cabal de su personalidad la dio en un programa producido por la televisión alemana, llamado "El Próximo Tango – Piazzolla en diálogo y concierto", transmitido en Buenos Aires por un canal de cable. Era una especie de entrevista a Astor Piazzolla, matizada con la música de su quinteto y la Orquesta de la **Radio de Colonia**, dirigida por Pinchas Steinberg e integrada por alrededor de 50 músicos, con instrumentos de cuerda y percusión. Según los títulos, la entrevista era de Andrés Salcedo, y se utilizaron cinco cámaras, con una dirección impecable. Tanto los títulos del programa como la voz de Piazzolla eran en español.

El músico comenzó relatando qué lo llevó a dedicarse a ese tipo de música, y contó que cuando los maestros con los que estudió lo escucharon tocar le aconsejaron que abandonara todo lo demás, o sea el tango, que eso no tenía nada que ver con Piazzolla. Aseguró entonces que toda su cultura musical, extraída de los años que estudió con Alberto Ginastera y con Nadia Bulanger, la puso al servicio del tango *que yo siento y que realmente conozco muy bien* -dijo- *porque toqué durante casi 20 años en las mejores orquestas de Buenos Aires, escribí para las mejores orquestas, trabajé en casi todos los cabarets de noche tocando tangos, así que tengo una cabeza enorme toda llena de tango, con una cosa muy importante, música más tango igual a evolución, igual a búsqueda e igual a todo lo que debería ser el tango hoy.* Al margen de lo que dijo Piazzolla en esa oportunidad, sabemos que antes de tocar en la orquesta de Aníbal Troilo prácticamente no tocó en ninguna otra de renombre, y que luego de desvincularse de "Pichuco" para acompañar a Fiorentino como solista, formó la suya, y luego se fue del país.

Lamentablemente -agregó- *el 99 por ciento de los compositores de tango, los músicos y los intérpretes, no tienen una cultura musical, y eso es lo que les impide evolucionar. Entonces se produjo una guerra de uno contra todos, y fue muy dura, porque son casi 40 años de estar luchando. No en vano, porque al fin y al cabo al que mejor le ha ido es a mí, y soy el más agradecido. Los que se perjudicaron son los que se quedaron, a los que les ha ido mal, y los que están muertos son prácticamente todos los que no evolucionaron y se quedaron en un estilo de tango de entre 1940 y 1955. Yo avancé y gracias a eso el tango mío, mi música, no está muerta.* Continuó diciendo: *Para hacer música contemporánea hay que estar preparado, hay que tener una cultura. No se pueden hacer cosas raras con la música y decir que eso es moderno. Tenemos los ejemplos de muchos compositores de música contemporánea o música popular contemporánea que están haciendo lo mismo, creen que el hecho de hacer ruido o hacer cosas raras que sean diferentes, es ser moderno. Yo pienso que los que más fracasan en la vida son los individuos que se proponen ser diferentes. Creo que uno nace diferente, no se hace diferente. El hecho de tocar este concierto con esta gran orquesta de cuerdas y percusión es seguir la misma línea del quinteto, es llevarlo a una mayor orquestación, sin perder en ningún momento la raíz, ese olor, ese perfume de la ciudad de Buenos Aires que se da lógicamente con el bandoneón.*

Incorporó algo de música y continuó: *Todos los que queremos componer música contemporánea tenemos que pensar en lo que es uno. Yo soy argentino y mi música tiene que ser argentina y representar a mi país, tener perfume a mi tierra, y creo que es lo que estoy respetando, como lo hicieron en su momento Bela Bartok, Stravisnsky o Héctor Villalobos. Tengo el honor de que en la Argentina siempre me lo han dicho, que mi música es Buenos Aires. Para mí, componer es una diversión y no me ato solamente a escribir música de concierto, sinfónica, ni me ato solamente al quinteto. Escribo de todo. Canciones, para el cuarteto de cuerdas, para orquesta sinfónica, para el quinteto, es decir, un poco de todo, porque el día que deje de divertirme escribir música, preferiría ser alguien que no escribe.*

Seguidamente, encaró al tango desde otro ángulo. *El baile de tango une a las dos personas en una. Es muy sensual, es un acto de amor, es la mejor manera de vivir un momento de felicidad con una mujer, y es por eso que creo que todo el mundo está esperando algo del tango. Creo que es una necesidad.* Un poco más de su música, acompañado por la orquesta de cámara, y continuó su monólogo: *Lo más difícil para uno es hablar de uno mismo. Yo no soy lo que es mi música, que puede ser muy triste, melancólica, violenta y hasta religiosa. Yo soy una persona sumamente divertida, me gusta la vida, el deporte, comer bien, la buena cocina, en fin, soy como dicen los franceses un bon vivent. En la vida soy antitango, soy antinoche, y el tango es la noche y a mí me gusta el día, la mañana, el mar, la naturaleza, las flores, los bosques.* Siguió diciendo: *Para mí el tango es sinónimo de cabaret, es el ladrón, el policía, es la prostitución, el gigoló y la droga, es todo lo que es torcido en esta vida. No olvidemos que el tango nació en los prostíbulos de Buenos Aires, y hoy sigue siendo prostibulario. También Borges cuando habla del tango lo mezcla con los prostíbulos, y estoy totalmente de acuerdo con él, porque el tango tiene esa cosa de bajo mundo, que tendrá siempre. Y Ernesto Sabato dice que hubo un tango antes de Piazzolla y un tango después de Piazzolla, y que la música de Astor Piazzolla tiene los ojos, la nariz y la boca de su abuelo, el tango, pero el resto es de Astor Piazzolla.*

Pero hay otra realidad, que no la dijo Piazzolla. Ernesto Sabato calificó al tango como *el producto más auténtico del país de los argentinos.* A su vez, Leopoldo Marechal dijo: *el tango es una posibilidad infinita*, y Borges confesó que esos mismos tangos, que su intelecto rechazaba, le hicieron brotar lágrimas cuando los escuchó lejos de la Patria. Tampoco dijo que Federico García Lorca se deleitaba escuchando tangos, entre 1933 y 1934 junto con Enrique Santos Discépolo, cuando estuvo en Buenos Aires. Vale recordar que poco tiempo después, Discépolo se encontraba en España, y antes de volver a la Argentina, luego de una exitosa gira con Tania por Europa, en una entrevista para una publicación argentina afirmó: *Dígales a los muchachos de Buenos Aires que el tango se está dignificando en el mundo.*

Hace rato que dejó de ser la música prohibida. Pero ahora, además, es la música sentida. Como una llovizna fina y persistente, el tango empapa, a la larga, empapa. Esto ocurría en 1936.

Cuando Astor Piazzolla empezó a tocar con "Pichuco", lo que aprendía con Alberto Ginastera y Juan José Castro pretendía volcarlo en los arreglos que le hacía a la orquesta de Aníbal Troilo. Amargamente se quejaba: *Yo le escribía mil notas y el "Gordo" me tachaba seiscientas.* Lo que ocurría era que Troilo no quería apartarse de la esencia del tango, como pretendía Piazzolla, para mantener ese arraigo bailable y su personal estilo, con el que había logrado el prestigio que tenía.

El 29 de octubre de 1942 se casó con Dedé Wolf, con quien tuvo dos hijos, Daniel y Diana. Se habían conocido dos años antes en la casa de Hugo Baralis, cuando él tenía 19 y ella 16 años. Años después, Dedé contó que, sin saberlo, el encuentro no fue casual, que estaba *todo arreglado* para juntarlos. Ella estudiaba dibujo y pintura, y pocos días después *por casualidad* Astor la estaba esperando a la salida del colegio, en Maza y Rivadavia, *con un traje azul con rayas blancas.* Se ofreció a acompañarla hasta su casa, en Jujuy e Independencia, y le propuso llevarla en un taxi. Ella se negó, porque *en esa época no se veía bien una pareja en un taxi.* Fueron caminando, y así se hicieron novios. Empezó a visitarla en su casa, y como iba a las 8 de la noche, su futura suegra estaba a esa hora ocupada en el dormitorio *escuchando por radio la novela de Carmen Valdés.* En ese rato en que estaban solos *porque mi mamá parecía un vigilante*, él le tocaba el piano en el living, y aprovechaba *y le pedía un beso.* Una noche, se inclinó tanto para tratar de acercarse a ella que el taburete del piano se resbaló en el piso, y terminó con toda su humanidad en el suelo. *Yo lo ayudé a levantarse* -contó Dedé- y *me robó el primer beso*

En 1944 se fue de la orquesta de Aníbal Troilo para acompañar durante dos años a Fiorentino. Troilo se enteró que se iba por boca de Luis Sierra, y su primera reacción fue decir *éste está loco.* Fue tal el revuelo, que Zita llamó a la esposa y muy molesta le dijo: *A usted le parece, Astor va a dejar a "Pichuco".* Según

Dedé, que fue quien contó la historia, su respuesta fue: *Como todas las cosas, o el "Gordo" nunca dejó a nadie para progresar, no va a estar de por vida con la orquesta*. Cuando Fiorentino decidió formar su propia orquesta, convocó a Piazzolla y a Hugo Baralis, sus dos grandes amigos. Piazzolla *fue corriendo*, porque vio que se le abría la posibilidad de dirigir una orquesta. Ya ambos frente a Fiorentino, éste les dijo *Bueno, hay que ponerle un nombre, pónganle el de ustedes*. Y Piazzolla, ni lerdo ni perezoso, se adelantó y dijo: *Astor Piazzolla*. El relato pertenece al propio Hugo Baralis.

Luego formó su propio conjunto, que mantuvo hasta 1950. Cuando lo disolvió guardó el bandoneón en el ropero, porque *no quería saber más nada* con el tango, y porque había comenzado a odiar a los que bailaban el tango. Según su hijo, *le tenía bronca al tango porque cuando su papá escuchaba discos de tangos en Nueva York lloraba*.

Supo elegir sus músicos. Esa orquesta estaba formada por él, Roberto Di Filippo (a quien luego reemplazó Leopoldo Federico), Vicente Toppi y Abelardo Alfonsín en bandoneones; Hugo Baralis, Carmelo Cavallaro y Andrés Rivas, en violines; José Federighi, en cello; Valentín Andreotta, en contrabajo, y Atilio Stampone en el piano. Cuando la disolvió, dijo que había empezado a mirar al tango de reojo, y que quería estudiar en serio y dejar todo lo demás. Su objetivo era que la gente dejara de bailar el tango, y casi lo logra.

Su gran amigo fue siempre Hugo Baralis, el cual gozaba contando las andanzas que a veces hacían juntos, y en otras lo secundaba. Astor mantenía desde su infancia su fuerte carácter y su rebeldía. Cuando todavía estaba con Aníbal Troilo eran conocidas sus bromas, *algunas muy pesadas y otras de mal gusto. Una vez le puso a "Pichuco" un sapo en la caja del bandoneón y, ya en su etapa como solista, una liebre muerta en la cama al cantor Héctor de Rosas*.

Era un nene, le gustaban las bromas, siempre que no se las hicieran a él, porque *no las toleraba, se ponía furioso*. Según el relato de Hugo Baralis, lo iba a buscar a la casa para ir juntos a las actuaciones con Troilo, y sabía que siempre *llevaba pica-pica para ponerle en la cara al "Gordo", rapé, bombitas de mal olor, cohetes, para hacer maldades cuando tocaba la orquesta.* Llegaron al colmo de tomarse el trabajo de medir cuántos centímetros se consumían de una espiral para mosquitos en 10 o 15 minutos. *Entonces calculamos justo y le atamos la mecha de un petardo para que explotara en el palco de arriba mientras la orquesta tocaba.* Troilo intuía quiénes eran los autores, pero Astor se defendía con el argumento de *viste "Pichuco", yo no fui, estoy acá, al lado tuyo.* Y lo mismo le decía Baralis. Pero un día, la broma se la hizo Hugo Baralis a él, *y se puso loco de furioso.* Fue varios años después. Ya independizado, estaban tocando **María de Buenos Aires**, y en el momento en que Héctor de Rosas recitaba la parte que dice *porque las amasadoras de tallarines*, de pronto se empezó a escuchar un fuerte ruido de papel celofán estrujado. Era Baralis, que, riéndose, estaba abriendo un paquete de fideos.

Tenía predilección por las orquestas de Osvaldo Fresedo y Aníbal Troilo, porque les grabaron sus tangos, aunque también sentía admiración por José Basso, Argentino Galván, Francini-Pontier y Julio De Caro. De las otras orquestas nunca hablaba, no existían para él.

Al principio hacía un tango por año, pero después *vino la avalancha.* Tenía una facilidad extraordinaria para componer. Según Dedé, poseía una capacidad de trabajo excepcional, y dormía poco. Llegaba a las 7 de la mañana de vuelta a su casa y tomaban juntos el desayuno. Le decía: *si me acuesto me va a dar pereza levantarme*, y se iba sin dormir a los ensayos del **Teatro Colón**.

Escribió la música de un número importante de películas, tanto aquí como en el exterior. En una oportunidad, volviendo de Chile le dijo en el avión a Oscar López Ruiz, uno de sus músicos, *Flaco, me acordé recién que mañana tengo que entregar la música para una película.* López Ruiz le sugirió que pidiera unos días más de plazo pero, para su gran sorpresa, al mediodía siguiente Piazzolla reunió a los músicos y se les apareció con la música que había escrito durante toda la noche. Otra vez, en los Estados Unidos, una famosa coreógrafa le dijo que la música para una película no le gustaba. Sin inmutarse, se fue, y al otro día le llevó otra.

Dedé contó que cuando componía le gustaba que ella desde atrás lo abrazara, y así hacía. *Cuesta creerlo* –afirmó- *pero es la verdad, era así*. La vida de Piazzolla, por su carácter, estaba llena de anécdotas. El mismo López Ruiz contó que estaban actuando en Brasil, y un día le dijo: *vamos a visitar a Vinicius de Moraes*. El guitarrista le advirtió, sorprendido, que ni lo conocían ni sabían su dirección. Pero cuando a Piazzolla se le metía algo en la cabeza no lo paraba nadie. *No importa, los taximetreros tienen que saberla*. Y así ocurrió. Tocaron el timbre de la casa y los atendió la señora del ídolo de la música brasileña. Cuando se dieron a conocer, recibieron una respuesta sorprendente: *suban que está en el baño*. Ambos dijeron que lo esperaban, pero la mujer insistió en que subieran y lo fueran a ver. Así hicieron, y lo encontraron metido en la bañadera y con una máquina de escribir sobre una tabla apoyada en ambos costados del artefacto, porque así era como acostumbraba trabajar.

Contó López Ruiz que el recibimiento fue como si se conocieran de toda la vida, y que les dijo: *siéntense*. Piazzolla se sentó en el inodoro y López Ruiz en el bidet. A las dos horas, López Ruiz no aguantaba más su incómoda posición, pero le costó un buen rato convencerlo a Piazzolla que debían irse, para que Vinicius siguiera trabajando.

En 1954, ya era un músico reconocido, pero polémico. Tenía la gran influencia de la música de Bach, Bartok, Stravinski y, fundamentalmente, del jazz. Ese año, coincidentemente, Astor y Dedé ganaron sendas becas para estudiar en París, él música con Nadia Bulanger, y ella pintura. Era verano y estaban en Mar del Plata. Le dijo a Dedé: *hacé las valijas que nos vamos a Francia*. La esposa, muy contenta, le preguntó: *¿ganaste la beca? No, las ganamos los dos*, fue la respuesta.

Ya estaba guardado el bandoneón en el ropero, decía que le daba vergüenza caminar por la calle con ese instrumento. Se había dedicado a la música clásica y quería ser compositor en ese género. Cuando llegó a París y fue a ver a Nadia Bulanger, ésta le preguntó: *¿Y usted qué toca?* Se sentó al piano y empezó a tocar, y no la convenció. Le dijo que *le faltaba pasión*. El comienzo no fue muy feliz. Nadia quiso saber realmente qué instrumento tocaba porque *con el piano no es muy bueno*. Con mucha vergüenza le dijo que tocaba el bandoneón. Le tocó en el piano *Lo que vendrá*, y allí recibió el consejo que dejara todo lo que había hecho hasta entonces, y que se dedicara a su música.

A su regreso de París, formó inmediatamente el Octeto Buenos Aires, que además de él integraron Hugo Baralis, Enrique Mario Francini, José Bragato, Horacio Malvicino, Leopoldo Federico y Atilio Stampone. Según Horacio Ferrer, esta formación representó una bisagra en el tango, como lo fue años antes el sexteto de Elvino Vardaro, a quien Piazzolla tanto admiraba, aunque ambos tuvieron una breve trayectoria pero una repercusión histórica extraordinaria.

Según contó Leopoldo Federico, Piazzolla les decía a sus músicos *dale, apretá, metele para adelante, si te equivocás te equivocás*. Eran ocho tanques tocando. Recordó este gran bandoneonista que actuaban en festivales, tocaban algunas veces en televisión, en **Radio Splendid** y, una vez por semana, en **Radio Provincia,** en La Plata.

Evidentemente, a pesar del paso del tiempo y de su posición, Piazzolla no podía con su genio y hacía de las bromas su diversión. Para viajar a La Plata alquilaban una combi para ir los ocho juntos. El chofer llevaba una cocinita portátil porque de vuelta paraban en el camino y hacían unos chorizos. En una oportunidad -contó Leopoldo Federico- cuando ya volvían, Piazzolla le dijo al chofer si lo dejaba manejar. No era para darse un gusto, sino para hacer otra de sus maldades. Metió la combi en uno de los hoteles alojamiento que había a los costados del viejo camino a La Plata. Federico recordó que el revuelo que se armó *fue de novela*, y que los ocho, incluyendo al chofer, abrieron la puerta de la camioneta y salieron corriendo para afuera, mientras Piazzolla, a las carcajadas, gozaba de su broma.

Astor Piazzolla dejó una discografía muy atípica, fundamentalmente porque durante gran parte de los casi 40 años de actuación grabó en el exterior, donde debía complacer a otro tipo de público, que no era precisamente el tanguero. El grueso de esos discos nunca llegó a la Argentina.

Cuando formó en 1946 su propia orquesta, grabó 32 temas, la mitad instrumentales y la otra mitad cantados, todos, por supuesto, en discos de 78 r.p.m.. El primero, grabado el 22 de septiembre de ese año, contenía *El recodo* y *Sólo se quiere una vez*, con la voz de Aldo Campoamor. El último disco lo registró el 14 de diciembre de 1948, con *Todo corazón* y *Villeguita,* dedicado al Mono Villegas.

En 1995, BMG Argentina y EMSSA Argentina editaron una serie de discos compactos denominada 20 Exitos, de la que se destaca uno que tiene una particularidad: *Adiós Nonino, Contrabajeando, Lo que vendrá, Nonino, Guitarrazo, Prepárense, Tierrita* y *Chiqué*, son con el quinteto; *Triunfal* y *Quejas de bandoneón*, en dúo de bandoneones con Aníbal Troilo; *Sur y Malena*, cantados por Héctor De Rosas; *El Gordo triste, La primera palabra y Las ciudades*; con Amelita Baltar, *Balada para un loco* y *Chiquilín de Bachín*, con Roberto Goyeneche, y *Verano porteño* con el quinteto, pero grabado en vivo.

Sin lugar a dudas, los discos de Piazzolla siguen siendo negocio. Lo demuestra el hecho de que en mayo de 2001 el sello BMG editó en cuatro discos compactos en una caja llamada "Quintaesencia" todas las grabaciones que el músico realizó para RCA Víctor, incluyendo las del quinteto, el noneto y algunas registradas en vivo. El CD N° 1 está identificado como "Adiós Nonino"; el N° 2, "Las estaciones"; el N° 3, "Tristezas de un doble A", y el N° 4, "El Gordo triste". Los amantes de Piazzolla, que no son pocos, pueden disfrutar con esta obra una amplia gama de temas que hasta entonces estaban dispersos en distintos compactos, no todos de buena calidad sonora. Es así como se juntan en un solo álbum casi 80 creaciones, como *Contrabajeando*, *Redención*, *Tanguísimo*, *Balada para un loco*, *Chiquilín de Bachín* (con Roberto Goyeneche), *Invierno porteño*, *Verano porteño*, *Otoño porteño*, *Primavera porteña* y *Volver* (en dúo de bandoneones con Aníbal Troilo), *El motivo*, *Flores negras*, *La casita de mis viejos* y *Mi refugio*. También están *Tristezas de un Doble A*, *Flaco Aroldi*, *Fuga 9*, *El Gordo triste*, *Buenos Aires hora cero*, *Un día de paz*, *La muerte del ángel*, *Cambalache*, *La última curda*.

El 16 de noviembre de 1969 se produjo un hecho inusual, cuando Piazzolla presentó *Balada para un loco* en el "Primer Festival de la Danza y la Canción", en el Luna Park, en el que se presentaron obras de diversos países. La de ellos había llegado a la final y competía con el tango *El último tren*. Entre el público asistente había seguidores y, detractores del músico, perfectamente individualizados. Era tan marcada la división que en algunos sectores había carteles que decían "Muera Piazzolla", y en otros, "Viva Piazzolla", por lo que en un momento determinado se armó una gran gresca en la tribuna.

Cuando le tocó el turno a *Balada para un loco*, cuando cantaba Amelita Baltar arreciaron los gritos y los silbidos, mientras que parte del público arrojaba monedas al escenario. Finalmente, salió primero *El último tren*, cantado por Jorge Sobral, que luego no tuvo difusión alguna, mientras que de la obra de Piazzolla, que obtuvo el segundo lugar, cuando salió el disco simple ya en la primera semana se vendieron cerca de 10.000 unidades.

Sobre el episodio recordó Amelita Baltar: **Balada para un loco** *venía bien posicionada, porque tenía 12 puntos del jurado especializado, y lejos le seguía un tango, digo un tango porque ellos decían que la balada no era un tango.* Por su parte, Atilio Talin, apoderado de Piazzolla, aseguró: *Ellos mismos se sorprendieron por el resultado del concurso, y nos vinieron a pedir disculpas.*

Si bien puede decirse que Piazzolla nunca "entró" en el tanguero de alma, hay que aceptar que siempre cautivó a un público muy especial. Muchos analistas interpretan que se siente admiración por Piazzolla en los ambientes donde se desconoce el espíritu del tango.

A años de su muerte, donde más se lo escucha es en Italia, Alemania y Holanda, en ese orden, y los japoneses ocupan los cuatro primeros puestos en la compra de sus discos compactos. Laura Escalada dijo que lo que ocurría era que Piazzolla actuaba en festivales de jazz, de música clásica y en teatros, donde tradicionalmente no se tocaba y menos aún se bailaba el tango. Es decir, tocaba en salas de concierto, de allí que su público no sabía ni le interesaba si estaba tocando tango o no. De todos modos, de ninguna manera se puede discutir su genio musical.

Son muchos los ejemplos que lo corroboran. El violinista ruso Giddon Kremer y el italiano Salvatore Accardo le rindieron sendos tributos en Europa, al incluir en sus repertorios *Adiós Nonino*, junto a obras de Rossini, Bach, Paganini, Mozart, Villalobos, Morricone y Peter Váhi. Además, Kremer ya había confesado su admiración por Piazzolla al participar en Austria, en 1997, de una grabación de la operita *María de Buenos Aires*. Es más, Kremer consideró que la música de Piazzolla no es producto de *una moda pasajera*. Por lo menos así lo expresó cuando estuvo en Buenos Aires en 1999, con motivo de su actuación con la Orquesta Filarmónica de Oslo, al confesar que había quedado atrapado por el fuego de su personalidad. A su vez, mostró su enojo porque aquí no se le daba la consideración que merecía, y porque su obra no era tomada en serio. *Me sentí incómodo porque estaba en un país en el que todos deberían sentirse orgullosos de su existencia*, dijo refiriéndose al autor de *Adiós Nonino*.

Vale recordar que en 1986 conformó dúo en Suiza con el vibrafonista Gary Burto, con quien grabó un disco. Después de la muerte de Piazzolla, Burto le rindió un homenaje en un programa de televisión en el exterior denominado "Gary Burto interpreta a Piazzolla", con músicos argentinos de la talla de

Suárez Paz, Binelli, Console, Malvicino y Ziegler. En el reporta-je que acompañó al programa opinó que *Piazzolla fue el rebelde del tango, lo revolucionó, pero no destruyó el tango clásico, y sumó una nueva posibilidad. Lo llevó al mismo nivel de comple-jidad, de sofisticación y posibilidades creativas que el jazz.* Como vemos, cuando se habla de Astor Piazzolla siempre está presente el jazz, que era su gran pasión, porque como ninguna otra música permite las improvisaciones, apartándose de lo que originalmente escribió el autor. Continuó diciendo Burto: *Es algo inusual que una música nacional, del pueblo, se eleve a un nivel tan alto de sofisticación, ya que por lo general la música de la calle tiene que ser simple para que pueda ser ejecutada por todo aquel que no sea músico profesional, y cantada por quien no sea cantante. Las dos excepciones que conozco son el jazz, que no se puede tocar sin estudiar bien un instrumento y saber mucho de música, y el tango, que para tocarlo hay que ser muy virtuoso.*

Como contrapartida podemos recoger la opinión de Juan José Mossalini, un bandoneonista argentino que hace más de 20 años que se radicó en París, que tiene un trío, un quinteto, y que formó una orquesta escuela para enseñar tangos. Su opinión fue expre-sada en una entrevista, con motivo de una de sus visitas a Buenos Aires. Este fanático de Osvaldo Pugliese y de Aníbal Troilo tiene en París una importante cantidad de alumnos que aprenden a tocar el fueye con devoción. Para él, tanto Giddon Kremer como Daniel Barenboim abordaron la música de Piazzolla porque es moda, y porque no conocen otra cosa. Opinó también que el pro-blema es que estos músicos no tienen tiempo, y que no estudian el tango en profundidad.

Sobre el mismo tema, Néstor Marconi opinó: *En algún momento, las orquestas sinfónicas se van a cansar de hacer sólo obras de Piazzolla. Van a querer otras que tengan sabor a tango. Por eso, ahora tenemos que escribir.*

El sello World Connection de Holanda vino a la Argentina a grabar con músicos del país un disco dedicado a Piazzolla. El interés en el exterior por sus obras no se detiene. Ocuparon al pianista Sebastián Forster, a Marcelo Nisinman en bandoneón y como arreglador, a la Orquesta de Cámara Mayo, con la dirección de Pedro Ignacio Calderón, y a la chelista israelí -única extranjera- Timora Rossler. El disco fue utilizado como presentación para una serie de conciertos en Holanda, y entre otros temas contiene una versión para trío solista y cuerdas del *Concierto de nácar*, *Las cuatro estaciones porteñas*, *Fuga y misterio* y *Adiós Nonino*. Como se ve, está muy lejos del tango. Sin embargo, en esa oportunidad Nisinman dijo: *Es increíble, es como el inconsciente colectivo, el tango está ahí, y de repente se despierta y sale.*

Por su parte, los jóvenes Forster, Nisinman y Rossler, que residen en Europa, adoptaron el nombre de "Trío de la Fundación Piazzolla". La Fundación Astor Piazzolla fue fundada por Diana y Daniel, los hijos de su primer matrimonio con Dedé Wolf, y Laura Escalada, su viuda del segundo matrimonio. Aunque no se consideran familiares, se unieron después de muchos años de enemistad para defender el patrimonio que dejó el gran músico.

Curiosamente, a partir de Astor Piazzolla, se generó un fenómeno muy particular: se considera que todo conjunto que tiene un bandoneón toca tango. Y lo que realmente ocurre es que todos los seguidores de Piazzolla se empeñan en ampararse en el tango. El motivo es muy simple: como la música que interpretan no tiene identidad propia, utilizan la popularidad del tango. De todos modos, la semilla que sembró Piazzolla en Europa y en los Estados Unidos escribiendo para distintas agrupaciones clásicas y obras para bandoneón y orquesta, lo transformaron en un embajador de la música argentina en el mundo.

Los objetivos de la Fundación Astor Piazzolla son, en principio, divulgar su música, y formar a jóvenes en el estilo *piazzolliano*, aunque, en el fondo, también tiene motivos económicos. Juntos, en una entrevista para un medio local, contaron muchas cosas del músico, desconocidas para el gran público. Por ejemplo, que cuando compuso *Sinfonía de Buenos Aires*, que estrenó en 1953 y con la que ganó el premio Fabián Zevitzky y la beca para estudiar con Nadia Bulanger, se hizo fabricar por un carpintero amigo un instrumento parecido a un violín muy rústico. Lo utilizaba para hacer percusión, una de las cosas que le gustaba incluir en su música, como muchos otros sonidos extraños, que se pueden percibir escuchando con atención sus grabaciones, generados, por ejemplo, en sectores de las cuerdas del violín que habitualmente no se usan, sonidos que él llamaba "chicharra", "lija", "lima". También golpeaba con los dedos en el costado del bandoneón, que lo hacía porque *se enojaba con el instrumento, que era como pegarle al televisor para que funcione.* Aparentemente, ese "instrumento" que se hizo fabricar, que podría haberse guardado como una curiosidad, en algún momento lo debe haber tirado, porque sus familiares no lo tienen, e ignoran dónde está.

Para Laura Escalada, la música se debe dividir en diferentes estilos: el *clásico*, el *moderno*, el *posmoderno*, el *avant-garde* y el *piazzolla*. Para ella, así se describiría la música.

Un tanguero noctámbulo dijo sobre este tema: tradicionalmente, todos los tangos que integran la galería de joyas musicales se componen de tres partes, porque sus autores eran pródigos, mientras que Piazzolla, con media parte completaba una obra musical. Aunque es simplemente una opinión, y como tal hay que tomarla, seguramente se basó para emitirla luego de escuchar *Escualo*.

Leopoldo Federico, uno de los grandes que vivió la "Época de oro" y triunfa en la actual, confesó que le resultaba muy difícil tocar, tanto en la orquesta de Carlos Di Sarli como en la de Horacio Salgán, para seguir los arreglos tal cual lo exigían ambos maestros. Para reforzar esa anécdota dijo que en más de una oportunidad pudo apreciar *que los mismos músicos que se autodenominan "vanguardistas" son eximios ejecutantes cuando tocan ese tipo de música, pero que cuando los prueban con un tango de la década de 1940 son un desastre, no dan pie con bola.*

La cantante italiana Milva, que compartió con Astor Piazzolla muchos escenarios europeos en la década de 1980, lo definió perfectamente: *Al comienzo de nuestra reunión, él estaba un poco celoso del suceso que yo tenía con sus canciones. Le dije al maestro, Milva es una cantante famosa, pero el suceso en París, Holanda y Japón es con tu repertorio. Así que el 50 por ciento es mérito tuyo. Y él entendió.*

Sobre este aspecto de su personalidad, Raúl Lavié aportó otro ejemplo. Relató que Piazzolla se sentía muy molesto cuando una obra suya triunfaba debido a la letra, ya que él quería que el éxito fuera por su música.

Fue un autor prolífico. Compuso 3500 obras, de las cuales grabó 840. Durante un reportaje por televisión con Juan Carlos Mareco, le dijo que en el exterior era muy reconocido, no solamente él sino todos los músicos, *algo que en la Argentina todavía no hay. Aquí hay una falta de respeto, no sólo por el músico, sino también por el pintor, el poeta o por el actor. En todo el mundo hay un respeto por los artistas, por sus artistas. Me duele que aquí no exista eso, porque hay que querer un poco más lo de uno. Hay que ser un poco más nacionalista, en el buen sentido, y creer en nosotros mismos, en los argentinos. Quiero mi música, es la música de Buenos Aires, y tengo la suerte de representar a Buenos Aires cuando salgo al exterior.*

Lamentablemente, en 1990 sufrió en París una trombosis cerebral, y dos años después murió en Buenos Aires. En casi todo el mundo sus discos están entre los primeros en ventas pero, curiosamente, en las góndolas no están en el sector de la música popular sino en el de "Música clásica".

Luego de analizar objetivamente todo lo expresado por Astor Piazzolla en las distintas etapas de su vida podría llegarse a la conclusión de que aprovechó su genio para tratar de hacer desaparecer el tango, al que en el fondo odiaba. Cuando en uno de los regresos a Buenos Aires desde París confesó *he llegado para esterilizar el tango, y yo estaba dispuesto a romper con todo*, no estaba diciendo otra cosa que quería destruir el estilo que le dieron Eduardo Arolas, Agustín Bardi, los Greco, Juan Carlos Cobián, Julio De Caro, Roberto Firpo, José Martínez, José González Castillo, Cátulo Castillo, Pedro Maffia, Pedro Laurenz, Enrique Cadícamo, Pascual Contursi, José María Contursi y el mismo Carlos Gardel.

Sí lo percibieron claramente, lo enriquecieron, modernizaron y engalanaron, Aníbal Troilo, Osvaldo Fresedo, Francisco Canaro, Carlos Di Sarli, Osvaldo Pugliese, Juan D'Arienzo, Rodolfo Biagi, Angel D'Agostino, Ricardo Tanturi, Alfredo De Angelis, José Basso, Miguel Caló y tantos otros, gracias a los cuales el tango hoy perdura y mantiene viva la llama que lo hizo grande en más de un siglo de existencia.

CAPÍTULO XV

EL TANGO HOY

En más de una ocasión se aseguró que el tango había muerto, pero la realidad mostró que sólo se tomó un respiro. A partir de la mitad de la década del 50, con la aparición de los *vanguardistas* no pocos vieron en los creadores de esos estilos a los continuadores de los históricos maestros que llevaron a nuestra música a reinar durante casi un siglo, no sólo en la Argentina sino también en muchos salones del mundo.

El "respiro" fue un poco prolongado, pero luego renació el interés por el tango, tanto en los viejos tangueros, a través, como dijimos, de la aparición de un número notable de discos compactos con las grabaciones de las orquestas, los cantores y las obras que hicieron época en sus años de esplendor, sino también en los jóvenes, que con entusiasmo encontraron en esta música un camino para transitar sus ideales bailables. Hay quien considera que el acercamiento de los jóvenes comenzó en la década del 80, y que Juan Carlos Baglietto, Luis Alberto Spinetta, Fito Páez, fueron los vehículos para que esto sucediera. En este aspecto, algunos de los músicos y cantores que actúan en España dicen que lo que más les llama la atención es que gran parte de su público está compuesto por jóvenes, que van a escuchar o a bailar.

Sobre este fenómeno del acercamiento de la juventud al tango, como un ejemplo mencionan los que así opinan a Marcelo Nisinman, un bandoneonista que con sólo 17 años integraba en los años '80 el trío de Osvaldo Tarantino, que actuaba en el café **Homero** compartiendo el cartel con Rubén Juárez. Lo mismo ocurría con el Grupo Sur y Buenos Aires del 900, agrupaciones que también estaban integradas por jóvenes.

No se puede decir que el tango resucitó, porque nunca murió. El resurgimiento se produjo a partir del éxito en el exterior en noviembre de 1983 de "Tango Argentino", una idea del coreógrafo Claudio Segovia y el escenógrafo y diseñador de vestuario Héctor Orezzoli. El antecedente nació dos años antes, cuando en un barrio parisiense se abrió el local **Trottoirs de Buenos Aires**, por el que pasaron el dúo Salgan-De Lío, Osvaldo Pugliese y el Sexteto Mayor. A partir de ese éxito, Segovia y Orezzoli convocaron a un importante grupo de músicos con los que viajaron a París para presentar "Tango Argentino" durante el Festival de Otoño de París, y ganaron un lugar en el **Teatro Chatelet**. Un año después actuaron en la Bienal de Venecia, y en 1985 se presentó en Broadway, con Juan Carlos Copes, José Libertella, Luis Stazzo y Roberto Berlinghieri. Entre el 8 de octubre de ese año y el 30 de marzo de 1986 "Tango argentino" realizó casi 200 funciones en el **Mark Hellinger Theatre**, como inicio de un suceso de más de 10 años.

Una prueba del éxito del tango en el exterior lo marca el hecho de que el empresario norteamericano Mel Howard montó el espectáculo "Tango-Pasión", con el que recorrió Bélgica, Alemania, Francia, Finlandia, Rusia y España, o el éxito de "For Ever" en los Estados Unidos, donde la pareja Mayoral y Elsa

María son el número central. También Julián Plaza, que ofreció 45 recitales en Japón, o la decisión de una directora de cine británica de filmar la película "Una lección de tango", parte en París y el resto en Buenos Aires, con el bailarín argentino Pablo Verón como protagonista.

Nuestro Julio Bocca no es ajeno a este renacimiento. Colaboró en grande cuando bailó en el **Lincoln Center** de Nueva York, con coreografía de Oscar Araiz, *Responso*, *Silbando*, *Mi refugio*, *La puñalada*, *El día que me quieras* y *El choclo*, acompañado por una orquesta dirigida por Atilio Stampone.

Uno de los integrantes de "Tango Argentino", el bailarín Miguel Zotto, con su partenaire y mujer, Milena Plebs, formó su propia compañía que denominó "Tango x 2", y en diez años sus espectáculos fueron vistos por más de 650.000 personas en diversos países del mundo. Al cumplir su décimo aniversario volvió a Buenos Aires para actuar en el **Teatro Presidente Alvear**, pero esta vez sin su pareja, que sí participó en la 5ª Cumbre Mundial del Tango, que fue reemplazada por Mora, Erika y Soledad, para presentar durante seis semanas "Perfumes de tango" y "Una noche de tango". Con 22 personas en escena, entre bailarines, músicos y cantores, con una orquesta integrada por Jorge Rutman en piano, Oscar González, primer bandoneón, Mauricio Svidovsky, violín solista, Walter Castro, segundo bandoneón, Oscar Caffieri, segundo violín, Marcelo Chiodi, saxo y flauta, y Claudio Scheinkman, contrabajo. Miguel Zotto se autodefine como un bailarín auténtico, nada de *for export*, porque asegura que su abuelo, su padre, y sus siete hermanos, o sea toda su familia, en Villa Ballester, eran tangueros, lo que le valió que The New York Times calificara a los integrantes de su espectáculo como "auténticos con mayúsculas", y la prestigiosa revista Dance Magazine les otorgara el premio al mejor espectáculo coreográfico. Sus giras por diversos países le hicieron comprobar que donde más interés existe por nuestro tango es en Berlín, Amsterdam, Nueva York, Roma, Londres, Madrid y París, y que *en todas partes del planeta hay una escuela de tango*, así como en Buenos Aires se puede milonguear en la **Ideal, La Viruta, La Pavadita, Almagro,** el **Club Armenia, Grisel, Canning, La Estrella, Niño Bien, Italia Unita** o el **Club Belgrano,** o escuchar en el **Café Tortoni,** el más antiguo del país, cuya fachada fue inaugurada el 26 de octubre de 1894. De allí que el 26 de octubre fue instituido como el "Día del Café".

Pero, a pesar del nuevo auge que tomó en los últimos años, este renacimiento no se puede calificar como un nuevo éxito. A diferencia de lo ocurrido a partir de la década del 30, que con la aparición de orquestas como las de Francisco Canaro, Julio De Caro, Juan D'Arienzo, Osvaldo Fresedo, Osvaldo Pugliese, el tango logró una transformación que lo llevó, a través del cada vez mayor perfeccionamiento musical de sus intérpretes, a ocupar el sitial máximo que alcanzó, lo que ocurre ahora tiene otra dimensión.

No se trata de la aparición de orquestas con nuevos estilos que se diferencian entre sí, como ocurría con las de Miguel Caló, Aníbal Troilo, Osvaldo Pugliese, Osvaldo Fresedo, Carlos Di Sarli, Juan D'Arienzo, Alfredo De Angelis, Raúl Kaplún, Alberto Soifert, Angel D'Agostino, Ricardo Tanturi, Mariano Mores, Francisco Canaro, Florindo Sassone, Domingo Federico, Rodolfo Biagi, por nombrar algunas, que tenían un ritmo propio que hacía que se las pudiera reconocer con sólo escucharlas, sino que las que actúan ahora, con un éxito aceptable pero sólo en los reductos tangueros, son en la mayoría de los casos los músicos que sobreviven y que tocaron en algunas de esas recordadas orquestas, que resucitaron los estilos que hicieron furor en aquella época. En otros, son las mismas orquestas que se mantuvieron "aletargadas" durante algunos años, o que actuaron en el exterior porque aquí no había mercado, a la espera de un momento propicio para reaparecer.

Los ejemplos que se pueden mencionar del primero de los casos son: "Los Reyes del Tango", "Color Tango", Gigi De Angelis, Beba Pugliese, Jorge Dragone o Ernesto Franco, mientras que los músicos jóvenes que decidieron formar orquestas y tocar con los ritmos y estilos de 1940 son, entre otros, "El Arranque", o Fernández Branca Típica, que toca con el estilo de Osvaldo Pugliese.

Sus actuaciones se restringen a los lugares tangueros que han ido apareciendo a raíz del interés que mostró la juventud por bailar tango, por lo que solamente se los puede disfrutar los fines de semana, debido a que no han tenido cabida ni en la radio ni en la televisión, manejadas por otros intereses.

El resurgimiento del tango se debe, como apuntamos, tanto a músicos jóvenes como a los tradicionales que aún subsisten porque se iniciaron en la década de 1960 o de 1970, cuando el tango entraba en el ocaso, cuando las orquestas famosas comenzaban a desintegrarse o directamente dejaban de tocar.

Así se formó el Sexteto Mayor, creado por José Libertella y Luis Stazo, que debutó el 29 de abril de 1973. El compromiso era cumplir con un contrato de tres meses, pero con el tiempo se transformó en uno de los conjuntos de más éxito en el exterior. Sus giras abarcaron París, Berlín, Munich, Amsterdam, Oslo, Moscú, Madrid, Nueva York, Barcelona, Viena y otras ciudades, aunque no siempre con los mismos músicos de la época de su formación. Este conjunto llevó el tango por primera vez a Macao y China. Recientemente lanzó un disco llamado "Tangos para bailar", impulsados por el auge que significaron los festivales de tango organizados por el Gobierno de la Ciudad de Buenos Aires, con resonantes éxitos.

Uno de sus fundadores e integrante, José Libertella, consideró: *Necesitamos volver a ese sonido de orquesta, ya que todos pasamos por una típica, para reencontrarnos con el público popular. En este momento hay mucho entusiasmo por la danza, y me parece que cuando el tango resurgió fue por el baile. Se necesitan más orquestas. Por suerte, hay pibes nuevos que están tocando muy bien, aunque les falta foguearse. Pero muchos se tienen que ir afuera porque hay pocos lugares para tocar.*

Esto nos hace reflexionar nuevamente sobre la imposibilidad de transitar una época que no se vivió. El tango y sus letras obedecen a épocas y situaciones que ya no existen. Y aquí se hace imperioso volver unas páginas atrás y repetir la sentencia de Eladia Blázquez: *¿Cómo se puede pretender que los chicos tengan nostalgias? La nostalgia se tiene cuando se vivió*

Osvaldo Pugliese *revive* en la orquesta "Color Tango", donde su ex contrabajista, Amílcar Peluffo, rememora viejos tiempos. Pero esta forma de *despuntar el vicio* no alcanza para vivir. Todos los integrantes de estos conjuntos tangueros tienen que desarrollar alguna otra actividad para mantenerse. Unos tocan en los cafés y bares para turistas, otros enseñan música, algunos cuentan con un estudio de grabación y los más actúan en giras por el exterior. Un caso similar ocurre con los sones de Juan D'Arienzo, que vuelven a escucharse desde 1992 a través de "Los Reyes del Tango".

Aquí el caso es distinto, porque la agrupación que lo recuerda después de su muerte está integrada por sus ex músicos, todos de mucha edad, quienes sin ninguna dificultad tocan ahora como lo hacían hace más de cincuenta años. Angel Ricciardi, uno de los bandoneonistas, recordó hace poco que cuando mucha gente grande los veía tocar se sorprendía *porque podían volver a escuchar en vivo aquellos clásicos de D'Arienzo*, pero que los pibes que ahora van a bailar *ni siquiera conocieron esa época aunque se emocionan porque les gusta este ritmo marcado y sencillo.*

Un capítulo aparte merece el análisis de la orquesta "Sans souci", que revive el famoso estilo de Miguel Caló. Su creación obedeció a un hecho fortuito. Esta orquesta tocaba en principio música clásica y a veces tangos. A mediados de 2000 tenían que hacer una presentación en público, pero estimaron que les faltaban tangos. Fue así que a su pianista y arreglador, Leonardo Fernández, se le ocurrió agregar algunos con el estilo de Miguel Caló. Como no contaba con las partituras originales con los arreglos surgidos del genio magistral de Osmar Maderna, Fernández recreó en forma aproximada aquel fantástico estilo.

El día de la presentación, quedaron sorprendidos cuando estaban tocando *Sans souci* y al llegar al solo de violín que Enrique

Mario Francini hacía en la orquesta de Miguel Caló, espontáneamente el público comenzó a aplaudir, en claro sentido de aprobación. Entonces, por esa casualidad, nació la idea de tocar siempre como lo hacía la orquesta de Miguel Caló, y le pusieron al conjunto el nombre emblemático de "Sans souci". Leonardo Fernández, evidentemente, es un músico de excepción. Para recrear ese estilo se tomó el trabajo de escuchar los discos de Miguel Caló para de allí extraer nota por nota hasta conformar el tema íntegro. Esto constituye un gran homenaje, no sólo a Miguel Caló, sino a todos los integrantes de aquella famosa orquesta.

"Sans souci" está así conformada: Eduardo Miceli, Felipe Ricciardo, Raúl Salvatti y Eleonora Ferreyra en bandoneones; Leonardo Ferreyra, Roberto Gallardo, Guillermo Ferreira y Mariana Gallardo, en violines; Silvio Acosta en contrabajo y Leonardo Fernández en el piano.

A diferencia de los integrantes de "Los Reyes del Tango", los del septeto "El Arranque" son todos muy jóvenes, pero enamorados del tango. Ninguno de ellos vivió aquella época y por consiguiente no tocó en ninguna de las orquestas que fueron símbolos de nuestra música ciudadana.

Otro caso destacable es el de la cantante Alcira Canda, que comenzó a presentar a mediados de 1998 un espectáculo llamado "Tangos al toque", en los escenarios del café **Tortoni**, **La Carbonera**, el café **Mahler**, el **Club del Vino** y el bar de **Michelangelo**, con la colaboración de Oscar D'Elía en piano y arreglos y dirección musical, Chiche Diani en contrabajo y Quique Greco en bandoneón. Registró varios discos compactos. Se inclinó por *esos tanguitos del alma que el público tiene la posibilidad de escuchar*, por ejemplo *Tiempos viejos*, *Tinta roja*, *Tabaco*, y cuando llega el turno de complacer los pedidos de la audiencia, ganan lejos *Los mareados*, *Naranjo en flor* y el vals *Caserón de tejas*.

Son muchos los conjuntos que se formaron, como "Las tangueras", "Trío y punto", el dúo "Amatango", "Malvón", "Subte

A", "La camorra", "Tangata rea", algunos de cuyos músicos estudiaron en la Escuela de Música Popular de Avellaneda.

Pero sobre la aparición de jóvenes cultores del tango, Emilio Balcarce tiene una visión muy interesante. Para él, muchos tienen una técnica muy buena, *pero les falta expresividad y un lenguaje que no está escrito y que se perdió. Que antes se hablaba y se expresaba de otra forma. Entonces estos músicos tendrán que aprender ese lenguaje para conocer mejor los estilos del tango.*

Carlos García, por su parte, también opinó que la única forma de que el tango se siga desarrollando es que los jóvenes tomen la posta y que los viejos tangueros que aún existen les pasen sus vivencias porque, antes que nada, el tango es un género de transmisión oral, como toda música popular. En otras palabras, esto ratifica la anécdota contada por Alberto Podestá de cómo Carlos Di Sarli le enseñó a cantar *Al compás del corazón*.

Posiblemente un caso aparte sea el de Tito Reyes, quien después de cantar 11 años con Aníbal Troilo se retiró por varios años y luego retornó como un sobreviviente, con sus 67 años, con la misma fuerza de antes. En su regreso consideró que si bien hay pibes que se acercan al tango, esta música sigue tácitamente prohibida porque no tiene ni apoyo de los productores ni promoción. La excepción la constituye Litto Nebbia con su sello Melopea, que sigue grabando tangos. Tito Reyes, nacido y crecido en Valentín Alsina, al lado del Riachuelo, mamó desde chico los sabores del tango porque como él mismo contó, *su academia fue el patio de su casa, donde sus hermanos mayores se juntaban los domingos por la tarde para cantar y bailar tangos.*

Recordó que cantó por primera vez en un café de la esquina de su casa, y que aunque al principio lo *cargaban* después hicieron silencio y terminaron aplaudiéndolo. Su maestro indirecto fue Carlos Gardel, a quien se veía obligado a escuchar por **Radio Colonia** cuando con el golpe de Estado de 1943 el tango casi se había constituido en mala palabra. Dijo que con Aníbal Troilo aprendió que el tango no es sólo una expresión cultural increíble, sino *una verdadera obra de arte*. Su reflexión es que el tango es un exiliado que es bien recibido en todas partes del mundo, pero que en el país está totalmente marginado.

Y no está equivocado Tito Reyes. La mejor comprobación es que, por ejemplo, la Orquesta Filarmónica de Berlín, bajo la dirección de Daniel Berenboim, en un concierto dado en un parque en esa ciudad alemana finalizó su actuación, que había comenzado con música clásica, con tangos de Carlos Gardel, Astor Piazzolla y Horacio Salgán, con arreglos de José Carli. Paralelamente, doce violoncelos de esa orquesta grabaron un disco compacto en el que figuran *Fuga y misterio*, de Astor Piazzolla, y *A fuego lento*, de Horacio Salgán.

También en Brasil se cantan tangos. En 1988, en el Estado de Rio Grande do Sul, más precisamente en Porto Alegre, se grabó un disco compacto al que denominaron "Porto Alegre canta tangos". En ese disco participaron el guitarrista Esteban Morgado, su conjunto y las voces de *gaúchos* como Bebeto Alves, Vítor Ramil, Lourdes Rodrígues, Leonardo Ribeiro, Jorge Guedes, Hique Gómez y Luciana Pestano, y hace poco se lanzó otra versión, editada por el sello BAM, con algunos temas nuevos. Lo destacable es que esta segunda versión se lanzó en Buenos Aires en el **Club del Vino**, donde se aprovechó para que los intérpretes cantaran muchos de los temas que componen los dos discos, y algunos otros en forma adicional. Se incluyeron en las placas y en la actuación en vivo, por ejemplo, *Los mareados*, *Libertango*, *Verano porteño*, *Milonga de mis amores*, *Sueño de juventud*, *Sin palabras*, *El último café*, *Cafetín de Buenos Aires*, *Malena*, *Naranjo en flor*, *Melodías de arrabal*, *Percal*, mechados con algunas canciones brasileñas.

La mejor definición sobre los jóvenes músicos de tango la dio Luis Stazzo cuando dijo: *Estoy escuchando conjuntos de chicos que son muy buenos músicos. Es loable lo que hacen sin ningún apoyo, porque nosotros antes empezábamos con las orquestas de barrio, que tenían menos responsabilidad, escuchábamos las grabaciones, veíamos a los otros músicos, íbamos haciendo repertorio y tocábamos en bailes. En cambio, a estos chicos les pasa como si a un buen jugador de fútbol lo sacan del potrero y lo meten directamente en la primera de un club como Boca. Entonces hay que tener mucho talento y muchas ganas para poder seguir adelante. Lo que están haciendo es un milagro.*

Igual opinó Raúl Lavié, cuando dijo que los cantores jóvenes no pueden imponer un repertorio, como se hacía en la década de1940, porque cuando los contratan, los empresarios les exigen que canten un repertorio conocido. *Cuando comencé mi carrera, tenía modelos para elegir y aprender, y muchos, lo que no ocurre ahora.*

Y uno de esos cantores "de ahora" nos abandonó hace poco para siempre. Si bien Luis Cardei hacía más de 30 años que había empezado a cantar, casi todo ese tiempo en la cantina **Arturito**, sólo en la última década su trayectoria tomó algo de vuelo, a través de los discos. Decía que había tenido tres maestros, Carlos Gardel, Raúl Berón y Enrique Campos. De Gardel opinaba que *Para cada tango tenía una expresión distinta. Era el hermano, el amigo, el hijo o el amante. No hubo nadie como él.* Luis Cardei grabó solamente *De madrugada, Tangos de ayer, Simplemente Luisito* y *¿Qué te pasa Buenos Aires?*. Solía decir: *Quería tratar al tango con el cariño que se merece. Con esto quiero decir que para cantar no hace falta dar patadas en el piso, ni agacharse como si fueras a cabecear un córner.*

Seguramente, la mejor manera de demostrar que el tango vive es la realización de la Cumbre Mundial del Tango, cuya Quinta Edición se desarrolló en la ciudad de Rosario, con la presencia de más de 5000 personas. Las cuatro anteriores tuvieron como escenario Buenos Aires, Granada, Montevideo y Lisboa, mientras que para la próxima se eligió a Dublin, la capital de Irlanda. En Rosario se presentaron 650 artistas, entre argentinos y extranjeros, de 32 ciudades y cuatro continentes, y durante las diez jornadas de duración desfilaron el guitarrista Juanjo Domínguez; Raúl Lavié, Osvaldo Berlinghieri, Rubén Juárez, el espectáculo de la coreógrafa Victoria Coloso con la puesta de "Romance de barrio", que dirigió Milena Plebs, donde alcanzó ribetes emotivos *Nocturno a mi barrio*, de Aníbal Troilo; el grupo musical japonés Astrorico, nombre que deriva de una mezcla de Astor, Troilo y Federico, que gracias a las cualidades de la violinista Rica Asaba y del bandoneonista Alejandro Zárate cosechó aplausos con las interpretaciones de *A fuego lento* y *Canaro en París*; Horacio Ferrer y La Orquesta Nacional de Música Argentina Juan de Dios Filiberto, dirigida por Atilio Stampone. No faltaron piezas interpretadas por la "Orquesta Mundial del Tango", dirigida por Rodolfo Mederos, formada exclusivamente para esa ocasión con músicos de Japón y Uruguay, y el agregado de jóvenes músicos rosarinos, algunos italianos del conjunto "Progretto Piazzolla" y la violinista londinense Lucy Waterhouse. Ningún tanguero ignora que Rosario fue la cuna de grandes músicos, como Julio Ahumada, Domingo Federico, Antonio Agri, Ríos y Marconi, por eso no desentonó el quinteto local "Camandulaje".

Cabe mencionar también el prestigioso Festival de Danza y Teatro Roma Europa, realizado en Roma, donde el tango tuvo un lugar de privilegio con la participación de Adriana Varela, acompañada por un quinteto y el guitarrista Juanjo Domínguez, los profesores de baile de las milongas "La Viruta" y "La Estrella", el Julio Pane Trío y el elenco del espectáculo "Patio de Tango", los jóvenes integrantes de la orquesta "El Arranque", por el lado argentino, y los intérpretes brasileños Lourdes Rodríguez, Bebeto Alvez y Vitor Ramil, que integran el conjunto "Porto Alegre canta Tangos".

Uno de los viejos tangueros de la década de 1940 es, sin lugar a dudas, Emilio Balcarce, cuyo verdadero nombre es Emilio Sitano. Nunca abandonó el tango. A los 83 años sigue "prendido" en su pasión dirigiendo la Orquesta Escuela de Tango, integrada por jóvenes *bien capacitados*, como él mismo los definió.

El autor de *La bordona* comenzó a tocar el violín a los siete años, aunque tuvo un fugaz paso, entre los 18 y los 20, como bandoneonista. Le dedicó toda su vida al tango, enamorado de la forma de tocar el violín de Julio De Caro. A los 16 años comenzó a escribir arreglos, y así formó una orquesta que contaba con dos bandoneones, tres violines, contrabajo y piano, con la que actuaba en clubes de barrio y, en algunas ocasiones, en **Radio Rivadavia**. Eso le permitió conocer a músicos de la talla de Ismael Spitalnik, Lalo Benítez, que era el pianista de Alfredo Gobbi, Ramón Coronel, uno de los violinistas de Horacio Salgán, y a la "Voz de oro del tango", Alberto Marino.

Así fue como pasó a integrar la orquesta del bandoneonista Luis Moresco, que pocos saben que fue el autor de las variaciones de *La cumparsita*. De allí en más se le abrió un campo más fértil, cuando fue convocado por Alberto Castillo para que le dirigiera la orquesta. Entre 1948 y 1968 fue arreglador de Osvaldo Pugliese, y también del Sexteto Tango, y su espíritu tanguero lo llevó a formar en Neuquén un conjunto de violín, contrabajo y piano con el ex pianista de la orquesta Francini-Pontier, Miguel Angel Barcos.

Se identifica como seguidor de los estilos de Horacio Salgán, Aníbal Troilo y Osvaldo Pugliese, los que mejoró con profundos estudios de musica con grandes maestros.

Pero no sólo Emilio Balcarce sigue en la huella. A los 68 años, Ernesto Baffa quiso recordar su larga trayectoria, que se inició allá por 1955 como integrante de las orquestas de Aníbal Troilo primero, y luego de Astor Piazzolla y Horacio Salgán, para lo que formó un dúo con el pianista Roberto Berlinghieri, con un espectáculo donde actuaron acompañados por Ubaldo De Lío en guitarra, Gabriel De Lío en bajo eléctrico, y el legendario cantor Tito Reyes.

Este viejo tanguero, que dice que el bandoneón es todo en su vida, recordó que a los 8 años se trepaba al balcón del club del barrio, donde actuaba una orquesta típica y *me volvía loco con el bandoneón*. A esa edad empezó a tomar clases de este instrumento. Se incorporó a la orquesta de "Pichuco" cuando recién había cumplido 26 años, y siempre sintió ina gran admiración por él, porque además *era su consejero*. No deja de recordar con cariño que el "Gordo" le confiaba su lugar en la fila de bandoneones en algunas de las grabaciones, mientras dirigía la orquesta.

Otro que defiende el tango a capa y espada es Néstor Marconi, desde los reductos tangueros o desde el mismísimo **Teatro Colón**. Con su propio trío, integrando el Nuevo Quinteto Real o codirigiendo con Atilio Stampone la Orquesta de Música Argentina Juan de Dios Filiberto. Se dio el gusto de interpretar en el **Teatro Colón** con la Sinfónica Nacional dirigida por Pedro Ignacio Calderón el *Concierto para bandoneón y orquesta*, de Astor Piazzolla, y de repetir esa actuación en Oslo, Noruega, con una orquesta local. Este rosarino, nacido en 1942, ya a los 10 años tomaba clases de piano y composición, aunque luego su pasión fue el bandoneón. Con sólo 20 años, José Basso y Enrique Mario Francini pudieron apreciar sus virtudes en sus respectivas orquestas. Hábil compositor, de su imaginación nacieron dos suites, que fueron estrenadas por la Orquesta de Cámara de Rosario, y a él se le debe la creación del conjunto musical "Vanguatrío".

En Europa apreciaron sus virtudes, y no se conformó con interpretar el tango tradicional, pues incursionó por otros formatos estructurales. Aunque defiende a Astor Piazzolla y dice que su obra se reconoce ahora en Europa y en los Estados Unidos mucho más que cuando estuvo por allá, considera que en algún momento habrá una nueva demanda, y que los músicos actuales tendrán que contar con el material necesario para satisfacer las necesidades de lo que va a venir en el futuro.

También sigue defendiendo al tango José Colángelo, quien cuenta en su haber, entre otros tributos, haber sido pianista de Aníbal Troilo, Julio Sosa y Susana Rinaldi, además de haber acompañado a Hugo Díaz con su armónica. Se *especializa* en llevar el tango a Japón, donde realizó ocho giras, y considera que los verdaderos embajadores de la Argentina son los músicos de tango, aunque para eso no se necesita tener rango diplomático. Arrancó en ese país asiático en 1985 pero solo, sin orquesta, para cumplir con una invitación del director japonés Ikeda, que llevaba 35 años difundiendo el tango por esas latitudes. Su misión era colaborar con los arreglos y dirigir la orquesta, lo que le permitió hacerles conocer sus obras *Todos los sueños* y *Fortín*, y también *Buenos Aires-Tokio*, de Julián Plaza. Así se ganó el premio al mejor espectáculo del año, entregado por la inmortal Ranko Fujisawa. Dice que en Japón hay músicos de primera calidad, como el violinista Siga, el bandoneonista Keotamy y la cantante Iko Abo, pero ellos se deleitan más escuchando a los músicos argentinos. Lo confirmó el hecho de haber grabado allí seis discos compactos.

José Colángelo es sinónimo de tango. A los 21 años ya era pianista en la orquesta de Leopoldo Federico, cuando éste acompañaba a Julio Sosa. Allí actuó durante cuatro años, y en 1968 fue convocado por Aníbal Troilo para reemplazar a Roberto Berlinghieri. Fue el último pianista que tuvo el "Gordo". El mejor recuerdo que guarda de Troilo es que fue *la persona más generosa que conocí*. Dijo que su felicidad consistía en que cada uno de sus músicos se luciera y que lo aplaudieran. Para él, Troilo fue el más grande en el tango, además de ser una persona *abierta y cálida*. Reconoció que no era fácil tocar en su orquesta, porque no había partituras y no se ensayaba.

Guarda con cariño un pañuelo que "Pichuco" le regaló como talismán de su eterna amistad. Como anécdota, contó que Troilo siempre le decía: *¡Dale, pibe! Tocá con alegría, no la pierdas, porque la tenés*. "Pichuco" –dijo- daba libertad para que cada uno expresara su emoción cuando tocaban, y si advertía que alguien podía desenvolverse solo, lo impulsaba a recorrer su propio camino. Esto no es José Colángelo el único que lo dijo. Su reconocimiento es sincero. Aseguró que Aníbal Troilo no tuvo vida privada, *fue de todos nosostros*. Después de tocar con Troilo, desde 1980 a 1982 fue el director musical de la "Tana" Rinaldi. Con ella estuvo en el **Olympia** de París, en la **Philharmonie** de Berlín, en Tel Aviv y Jerusalén, en Israel, y en la isla de Creta.

Como antaño, cuando el tango sale al exterior pasea por todo el mundo, pero vive en París. Así lo demostraron los franceses durante el último Festival de Tango en París, desarrollado en la *Cité de la Musique*, en el barrio de la Villette, y a orillas del Sena, frente a la Torre Eiffel, en el **Teatro Nacional Chaillot**. Miles y miles de personas se dieron cita durante todo el desarrollo del festival, que duró desde el 4 al 27 de mayo de 2001, por lo que se lo conoció como el *mayo francés del tango*, para ovacionar a los artistas y para disfrutar de nuestra música y del baile. No era para menos, tenían frente a sí a intérpretes de la talla de Susana Rinaldi, la Orquesta Escuela de Tango, dirigida por Emilio Balcarce, los directores José Libertella, Néstor Marconi, Julián Plaza, Atilio Stampone, Raúl Garello, la orquesta "El Arranque", Nelly Omar, Julio Pane Trío, Juan José Domínguez, Alfredo Piro, el trío del bandoneonista Juan José Mosalini, que hace 25 años que vive en París, los hermanos Lidia y Luis Borda, Pablo Mainetti, el Tata Cedrón, y muchos otros músicos europeos.

Hay que rescatar la labor que desarrolla en Francia en favor del tango Juan José Mosalini. En 1977 se fue a probar suerte a París, luego de haber integrado siete años la orquesta de Osvaldo Pugliese. La experiencia recogida en la orquesta del autor de *La yumba* le abrió las puertas en la "Ciudad Luz", donde creó la primera cátedra francesa de bandoneón, en el **Conservatorio Edgard Varese**, en las afueras de París. Allí las nuevas generaciones tangueras recogen todo lo que les transmite el músico argentino. Paralelamente, con el trío que integra con Gustavo Beytelman y Patrice Caratini, a los que le gusta definir como *sus cómplices*, o con una orquesta típica que formó, hace conocer en París las creaciones de Aníbal Troilo, Emilio Balcarce, Julián Plaza, Horacio Salgán, Julio De Caro, en fin, como él dice, *rescatan arreglos antológicos*.

También en Nueva York el tango convocó cada vez más adeptos, primero en el barrio de Queens, desde donde se expandió a Manhattan. Allí se da un fenómeno muy particular. Dijimos que el tango cautivó a extranjeros en nuestro país, que fueron compositores, músicos, directores o cantores, pero en Nueva York, tratan de aprender algo de castellano para saber qué dicen las letras de los tangos. Es sorprendente la aceptación que tiene, pues se formó una suerte de *comunidad* que cuenta con una revista, "Reportango", editada en inglés, y que además bailan todos los días en alguno de los casi 20 reductos tangueros que existen, incluso con profesores. Parte del mérito de esto se le debe a los espectáculos "Tango Argentino" y "For Ever Tango", que plantaron la semilla en la década de 1980. Algunos de los actores de este fenómeno creen que lo que más atrae, tanto a los norteamericanos como a los extranjeros, es la sensualidad, la intimidad del baile, la elegancia y la sofisticación que tiene el tango, que no se encuentra en las músicas de otras latitudes. En esto tienen mucho que ver los argentinos que se radicaron allí y que viven, de una forma u otra, del tango.

Es el caso de Carlos Quiroga, editor de la mencionada revista "Reportango", y de Daniel Carpi, que organizó milongas en un salón de la avenida Broadway. Otro es Abel Malvestiti, que en 1977 fundó la Agrupación Amigos del Tango en Nueva York, en el **Salón Elkles**, en Queens, de la que Hugo del Carril fue su padrino. Luego pasó a manos de Raquel Molina, que le imprimió aires *de barrio*, porque rinden culto a los tangos de la época de 1940, a diferencia de las otras milongas, en Manhattan, donde la juventud se inclina más por los tangos de la "Guardia nueva". Es sorprendente como el tango "entró" en un ambiente tan cosmopolita como es Nueva York, donde Rosa Collantes, una peruana, enseñó a bailarlo, y una inglesa, Josefina Adams, la esposa de Abel Malvestiti, se honra de ser la primera inglesa que tocó el bandoneón, al frente de una orquesta que deleitó a los asistentes a los salones donde actuó. Su amor por el tango nació en Londres, escuchando discos de Francisco Canaro que empezaron a llegar cuando finalizó la Segunda Guerra Mundial.

Y en febrero de 2002 se dio un hecho casi insólito. En la ceremonia religiosa del casamiento de Máxima Zorreguieta con el príncipe de Holanda la música que se escuchó fue *Adiós Nonino*, interpretado por el bandoneonista holandés Carel Kraayenhof como solista, acompañado por la Orquesta Sinfónica de Amsterdam y coro. Este joven de 43 años no es un improvisado. Vive en una de las típicas localidades cercanas a la capital de Holanda, de sólo 200 habitantes, llamada Noordbeenster, en una casa donde guarda afiches, fotos y discos de tango. Tiene como antecedente haber tocado con Osvaldo Pugliese y con Astor

Piazzolla en la década de 1980, cuando los conoció. Si bien inicialmente tocaba el piano e interpretaba folclore holandés, un día escuchó un disco de Juan José Mosalini, y allí nació su amor por el tango.

Luego se dio el lujo de ver en vivo al Sexteto Mayor, y entabló amistad con José Libertella. En 1987 su pasión por el tango lo trajo a Buenos Aires, y al año siguiente de vuelta en su país fundó el Sexteto Canyengue, con el estilo de Osvaldo Pugliese, que adoptaron escuchando directamente sus discos. Con Osvaldo Pugliese tocó en Amsterdam, cuando el autor de *La yumba* actuó en esa ciudad. En esa oportunidad fue escuchado por Astor Piazzolla, quien se entusiasmó y lo invitó a tocar en Nueva York en el espectáculo "Tango apasionado". Sus conocimientos de música le posibilitaron tocar el bandoneón sin un estudio específico, y en 1993 tuvo la feliz idea de inaugurar el Departamento de Tango del Conservatorio de Rotterdam, donde dicta clases de badoneón, además de dirigir, junto con Leo Vervelde, la Orquesta Tanguera de Rotterdam, integrada por sus alumnos, a la que le pusieron el nombre de OTRA, en alusión a que en los conciertos la gente grita *¡Otra!*

El tango entró en Holanda de la mano de Osvaldo Pugliese, Astor Piazzolla, el Sexteto Mayor, Eladia Blázquez, y los milongueros Antonio Todaro y Pepito Avellaneda. Debido a eso funcionan en ese país innumerables salones y escuelas de baile. Es tal la admiración de este holandés por Osvaldo Pugliese que le dedicó dos tangos, *Clavel rojo*, de excelente musicalidad, compueso en alusión a la flor que simbólicamente ponían sus músicos sobre el piano cerrado cuando Osvaldo Pugliese estaba preso, y *Villa Crespo*, en homenaje al barrio porteño donde nació el gran músico argentino, al que le han levantado un busto en Amsterdam, al igual que en otra ciudad también muy distante de Buenos Aires, como es Sydney, en Australia.

Últimamente, creció la cantidad de grupos, orquestas y cantantes que transformaron al género tanguero en una fuente laboral en el exterior, no sólo en las tradicionales ciudades donde históricamente se lo conocía, sino en lugares otrora impensados, como Finlandia, Taiwán, Turquía o los Emiratos Arabes. Para el bandoneonista Walter Castro, que pasea el tango con un trío que completan el guitarrista Quique Sinesi, radicado en Alemania, y el pianista Pablo Ziegler, ya no se puede basar las actuaciones en el exterior con espectáculos tipo "Tango argentino", porque las posibilidades se abren si se presentan cosas nuevas, que tengan un valor artístico y agregado a propuestas que llegan desde nuestro país. Es que los argentinos tienen una ventaja respecto de los grupos extranjeros que tocan tangos. Esos músicos tienen una gran capacidad en casi todos los casos para leer las notas, pero les falta el calor de alguien que toca el bandoneón y que además nació en la Argentina, *porque tiene que ver con la respiración y el pulso de la ciudad*. Un caso emblemático es el de la cantante Julia Zenko, que actuó en lugares tan increíbles para el tango como Letonia. Confesó que su exitosa gira por distintas partes del mundo, donde cantó en escenarios similares a los de nuestro **Teatro Colón**, o en una carpa al aire libre en Noruega, *con la gente tomando cerveza, o cerca de Oslo, en un festival de acordeonistas en un gimnasio gigante*, pudo concretarla gracias a que en 1997 el famoso violinista Giddon Kremer la convocó para hacer la operita ***María de Buenos Aires***. *Nosotros todavía no nos damos cuenta de lo que tenemos*. Esta sensación también la sintió el joven cantor y bajista Alfredo Rubín, que con su Cuarteto Almagro inició su actuación en 1998 en la Cumbre Mundial de Tango, en Lisboa, lo que le permitió que lo llamaran desde Suiza, Holanda, Dinamarca y Alemania, y así se le abrió la posibilidad de grabar el compacto "Hemisferios", aunque con un conjunto muy heterogéneo, formado por él, el alemán Leo Weiss en violín, el italiano Fabrizio Pieroni en piano, y otro argentino, radicado en París, el bandoneonista Juanjo Mossalini. Otro caso destacable es el del conjunto "Las Pibas", que comenzó como dúo, formado por Analía y Paulina, y así realizaron un importante número de actuaciones en Alemania, Suiza y Holanda, y luego se les sumó la pianista italiana Laura Antonelli.

⁂

Capítulo XVI

Hasta a un Genio Interesó

Como vimos, Borges le dijo una vez a Edmundo Rivero que nunca vivió el tango, que los personajes y las historias le llegaron por boca de terceros o eran imaginarios, porque su madre no lo dejaba salir a la calle. A pesar de eso, escribió "El Tango", que como homenaje parece oportuno reproducir completo:

¿Dónde estarán? pregunta la elegía/ de quienes ya no son, como si hubiera/ una región en que el Ayer pudiera/ ser el Hoy, el Aún y el Todavía/ ¿Dónde estará (repito) el malevaje/ que fundó en polvorientos callejones/ de tierra o en perdidas poblaciones/ la secta del cuchillo y del coraje?/ ¿Dónde estarán aquellos que pasaron,/ dejando a la epopeya un episodio,/ una fábula al tiempo, y que sin odio,/ lucro o pasión de amor se acuchillaron?/ Los busco en su leyenda, en la postrera/ brasa que, a modo de una vaga rosa,/ guarda algo de esa chusma valerosa/ de los Corrales y de Balvanera/ ¿Qué oscuros callejones o qué yermo/ del otro mundo habitará la dura/ sombra de aquel que era una sombra oscura,/ Muraña, ese cuchillo de Palermo?/ ¿Y ese Iberra fatal (de quien los santos/se apiaden) que en un puente de la vía,/ mató a su hermano el Ñato, que debía/ más muertes que él, y así igualó los tantos?/ Una mitología de puñales/ lentamente se anula en el olvido;/ una canción de gesta se ha perdido/ en sórdidas noticias policiales/ Hay otra brasa, otra candente rosa/ de la ceniza que los guarda enteros;/ ahí están los soberbios cuchilleros/ y el peso de la daga silenciosa/ Aunque la daga hostil o esa otra daga/ el tiempo, los perdieron en el fango,/ hoy, más allá del tiempo y de la aciaga/ muerte, esos muertos viven en el tango/ En la música están, en el cordaje/ de la terca guitarra trabajosa/ que trama en la milonga venturosa/ la fiesta y la inocencia del coraje/ Gira en el hueco la amarilla rueda/ de caballos y leones, y oigo el eco/ de esos tangos de Arolas y de Greco/ que yo he visto bailar en la vereda/ En un ins-

tante que hoy emerge aislado,/ sin antes ni después, contra el olvido,/ Y que tiene el sabor de lo perdido,/ de lo perdido y lo recuperado/ En los acordes hay antiguas cosas:/ el otro patio y la entrevista parra./ (detrás de las paredes recelosas/ el Sur guarda un puñal y una guitarra)/ Esa ráfaga, el tango, esa diablura,/ los atareados años desafía;/ hecho de polvo y tiempo, el hombre dura/ menos que la liviana melodía/ Que sólo es tiempo. El tango crea un turbio/ pasado irreal que de algún modo es cierto,/ el recuerdo imposible de haber muerto/ peleando, en una esquina del suburbio.

El locutor y animador Antonio Carrizo siempre que puede se jacta de haber estado más de una vez con Borges, e incluso de haberle hecho entrevistas. Al respecto contó que en una oportunidad le hizo escuchar la grabación de una milonga, cuyos versos habían sido escritos por el gran literato, cantada por Edmundo Rivero. Dijo Carrizo que Borges, ya ciego, dirigiéndose al parlante dijo: *¡Gracias, Rivero!* Aseguró Carrizo que nunca supo si Borges creyó en ese momento que Rivero estaba allí presente. Si bien parece un tanto fantasiosa, como anécdota es buena.

Aunque nunca se supo por qué, Borges sentía una visceral antipatía por Astor Piazzolla. En una biografía se cuenta que en 1965 el compositor clásico Carlos Guastavino hizo de intermediario para concretar la idea de que Astor Piazzolla, con la voz de Edmundo Rivero, grabara una serie de milongas con poemas que a tal fin debía crear Borges. Otro amigo organizó un encuentro en una confitería de Córdoba y Maipú, para hablar sobre el tema. El 14 de marzo de ese año, Borges y su madre, doña Leonor, visitaron a los Piazzolla en su domicilio, en la avenida Entre Ríos. Mientras Borges recitaba las letras creadas a tal fin, Piazzolla tocaba el piano y su entonces esposa, Dedé, las cantaba.

Finalmente la grabación se concretó en los estudios EMI-Odeón, mientras Borges escuchaba atentamente. Cuando le preguntaron qué le parecían los temas, respondió que más le gustaba *como lo cantaba la chica*, refiriéndose a Dedé. La aparición del long play generó opiniones negativas de Jorge Luis Borges, cosa que molestó mucho a Piazzolla. Evidentemente, Borges no sentía simpatía alguna por el músico, ya que en una ocasión dijo en un programa de televisión que el autor de la música era Guastavino y no Piazzolla, a quien despectivamente se refería como *Pianola*. En otra oportunidad, estaba en Córdoba, en un recital del autor de **Adiós Nonino** y, sorpresivamente, se levantó y se fue, aurgumentando por lo bajo: *Me voy...., como no tocan tango hoy.*

Como dijimos, los barrios que conocimos en la década de 1940 desaparecieron. Posiblemente, nadie pintó esta transformación tan bien como Oscar Valles en su excelente tango **El progreso**, que lamentablemente sólo lo grabó Mario Bustos como solista con la orquesta de Osvaldo Requena. Sus versos dicen así:

Todas las paredes lastimadas/ sin revoque y arrugadas, de mi barrio/ junto a aquel rumor del conventillo/ bajo un templo de ladrillos, se enterraron/ ya no están las barras de mi esquina/ culpa del mercurio y el gritar de las bocinas/ y en este progreso despiadado/ hasta el tango acongojado se quedó sin arrabal.

Pobre corralón, ya sin corazón/ hoy es un garage abacanado/ y hasta el bodegón, bronca con razón/ pues de restaurant lo han disfrazado/ muerto el cabaret en las whiskerías/ ahora los boliches se han comprado galerías/ y las pibas de hoy en pantalones/ te dan besos de varones, con gusto a faso y alcohol.

Su letra sintetiza magistralmente la realidad actual, y tiene razón Oscar Valles. Pero, para beneplácito de los tangueros, reabrió sus puertas un clásico bar porteño, en una de las esquinas más emblemáticas de Buenos Aires, la de San Juan y Boedo, bautizada "**La esquina Homero Manz**i". Los que somos de Boedo recordamos ese reducto como un clásico café de barrio, que cambió varias veces de nombre, según el deseo de cada propietario. Así fue como se llamó "**El japonés**", "**Bar Nipón**", "**Canadian**", y ahora funciona de nuevo, pero convertido en un señor bar y restaurante, totalmente remodelado, con espectáculos de tango los viernes y los sábados.

Si bien no era un bodegón sino un magnífico café, finalmente "de restaurant lo han disfrazado", como cita en su letra Valles. Pero lo positivo es que no desapareció. Es más, ocupa más espacio físico que el legendario café original, debido a que se le anexaron dos comercio linderos.

El día de su reinaguración hubo un festejo a lo grande, con presencia de funcionarios y con un espectáculo tanguero del que participaron el pianista Pablo Ziegler, Cecilia Rossetto, Tito Reyes, María Graña y Beatriz Suárez Paz, y otros de la talla de Roberto Berlinghieri, Acho Manzi y Raúl Lavié. Pese al remozamiento que se le hizo, se mantuvieron sus palcos, donde otrora actuaron orquestas de señoritas, y se los bautizó con nombres célebres como "Lamarque", "Maizani", "Discépolo", "Troilo" y "Gardel".

Si alguien era merecedor de que una esquina tan porteña y tan tanguera como San Juan y Boedo llevara su nombre, ese alguien es, sin lugar a dudas, Homero Manzi, aquel santiagueño que había nacido en Añatuya un 1° de noviembre de 1907, que nos abandonó físicamente en 1951, cuando tenía apenas 43 años, y que no fue sólo un letrista. Fue, sino el único o el mejor, uno de los más grandes poetas que tuvo el tango. Homero Mancione, su verdadero nombre, llegó a Buenos Aires de la mano de su hermano Luis, una especie de tutor, cuando tenía nada más que 9 años.

Con su espíritu provinciano no se imaginó entonces que esta ciudad se transformaría en el crisol desde donde forjó toda su trayectoria creativa, que hizo que su nombre fuera sinónimo de Buenos Aires. Su otro hermano era Alberto Mancione, quien también incursionó en el tango con su recordada orquesta típica. En su juventud, Homero militó en la Unión Civica Radical, estudió Derecho, fue profesor de Literatura, hizo periodismo en la revista "Radiolandia" y en el diario "El Sol". Se destacó en el cine como guionista y director. Con otro grande, Ulyses Petit de Murat, escribió en la década de 1940 "La guerra gaucha", "Pampa bárbara", "Su mejor alumno". A su dirección se deben

"El último payador" y "Pobre mi madre querida". Ya dedicado al género musical, en 1948 compuso "Con la música en el alma".

Era un inquieto emprendedor, ya que fundó una cátedra de cinematografía en la **Universidad de Cuyo**. Como poeta tanguero, a su inspiración le debemos más de 200 grandes composiciones, como *Barrio de tango, Campo afuera, Che, bandoneón, Discepolín, De barro, Después, El último organito, El pescante, Fruta amarga, Fueye, Fuimos, Llorarás, llorarás, Monte criollo, Mi taza de café, Malena, Milonga del 900, Milonga triste, Milonga sentimental, Manoblanca, Mañana zarpa un barco, Ninguna, Oro y plata, Papá Baltasar, Recién, Romance de barrio, Ropa blanca, Sur, Tu pálida voz, Torrente, Tapera, Tal vez será su voz, Viejo ciego, Valsecito amigo*, por recordar sólo algunas.

Como corolario podemos citar la opinión de una figura notable de la música popular, como lo es Julián Plaza: *El tango es un sentimiento de la ciudad, que expresa todas las vicisitudes de la vida.*

Como hemos visto, la música de Buenos Aires es, desde hace más de un siglo, el tango, compuesto e interpretado por cientos de músicos y poetas. Y el tango le pertenece a esta ciudad, sin que nadie, particularmente, se autodefina como el creador de la **Música de Buenos Aires**.

~~~

GARDEL, EL MITO

Carlos Gardel

Cuando este libro estaba por ver la luz, se conoció la grata noticia de que la Unesco había incorporado la voz de Carlos Gardel en el Programa Memoria del Mundo, con lo que le dio reconocimiento universal a uno de los símbolos inmortales del tango rioplatense.

Paradójicamente, la iniciativa no partió de autoridad alguna argentina, sino del gobierno uruguayo. La medida comprende a 800 discos originales que contienen la voz de Gardel, además de las correspondientes portadas, que son propiedad del coleccionista uruguayo Horacio Loriente. Estas grabaciones cubren el período comprendido entre 1913 y 1935, año en que se produjo su trágica desaparición. El Programa Memoria del Mundo fue constituido en 1993, y está integrado por 91 colecciones fonográficas, documentales y fílmicas, que corresponden a 45 países.

No fue por casualidad que la iniciativa para lograr el reconocimiento a la voz y a la obra de Carlos Gardel fuera presentada por el gobierno uruguayo, y que se tomara para ello una colección existente en ese país, sino que obedece a la antigua polémica sobre si el "Morocho" había nacido en Toulouse, Francia, o en Tacuarembó, en el Uruguay, como se empeñan en sostener desde la vecina orilla.

Por eso pareció oportuno reproducir un diálogo radial que se registró pocos días después de haberse conocido la noticia, entre el tanguero animador Héctor Larrea y Horacio Loriente, poseedor de la colección de discos presentada para la iniciativa. En esa oportunidad, Loriente dijo: *En Buenos Aires hay también muchas colecciones importantes y pudo haberlo hecho algún coleccionista argentino. Pero, bueno, me tocó a mí, lo acepto y estoy contento, más que nada por Gardel, para que se siga hablando de él, en este momento en que hay volando tanta paparruchada. Gardel es una patente que nos queda para exhibir.*

Para Loriente, el tema de la nacionalidad de Gardel *es un tanto urticante, y estoy convencido de que Carlos Gardel no era Charles Gardés. Carlos Gardel no tenía 44 años cuando murió, partamos de esa base, y dejémoslo allí. Yo me baso en una cosa: cuando él se autoidentifica por primera vez, en enero de 1920 en Buenos Aires, dijo ser uruguayo, nacido en Tacuarembó, de padres Carlos y María, ambos fallecidos. Y yo creo que ahí fue cuando dijo la verdad, y que después las cosas se fueron desvirtuando. Soy respetuoso, y tengo amigos que sostienen la tesis "francesista", y no quiero de ninguna manera molestarlos. Es una cuestión personal, es una opinión de cada uno. A mí, cuando me preguntan contesto, y como es un tema urticante no lo trato.*

Larrea, incisivo, lo cambió de tema. *¿Qué cualidades, aparte de lo que representa, tenía Gardel para que se consagre su voz*

Patrimonio de la Humanidad, junto a otros documentos tan importantes, como la Declaración de los derechos Humanos?

Para definirlo -dijo Loriente- *hay que decir que Gardel es un milagro, y debemos aceptarlo así. Se le descubren todos los días, al escuchar sus grabaciones, cosas nuevas, y por eso Gardel es un milagro. Nadie hizo como él todo bien. Entonces disfruté-moslo, ésa es la realidad.*

Este coleccionista tiene los discos originales de 78 rpm grabados en Buenos Aires, en Francia y en los Estados Unidos. *Los que me faltan son unos grabados en Barcelona, España, de 1925 y 1928, especialmente los que grabó con piano y violín, en 1932.* Al respecto dijo que Gardel grababa en Barcelona porque en Madrid no había estudios discográficos, y que grabó los discos acompañado por piano y violín porque había viajado solo, y por lo tanto sus guitarristas habían quedado en Buenos Aires.

Como anécdota, contó: *Cuando grabó **Lo han visto con otra**, tango que él amaba, no autorizó que se editara, porque el violín de Antonio Rodio sonaba muy estridente, más fuerte que su voz, y por eso no le gustó, y no permitió que se sacara a la venta. Prefirió las grabaciones con guitarras, por eso sólo se editaron esas, y las obras quedaron colgadas, y recién hace poco fueron rescatadas en discos compactos.*

Héctor Larrea le preguntó si él sabía por qué Gardel empieza a producir tanto como compositor sólo cuando se junta con Alfredo Le Pera. *Eso es un misterio, porque las cosas que había hecho antes se parecían a otras, eran sacadas de otros temas, no había originalidad y, sorpresivamente, llega a los Estados Unidos y se revela como compositor. Yo no sé, no tengo derecho a dudar de las condiciones de Gardel como compositor, pero es una cosa que siempre me ha dado que pensar, porque si los tangos anteriores pasaron desapercibidos y no tuvieron trascendencia alguna, y pasan unos años y allá se revela así, no sé...* Al respecto agregó: ***Mano a mano** estaba firmado por Gardel, Razzano y Celedonio Flores, pero tenía algo que ver con el "Negro" Ricardo, porque había un tango anterior de Ricardo,*

*que era **Margot**, que se parece a **Mano a mano**. Y en la medida,*
*también **Tomo y obligo** se parece a **Rosas de otoño**, y hay un*
*tango que también se parece a **Rosas de otoño**, pero como era*
del mismo autor, Barbieri se copió a sí mismo.

Respecto de la nacionalidad de Carlos Gardel, la hipótesis
uruguaya presenta puntos oscuros, no encaja, no cierra. Por eso,
seguramente, se amparan sus defensores en que el tema es muy
urticante, y eluden tratarlo.

Está perfectamente documentado que cuando Carlos Gardel,
el verdadero, el cantor, estaba en Buenos Aires en el intervalo de
sus actuaciones en el exterior, vivía junto a su "viejecita", como
él la llamaba, en la calle Jean Jaurés 735, en el Abasto, casa que
había comprado el 9 de junio de 1926. Si el verdadero Carlos
Gardel era el uruguayo y sus padres habían fallecido ¿Por qué
motivo allí vivía Berta, la madre del otro supuesto chico, el llegado de Francia, del que nadie conocía su paradero? Es insólito
suponer que tanto Gardel como doña Berta se hubieran prestado
a tamaña farsa ¿Con qué motivo?

Es más, en los diarios de la época, se publicaron fotografías
de doña Berta desconsolada y abatida por la muerte de su hijo,
sostenida por amigos íntimos del cantor. ¿Era también eso una
farsa?

Con sólo rastrear publicaciones periodísticas, se pueden
encontrar reportajes donde Carlos Gardel contaba que cuando
vivía en Buenos Aires lo hacía en la casa de su "viejecita", y que
los mejores hoteles del mundo, que él conocía, no se podían
comparar con semejante dicha. Si era el Gardel uruguayo ¿no
sabía que ésa no era su madre?

Bibliografía

El autor recogió anécdotas, datos, comentarios y entrevistas de:

"Las canciones del inmigrante" - Sergio A. Pujol, Editorial Almagesto - 1989
"Las mejores letras de tango" - *Desde sus orígenes a la actualidad* - Horacio Salas, Editorial Ameghino - 1998
"Yo, Gardel" - Oscar del Priore - Editorial Aguilar - 1999
"Discépolo - Una biografía argentina" - Sergio A. Pujol - Editorial EMECÉ - 1997
"El libro del tango" – Horacio Ferrer – Ediciones Ossorio-Vargas - 1970
Diario "Clarín"
Diario "La Nación"
"El Diario del Tango", de la revista "Noticias"
Programas de televisión del Canal "Sólo Tango"
Programas de televisión de Canal 7
Ficha técnica que acompañó la serie de CD "Los Clásicos Argentinos"
Literatura contenida en las tapas de los Long Play y los CD
Colección "Cuadernos del Aguila" de la Fundación BankBoston
Serie de Publicaciones "Los Grandes del Tango"

Trabajos que resultaron de gran valor para enriquecer la obra y hacerla más completa y de mayor interés.

Indice

Capítulo I
Sinónimo de Buenos Aires............................. Pag. 19

Capítulo II
Un Filósofo del Pueblo.............................. Pág. 25

Capítulo III
Épocas Pasadas....................................... Pág. 37

Capítulo IV
Orígenes y Creaciones .... Pág. 46

Capítulo V
Inicio de las Grabaciones........................... Pág. 52

Capítulo VI
Se Incorporan las Letras............................Pag. 59

Capítulo VII
Relatos y Poemas...................................... Pág. 71

Capítulo VIII
Cosas Concretas....................................... Pág. 79

Capítulo IX
Entró de a Poco....................................... Pág. 95

Capítulo X
Cautivó a Extranjeros.............................. Pág. 102

Capítulo XI
Los Protagonistas..................................... Pág. 110

404

Apéndice (Los Creadores)............................ Pág. 318

Capítulo XII
Desvinculaciones...................................... Pág. 334

Capítulo XIII
Funcionarios Delirantes............................ Pág. 338

Capítulo XIV
El Fenómeno Piazzolla............................. Pág. 341

Capítulo XV
El Tango Hoy.. Pág. 372

Capítulo XVI
Hasta a un Genio Interesó.......................... Pág. 390

Gardel, El Mito....................................... Pág. 395

Bibliografía... Pág. 401

Obras Ya Publicadas de la Colección Cofre

Edición Homenaje a José Hernández

En esta oportunidad ofrecemos una edición única y especial de gran interés por sus características particulares, que pasamos a detallar.

Es la reproducción fiel de las ediciones "príncipe" de "El Gaucho Martín Fierro", con las correcciones de puño y letra de José Hernández, que incluye "Una Memoria sobre el Camino Trasandino" publicada en 1872 y "La Vuelta de Martín Fierro" de 1879, manteniendo la individualidad de ambas publicaciones tal como Hernández las dio a conocer .

Para esta edición hemos incorporado además:

- La Literatura Gauchesca - El Martín Fierro (diálogo con Jorge Luis Borges por Roberto Alifano).
- Un vocabulario para la mejor comprensión del poema.
- Un índice cronológico histórico de los acontecimientos sociopolíticos y culturales, nacionales e internacionales, junto con los datos biográficos de José Hernández.
- Una carpeta con ilustraciones del "Martín Fierro" en cartulina, realizadas especialmente para esta edición por Roberto Páez - Gran Premio de Honor de Dibujo del Salón Nacional.

Los dos volúmenes de 12 x 20 cm. encuadernados en cartoné plastificado, totalizan 200 páginas y vienen junto con la carpeta dentro de un fino estuche ilustrado en cartoné plastificado.

MEJOR EDICIÓN – Premio de la Cámara Argentina de Publicaciones. **Para coleccionistas y bibliófilos**, ejemplares numerados del 01 al 100.

ROMANCERO CRIOLLO
LEÓN BENARÓS

ROMANCERO CRIOLLO reúne, en un solo libro, la totalidad de los romances que León Benarós lleva publicados hasta la fecha: Romances de la Tierra (1950), Romancero Argentino (1959), Romances de Infierno y Cielo (1971), Romances Paisanos (1973), Carmencita Puch (1973), Elisa Brown (1973) y Los Memoriosos (1985). Esta edición corregida, aumentada e ilustrada con más de 50 obras de artistas de todas las épocas, desde la Colonia a nuestros días, ilustran cada uno de los romances del autor. Al mismo género popular -aunque no a la forma romanceada- pertenecen también otras dos obras del autor: Versos para el Angelito (1958) y Décimas Encadenadas (1962). Vale la pena citar un acertado juicio crítico de Pablo Neruda, que varias veces elogió públicamente los poemas de este libro: "León Benarós le dio al romance su verdadera magnitud, alcanzando un nivel que ni el mismo García Lorca había tratado de profundizar" (revista Análisis, 1/7/1968). En verdad, la mayoría de estos romances han tenido un destino feliz. Lo Fusilan a Dorrego, publicado originariamente en Anales de Buenos Aires, revista dirigida por Jorge Luis Borges, sirvió para que Neruda quisiera conocer al autor, al que explicó que le resultaba muy interesante la experiencia idiomática que estos romances entrañan y la particular desnudez y expresividad de los mismos. La muerte de Juan Lavalle fue publicado en la revista Sur (N° 159) por la generosa intercesión de Ernesto Sábato, y suscitó el capítulo de Sobre Héroes y Tumbas, como prefiguración y parte del tema de la luego afamada novela. Si cabe un parentesco poético, podrían vincularse estos romances con nuestro cancionero tradicional y la experiencia provinciana de su autor; las mismas fuentes que nutrieron al Lugones de los Romances del Río Seco. ROMANCERO CRIOLLO pertenece a la jerarquía de las obras que fundamentan la esencia espiritual de un país y edifican, al mismo tiempo, una literatura propia y diferente.

El Tango, la otra historia
Andrés Carretero

En esta obra, el autor expone, en un lenguaje coloquial, su interpretación histórica y social de la evolución del tango desde sus remotos orígenes en 1870 hasta el presente, en sus períodos más trascendentes, sus compositores e intérpretes más sobresalientes, haciéndolo comprensible para profanos y extranjeros que se acercan al tango para comprenderlo como manifestación cultural popular y porteña.

Próximas Apariciones

Historia y Antología de la Poesía Gauchesca
Fermín Chávez

Incluye Poesía Dialectal y Nativista
y una selección de payadores
Siglos XIX Y XX

Francisco Javier Muñiz
Voces usadas con generalidad en las Repúblicas del
Plata, la Argentina y la Oriental del Uruguay (1845)

Estudios de Guillermo Ara, José Gabriel, Ángel Núñez y
Aurora Venturini.

Edición al cuidado de
Ángel Núñez

500 páginas

TRABAJOS
Roberto Páez

El título mismo hace referencia al libro que se prepara, con una retrospectiva de toda su obra, en más de 50 años de labor ininterrumpida.

LOS POETAS DEL TANGO

Homero Manzi
Homero Expósito
Enrique Cadícamo
Cátulo Castillo
Enrique Santos Discépolo
Alfredo Le Pera
Pascual y José María Contursi
Celedonio Flores
Manuel Romero

Esta edición
de 500 ejemplares
se terminó de imprimir en
A.B.R.N. Producciones Gráficas S.R.L..
Wenceslao Villafañe 468,
Buenos Aires, Argentina,
en julio de 2004.